W0417945

**Así Fue**

La Historia Rescatada

*Oíd , oíd lo que los hombres han hecho.*

EUGENIO D'ORS
*(Historia del mundo en quinientas palabras)*

La colección «Así Fue» se propone ofrecer al público lector, de la mano de los mejores estudiosos de cada tema, una serie de obras que nos permitan el rescate de diversas parcelas de la historia, tanto española como universal —y con preferencia referidas a nuestro tiempo—, poco o mal conocidas, cuando no, en ocasiones, ignoradas por razones diversas. Esta tarea, que cuenta con precedentes ilustres, parece aquí y ahora de necesidad evidente, y de mayor urgencia tal vez que en otros momentos de nuestro quehacer colectivo, dada la tergiversación creciente de determinados acontecimientos históricos, sobre todo recientes, impuesta por los intereses dominantes. Bajo el sello editorial de PLAZA & JANÉS la colección «Así Fue» aspira a crear un ágora de libre debate sin otra cortapisa que el respeto a los hechos históricos probados, sea cual sea la interpretación que a los mismos quiera dársele. A esta hermosa y arriesgada empresa —el rescate de la historia— invitamos a colaborar a cuantos, con honestidad y rigor, vienen esforzándose en diferentes campos de la investigación para ofrecernos un mejor conocimiento de los hombres, los hechos y las ideas que han forjado el mundo en que vivimos. Sólo un espejo paseado testimonialmente a lo largo del camino —a su derecha y a su izquierda— será capaz de ofrecernos una versión histórica contrastada, pero fiel a los planteamientos de cada autor. Y todo ello, por supuesto, sin dogmatismo ninguno, con total libertad de espíritu, sin otro condicionamiento que ajustarse a la verdad sin mixtificaciones de ningún tipo y dispuestos siempre, desde la liberalidad, a admitir que *el otro* puede tener razón.

RAFAEL BORRÀS BETRIU
*Director*
*Noviembre de 1995*

Así Fue
La Historia Rescatada

Tom Burns Marañón

# Conversaciones sobre el socialismo

PLAZA & JANÉS EDITORES, S.A.

Diseño de la portada: Next
Ilustraciones interiores: Archivo Plaza & Janés, Archivo Autor, BB Agència Editorial, Archivo La Vanguardia, EFE, Europa Press

Primera edición: noviembre, 1996

© 1996, Tom Burns Marañón
Editado por Plaza & Janés Editores, S. A.
Enric Granados, 86-88. 08008 Barcelona

Queda rigurosamente prohibida, sin la autorización escrita de los titulares del «Copyright», bajo las sanciones establecidas en las leyes, la reproducción parcial o total de esta obra por cualquier medio o procedimiento, comprendidos la reprografía y el tratamiento informático y la distribución de ejemplares de ella mediante alquiler o préstamo públicos.

Printed in Spain – Impreso en España

ISBN: 84-01-53013-X
Depósito legal: B. 42.282 - 1996

Fotocomposición: Víctor Igual, S. L.

Impreso en Hurope, S. L.
Recared, 2-4. Barcelona

L 5 3 0 1 3 X

*A Tom Burns* in memoriam
*y a Mabel Marañón,*
*mis padres*

# ÍNDICE

Toute nation a le gouvernement qu'elle mérite.

JOSEPH DE MAISTRE

Power tends to corrupt,
and absolute power corrupts absolutely.

LORD ACTON

AGRADECIMIENTOS

Evidentemente este libro no hubiera sido posible sin la colaboración de quienes se armaron de paciencia y de buen humor para soportar largas conversaciones conmigo. Con algunos llevaba años intercambiando reflexiones y con otros comencé a conversar por primera vez. A todos les estoy profundamente agradecido.

He molestado a bastantes más personas para documentarme y perfilar ideas. Quiero agradecer sobremanera a dos en concreto que me dedicaron mucho más tiempo del que me merezco: a Javier Pradera y a Diego Hidalgo. Los análisis políticos de Pradera son para mí puntos de referencia ineludibles; considero que *El futuro de España*, el reciente libro de Hidalgo, es una lectura obligada para todo ciudadano. Tengo deudas especiales con Charles T. Powell y con José Félix Tezanos que orientaron la bibliografía para estas conversaciones y con gran generosidad me prestaron libros difícilmente obtenibles. Ambos saben mucho más de la historia contemporánea de España y de la del PSOE que yo, y los dos tienen el don especial del buen maestro que sabe compartir sus conocimientos.

Abusé de la amistad de muchos amigos y quiero destacar el apoyo de Javier Flores, un digno representante del exilio y un exquisito intelectual; el de los historiadores José Varela Ortega y Juan Pablo Fusi; el de Martha Peach del Instituto Juan March y el de Brenda Shannon del Instituto Ortega y Gasset; el de Mariano Guindal, el de Pilar Suárez Carreño y el de Roberto Dorado, que me abrieron puertas para determinadas conversaciones; el de Helga Soto, que lleva más de veinte años facilitándome encuentros con miembros del PSOE y redobló sus esfuerzos para ayudarme en esta ocasión; el de mi «familia extendida» del Instituto Universitario Euroforum, y especialmente Manuel González Casanueva, Enrique Badía, Ricardo Martín y Víctor de la Serna; el de Salvador García de la Torre cuyos conocimientos informáticos me ahorraron un tiempo precioso; el de mis contertulios de la peña Henry Buckley, y sobre todo Anibale Basile, Elizabeth Guth, Walter Ulbricht, Manuel Lopes y Thierry Maliniak en cuya compañía he cenado con más dirigentes políticos de los que puedo, o quiero, recordar; el de Jesús Martínez Vázquez, Miguel Ángel Belloso y la redacción del diario *Expansión*, todos ellos ejemplares compañeros; el de Isabel Gutiérrez de la Cámara y el de David White, del *Financial Times*, cómplices ambos de mis aciertos aunque de ninguno de mis errores; el de Jaime de Salas, Regino García Badell y Agustín Gervás con quienes comparto inquietudes, ideas e intuiciones.

Por último debo este libro al estímulo de Rafael Borràs Betriu, amigo y editor sin par, y, sobre todo, a la comprensión y el cariño de Dolores Luca de Tena Bethéncourt, mi mujer, y de nuestros hijos, Manuela y Thomas.

*El Refugio, Los Molinos (Madrid);*
*junio-septiembre de 1996.*

# CRONOLOGÍA

## El *pablismo*

| | |
|---|---|
| 1879 (mayo) | Fundación del Partido Socialista Obrero Español (PSOE). El acta fundacional en Madrid lo firman catorce tipógrafos, tres diamantistas, dos médicos, un estudiante de medicina, un marmolista y un zapatero. Pablo Iglesias es elegido secretario de la Comisión Ejecutiva. |
| 1888 (agosto) | Congresos fundacionales del PSOE y de la UGT en Barcelona. |
| 1889 (noviembre) | Congreso fundacional de la II Internacional en París. Pablo Iglesias y José Mesa asisten en representación del PSOE. |
| 1905 (abril) | Pablo Iglesias es uno de los tres miembros del PSOE elegidos concejales por Madrid. |
| 1910 (mayo) | Pablo Iglesias elegido diputado por Madrid. |
| 1919 (abril) | El PSOE obtiene seis diputados en las elecciones legislativas: Pablo Iglesias y Julián Besteiro (Madrid), Indalecio Prieto (Bilbao), Andrés Saborit (Oviedo), Teodomiro Menéndez (Gijón) y Fernando de los Ríos (Granada). |
| 1920 (abril) | El congreso extraordinario del PSOE acuerda la adhesión condicional a la III Internacional (comunista) y envía una comisión informativa a Moscú compuesta por Fernando de los Ríos y Daniel Anguiano. |
| 1921 (abril) | Congreso extraordinario del PSOE que, oído los informes sobre la pertenencia a la Internacional Comunista de Anguiano (favorable) y de De los Ríos (adverso), aprueba recons- |

| | |
|---|---|
| | truir la II Internacional (socialista). Anguiano y los *terceristas* se escinden para crear el Partido Comunista Obrero Español, más tarde el PCE. |
| 1924 (octubre) | Largo Caballero nombrado consejero de Estado por la dictadura de Primo de Rivera. Prieto, en protesta por esta colaboración, dimite del Comité Nacional del PSOE. |
| 1925 (diciembre) | Muere Pablo Iglesias. |

**Escisión y exilio**

| | |
|---|---|
| 1931 (abril) | Prieto, De los Ríos y Largo Caballero son nombrados ministros en el gobierno provisional de la República. |
| 1936 (mayo) | El grupo parlamentario socialista en el Parlamento vota en contra de la formación de un gobierno encabezado por Prieto. |
| 1936 (septiembre) | Largo Caballero presidente del Gobierno de la República con el apoyo del Frente Popular. |
| 1937 (mayo) | Juan Negrín acentúa la división entre los socialistas al encabezar un gobierno, apoyado por el Partido Comunista, que destituye a Largo Caballero. |
| 1939 (marzo) | Constitución del Consejo de Defensa en Madrid, presidido por el coronel Segismundo Casado y apoyado por Julián Besteiro que se enfrenta al gobierno de Negrín. |
| 1944 (septiembre) | I Congreso del PSOE en el exilio, celebrado en Toulouse. Fuertemente anticomunista, el congreso aprueba el no reconocimiento del gobierno Negrín y elige a Rodolfo Llopis secretario general. |

| | |
|---|---|
| 1972 (agosto) | XII Congreso del PSOE en el exilio, celebrado en Toulouse, destituye a Rodolfo Llopis y elige una Ejecutiva compartida entre dirigentes del exterior y del interior. |

## El *felipismo*

| | |
|---|---|
| 1974 (octubre) | El XXVI Congreso del PSOE (XIII y último en el exilio) celebrado en Suresnes (París) elige a Felipe González primer secretario y aprueba la vuelta de la dirección del partido a España. |
| 1976 (diciembre) | François Mitterrand, Olof Palme, Willy Brandt y otros dirigentes socialistas europeos acuden al XXVII Congreso del PSOE en Madrid que renueva el mandato a Felipe González como primer secretario. |
| 1977 (junio) | El PSOE obtiene el 29,3 por ciento de los votos y 118 diputados en las primeras elecciones del posfranquismo. |
| 1979 (marzo) | El PSOE obtiene el 30,5 por ciento de los votos y 121 diputados en las elecciones legislativas. |
| 1979 (mayo) | Felipe González renuncia a su reelección en el XXVIII Congreso del PSOE al ser aprobadas resoluciones marxistas. |
| 1979 (septiembre) | Felipe González es elegido secretario general del PSOE en un congreso extraordinario. |
| 1982 (octubre) | El PSOE obtiene 10.127.389 votos, el 48,4 por ciento de los emitidos y 202 diputados en las terceras elecciones legislativas del posfranquismo. Felipe González forma su primer gobierno. |

| | |
|---|---|
| 1986 (junio) | El PSOE gana el 44,8 por ciento de los votos emitidos en las elecciones legislativas y 184 diputados. |
| 1989 (octubre) | El PSOE gana el 39,6 por ciento de los votos emitidos en elecciones legislativas y 175 diputados. |
| 1993 (junio) | El PSOE gana el 38,7 por ciento de los votos emitidos y 159 diputados. Felipe González comienza su cuarta legislatura como presidente del Gobierno al frente de una minoría parlamentaria. |
| 1996 (mayo) | El PSOE pasa a la oposición al obtener en las elecciones legislativas el 37,4 por ciento de los votos (141 escaños) frente al 38,8 por ciento (156 escaños) obtenido por el Partido Popular. El PSOE obtuvo 9.318.600 votos, 340.088 votos menos que el Partido Popular. |

# INTRODUCCIÓN

Si después de más de trece años en el poder, estando uno de cada cinco españoles en edad de trabajar desocupado y hallándose varios altos cargos de la administración bajo investigación judicial por gravísimos delitos, un partido pierde unas elecciones por sólo unos trescientos y pico mil votos, se podrá decir con Joseph de Maistre que «cada país tiene el gobierno que se merece», y el lector puede que esté de acuerdo conmigo en que el fenóneno merece ser estudiado.

Elegido en 1982, Felipe González gobernó a lo largo de 161 meses y cuatro legislaturas, el período más largo de un jefe de Gobierno elegido democráticamente en la historia de España. La única comparación en la política nacional, con todas las naturales salvaguardias en cuanto a lo de «elegido democráticamente», se remonta al llamado Pacto de la Restauración: Antonio Cánovas presidió el Consejo de Ministros en cinco ocasiones y Práxedes Sagasta en siete, pero ninguno de los dos líderes de los partidos dinásticos estuvo, en total, más de diez años en el poder. Si la restauración de Alfonso XII se asentó sobre el turno en el poder del Partido Conservador y del Partido Liberal, la de Juan Carlos I se apoyó en la continuidad en el poder del Partido Socialista.

Este último hecho debería provocar una leve sonrisa irónica en cualquier aficionado a la política y a la historia puesto que el PSOE fue, en un voto particular, el único partido parlamentario que defendió la república como forma de Estado en las Cortes Constituyentes que se reunieron en 1977. Pero el hecho es la piedra angular para entender qué es y qué hace el PSOE cuando, cinco años más tarde, asumiendo el poder de manera abrumadora, construye un aparato de gobierno y de partido desconocido hasta entonces en las cortas épocas constitucionales y democráticas que ha disfrutado España.

El partido que comenzó a liderar Felipe González en 1974 salió de las catacumbas de la clandestinidad para convertirse en el partido institucional de la nación; la prioridad del partido y del gobierno socialistas, muy por encima de cualquier otra, era consolidar la democracia, es decir, la Monarquía parlamentaria. No podía ser de otra manera a los dieciocho meses de un fallido golpe de Estado que buscaba la vuelta al tutelaje militar.

Es muy conocido el comentario de Felipe González, en un encuentro televisado con periodistas durante la campaña de las legislativas de 1982, al ser preguntado por José Oneto, entonces director de la revista *Cambio 16*, por lo que quería decir el «cambio» que prometía el PSOE. Felipe González contestó: «Que España funcione.» Unos meses antes, en una cena con corresponsales extranjeros, el futuro presidente de Gobierno había explicado por qué quería gobernar: «Yo tenía treinta y cinco años cuando pude por fin votar en libertad; quiero que mi hijo Pablo pueda votar así en cuanto cumpla dieciocho.»

No era la primera vez que el PSOE apelaba a una amplia franja del electorado con un proyecto de Estado. En un mitin a comienzos de los años treinta Francisco Largo Caballero, que comenzada la guerra civil sería el primer socialista en presidir un gobierno, sustituyó la arenga ritual de «¡Libertad, Libertad, Libertad!» por el grito de «¡República, República, República!». Medio siglo más tarde Felipe González no decía «¡Socialismo, Socialismo, Socialismo!»; predicaba «¡Democracia, Democracia, Democracia!».

Antonio Cánovas ideó el pacto de 1875 pensando en soluciones a problemas concretos: el turno en el poder acabaría con los partidillos que competían caóticamente por alcanzar el gobierno y el «rey soldado» pondría fin a los espadones y a los «gritos cuartelarios». Felipe González sacó también lecciones del pasado inmediato, que en su caso no eran treinta años de desastrosa gobernación en el período isabelino, sino tres años (1979-1982) de desintegración gubernamental bajo la Unión de Centro Democrático. Su receta fue un partido férreamente disciplinado bajo el mando autoritario de Alfonso Guerra y un gobierno que mandase en todo momento y en todos los rincones del país.

Las soluciones de Antonio Cánovas se convirtieron a su vez en problemas a comienzos del siglo siguiente. Las recetas purgativas de Felipe González presentarían un cariz perverso al cabo de una década de su liderazgo indiscutible. Lord Acton, el liberal victoriano que estaba en las antípodas del pensamiento de De Maistre, advirtió que «todo poder tiende a corromper y que el poder absoluto corrompe absolutamente». Y, sin embargo, Felipe González pasa a la oposición por una diferencia de sólo trescientos y pico mil votos.

Al perder el PSOE el poder, planteé este libro en torno a tres reflexiones amplias que quise compartir con personas cuyas opiniones sobre el socialismo de ayer, de hoy y de mañana me merecen respeto.

La primera reflexión está en torno a la continuidad, o a la falta de ella, entre el Partido Socialista que fundó Pablo Iglesias, que se escindió en la República y que se exilió durante el régimen del general Franco, y el partido que eligió primer secretario a Felipe González. ¿Fue una «renovación», según el dogma del PSOE? ¿O fue una «refundación», el término que suelen emplear los estudiosos de la historia del partido y muy particularmente el profesor Santos Juliá?

Para críticos como Pablo Castellano, elegido en 1972, junto con Felipe González, miembro de la llamada Ejecutiva de la transición del PSOE, lo que hizo el joven dirigente sevillano fue enterrar el Partido Socialista de Pablo Iglesias e «inventar» otro con las mismas siglas.

La segunda reflexión se centró en el discurso del asentamiento de la democracia que asume el PSOE al llegar al poder y al que he aludido. Creo que fue un doble discurso que predicaba modernización y también socialdemocracia; y creo que el impulso político de la eficacia y de la modernización, pilotado por Miguel Boyer y por Carlos Solchaga, se sobrepuso a lo que propiamente son las señas de identidad de un partido socialista. Este orden de prioridades no es en sí para nada criticable, y lo es menos aún dadas las circunstancias en las cuales el PSOE llegó al gobierno.

El problema radica en si el gobierno socialista supo guiarse por la «orientación» socialdemócrata, según la entendía Nicolás Redondo, la conciencia sindical del socialismo renovado, o si, por el contrario, sucumbió al «abrazo aristocrático». ¿Supo, como argumenta la catedrática de ética Victoria Camps, ex senadora por Barcelona en las listas socialistas, mantenerse leal a un ideario que puede cambiar pero que tiene que seguir siendo fiel al ideario original?

En esta reflexión se aborda, lógicamente, el tema de la corrupción. ¿Cómo fue posible que el PSOE, con el ejemplo tan cercano de sus abnegados dirigentes del exilio, despilfarrase el legado tan precioso del austero buen hacer del *pablismo*? Sobre el papel era mucho más fácil guardar formas y modales que acometer una reconversión industrial que afectaba directamente a votantes socialistas. Y desde el punto de vista político, el ser decente y abstenerse de meter la mano era mucho más eficaz; el PSOE perdió el poder porque había perdido su seña ética de identidad.

La tercera reflexión tuvo que ver con el futuro del socialismo. Aquí se debatió el modelo del partido «cerrado» que defiende Alfonso Guerra y el del partido «abierto» que quiere el también ex vicepresidente de gobierno Narcís Serra y que propugna, sobre todo, Juan Alberto Belloch, el biministro que sacó los esqueletos del armario del PSOE durante el último gobierno socialista.

Esta reflexión se centró también en el liderazgo que Felipe González, que es una jefatura política probablemente tan irrepetible como, posiblemente, inamovible de no ser él quien tome la decisión de retirarse de la vida pública. El profesor José Félix Tezanos, a quien se le suele colgar, a su pesar, la etiqueta de *guerrista*, aportó su teoría de que el *felipismo* representa un modelo *neobonapartista*. Y políticos tan dispares como Fernando Morán y Joaquín Almunia coincidieron en la necesidad de una renovación en la dirección del PSOE y la consecución de un liderazgo más participativo.

Repasando la multitud de ideas que surgieron a lo largo de las conversaciones que mantuve y que transcribo, me invade la sensación de «no es esto, no es esto» que expresó Ortega y Gasset ante el discurrir de la República. Para el viaje del socialismo por el poder no hacían falta, como diría un castizo, las alforjas que ilusionadamente se habían preparado. Lo escribo con tristeza.

En mi casa, un entorno muy liberal, se tuvo siempre mucho respeto por determinadas políticas y determinadas personalidades del PSOE. Don Fernando de los Ríos, en especial, estaba muy vinculado a la familia de mi madre. Al morir mi abuelo, en 1960, mi abuela quiso que lo supiese cuanto antes don Inda. Mi tío, Gregorio Marañón Moya, fue inmediatamente al palacio de Telecomunicaciones en Madrid donde, con no poca dificultad, consiguió enviar un telegrama a don Indalecio Prieto en México.

Conocí socialistas españoles por primera vez en Asturias en una mina de Turón, cerca de Mieres, donde pasé parte del verano de 1967 de ayudante de picador integrado en una organización que existía entonces llamada el Servicio Universitario de Trabajo (SUT). Coincidí en la mina y establecí una buena amistad con Alberto Ruiz Secchi, un licenciado de derecho ligado a la Asociación Socialista Universitaria (ASU) que preparaba las oposiciones a inspector de trabajo. Años más tarde ocupó un alto cargo en la Moncloa al ganar el PSOE el poder. A través de los mineros y de Ruiz Secchi, que pronto dejó su alto cargo, aprendí mucho de la decencia innata del socialismo.

Mi primer encuentro con Felipe González fue en diciembre de 1974 cuando me lo presentó Carlos Zayas, en esa época un simpatiquísimo propagandista del PSOE a quien había conocido a través de nuestro común amigo el historiador británico Hugh Thomas. La cita fue a la hora del café en el desaparecido café Roma de la calle Serrano de Madrid, un lugar estúpidamente escogido. Recuerdo perfectamente mi agobio al esperar la llegada del bueno de Zayas con «Isidoro», primer secretario del Partido Socialista desde hacía dos meses, y ver, instalado en una mesa, en la otra punta del Roma, a Mariano Sánchez Covisa, un conocido ultraderechista del tardofranquismo junto con media docena de «guerrilleros de Cristo Rey».

Felipe González apareció en el café a los pocos minutos de marcharse aquella peligrosa panda de fanáticos. Prácticamente su único interés en aquel encuentro fue explicarme a mí, que era entonces corresponsal de la agencia Reuter, que el PSOE tenía un proyecto político distinto al que en esos meses estaba difundiendo Santiago Carrillo desde París a través de la Junta Democrática. Una de las reflexiones de Joaquín Almunia en la conversación que mantuve con él para este libro fue en torno al intuitivo acierto que tuvo Felipe González cuando eludió el abrazo del oso comunista.

Almunia tiene toda la razón. Aquella tarde en el café Roma yo me quedé fascinado por la personalidad de Felipe González e ilusionado por su proyecto de un socialismo democrático, de estirpe *prietista*, que mandaría a los dogmáticos de turno al basurero de la historia.

He contado algunas vivencias personales para explicar mi preocupación por el legado del PSOE, o del *felipismo* que para el caso da lo mismo. Comparto, seguramente como otros muchos de mi generación, las elocuentes reflexiones de Antonio Muñoz Molina que cierran el anteúltimo capítulo del libro. El escritor me habló de la pérdida de una ocasión que España quizá nunca volverá a tener.

Al igual que prácticamente todos los demás gobiernos de su entorno, los de Felipe González dieron dos pasos adelante y uno, como mínimo, atrás. En España, como en el resto de Europa, la educación de las nuevas generaciones deja mucho que desear, la productividad y la competitividad económica ha decrecido y el Estado de bienestar se ha convertido en manifiestamente insostenible. Los españoles, en su conjunto, vivían mejor en la primavera de 1996 cuando el PSOE pasó a la oposición que en el otoño en 1982 cuando llegó al poder, pero también vivía mejor el conjunto de los europeos y entre una fecha y otra la economía española no consiguió acercarse a la media europea ni en términos nominales, ni menos aún, teniendo en cuenta el desempleo, en términos reales.

El desencanto y el desengaño que expresa Muñoz Molina es sin embargo de otro orden. A un gobierno encabezado por Felipe González se le exigía un proyecto regeneracionista basado en la decencia cívica, la transparencia democrática, el imperio de la ley y la dignidad de lo público. Ese proyecto no se materializó nunca. Al socialismo en el poder se le exigía el ser ejemplarizante y educador en el sentido más amplio del tema. No lo fue.

Escribo que se demandaba esto y lo de más allá a Felipe González y a su partido, pero sé perfectamente que estas reivindicaciones emanan de una minoría de ilusos exigentes. Su desengaño se basa en una herencia del PSOE que incluye lo siguiente: la obsesión por el mando, infalible e incuestionado, como el motor principal de la acción política; la desconfianza hacia el debate interno de los partidos, porque la política se entiende en términos sectarios de «nosotros y ellos»; la fascinación por la imagen, frecuentemente fastuosa, y el desdén por los contenidos.

Sin embargo, el PSOE perdió el poder después de casi catorce años por sólo trescientos y pico mil votos entre los veinticinco millones largos que fueron emitidos en las elecciones generales de mayo de 1996. Parece, por lo tanto, evidente que el Partido Socialista sólo defraudó a una minoría a lo largo de cuatro legislaturas. Hasta el final Felipe González, a pesar de haber abandonado las señas de identidad del socialismo, a pesar de su peligroso modelo de liderazgo carismático, siguió mereciendo la confianza de más de nueve millones de españoles, de más de la tercera parte del electorado.

¿Significa esto cargar de razones a De Maistre y subrayar que el pueblo español olvida con demasiada facilidad la sabia advertencia de lord Acton? ¿O se trata de un justo premio a Felipe González por haber asentado la democracia en España? Será una democracia con todas las deficiencias que se quiera, pero, al contrario de lo que ocurrió con proyectos regeneracionistas en el pasado, está asentada.

# I

# TESTIGOS DE LA HISTORIA (I)

Dani Duch (*La Vanguardia*)

## 1. Juan Marichal

*Biógrafo de Manuel Azaña y editor de sus* Obras Completas, *es catedrático emérito de la Universidad de Harvard.*

**El Partido Socialista Obrero Español nunca fue marxista. No había un pensamiento marxista que alimentara al partido.**

La conversación con Juan Marichal fue una delicia, como no podía ser de otra manera tratándose de un veterano erudito de la historia intelectual de España que añade una gran simpatía personal a su formidable formación humanística. Quise hablar con él del socialismo y de los socialistas de antes de la guerra porque tengo la impresión de que existe un desconocimiento bastante generalizado sobre estos temas, como creo que existe, también, en tantos otros aspectos de la historia contemporánea.

Pienso que uno de los pecados imperdonables del socialismo renovado, y a la vez un estúpido error, es el haber permitido que se extienda la opinión de que el PSOE comienza con unos preclaros y dinámicos jóvenes que se reunieron en un congreso a las afueras de París el año antes de morir Franco. Fundaciones afines al PSOE como la de Pablo Iglesias, como la de Indalecio Prieto, como la misma Fundación Sistema, que procuran mantener y profundizar en el legado histórico del socialismo nadan con cierta heroicidad a contracorriente.

Marichal generosamente me brindó tiempo para un tema que es obviamente inagotable y mantuvimos un diálogo del cual se pueden extraer algunas reflexiones que son tan vigentes hoy como lo fueron en su día. La reflexión que engloba prácticamente todas las demás, porque éstas no son más que matizaciones, se refiere al debate continuo entre el modelo de partido cerrado y el abierto.

El comienzo del debate tiene una fecha concreta que es la de la alianza electoral llamada la Conjunción Republicano-Socialista que permitió a Pablo Iglesias ser el primer socialista en sacar el acta de diputado. Son los tiempos en que el PSOE atrae a personas tan dispares como José Ortega y Gasset y Julián Besteiro. La atracción principal es la disciplina organizativa, marcadamente obrerista, que Iglesias imprimió al partido que había fundado más de treinta años antes. En unos, caso de Ortega, como también de Unamuno, esta disciplina acabó siendo un revulsivo. En otros, y Besteiro es un claro ejemplo, reforzó aún más su compromiso con el socialismo.

A partir del diez no es difícil ver en ese compromiso de Besteiro, como también en el de Fernando de los Ríos, actitudes y conductas similares a las de los cuáqueros, los protestantes puros del norte de Europa. A los intelectuales krausistas de la Institución Libre de Enseñanza, a los becados elitistas de la Junta de Ampliación de Estudios, la disciplina del PSOE les ofrece la posibilidad de ser puritanos en su acción política y esto, en plena degeneración de los partidos dinásticos de la Restauración, no deja de ser un atractivo irresistible para algunos de ellos.

Indalecio Prieto, a quien Marichal trató mucho en México después de la guerra, claramente representa un compromiso distinto. La entrada muchísimo más amplia de intelectuales, profesionales y clases medias en el PSOE, ya por el año veintinueve, se debe más al magnetismo que ejerce Prieto que al recuerdo del recientemente fallecido Pablo Iglesias. Prieto, con su «apetito por España», es un político de personalidad fascinante para Marichal.

Con el modelo del partido abierto, el PSOE es inmediatamente atractivo para personas de gran valía, como aquel *prietista* de primera hora, Juan Negrín, porque es el partido que tiene el proyecto republicano de mayor y mejor coherencia. Llegados aquí se pueden establecer sugerentes paralelismos con el discurso del PSOE renovado, cincuenta años después, que ofrece, fundamentalmente, la coherencia y la organización necesaria para la consolidación de la democracia.

Con Negrín, creo, se estrena una tercera sensibilidad socialista que se añade a la obrerista y la liberal que preconizaba, con Prieto a la cabeza, el «socialismo patriótico» y el acercamiento a los partidos republicanos. Negrín, que no demuestra ningún interés por el Parlamento, y que es, casi, europeo antes que español, lo mismo que, de cierta manera, era republicano antes que socialista, prima la eficacia en su afán modernizador y en su ejercicio de mando durante la guerra. Es otra reflexión que sigue vigente.

Al entrar el PSOE en los gobiernos de la República, el partido puede ofrecer, como nunca pudo antes, oportunidades de promoción profesional a quienes se afilian a él. Y es entonces, al poder repartir poder, cuando el partido se divide de una manera violenta e irreconciliable entre los *prietistas* y los adictos a Francisco Largo Caballero. En el enfrentamiento, como no es de extrañar, están dos modelos de partido. Con Negrín de jefe de Gobierno, habiendo desplazado a los *caballeristas*, el enfrentamiento sería a tres bandas.

Tom Burns Marañón: El PSOE empieza a tener impacto político cuando comienza a abandonar una estrecha mentalidad obrerista y se acerca a la burguesía progresista, a las clases medias ilustradas.

Juan Marichal: De una manera estrictamente cronológica nos situaríamos en 1910 cuando, gracias a la Conjunción Republicana-

Socialista, Pablo Iglesias es elegido diputado en Madrid. Esto sería algo así como la dignificación no sólo de la figura de Pablo Iglesias sino del Partido Socialista. Hay que tener presente que Pablo Iglesias obtuvo entonces el número mayor de votos de su vida política. Pero, claro, no los hubiera obtenido si no hubiera ido dentro de la alianza con los partidos republicanos.[1]

T.B.M. — La dignificación llega con muchísimo retraso. Pablo Iglesias llevaba más de treinta años dirigiendo el partido que había fundado. En otras sociedades europeas el socialismo ya estaba bien implantando mientras que en España su crecimiento fue muy lento.

J.M. — Esto se puede considerar desde ángulos distintos, pero una cuestión fundamental es que las masas se declaran anarquistas.

T.B.M. — Y esto no ocurre, por ejemplo, en el movimiento obrero de Francia que tanto influyó a Iglesias. El fenómeno anarquista en España rompe la trayectoria de la implantación del socialismo en otros lugares de Europa.

J.M. — Yo creo que no se ha prestado suficiente atención a la prédica de los anarquistas que fue muy grande a finales del siglo XIX. Había algo en el lenguaje que me parece a mí muy importante. Los anarquistas eran más elementales en cierta medida, pero también tenían una manera de comunicar, ¿no?[2] Había mu-

1. El PSOE acordó entrar en la alianza electoral llamada la Conjunción Republicano-Socialista después de la Semana Trágica de Barcelona (julio de 1909) y la dura represión del gobierno de Antonio Maura simbolizada en la ejecución del intelectual anarquista Francisco Ferrer en octubre de ese año. Pablo Iglesias adoptó la postura, que ya era común a otros dirigentes socialistas europeos, de que tales alianzas precipitarían una revolución burguesa y que ésta sería el paso previo y necesario para la transición al socialismo. Iglesias, que había obtenido 6.000 votos en Madrid en 1907, obtuvo 40.589 votos en las elecciones de 1910. Después de 1919 y la ruptura de la Conjunción, el voto de Iglesias en Madrid se rebajó a poco más de 17.000. Las relaciones del PSOE con sus aliados nunca fueron estables y Carr (*Spain,* p. 451) argumenta que de la ambigüedad de este experimento electoral nacerían las dos tendencias que marcarían el socialismo en la II República veinte años más tarde: el entusiasmo de Indalecio Prieto por el acuerdo con partidos liberales y el de Francisco Largo Caballero, heredero de la tradición obrerista de Iglesias, por un partido proletario cuya fuerza radicaba en la UGT.

2. El hispanista británico Gerald Brenan dedicó páginas memorables a los «apóstoles de la idea» que, como frailes mendicantes, propagaban el anarquismo: «En las gañanías de los cortijos, en aldeas perdidas, a la luz de los candiles, los apóstoles hablaban de libertad, de igualdad, de justicia a un auditorio entusiasmado.» (Brenan, *El laberinto español,* p. 207.)

chos factores de ese género y la peculiaridad española sin duda fue de gran importancia para los sindicatos anarquistas.

T.B.M. — Otro factor que explica el lento crecimiento del PSOE es el desprecio que tuvo Pablo Iglesias hacia los intelectuales o, mejor dicho, hacia lo que él consideraba influencias burguesas que podían corromper el partido obrero que él había fundado. Simplificando, ésta fue su postura hasta 1910 y las elecciones que comentaba.

J.M. — Bueno, a mí la figura de Pablo Iglesias me parece muy extraordinaria y no hay realmente una biografía verdadera de Pablo Iglesias. En gran medida él pudo llegar a ser lo que fue porque de muchachito en el viejo Madrid aprendió francés y por saber francés pudo ir a Francia como delegado de ese primer grupo de socialistas que agrupó.[3] Pero ¿qué leyó, por ejemplo, Pablo Iglesias? No lo sabemos. Sin embargo tenía unos principios sólidos, y uno era no hacer proselitismo. Luego, por una parte o por otra, rechazo de las violencias; eso fue indudable. También, claro está, la integridad ética. En las Casas del Pueblo no se bebía y el que tenía una querida era expulsado.

T.B.M. — Y los primeros congresos del PSOE aprobaban resoluciones exigiendo la abolición de las corridas de toros.

J.M. — Exactamente. Ése era otro aspecto. Ortega le llamó santo laico.[4] Había en Pablo Iglesias un cierto puritanismo y en el caso de Giner un cierto elitismo.

T.B.M. — Yo comprendo que existía una generación, concretamente la generación del catorce o la de Ortega, que estaba desesperada por el grado de cinismo que manifestaba la política diaria, por la bancarrota de los partidos dinásticos de la Restauración. Pero ¿cuál era el atractivo que ejercía sobre algunos de ellos, y Fernando de los Ríos es un ejemplo típico, el socialismo?

J.M. — Yo creo que en gran medida hay ya una capacidad de or-

3. Los primeros pasos políticos del joven Pablo Iglesias fueron de la mano de Paul Lafargue, el yerno francés de Carlos Marx, que llegó a Madrid en 1871 huyendo de la Comuna de París, y del amigo de éste, el periodista español afincado durante muchos años en París, José Mesa. Traductor al español del *Manifiesto comunista*, Mesa colaboró estrechamente con el dirigente marxista francés Jules Guesde. En 1889 Iglesias y Mesa asistieron, como representantes del PSOE, al congreso fundacional de la II Internacional en París.

4. Según Ortega y Gasset: «Hay en España dos santos laicos, Pablo Iglesias es uno. Don Francisco Giner [fundador de la Institución Libre de Enseñanza] es otro: ambos son los europeos máximos de Europa.»

Pablo Iglesias tenía unos principios sólidos y uno era no hacer proselitismo.

Para Julián Besteiro la República no representaría un cambio favorable para la clase trabajadora.

Uno de los principales problemas que tuvieron los intelectuales con el partido, y que ciertamente lo tuvo Unamuno, era que no querían someterse a la disciplina. (En la foto, con el presidente de la República, Niceto Alcalá Zamora.)

ganización en el Partido Socialista. El número no era muy grande, pero había una cierta disciplina, una capacidad de acción colectiva. Había, ciertamente, una falta de gente con capacidad intelectual, aunque también se ha exagerado este aspecto; hasta el diez los intelectuales van a tardar en incorporarse y a partir del diez van a ser pocos los que se incorporan. Por ejemplo, no hay que olvidar que Besteiro, que iba a ser tan importante, empieza como radical de Lerroux e ingresó en el Partido Socialista en el doce. Fernando de los Ríos ingresa un poco más tarde por su relación con socialistas a través de la Institución.[5] Pero son pocos. Yo diría que los intelectuales ingresan en el Partido Socialista mucho más tarde, en el veintinueve. Está la frase de su abuelo, don Gregorio.

T.B.M. — «Sólo nos queda el socialismo como disciplina y como ideología.»[6]

J.M. — Eso. Y es que es así. La densidad de universitarios crece súbitamente entre el veintinueve y el treinta y uno. En el caso de Besteiro y, quizá, de De los Ríos también, es un poco lo que había señalado Ortega en cuanto a lo que representaba el socialismo como nueva ideología.[7] Debo decir que el Partido Socialista Obrero Español nunca fue marxista. No había un pensamiento marxista que alimentara al partido. El mismo Besteiro, aunque se llamara marxista, lo que adoptaba era una actitud moral que se encontraba también entre los republicanos que estaban más o menos unidos a la Institución Libre de Enseñanza. Recuerdo una anécdota buenísima que me contó doña Gloria Giner, la mujer de Fernando de los Ríos, que le acompañaba, en burro creo, por la serranía de Ronda. En un pueblo le gritaron «¡Viva el Cristo moderno!». Y es que en el campo andaluz el socialismo tenía un aire un poco evangélico.

T.B.M. — Mucho más mesiánico en Andalucía fue el anarquismo.

5. Véase Santos Juliá, p. 54, donde habla sobre el acercamiento de los intelectuales al PSOE.

6. En agosto de 1929, Gregorio Marañón aconsejaba a los intelectuales «ingresar en el partido en marcha». Véase Juan Marichal, *El secreto de España*, Madrid, 1996, p. 275.

7. Entre las diversas posturas que toma Ortega y Gasset ante el PSOE está la temprana identificación con el socialismo que muestra en 1909 en una conferencia que dio en la Casa del Pueblo de Madrid: «Para mí el socialismo es cultura... el hombre es hombre en cuanto es capaz de cultura... tiene el socialismo en España esta tarea que cumplir: imponer la cultura, es decir la seriedad científica, la justicia social. El Partido Socialista tiene que ser el partido europeizador de España.» (Ibíd, p.186s.)

*En Indalecio Prieto había un apetito de España.*

*Francisco Largo Caballero era un hombre muy ingenuo, muy simple intelectualmente.*

*Juan Negrín: su conducta durante la guerra es contraria a lo que se ha dicho; es él quien utiliza a los comunistas y no al revés. (En la foto, con Jesús Hernández, ministro en el gobierno Largo Caballero.)*

J.M. — Pues sí, y por eso éste era un terreno donde no prosperaba mucho el partido.

T.B.M. — Volviendo a los intelectuales que se aproximan al Partido Socialista en esa primera época, me interesó mucho, y usted hace hincapié en ello, cómo esa aproximación se detiene en un momento dado. En el caso de Ortega esto ocurre cuando lanza su mensaje «Vieja y nueva política».[8] Y usted cita una aireada respuesta de Andrés Saborit que dice «la casta intelectual española es incapaz de tener nada generoso en su corazón al unísono del pueblo, porque no tiene corazón».[9]

J.M. — El discurso de Ortega en «Vieja y nueva política» lo toman muy mal los socialistas. Pero hay que tener en cuenta que entonces Ortega está queriendo facilitar, digamos, la ampliación del Partido Reformista. Yo creo que Saborit es injusto, pero creo que también tenía un cierto instinto que le decía que los intelectuales no eran figuras de fiar: Pasó lo mismo luego con Unamuno.

T.B.M. — Este episodio de encuentros y desencuentros entre Unamuno y el Partido Socialista es poco conocido.

J.M. — Estoy de acuerdo. Acabo de leer unos artículos de él para mí desconocidos que publicó en *La Nación* de Buenos Aires entre el veinte y el veinticuatro. En ellos Unamuno vuelve a referirse al socialismo. Yo tengo la impresión de que uno de los principales problemas que tuvieron los intelectuales con el partido, y que ciertamente lo tuvo Unamuno, era que no querían someterse a la disciplina.

T.B.M. — Besteiro no tuvo nunca ese problema.

J.M. — Ése fue el contraste. Besteiro fue precisamente un gran propugnador de la disciplina.

T.B.M. — Y Unamuno, en este sentido, era el gran heterodoxo.

8. En su conferencia «Vieja y nueva política», dictada en el Teatro de la Comedia de Madrid el 23 de marzo de 1914, Ortega y Gasset habló, en nombre de la Liga de Educación Política Española, de una España oficial que consistía «en una especie de partidos fantasmas que defienden los fantasmas de unas ideas y que, apoyadas por las sombras de unos periódicos, hacen marchar unos ministerios de alucinación.» Lo que molestó a los socialistas, que se habían embarcado en la Conjunción Republicano-Socialista, fue por un lado la tesis «accidentalista» que Ortega desarrolló sobre la monarquía como forma de Estado, y por otro el hecho de que la Liga, al reunir a Ortega, Azaña y otros jóvenes intelectuales liberales, ofrecía un cauce político alternativo al PSOE en un momento en que los dos partidos dinásticos estaban en proceso de división y desdoblamiento.

9. Marichal, *El secreto de España*, p. 190.

J.M. — Recuerde cuando Azaña le reprochó a Unamuno con ocasión de la visita de éste a Alfonso XIII en 1921. Unamuno tenía una invitación pendiente de ver al rey y finalmente va después de haber atacado tantísimo a Alfonso XIII, a veces muy groseramente, por lo menos fuera de España. Era una visita calculada para producir un cierto efecto y efectivamente, al hablar los dos con normalidad, da la impresión de que Unamuno se ha rendido. Y es entonces cuando Azaña habla del león y el leonero y el reproche era que cuando se está comprometido con una causa hay que someterse a ella. Azaña dice que Unamuno no tenía que haber ido a ver al rey y que tenía que haberse sometido a una disciplina en abstracto, claro, porque entonces ninguno de los dos militaba en un partido.

T.B.M. — La desconfianza que expresaba Saborit se enmarca dentro de esa línea férrea de disciplina que caracteriza tanto al partido de Pablo Iglesias. Claro que también hay que decir que una y otra vez la disciplina y el sometimiento a ella es alabada como uno de los grandes activos del partido. Hablábamos hace un momento de Besteiro.

J.M. — A mí Besteiro, en ese aspecto, no me es muy simpático. Creo que era uno de los puritanos máximos en cuanto a la ideología del partido, aunque en otros aspectos, aunque sea un poco delicado decirlo, Besteiro no era nada puritano. El hecho es que Besteiro fue muy puritano en cuanto a no querer formar parte de la conspiración del treinta porque para él la República no representaría un cambio favorable para la clase trabajadora.

T.B.M. — Ésta fue una postura diametralmente opuesta a la de Prieto, por ejemplo.

J.M. — No, no. Prieto claro que no.

T.B.M. — Entonces, a pesar de la insistencia en la disciplina, resulta que el Partido Socialista abarca posturas políticas muy encontradas.

J.M. — Es que a mí lo que me parece fascinante en este sentido es que lo mismo que no había liberalismo sino liberales, no había socialismo sino socialistas. Y a una persona como Prieto, a quien yo he conocido bastante bien en México en los años anteriores a su muerte y me hablaba horas y horas, pues no cabría llamarle socialista-marxista ni cosas por el estilo.

T.B.M. — Pero estaba en un partido socialista. Lo chocante es que pudiesen convivir en ese mismo partido dirigentes como Prieto, que conspiraban para derrocar la Monarquía, y dirigentes como Besteiro, a quienes la proclamación de la República les dejaba, digamos, fríos.

J.M. — Bueno, creo que muchos socialistas lo eran por influjo de Prieto, son los llamados *prietistas*. Y los vemos ya en la época de la guerra en Marruecos cuando los artículos y los discursos de Prieto eran buenísimos y valientes. Cuando Prieto es elegido diputado en el dieciocho, se revela como un parlamentario extraordinario y también muy civilizado. Él representaba algo importante y es que era un hombre de acción. Él en el fondo era un *self made man*, y es así, como emprendedor que era, que abordó con enorme ilusión tantos proyectos cuando fue, por ejemplo, ministro de Obras Públicas.

T.B.M. — Mi impresión es que los socialistas de hoy se definirían como *prietistas*. Le ven con simpatía, admiran su inteligencia, y hacen suyo ese lema de Prieto: «Soy socialista a fuer de liberal.»

J.M. — Sí, sí. En Prieto había algo que me resultaba muy simpático y era un apetito de España. No sólo un apetito de la vida sino de España, aunque también tenía el apetito de la vida. Le gustaban los toros, le gustaba la vida española, era amigo de éste y del otro y del de más alla.

T.B.M. — Esto encaja con lo que decía Ortega, y usted mismo lo apunta, que el Partido Socialista tenía que ser, además de proletario, español.

J.M. — Esto es algo importante. Yo creo que Prieto desde siempre fue anticomunista.

T.B.M. — ¿Lo era porque pensaba que el Partido Comunista no era español?

J.M. — Es que cuando se funda el Partido Comunista como una escisión del Partido Socialista, para Prieto ya se define el nuevo partido por todo lo que representa de internacional y como sujeto de maniobras.[10] En ese sentido Prieto era, digamos, «socialista patriota».

T.B.M. — Pero cuando Ortega predica que el Partido Socialista tiene que ser español además de proletario, lo dice porque, según él, un partido proletario y español estaba llamado a europeizar España. ¿Cómo se ha de entender esto? ¿Cómo aparece el latiguillo europeizador?

10. Para la escisión, que tiene lugar en un congreso extraordinario celebrado en Madrid en septiembre de 1921, véase Santos Juliá , p. 50, nota 4.

J.M. — Sí, esto es lo que les está pidiendo Ortega, pero yo creo que el mismo Pablo Iglesias no es un europeísta. No tenía Pablo Iglesias, diríamos, cultura suficiente, aunque fuese una figura tan interesante. Él y los suyos estaban pensando de una manera muy concreta en la gente suya. Y yo creo que Prieto tampoco lo era.

T.B.M. — Sin embargo, algunos de los intelectuales que acabarían en el Partido Socialista eran personas que habían tenido mucho contacto con Europa, sobre todo los que habían sido becados por la Junta de Ampliación de Estudios. Besteiro, por ejemplo, conoce a Negrín en Leipzig....

J.M. — Bueno sí, claro. Casi todos estos que se acercan y que entran en el Partido Socialista a partir del veintinueve habían tenido una vinculación con la Junta de Ampliación de Estudios. Son europeos completos. Y no hay que descartar tampoco que, lo mismo que ha pasado aquí en la transición, el flujo hacia el Partido Socialista está un poco en función de que al partido le faltaban cabezas directivas. Es decir que iban a poder realizar en el partido ciertas ambiciones personales pero también, digamos, ambiciones buenas para el país.

T.B.M. — ¿Y el partido realmente necesitaba esas cabezas?

J.M. — Bueno, pues le cito un caso muy concreto que es el de Marcelino Pascua que era junto con Negrín diputado por Las Palmas. La cosa es que Pascua era de cerca de Valladolid y nunca estuvo en Las Palmas, ni siquiera para la campaña electoral. Pero en cambio era un experto en cuestiones de higiene pública y por eso el Partido Socialista le puso en sus listas. La gente de Las Palmas que le votaron era gente obrera que no se consideraba con capacidad educativa pero querían ser representados por quienes podían ayudar al progreso del país. Fue, de hecho, muy notable el número de diputados socialistas que eran médicos y que en algunos casos eran hombres locales.

T.B.M. — Esto de enviar candidatos con «paracaídas» a distintas listas electorales, imponiéndolos a las agrupaciones locales sigue siendo la moda.

J.M. — Sí, se ha reprochado estos años mucho el centralismo del PSOE y de su aparato, pero existió entonces también. Y es que no había gente. No había muchos que llevasen, como Besteiro, mucho tiempo en el partido y en el Parlamento.

T.B.M. — Negrín ingresa relativamente tarde en el partido; en el veintinueve, ¿no?

J.M. — Sí, en el veintinueve, pero él había estado antes, en su época de estudiante, muy relacionado con profesores, con catedráticos alemanes, socialistas. Él ingresa con el propósito no de establecer el socialismo sino de modernizar España.

T.B.M. — Ya, y esto me llama mucho la atención porque tampoco Felipe González quería traer el socialismo así por las buenas a España. Él ganó las elecciones del ochenta y dos diciendo que lo que quería era que España funcionase y estoy convencido de que eso era exactamente lo que quería. No creo que Felipe González se mirara, en modo alguno, en Juan Negrín, pero sí recogía una herencia socialista que quizá se podría decir que era un legado de Prieto.

J.M. — Sí, sí, eso desde luego. Por ejemplo en el caso de Negrín tendríamos que pensar en su dedicación, a partir del treinta y tres, a la Ciudad Universitaria. Ésa era su gran ilusión. Había otra gente en ese terreno, el doctor Pascua era uno de ellos con su dedicación a la higiene pública, de querer poner a España, en lo posible, al nivel europeo.

T.B.M. — Sin embargo, una diferencia destacable entre el Partido Socialista de los treinta y el que llega al poder cincuenta años más tarde en los ochenta es que el partido de Prieto, de Besteiro, de Largo Caballero, de Negrín y de los demás era un partido mucho más plural en el cual resaltaban muchas personalidades. En los ochenta esto no se ve.

J.M. — Bueno, podríamos decir que en un sentido trágico el Partido Socialista, a partir casi de la proclamación de la República, está dividido. No sólo hay varios sino está la división clara que representan el grupo más o menos *caballerista* y el grupo *prietista*, y Negrín era completamente de Prieto. Quizá en esto tenía que ver también la infiltración o el contacto con los comunistas. El grupo más burgués era el que representaba Prieto, y yo creo que era el más patriota.

T.B.M. — ¿Qué papel juega Araquistáin a su juicio?

J.M. — Yo creo que Araquistáin fue una persona absolutamente terrible para el Partido Socialista.[11] Yo diría también que casi lo fue para España. Prieto, que desde luego no podía ver a Araquis-

11. Luis Araquistáin hizo un singular viraje político hacia las posturas conservadoras del socialismo después de la guerra. Véase Malefakis, p. 270, y Simón, p. 76, nota 1.

táin, me decía «mire, Araquistáin siempre ha estado al servicio de una potencia extranjera, es un hombre venal». «Y además —decía Prieto— es que Araquistáin frecuenta los prostíbulos y eso cuesta mucho dinero. Yo lo sé porque también los frecuento.» Araquistáin, siendo indudablemente un hombre muy inteligente, pudo manejar a Largo Caballero y Largo Caballero era un hombre muy ingenuo, muy simple intelectualmente.

T.B.M. — Álvarez del Vayo[12] cumple un papel parecido al de Araquistáin, ¿no?

J.M. — Bueno sí, pero Álvarez del Vayo era menos inteligente, menos maquiavélico. No llegó a tener la influencia que tuvo Araquistáin. Justo antes de la guerra, cuando se elige a Azaña presidente en el Palacio de Cristal, ahí Araquistáin y Zugazagoitia, que era el director de *El Socialista*, se pegan físicamente y ahí se vio la gran división.[13] Zugazagoitia era un hombre extraordinario y su fusilamiento fue un asesinato muy vil. Su libro sobre la guerra muestra una lucidez, casi una ecuanimidad tremenda.[14] Zugazagoitia, que era *prietista*, era, él sí, un intelectual socialista muy limpio que nunca operó dentro de una franja comunista.

T.B.M. — No se puede decir, supongo, lo mismo de Negrín.

J.M. — Bueno, hay que entender a Negrín antes de la guerra.

12. Julio Álvarez del Vayo (1891-1975), concuñado de Araquistáin y, como él, intelectual con sólida formación humanística y de larga trayectoria socialista, fue ministro de Estado [de Asuntos Exteriores] durante la guerra civil, en el gobierno de Largo Caballero y en el de Negrín. Al contrario de Araquistáin, el exilio acentuó el radicalismo de Álvarez del Vayo. El año antes de su muerte aceptó ser presidente del fugaz y notorio Frente Revolucionario Antifascista Patriótico (FRAP).

13. El 10 de mayo de 1936, Manuel Azaña fue elegido presidente de la República por las Cortes reunidas, excepcionalmente, en el Palacio de Cristal del parque del Retiro de Madrid. Julián Zugazagoitia (1898-1940), bilbaíno y colaborador cercano de Prieto, fue ministro de Gobernación en el primer gobierno de Negrín. Refugiado en Francia, fue detenido por la Gestapo, devuelto a España, condenado a muerte y ejecutado.

14. La *Historia de la guerra de España* de Julián Zugazagoitia fue publicada en Argentina y treinta y siete años después se pudo reeditar en España con el título *Guerra y vicisitudes de los españoles*. Como muestra de la ecuanimidad de Zugazagoitia que reivindica Marichal, considérese la siguiente reflexión sobre la ejecución de José Antonio Primo de Rivera: «Su conducta en la prisión era liberal, cariñosa. En las horas de encierro tejía sueños de paz: esbozaba un gobierno de concordia nacional y redactaba el esquema de su política. Temía una victoria de militares. Eso era, para él, el pasado. Lo viejo. [...] Cuando le llegó la hora, su templanza fue perfecta.» (Citado por Rafael Borràs Betriu y otros, *Crónica de la guerra civil española*, Barcelona, 1996, p. 180.)

Es gracias a Negrín que las juventudes *caballeristas* no matan a Prieto en 1936.[15] Luego Negrín fue ministro porque Prieto, que admiraba mucho su capacidad de trabajo, lo exigió. Pero llega un momento en que Negrín empieza a sentir que Prieto, de manera temperamental, es una persona que no cree....

T.B.M. — ¿Que la guerra se pueda ganar?

J.M. — Es que yo he vivido eso. Después de la guerra, un amigo mío, que era comunista, fue enviado a España por su partido y casi inmediatamente fue encarcelado. Con ocasión de esto, yo le decía a Prieto: «¿Qué le parecen los comunistas que están enviando gente a España? ¿No podrían ustedes mandar gente también para evitar que los comunistas dominen la clandestinidad?» Y él dijo: «¿Usted cree que yo voy a enviar a una persona como su amigo, joven, que está empezando a vivir? ¿Cree que le voy a enviar a España para que lo maten o lo metan en la cárcel? No, no; ésas son cosas que nosotros no podemos hacer.»

T.B.M. — Usted cuenta este recuerdo para que se pueda entender el estado de ánimo de Prieto en plena guerra, ¿no? Entonces, durante la guerra, se acusaba a Prieto de derrotista.

J.M. — Es que Prieto sentía que aquello no podía seguir, que no podían seguir muriendo gentes.

T.B.M. — Y es así que rompe, entre otros, con Negrín.

J.M. — Claro. El mismo Azaña lo advierte. Azaña lo llamaba «los altibajos» de Prieto. Mire, Prieto era ministro de la Guerra cuando la operación de Teruel y se habían preparado una gran cantidad de trenes para los heridos porque Prieto tenía mucha capacidad organizativa. Pero luego cuando el jefe del Estado Mayor habla con Prieto para revisar la operación, Prieto le dice: «Esto, todo esto, no sirve de nada.» Al jefe del Estado Mayor le produce un gran efecto lo que dice el ministro porque se quedó completamente desanimado.

T.B.M. — Ése era el tipo de altibajo que había notado Azaña, ¿no?

J.M. — Exactamente. Ahora, la cuestión de Negrín tiene otros aspectos. Yo creo francamente que su conducta durante la guerra es contraria a lo que se ha dicho. Es decir que es él quien utiliza a

15. Los *caballeristas* boicotearon violentamente un mitin de Prieto en Egea de los Caballeros a comienzos de mayo de 1936. A final de ese mes Prieto y Negrín sobrevivieron a una sangrienta emboscada de las Juventudes Socialistas Unificadas (JSU) en Écija.

los comunistas y no al revés. Lo digo, entre otras cosas, por las conversaciones que tuve con un cardiólogo que fue alumno suyo y fue jefe de carabineros. Él contaba que Negrín le había dicho repetidamente: «En los carabineros no entra ni un comunista porque los vamos a necesitar después.» Era una cosa bastante maquiavélica.

T.B.M. — El caso es que Negrín es el blanco de todas las críticas, de todos los odios.

J.M. — La tragedia es que la división de socialistas antes de la guerra pasó a la guerra, y eso yo lo he vivido muy directamente. Los *caballeristas* odiaban a Negrín. Entre los jóvenes en el frente era distinto, pero los odios eran terribles en la retaguardia y siguieron en el exilio. Los *caballeristas* reprochaban a Negrín que hubiera desplazado a Largo Caballero y los *prietistas* le reprochaban que hubiera hecho el juego a los comunistas. Ahora, yo creo que, en cuanto a los comunistas, aquí hay un aspecto de la guerra civil española que será desconocido mientras no se trabaje con los archivos en Rusia para investigar la relación entre Negrín y la Unión Soviética. Desgraciadamente Negrín era completamente ágrafo y yo he rastreado archivos de sus amigos buscando, sin éxito, cartas suyas. Negrín despreciaba todo lo que pudiese ser interés en sí mismo, a diferencia, por ejemplo, de Azaña.

T.B.M. — Lo que sí se suele argumentar en defensa de Negrín es que él hace el juego a los comunistas, o como se quiera decir, pero lo que realmente él quiso era prolongar la guerra para que enlazase la guerra española con la europea y de esa manera, salvar la República.

J.M. — Es que había una gran diferencia entre Negrín y Prieto. Así como comentábamos antes que Prieto no era un hombre con una gran visión europea, Negrín, en cambio, sí tenía una gran cabeza europea. Estaba muy pendiente de la gran guerra que se aproximaba, aunque cada vez que iba a Ginebra se daba cuenta de que Europa parecía hundirse ante los chantajes alemanes. Lo que quiero decir es que en un régimen normal Negrín no hubiera tenido ese protagonismo. A él, por ejemplo, no le interesaba nada el Parlamento, y era mucho más hombre de acción.

## 2. Santos Juliá

*Catedrático de Historia del Pensamiento,*
*Universidad Complutense de Madrid.*

**Si lo que el PSOE va a ofrecer es el recuerdo del pasado, es decir, a Felipe González otra vez, ¿quién va volver a querer votar a Felipe González en una democracia en la que el tiempo liquida todas las fidelidades?**

Santos Juliá es quien, desde su cátedra universitaria, ha estudiado más y mejor el socialismo español. A lo largo de las conversaciones que conforman este libro me he apoyado mucho en su tesis sobre la «refundación» del PSOE. Argumenta que en el congreso del PSOE, celebrado en octubre de 1974 en Suresnes, congreso que eligió primer secretario a Felipe González y que fue el último en el exilio, se produjo «una clara ruptura» con el liderazgo y con la estrategia precedente.

Cuatro años más tarde, en el congreso extraordinario del PSOE de septiembre de 1979 que de manera abrumadora confirmó los poderes de Felipe González —a partir de este congreso asumió el título de secretario general que había ostentado su predecesor, Rodolfo Llopis, en el exilio— , se plasmó lo que Juliá califica como una «profunda reconversión», que consistió en el abandono del marxismo y en ocupar el espacio del centrismo progresista dentro del espectro electoral.

El diálogo con Juliá me ayudó a perfilar mis ideas para muchas de las demás conversaciones. La «ruptura» de Suresnes es, evidentemente, la clave para todo lo que vino después. Pero no es, exactamente, un corte generacional entre jóvenes turcos y viejas glorias y tampoco es una línea divisoria geográfica entre los socialistas del interior, es decir, los fogosos antifranquistas, mayoritariamente universitarios, y las vetustas glorias que, soportando las penurias del exilio, esperan pacientemente el fin biológico del régimen. En el proceso se mezclan jóvenes y viejos, exterior e interior.

La Ejecutiva que preside Felipe González a raíz de Suresnes, cuya edad media no llega a los cuarenta años y que reside en su totalidad en España, consigue ser elegida en ese congreso porque, habiéndose producido una ruptura anterior en el exilio socialista, es apoyada por parte del partido en el exterior y porque estaba bendecida por Ramón Rubial, el veterano luchador socialista del interior que ejerce una incuestionable autoridad moral sobre la familia socialista tanto en un lado de los Pirineos como en el otro.

Comparar el liderazgo que representó esa Ejecutiva rupturista, y de un modo muy particular su primer secretario, y la anterior liderada por Llopis es contrastar la libre galopada de un corcel con el penoso paso de una mula que camina hacia el matarife. El nuevo PSOE corre hacia el encuentro de una sociedad que responde al eslogan de «La libertad está en tu mano».

La estrategia dio un vuelco espectacular. La dirección del Partido Socialista, instalada en España, se puso a negociar la salida del franquismo en vez de conformarse con ser espectador de su finiquito. Lo que se pacta no es la vuelta a la legitimidad de la II República, que era el esquema del exilio, sino un Estado *ex novo* acorde con una sociedad que, habiéndose acoplado durante un tiempo al franquismo, había asumido crecientemente valores que lo sobrepasaban.

Con el nuevo Estado cambian todos: la Monarquía que había heredado sus poderes de Franco, los *aparátchiki* que habían tomado el relevo del Movimiento Nacional y los exaltados *progres* de las asambleas de facultad que se habían hecho fuertes en el PSOE. La «profunda reconversión» del Partido Socialista en 1979, una mudanza que le puso en la *pole position* para ocupar el poder, no fue, creo, ni mayor ni menor que la que se evidencia, sin ir más lejos, en don Juan Carlos o en Adolfo Suárez. Como unos y como otros, el PSOE había cambiado de una manera radical y sólo las siglas le unían con el partido que Pablo Iglesias había fundado cien años antes.

Dentro de esta reflexión general me interesaron mucho varios juicios de Juliá y uno en especial. Expuso con enorme lucidez sus tesis sobre el clásico núcleo duro de todo partido socialista que se compone de «creyentes» porque les guía la idea de que forman «un mundo dentro de un mundo con características propias de una iglesia».

Es un mundo «clánico» de fuertes lealtades que no admite ni corrientes internas ni, menos aún, alternativas al aparato dirigente. Cuando, habiendo ocupado de modo hegemónico ese espacio de centrismo progresista, el PSOE, en su momento de mayor triunfo, consolidó una organización acusadamente centralizada y un liderazgo absolutamente indiscutido, se puso en marcha un proceso que, en política, tal y como Juliá afirma, «está siempre acompañado por corrupción».

Tom Burns Marañón: Gillespie subtituló su libro sobre el PSOE, «historia de un faccionalismo».[1] ¿Te pareció acertado?

Santos Juliá: No. Se equivoca con el faccionalismo y así se lo dije. Él

1. Richard Gillepsie, *The Spanish Socialist Party, a history of factionalism,* Oxford, 1989 (*La historia del Partido Socialista Obrero Español,* Madrid, 1991). «La mejor historia que se ha escrito del PSOE, por un inglés de Oxford, como está mandado», según opina Francisco Bustelo en *La izquierda imperfecta* (p. 104). Puede que este juicio cambie cuando Santos Juliá haya publicado la historia del socialismo español que prepara en la actualidad.

piensa que cualquier corriente, cualquier debate, cualquier discrepancia a la línea central del partido ya es una facción. Y es que realmente la historia del socialismo desde los orígenes hasta hoy lo que da es todo lo contrario. Hay una gran capacidad de control desde el aparato central y hay momentos, y digo momentos, en que hay lucha faccional.

T.B.M. — Uno bastante prolongado ocurrió en los años treinta.

S.J. — Sí. Los años treinta a partir de 1934.

T.B.M. — Que es cuando ya está abierto el enfrentamiento entre los *caballeristas* y los *prietistas*. Lo que dice Gillespie es que el proceso de renovación del partido, el enfrentamiento del PSOE en el interior frente al exilio que lidera Rodolfo Llopis es faccionalismo.

S.J. — Yo creo que no lo fue. Lo que hubo entonces fue la sustitución de un grupo que llevaba muchos años en la dirección del partido y que estaba agotado por un nuevo grupo dirigente que sale entonces a la luz pública y que es capaz de absorber una gran cantidad de iniciativas que habían surgido un poco por todas partes en un plazo de tiempo muy breve. Es decir, si llamamos faccionalismo a lo que pasa entre 1974 y 1978, no se entiende cómo en 1979 el PSOE se puede mostrar como uno de los partidos más disciplinados del país y como un partido que tiene a su frente un grupo dirigente capaz de ejercer su autoridad.

T.B.M. — La sustitución es doble. Por un lado se sustituye a la dirección del exterior por dirigentes del interior...

S.J. — Relativamente porque hay una parte del exilio que se une y apoya a los que emprenden la lucha contra Llopis. Y si no hubiera sido así, si se hubiera roto el partido por la línea exterior-interior, entonces la renovación hubiera tenido consecuencias probablemente más duras. Hubiera sido más difícil para la Internacional Socialista aceptar la legalidad del nuevo grupo. El tema es que el partido en el exterior se rompe.

T.B.M. — Claro. Hay personas que se ponen del lado de Felipe González y por poner nombres están Manuel Simón y Manuel Garnacho, de la UGT y las Juventudes Socialistas...

S.J. — Y Carmen García Bloise y los hermanos Martínez Cobos. No son gente muy de primera fila, pero sí llevan muchos años de afiliación y de militancia socialista en sus respectivas federaciones.[2]

2. Manuel Garnacho, de la agrupación de Grenoble, se enfrentó a Llopis y a la dirección del partido siendo presidente de las Juventudes Socialistas (véase Simón,

T.B.M. — También creo que Ramón Rubial, aunque estuviese él en el interior, era un personaje clave en este proceso de legitimación.[3] Lo digo porque la sustitución del grupo de Llopis por el grupo de González fue un proceso doble, como empezaba a decir hace un momento. Además de una sustitución, con todos los matices que quieras del exterior por el interior, se produce un relevo generacional. El caso de Rubial, que apoya la renovación que plantea Felipe González, indica que tampoco todos los viejos se quedan con Llopis.

S.J. — Efectivamente, no todos los mayores se quedan con Llopis.

T.B.M. — Volviendo a Gillespie, puede que él vea faccionalismo donde, según la jerga del PSOE, lo que existen son clanes y tendencias.

S.J. — Sí. Pero el tema es que hay cincuenta años en los cuales el partido está bajo una dirección muy poco cuestionada para lo que son los partidos socialistas en Europa. Hay un momento sin duda de escisión cuando en 1921 un sector funda el Partido Comunista, pero no tuvo consecuencias la escisión como la tuvo en Francia y en Italia donde salen partidos comunistas fuertes. Aquí se va un grupo, un sector, los *terceristas* que se llaman, que son incapaces de levantar un partido porque la Unión General de Trabajadores se queda con el PSOE.[4] Los fundadores del PCE no logran escindir sindicatos y no consiguen apoyo sindical. Y entonces el Partido Comunista en España no es nada hasta 1936.

T.B.M. — Me interesa mucho la reflexión sobre la dirección del PSOE, una dirección que, como tú dices, es tan poco cuestionada. No lo fue con Pablo Iglesias y tampoco lo sería con Felipe González. La

p. 84). De vuelta en España sería un importante dirigente de la UGT y miembro de su Ejecutiva. Carmen García Bloise, también nacida en el exilio y miembro del grupo de París, fue elegida miembro de la Ejecutiva del PSOE en 1972, al mismo tiempo que Felipe González y Alfonso Guerra, en lo que sería la «Ejecutiva compartida» rechazada por Llopis. Seguiría en la dirección del partido hasta su muerte en 1995. Los hermanos Martínez Cobos eran hijos del histórico dirigente del PSOE en el exilio Carlos Martínez Parera (veáse Guerra, p.126, nota 6).

3. Los jóvenes renovadores del exilio esperaban con «anhelo» que Rubial, conocido como «Pablo» en la clandestinidad, se declarase en favor de la sustitución de Llopis y del retorno de la dirección socialista a España. (Véase Simón, p. 87.)

4. Un congreso extraordinario del PSOE celebrado en septiembre de 1921 acordó rechazar la adhesión a la *Tercera Internacional,* fundada por Lenin el año anterior en Moscú, por 8.808 votos frente a 6.025 partidarios de la adhesión. Estos últimos, conocidos como los *terceristas,* fundaron, después del congreso, el Partido Comunista Obrero Español (PCOE), precursor del Partido Comunista de España (PCE).

*Nunca nadie pensó que Pablo Castellano, o que Luis Gómez Llorente, o que Javier Solana pudieran ser elegidos como primer secretario del partido.*

disciplina, como marca de la casa en el PSOE, atrae y a la vez provoca rechazo entre intelectuales como Unamuno y Ortega en la primera época del partido. Julián Besteiro y Fernando de los Ríos serían de los pocos intelectuales que se afilian al partido en estos años.[5]

S.J. — Hombre, creo que hay que preguntarse por qué tardan tanto los intelectuales en llegar al partido. Más tarde vendrían muchos...

T.B.M. — Sí, hay un segundo grupo de intelectuales que entra en el partido en el veintinueve. Éstos ya no parecen tener los problemas que tuvo la generación del catorce.[6]

S.J. — Claro, pero ¿por qué tardan tanto? Yo creo que más que por el carácter de disciplina del partido, estos primeros intelectuales tienen dificultades con el carácter extremadamente obrerista que Pablo Iglesias le da al PSOE hasta el año nueve. Ese año sale un poco del aislamiento que él había preconizado desde que fundó el PSOE y entonces es cuando tiende la mano a los republicanos. Es decir la oposición a la Monarquía en sectores de la clase media se dirige hacia el republicanismo y no hacia el socialismo porque el socialismo les parece un discurso, un lenguaje, periclitado, muy antiguo, muy obrerista, muy moralista.

T.B.M. — Aunque el discurso moralista resulta muy atractivo para determinados intelectuales.

S.J. — Bien. Pero hay allí un primer intento de los intelectuales en torno al doctor Vera que colaboran con la prensa socialista, gente como Unamuno, incluso Maeztu, que no cuaja.[7] Y luego en el

5. Julián Besteiro (1870-1939), catedrático de lógica fundamental en la Universidad de Madrid, presidió las Cortes Constituyentes de 1931. Fernando de los Ríos (1879-1949), catedrático de derecho político de la Universidad de Granada, fue ministro de Justicia en el gobierno provisional de la II República y, más tarde, ministro de Instrucción Pública. Ambos se habían formado en la Institución Libre de Enseñanza.

6. Véanse Edward Malefakis (p. 274), que habla sobre el lento crecimiento del PSOE, y Juan Marichal (p. 39), que explica la entrada de profesionales en el partido de la mano de Indalecio Prieto a partir de 1929.

7. El doctor Jaime Vera fue uno de los veinticinco fundadores del PSOE el 2 de mayo de 1879. Su *Informe sobre el estado y las necesidades de la clase obrera*, presentado a la Comisión de Reformas Sociales que en 1883 presidió Segismundo Moret, es considerado frecuentemente como la contribución más importante del socialismo español a la teoría marxista. Paul Heywood, sin embargo, considera que el informe de Vera fue «una mezcla de ideas, algunas de ellas mutuamente excluyentes, con una aparente poca consideración por su aplicabilidad a la situación de España». (Paul Heywood, *Marxism and the failure of organised Socialism in Spain, 1879-1936*, Cambridge, 1990, p. 9.)

*El partido que sale del XXVIII Congreso del setenta y seis es un partido que está dispuesto a ir a unas elecciones aunque no esté legalizado en ese momento el Partido Comunista.*

*El referéndum sobre la OTAN fue una cosa muy arriesgada que obligó a mucha gente a votar contra sus convicciones íntimas.*

*Nicolás Redondo siempre evoca cómo él apoyó a Felipe González en Suresnes y cómo ahora Felipe González se volvió irreconocible.*

doce cuaja algo más con la Escuela Nueva, y ahí sí hay una primera entrada que en este caso eran maestros, intelectuales de segundo rango, más bien intelectuales divulgadores.[8] Más tarde en el veintiocho, el veintinueve, el treinta y el treinta y uno, las listas de médicos, profesores, abogados que entran en el PSOE son muy notables.

T.B.M. — Negrín tuvo un contacto bastante estrecho con el socialismo cuando era estudiante, pero no da el paso para ingresar en el partido hasta el veintinueve.[9] Cuando por fin decide militar ¿lo hace porque ya es un socialista convencido o porque, ya en los albores de la República, el PSOE representa un programa modernizador y europeizador?

S.J. — En una conferencia que da en la Casa del Pueblo, «¿Por qué soy socialista?», dice que lo es porque el Partido Socialista es el único partido republicano que existe en España.

T.B.M. — Besteiro, en cambio, era socialista antes que republicano.

S.J. — Claro. Y Besteiro le responde a Negrín diciendo que no, que «nosotros somos socialistas por la clase obrera». Besteiro está mucho más en la línea obrerista sindical heredera de la línea de Pablo Iglesias.

T.B.M. — Y la República le crea bastantes problemas.

S.J. — Le crea problemas porque para él, digamos, «la República no es lo nuestro». Porque la República es la aspiración de la burguesía y no exactamente la del socialismo que es otra cosa. Para Besteiro el socialismo es otra sociedad, no otra forma de Estado.

T.B.M. — Negrín, en cambio, estaría más en la otra dirección y en la línea de Prieto.[10]

S.J. — Sí. Para Prieto el socialismo es un partido democrático en el sentido de que es un partido que va contra la dictadura, contra el poder absoluto y se declara por la democracia. Y entonces en

8. La Escuela Nueva fue fundada en Madrid por Manuel Núñez de Arenas en 1910 con el propósito de fomentar la ciencia y la cultura en la clase trabajadora. Núñez de Arenas se alinearía junto a los *terceristas* en 1921 para fundar el PCOE.

9. Juan Negrín (1889-1956), catedrático de fisiología de la Universidad de Madrid, fue presidente del Gobierno (mayo de 1937-1939). Véase la semblanza que Marichal hace de Negrín (p. 40).

10. Indalecio Prieto (1883-1962), ministro de Hacienda en el gobierno provisional de la II Républica y posteriormente ministro de Obras Públicas. Iniciada la guerra civil, ocupó la cartera de Defensa hasta abril de 1938.

ese sentido sí: a Negrín le atrae el PSOE porque es modernizador. Lo que pasa es que no es una palabra que se utilizaba entonces.

T.B.M. — Pero es una palabra que se usa machaconamente en los setenta. Me interesa la reflexión de que puede existir un cierto paralelismo entre aquellos atraídos por el PSOE al comenzar la década de los treinta porque era un partido disciplinado que representaba un proyecto modernizador, y los que cincuenta años después serían de nuevo atraídos por el partido porque Felipe González decía que quería que España funcionase.

S.J. — Pues sí, hay un cierto paralelismo. Si el PSOE del setenta y siete y el setenta y nueve entronca con alguna tradición es con la tradición *prietista*, aunque mi tesis es que hay una clara ruptura en el setenta y cuatro, una especie de refundación. Está claro que la tradición de Prieto, de Negrín, es la que atrae a los intelectuales, a la clase media y a los profesionales.

T.B.M. — No se reivindica, sin embargo, mucho, por no decir nada, a Prieto, y cualquiera diría que Negrín no existió nunca.[11]

S.J. — Es que Negrín plantea problemas particularmente especiales.

T.B.M. — Me interesa también la reflexión sobre el liderazgo en el socialismo y más exactamente sobre lo duradero que viene siendo. El PSOE tiene en su fundador Pablo Iglesias un líder que dura cuarenta y pico años y ahora con Felipe González, que lleva más de veinte dirigiendo el partido, tiene a otro político que va camino de igualar esa marca.

S.J. — Tampoco es peculiar la tradición socialista española. Es también muy propia en general de la socialdemocracia europea y del socialismo europeo. En otros países también se encuentran grandes figuras que dominan el partido a lo largo de muchos años.

T.B.M. — ¿Por qué se da esto en el socialismo?

S.J. — Creo que antes de la guerra del catorce lo que ocurre es que el socialismo es una especie de subcultura, es una especie de mundo dentro de un mundo, con características propias de una iglesia. Por lo tanto la jefatura o el liderazgo tiene siempre algo de ejemplarizante, de sagrado, y es casi inatacable a no ser que se produzca una conmoción interna muy señalada. Lo que caracteriza a la tradición organizativa de la izquierda es aquella frase que dice: «Nosotros no somos como esa sociedad a la que queremos transformar.»

11. Véanse Marichal (p. 43) y Guerra (p. 125).

T.B.M. — No sé si esto explica el superliderazgo en la actualidad.

S.J. — Yo pienso que algunos de esos valores siguen vigentes hoy. La insistencia, por ejemplo, en los valores familiares o de fidelidad, que son valores antiguos, y en un tipo de organización cara a cara frente a una organización moderna más anónima.

T.B.M. — Esos valores puede que expliquen los «clanes» que tanto se dan en el partido.

S.J. — Hombre, lo que pasa es que la organización «clánica» nunca es tan extensa, ¿no? Yo creo que lo que vemos es una tradición específica de organización de partidos. Tenemos que distinguir, como hacen los teóricos, entre los creyentes y los oportunistas, entre los afiliados por una llamada interior, por una exigencia interior, y los que van al partido porque éstos son vehículos, o canales, de movilidad social ascendente. Y tenemos que tener en cuenta que los partidos socialistas siempre han exaltado los valores del creyente, o sea del que está ahí como servicio. Resulta que ese tipo de valor hace que el liderazgo sea más inatacable. También es verdad que cuando se ataca es cuando surge el faccionalismo en el cual emerge otro líder que tiene que enfrentarse al anterior. El nuevo líder normalmente no ataca por canales establecidos y racionales y, además, es portador de otro tipo de valores.

T.B.M. — En la refundación o renovación del partido, Felipe González, claramente, representa otro tipo de valores y Rodolfo Llopis, que es desplazado, acusa a los renovadores de no utilizar los canales establecidos de sucesión. Recogiendo de nuevo la idea del clan que tú matizabas, a mí me llama mucho la atención cómo es el clan sevillano, que se hace fuerte en la dirección del partido frente a los madrileños que aparentan una mayor preparación intelectual, que han viajado más y que parecen tener mayores resortes sociales.

S.J. — Bueno, yo creo que en Madrid sí que hay facciones, clanes, y sobre todo personalidades. Hay una gran indisciplina. La agrupación madrileña está rota durante todos los años sesenta y cada sector manda a sus representantes a los congresos. No hay gente con esa habilidad o con esa dedicación para controlar un partido. Son personajes que carecen de ese trabajo de organización que habían desarrollado los sevillanos.[12]

12. Miguel Boyer (p. 299) dice que los jóvenes socialistas en Madrid se dedicaban a «conversaciones de café» y Pablo Castellano (p. 226) afirma que no tenían conciencia de que podrían reconstruir el partido.

T.B.M. — Sí. A los sevillanos les caracteriza casi una minuciosidad por todo lo que sea organización, cohesión y disciplina interna.

S.J. — Mira, la federación andaluza no era gran cosa, como no era gran cosa ninguna federación en el año setenta. En total el PSOE en el interior sumaba dos mil afiliados, o mejor dicho se cuentan dos mil, pero yo creo que eran menos.[13] La cosa es que los andaluces, cuando llegan a Toulouse y luego a Suresnes, llegan con un mandato único y cerrado y saben quiénes son. Los madrileños, en cambio, andan perdidos. Están unos frente a otros y no forman un grupo compacto. Nunca nadie pensó que Pablo Castellano o que Gómez Llorente o que Javier Solana pudieran ser elegidos como primer secretario del partido.

T.B.M. — En cierto modo la revancha madrileña, o al menos de algunos de ellos, vendría años después cuando Francisco Bustelo y Gómez Llorente levantan la bandera del marxismo en el congreso de 1979. Al margen de lo que pudo haber de debate ideológico, existía un malestar por la manera en que los sevillanos se habían apoderado del partido.[14]

S.J. — Claro. A ellos les sienta muy mal porque además eso rompe el esquema que tenían de un Partido Socialista más a la antigua. Según ese esquema, el partido tendría más carga ideológica, más vida interior, y estaría menos fascinado por ganar elecciones.

T.B.M. — Pero no necesariamente sería más plural.

S.J. — No, eso no. Al contrario, cuanto más ideológicamente puro eres, cuanto más marxista eres, menos campo hay para otros. Quienes traen la pluralidad son los sevillanos, porque rebajan la carga ideológica y dicen: «¿Marxismo? Bueno, ésa es una de las corrientes, pero aquí caben democratacristianos, krausistas, liberales», y, consecuentemente, hacen un partido muy abierto de procedencia.[15]

13. En el Congreso de Suresnes en 1974 estaban representados 1.049 afiliados. Ese año se estimaban 2.548 militantes del PSOE en España. Abdón Mateos, *El PSOE contra Franco, continuidad y renovación del socialismo español*, Madrid, 1993, apéndices I y II.

14. Francisco Bustelo, que dimitió de la ejecutiva, no critica tanto que los sevillanos se hiciesen con el poder como su manera de ejercerlo (p. 248).

15. En vísperas de las elecciones de 1977, el PSOE tenía 1.423 agrupaciones y 51.552 afiliados. En octubre de 1982 las agrupaciones sumaban 2.862 y los afiliados 112.591 (véase José Félix Tezanos, *Sociología del socialismo español*, p. 91). El PSOE, sin embargo, crea una organización muy centralizada que de ningún modo favorece el debate interno.

T.B.M. — Lo que fue muy inteligente por parte de los sevillanos, y en esto el mérito es de Alfonso Guerra, fue su decisión de dedicar recursos, gente y tiempo a estudiar técnicas electorales, a aprender cómo se hace una campaña electoral y cómo se ganan unas elecciones.

S.J. — Yo creo que son los primeros que se dan cuenta de que aquí inevitablemente la democracia va a dar lugar a un juego de partidos exactamente igual que en el resto de Europa y de que se va a llevar el gato al agua el que gane más votos. Y entonces empiezan a trabajar en esa dirección. En lo que es la transición-transición, el período de 1976 a las elecciones de 1977, ellos no aparecen como muy reivindicativos, como muy rompedores.

T.B.M. — Lo que querían eran elecciones, primero paz y después gloria.

S.J. — Claro, porque la única manera que tenían de demostrar que ellos, y no el Partido Comunista, representaban la fuerza hegemónica de la izquierda era a través de las elecciones.

T.B.M. — ¿Tú crees que ellos confiaban mucho en la memoria histórica para sacar el voto socialista? ¿O es eso una historia que se escribió después?

S.J. — No. Ahí hay una opción que era también de Llopis.

T.B.M. — Te refieres a Llopis diciendo que no había que preocuparse porque una vez muerto Franco el PSOE no tenía más que abrir un estanco en la Puerta del Sol y la fila de afiliados iría de la calle Alcalá abajo hasta la plaza de Cibeles.

S.J. — Eso, el quiosco y las colas. Bueno, pues un poco igual. Por eso ellos, los sevillanos, no crean ni Refundación Socialista, ni Convergencia Socialista ni nada de eso.[16] Ellos eran PSOE. Apostaron por las siglas y dieron una batalla muy fuerte por ellas. No aceptaron nunca la «r» del PSOE renovado.

T.B.M. — Felipe González encabeza la renovación cuando él y los suyos se hacen con el partido en el Congreso de Suresnes en 1974, luego consolidan su poder y dos años más tarde en Madrid en el XXVIII Congreso y acaban haciendo una segunda renovación en los congresos que se celebran en 1979 en torno a «marxismo sí-marxismo no», con la dimisión de Felipe González por medio.

16. Lo que hicieron fue absorber los nuevos grupos socialistas que se habían creado y reconvertir sus líderes, políticos como Joaquín Leguina y Narcís Serra, en futuros dirigentes del PSOE. El proceso lo explica Joaquín Arango que militaba en estos grupos experimentales (p. 98).

S.J. — Yo creo que en el setenta y nueve, más que una segunda renovación, se produce una profunda reconversión. Ten en cuenta que el grupo que se hace con el poder en el setenta y cuatro, los sevillanos más algún vasco y algún otro, trae una cuña ideológica muy fuerte precisamente para...

T.B.M. — ... que no les coma el terreno el PCE.

S.J. — O para comerle ellos el terreno al PCE. Y no sólo al PCE. Piensa en los otros partidos socialistas de entonces que tenían un lenguaje mucho más izquierdista que ellos. Por ejemplo Leguina con Convergencia Socialista. Hay que leer las cosas que escribía Leguina.

»Según él, en aquella época, la transición daría paso a un enfrentamiento con la burguesía y finalmente la izquierda se haría con todo el poder. Una persona tan moderada como Miguel Boyer estaba hablando de nacionalizaciones y de un modelo socialista como el yugoslavo.[17] Es decir, había un clima izquierdista muy fuerte.

T.B.M. — Cuando el PSOE adopta ese lenguaje, ese discurso, ¿era una postura meramente táctica?

S.J. — Hombre, si ves la evolución posterior, si ves cómo van desprendiéndose de todo eso, entonces podría decir que lo anterior era pura táctica, ¿no? Pero yo creo que no es puramente táctico. Las condiciones en las cuales se desarrolló la lucha política en aquella época les exigía una identidad muy marxista.

T.B.M. — Con ese discurso utópico y radical consiguen hacerse los amos de la izquierda en las elecciones de 1977, pero luego se dan cuenta en las elecciones de 1979 de que con ese discurso se quedan exactamente donde estaban, como segunda fuerza política del país. Por lo tanto tienen que ganar votos por otro lado.

S.J. — Exactamente. Creo que es Felipe González el primero que se da cuenta de que hay que descargarse de ese discurso. Lo llamaban la sobrecarga ideológica. Pero no olvidemos que, a pesar del discurso, la práctica política era de una gran moderación.[18] El partido que sale del XXVIII Congreso del setenta y seis es un partido que está dispuesto a ir a unas elecciones aunque no está lega-

17. Miguel Boyer había moderado tanto sus ideas cuando el PSOE celebró su congreso de 1976 que abandonó temporalmente el partido. (Boyer, p. 302.)

18. Alfonso Guerra (p. 132) contrasta el radicalismo de las resoluciones del congreso de diciembre de 1976 con la moderación del programa electoral del PSOE en las elecciones de junio de 1977.

lizado en ese momento el Partido Comunista. Felipe González tenía muy claro que el PSOE no iba a supeditar el ir o no ir a unas elecciones a que el Partido Comunista estuviera o no. Él y el PSOE nunca, nunca pretendieron una confrontación dura y directa con el poder que en ese momento era Suárez.

T.B.M. — En ese sentido la operación de descarga ideológica estaba servida.

S.J. — Claro. Las condiciones para la conversión posterior, creo, que estaban dadas. Tampoco fue una gran sorpresa para quienes conocían bien el partido.

T.B.M. — Con el debate sobre el marxismo ganado, Felipe González consigue millones de votantes nuevos cuya única ideología, si se puede decir así, es que se consolide la democracia y que España se modernice y funcione. Y Felipe González ya no cambia más el discurso.

S.J. — Es que descubre el atractivo electoral de una postura de centro progresista. Lo que él está diciendo desde el setenta y nueve es mezclar seguridad con cambio.[19] Había que mezclar seguridad, porque si el PSOE no aparecía como un partido-gobierno responsable no conseguiría la mayoría, con cambio, porque no podía perder el electorado progresista. Esa mezcla de seguridad y de cambio significa una transformación completa del discurso del PSOE. En adelante hablarían de modernización, de vertebración de España.

T.B.M. — Un discurso muy ortegiano. Recuerdo muy bien cómo Felipe González en las campañas electorales decía que el PSOE era el mismo partido en Cádiz, en Lugo, en San Sebastián y en Girona, y que en todos los rincones de España presentaba el mismo programa.

S.J. — Es que la vertebración les venía porque por vez primera el Partido Socialista tenía una amplia base en Cataluña, donde históricamente no la tuvo nunca, y una amplia base también en Andalucía que históricamente era una zona más bien anarquista y de la CNT, mientras que mantenía sus enclaves históricos en el País Vasco, Madrid y Asturias.[20]

T.B.M. — Y Valencia.

S.J. — Y Valencia. Pero la evocación de la vertebración, que les

19. José Félix Tezanos (p. 387) habla de un «cambio hacia la seguridad».

20. Narcís Serra atribuye el éxito del socialismo en Cataluña a sus campañas catalanistas (véase p. 178).

viene, claro, de Ortega, digamos que prefieren a Ortega en ese momento que a Pablo Iglesias, tiene que ver también con la conmoción que produce el golpe de Estado y la inquietud por el tema militar. Y entonces el PSOE dice: «Ojo, que aquí hay un partido sólido, implantado exactamente igual en Cataluña y en Andalucía y que habla un mismo lenguaje.» Desde luego lo que no hay es faccionalismo.

T.B.M. — No. No lo hubo como lo hubo en la Unión de Centro Democrático y así le fue a la UCD. Sin embargo las heridas que se abren con el debate sobre el marxismo vuelven a dañar al partido en el referéndum sobre la pertenencia a la OTAN.

S.J. — Yo creo que ellos se van enfrentando con los problemas que hay en la vida política española y van modificando sus posturas entre el setenta y cuatro y el setenta y seis en la medida en que había una exigencia que les obligaba a modificar. La exigencia política fuerte de modificar el esquema de política internacional o de qué papel juega España en la política internacional no les llega hasta que están en el gobierno. Es decir, mientras están en la oposición ellos pueden mantener ese discurso antiimperialista, neutralista y contrario a los bloques militares que está en las resoluciones de Suresnes y que está también en las resoluciones del congreso del setenta y nueve, aunque con un lenguaje más dulcificado.

T.B.M. — Más dulcificado pero siguen oponiéndose ferozmente al ingreso de España en la OTAN.

S.J. — Es que ellos no tuvieron en cuenta el tremendo favor que les hacía Calvo-Sotelo metiendo a España en la OTAN. Tenían que haber dejado correr las cosas. Pero tenían sus famosas señas de identidad, y la carga neutralista era una muy significada de ellas. El referéndum fue una operación muy arriesgada que obligó a mucha gente a votar contra sus convicciones íntimas.[21]

T.B.M. — A la vez se abre, casi al mismo tiempo, la brecha con la UGT. De nuevo tiene el PSOE el problema de casar sus señas de identidad como partido, en este caso la sociedad de bienestar y par-

21. Fernando Morán sostiene que, en contra de su criterio, Felipe González introduce en el programa electoral de 1982 la promesa de convocar un referéndum sobre la permanencia de España en la OTAN (véase Morán, p. 349). Paradójicamente, Narcís Serra dice que Felipe González le nombra ministro de Defensa en 1982 porque es uno de los pocos atlantistas en el partido (véase Serra, p. 191). Joaquín Almunia (p. 324s) y Joaquín Arango (p. 103s) tienen muy interesantes reflexiones sobre la postura de España en la OTAN.

ticularmente las pensiones y la cobertura de desempleo, con los márgenes que le permite, como gobierno, una determinada situación económica. También hay un creciente conflicto personal entre Felipe González y Nicolás Redondo, y de ello se ha hablado hasta la saciedad.

S.J. — Bueno, el conflicto personal es evidente. No han ocultado la carga personal, sobre todo Nicolás Redondo que es el que siempre evoca cómo él apoyó a Felipe González en Suresnes y cómo ahora Felipe González se volvió irreconocible. Pero yo creo que ahí ocurre algo que no es específicamente español. En Inglaterra el Partido Laborista, que era el partido más sindicalizado en el sentido de que los sindicatos juegan un papel orgánico dentro del partido, también sufre una crisis tremenda con esta cuestión.[22] Y es que, claro, la clase obrera se ha transformado de arriba abajo, los sindicatos hoy son otra cosa, completamente distinta a cuando el sindicato y el partido eran los dos brazos de un mismo cuerpo y no había más remedio que resolver esa contradicción.

T.B.M. — Yo creo que la contradicción se agudiza en España y además se agudiza innecesariamente. El choque con los sindicatos se manifiesta claramente en la huelga general de diciembre de 1988 y lo paradójico es que ese año la economía estaba en franca expansión y se estaban creando muchos puestos de trabajo. Pero también en aquel año la cultura del pelotazo y de los *beautiful people* estaba en boca de todos. La derecha se encontraba en una cierta crisis después de las elecciones de 1986 y el movimiento sindical estaba ejerciendo más y más como oposición política.[23] Digo que la contradicción se agudiza innecesariamente porque el gobierno socialista, aparte de no saber explicar bien su política, no cuida las formas de austeridad, de honestidad, de decencia, que eran la gran seña de identidad del PSOE. Y no me explico cómo un partido que había aprendido con tanta disciplina las técnicas electorales y la venta de una imagen no se preocupa de guardar las formas.

S.J. — No solamente no se preocupa, sino que se empeña, de una manera muy eficaz, en impedir cualquier control interno que

22. La ascendencia del Trades Union Council (TUC), la central sindical obrera británica sobre el Partido Laborista, fue causa directa del hundimiento del socialismo en el Reino Unido y la llegada de Margaret Thatcher al poder en 1979.

23. La reflexión sobre los sindicatos ejerciendo como «oposición política» es desarrollada por Carlos Solchaga (véase p. 159).

pudiese haber puesto freno a la más mínima aparición de conductas irregulares.

T.B.M. — Te estás refiriendo al aparato y a la corrupción.

S.J. — Es que el PSOE, en el momento de su mayor triunfo, crea una organización muy centralizada con un liderazgo absolutamente indiscutido. En la organización no existen ni corrientes internas ni bases de poder alternativo al aparato central. En la política, un proceso así está siempre acompañado por corrupción.

T.B.M. — No solamente no hay tales corrientes o bases alternativas, sino que lo que existe es una fuerte cultura de amistades y lealtades.

S.J. — Exacto, y entonces se multiplica la corrupción. Y además hay algo que creo que viene del estilo de hacer política en los años ochenta, y es algo así como «nosotros nos dedicamos a hacer política y las cuestiones éticas son cosas de intelectuales que se han quedado antiguos y atrasados».[24] Es una cultura en la que se dice «la política es esto, es duro, pero esto es; hacer política es poner al frente de una institución pública a un tipo a quien yo pueda mandar». Es decir hacer política es hacer que el ejecutivo, a través de sus más fieles, penetre en instituciones, en aparatos de Estado y en organismos sobre los que pueda ejercer un control. Y así se crea un sistema donde típicamente la corrupción florece.

T.B.M. — Por supuesto florece si esos fieles a quienes mandas a penetrar los aparatos del Estado resultan ser unos corruptos.

S.J. — Es que aquí no estamos hablando, como ellos dicen, ¿no?, de que «se nos colaron unos sinvergüenzas». No, no. Es que desde el mismo partido, desde su aparato central, montan para financiarse un sistema de corrupción, como se ha visto en el escándalo de Filesa.

T.B.M. — Filesa es un sistema de financiación que aprenden de los franceses y de los italianos...

S.J. — Y que aquí lo llevan a la práctica con toda desfachatez. El sistema va a permitir que el partido tenga los recursos para seguir con los mecanismos que le han ayudado a llegar al poder, y además el sistema tiene aquella otra dimensión de «familismo» o de «amiguismo» que va a permitir el enriquecimiento de los familiares y de los amigos. Es que ellos tienen un esquema en el que dicen «no-

24. Victoria Camps afirma (p. 444) que el discurso moral y ejemplarizante estuvo siempre ausente en el proyecto socialista.

sotros estamos aquí para veinticinco años siempre que consigamos mantener el tipo de dirección y el tipo de organización que nos inventamos en el setenta y cuatro y el setenta y nueve».

T.B.M. — De mantenerse limpios en la cosa pública, de haber evitado a toda costa la corrupción, el PSOE podría haber seguido en el poder varias generaciones como los socialdemócratas suecos.

S.J. — Efectivamente, porque yo creo que las opciones políticas básicas que ha llevado a la práctica son acertadas y han ido en la dirección que el país necesitaba. Todo lo que significó la incorporación a Europa —que se hubiera hecho con otro partido al frente del gobierno pero que se hace con los socialistas— y todo lo que significó la reconversión industrial y la liberalización de una economía que estaba tan fuertemente regulada cuando ellos llegaron al poder, fue todo acertado. Y además aumentaron el gasto social para fortalecer el Estado de bienestar. En conjunto dieron seguridad al país e impulsaron, simultáneamente, una redistribución que ha permitido atender a los sectores más desfavorecidos.

T.B.M. — No lo discuto. Se suele subrayar que los gobiernos de Felipe González consiguieron solucionar problemas históricos de la nación.

S.J. — Claro. Durante esta época se ha dejado de hablar del problema militar, y como la Iglesia está básicamente tranquila, pues resulta que ya nadie se acuerda de los grandes problemas históricos. Viéndolo así, los socialistas podrían haber estado muchos más años gobernando.

T.B.M. — Pero como consecuencia de la corrupción, el voto cualificado, es decir, el electorado compuesto por clases urbanas, activas y con estudios, castiga contundentemente al PSOE. La fidelidad del voto socialista sólo se mantiene en las capas que reciben prestaciones.

S.J. — Y también hay una serie de gente de nuestra edad y mayores que nosotros que por definición no votan a la derecha aunque venga con ropaje de centro. Pero el resultado de Madrid fue una hecatombe. Si Madrid indica lo que va a ser el futuro, en la medida de que una clase urbana y joven votará al centro derecha, está claro que los socialistas han perdido mucho, mucho terreno y que pueden perder más.

T.B.M. — Lo dices porque los mayores dejan de ser un voto fiel del PSOE cuando empiezan a recibir las mismas prestaciones con un gobierno de centro derecha.

S.J. — Un voto es exactamente igual a cualquier otro, pero el voto en el que hay mayor carga de seguridad, mayor anhelo de seguridad, es el voto de los jubilados y de las amas de casa, el de las personas más marginales en el sistema productivo, y este voto puede deslizarse hacia el centro, hacia el Partido Popular, sin ningún problema.

T.B.M. — El futuro electoral del PSOE puede ser muy negro en parte por lo que acabas de decir sobre el deslizamiento del voto de los no activos y en parte, pienso, por la continuación de Felipe González al frente del partido. Felipe González, como le gusta decir, es a la vez la solución y el problema para el PSOE. Una parte creciente del electorado le rechaza, pero gracias a él el PSOE no perdió por más en las últimas elecciones.

S.J. — Esto último es posible, pero no se ha hecho la prueba. Si lo que el PSOE va a ofrecer es el recuerdo del pasado, es decir a Felipe González otra vez, ¿quién va a querer votar de nuevo a Felipe González en una democracia en la que el tiempo liquida todas las fidelidades? Yo no sé hasta qué punto los socialistas no se dan cuenta de que Felipe González va a evocar un tiempo de gran crispación, de grandes problemas políticos, un tiempo en que la vida política se ensució mucho.[25]

25. Alfonso Guerra afirma (p. 143) que el grupo parlamentario socialista está «atado de manos» por haber estado sus portavoces en el gobierno.

# II

# VIVENCIAS SOCIALISTAS (I)

## 3. Manuel Simón

*Ex miembro del Comité Ejecutivo de la UGT, es delegado en España de la Organización Internacional del Trabajo.*

**Nuestros históricos, que fueron abnegados militantes y dirigentes honrados hasta lo imposible, habían perdido el sentido de la realidad de lo que estaba ocurriendo en el interior.**

Conocí a Manuel Simón en abril de 1976 cuando la Unión General de Trabajadores celebró en Madrid en circunstancias de tolerancia oficiosa —no habían pasado ni cinco meses desde la muerte de Franco— su XXX Congreso, el primero desde su vuelta a España. Simón, miembro de la Ejecutiva ugetista en el exilio, no volvía a Madrid; hijo de exiliados y criado en Bélgica, venía a un país que, salvo incursiones tan fugaces como clandestinas, no había pisado en su vida.

Reconocí, sin embargo, en él, en su talante serio y elegante, a un socialista y un sindicalista de la estirpe que predicaba Pablo Iglesias; encarna ese ideal de los hombres dueños del fruto de su trabajo, libres, iguales, honrados e inteligentes. Al final de nuestra conversación para este libro explicó con enorme lucidez y sensatez, y con no poco dolor, las claves del enfrentamiento y el posterior divorcio entre la UGT y el PSOE. La principal, pienso yo, es que en esa ruptura el partido mostró una falta de sensibilidad que los socialistas de otra época, los que conoció Simón en el exilio, hubieran posiblemente evitado.

Quise, sin embargo, centrar la conversación en la pequeña y la gran historia del exilio socialista. Con las perspectivas que da el tiempo, Simón puede contarla como pocos y con la ecuanimidad que le es propia.

El PSOE renovado pasa de puntillas sobre esa historia y esto es comprensible. El enfrentamiento con Rodolfo Llopis y los veteranos que estaban a sus órdenes al frente del partido durante tantísimos años fue desagradable para todos y desgarrador para algunos. Simón reconoce que los históricos dirigentes fueron «abnegados militantes y dirigentes, honrados hasta lo imposible».

Pero el PSOE hace mal en mantener esa historia bajo siete llaves. Tiene sus pequeñeces como toda historia que se desarrolla, reconcentrada en sí misma, en la penuria y en la inseguridad permanente. Pero tiene su grandeza: entre 1944 y 1974 el PSOE celebró trece congresos en el exilio y la UGT doce, y tanto el partido como el sindicato mantuvieron en aquella diáspora sus órganos directivos, su tesorería, sus contactos internacionales y sus publicaciones.

El partido debería contar lo que fue el exilio socialista con orgullo, como lo hace Simón, porque tiene elementos claros de heroicidad y porque la lealtad es un valor tan infrecuente como preciado.

Sobre todo debería recuperar su pasado porque sin duda le ayudaría a imaginarse mejor su futuro. En gran parte la creciente pérdida de credibilidad del PSOE renovado se debe al obstinado empeño de tantos de sus prohombres de partir de cero. Sustituyeron a los veteranos en un proceso sacado de los textos del más puro darwinismo político, pero olvidaron que esos históricos tenían mucho que enseñarles. Los modales, la decencia y la austeridad, por ejemplo.

Simón cumplió un importante papel en la renovación al recibir, junto con otros hijos de exiliados socialistas, en las escuelas de verano que organizaba el partido a los jóvenes socialistas que llegaban del interior. Sin la presencia de él y de otros como Manuel Garnacho y Carmen García Bloise, los Felipes González, los Alfonsos Guerras y tantos más se hubieran dado media vuelta al llegar a Toulouse para no volver jamás por las buhardillas que ocupaban los viejos socialistas. Y de haber sido eso así, el PSOE seguramente hubiera tenido una presencia poco más que testimonial en el posfranquismo.

Los hijos del exilio dieron un paso más. No solamente recibieron bien a los frecuentemente fogosos jóvenes que llegaban del interior, sino que además les ayudaron a hacerse con los hilos del sindicato primero y del partido después. Causa cierto asombro que estos hijos del exilio se entregasen como lo hicieron a una causa en un país que les era extraño y que conocían sólo por las viejas batallas de los años treinta que contaban sus mayores y por las páginas vetustas de *El Socialista* que a cualquier joven se les tenían que caer de las manos.

¿Por qué se cruzaron al frente de los renovadores del interior tomando posiciones que a algunos de ellos les costó duros enfrentamientos con sus propios padres? Sin duda sabían que Toulouse era un callejón sin salida. Pero es difícil comprender a estas alturas esas ansias de correr con todas las incomodidades, cuando no los riesgos, de reconstruir el socialismo en España, buscando para ello afiliados entre los emigrantes económicos de los años sesenta, en vez de dedicarse a hacerse buenos burgueses en los países donde habían nacido.

Su opción por la renovación fue crucial. La reflexión de Simón hacia el final de nuestra conversación me parece tremendamente acertada: «Si no hubiéramos dado el paso que dimos en el congreso de la UGT del año setenta cuando acordamos compartir la dirección y si no hubiésemos sido capaces también en el setenta y dos de escindirnos de Llopis y, por supuesto, si no hubiésemos sacado adelante Suresnes como lo sacamos, no hubiese sido en absoluto el PSOE lo que indiscutiblemente es.»

Tom Burns Marañón: Tú naces fuera de España pero en el seno del socialismo español. Siempre te he considerado un vínculo entre el socialismo histórico del exilio y el PSOE que se renueva en vísperas del posfranquismo.

Manuel Simón: Bueno, yo me adhiero al partido, si mal no recuerdo, en torno al sesenta o sesenta y uno. Pero primero me adhiero a la UGT en el cincuenta y siete, con quince años, cuando en Bélgica empiezo a trabajar por razones obvias de nuestra situación en el exilio. Soy hijo de exiliados, mi padre de León, mi madre de Asturias, y a final del cincuenta y siete empecé a trabajar en Bélgica en la cuenca minera. Mi padre había sido minero durante cuarenta y nueve años y era sagrado en nuestras familias y en nuestros hábitos que nada más empezar a trabajar había que afiliarse automáticamente al sindicato hermano de la UGT en el país en que estuvieses afincado, en este caso a la Federación General de Trabajadores Belgas que era miembro de la internacional sindical a la que pertenecía la UGT. Y al domingo siguiente mi padre me presenta y me avala como afiliado de la UGT en la sección local de nuestro sindicato.

T.B.M. — ¿El ambiente que te rodeaba era netamente español?

M.S. — Absolutamente. El que yo recuerdo en Bélgica, como en otras partes del exilio donde yo residí, era fundamentalmente español. Era un ambiente español y ugetista y socialista. Eran las gentes que se encontraban semana tras semana en torno a las actividades de las secciones sindicales o del partido y posteriormente de las Juventudes, porque paso a crear las Juventudes en esa región minera. Los ácratas, los anarquistas, por su parte, tenían su organización y por supuesto los comunistas tenían también la suya. Se ingresa entonces en esa dinámica de la UGT y del partido y de las Juventudes no sé si por efecto familiar, no sé si inercia es la palabra, y también por intuición. Por otro lado, el hecho de haber empezado a trabajar en la mina implícitamente obligaba a tomar partido, a tomar posición sindical.

T.B.M. — ¿Se reproducían en ese ambiente las disputas entre *prietistas* y *caballeristas*?

M.S. — Cuando yo me adhiero no. En realidad en esos años esas disputas, como tú dices, o esas diferencias, estaban ya superadas por lo menos en Bélgica. No estoy convencido de que las hubiesen superado totalmente en México y en Toulouse.

T.B.M. — Y hacia los comunistas rechazo total, ¿no?

M.S. — Eso por supuesto. Eso es otra cosa. La postura nuestra frente a los comunistas era una cuestión zanjada por acuerdos de congreso que estaban resumidos en una frase: «Con los comunistas nada.» Para nosotros, para la familia socialista, cualquier relación con los comunistas era imposible. No sólo por la actitud que mantenían en aquellos años —ten en cuenta que en el cincuenta y seis ocurrió lo de Hungría—, sino porque también los posicionamientos del Partido Comunista durante la guerra estaban aún sangrantes en la memoria de nuestros padres. Los enfrentamientos entre el PCE y el PSOE en Francia, incluso después de la guerra de liberación del cuarenta y cinco, habían seguido siendo muy duros.

T.B.M. — Hoy en día no se habla de eso. Es una memoria perdida.

M.S. — Yo recuerdo cómo Rodolfo Llopis informaba de los enfrentamientos con la dirección del Partido Comunista en Francia después de, repito, terminada la guerra mundial. Los comunistas llegaron a asesinar al secretario de las Juventudes Socialistas en Toulouse. En aquellos años las posturas de los congresos socialistas sobre el Partido Comunista no se discutían. El tema estaba claro.

T.B.M. — Sin embargo las relaciones con los ácratas fueron mucho menos tensas.

M.S. — Con los anarquistas, con la CNT, poco a poco se fue abriendo el campo de entendimiento, y por supuesto a nivel sindical más que a nivel político.

T.B.M. — Naces ya a la militancia y a las reuniones constantes.

M.S. — Sí. Era una vida muy militante y de resistencia. Las reuniones eran muy regulares, no esporádicas. Había un calendario de trabajo. El pago de la cotización era una cosa sagrada. Las reuniones se celebraban con un orden del día comunicado a los afiliados por adelantado. Por lo menos había una reunión al mes del partido, había otra reunión al mes de la UGT y una vez al mes o más había una reunión de las Juventudes. Con lo cual cada semana estábamos en las salas de la Casa del Pueblo de los hermanos socialistas belgas.

T.B.M. — Las publicaciones socialistas...

Año XVII

EL SOCIALISTA

ÓRGANO CENTRAL DEL PARTIDO OBRERO

*En mi casa el único periódico que entraba en castellano era* El Socialista.

*Rodolfo Llopis se creía sinceramente imbuido de una misión histórica.*

*Todo nuestro anhelo era convencer a* Pablo *(Ramón Rubial) de las necesidades y de las urgencias de devolver la dirección del partido al interior.*

M.S. — En mi casa yo recuerdo que el único periódico que entraba en castellano era *El Socialista* que llegaba cada jueves de Toulouse. Era un enorme periódico, una verdadera sábana una vez desplegado. Cuando mi padre volvía de la mina los jueves le esperaba el periódico con la faja que llevaba su nombre sobre la mesa del comedor. Era un gesto casi automático. Según entraba y tiraba la mochila al suelo echaba mano al periódico. Y a partir de ese momento mi padre se aislaba de la madre y de los hijos durante un día, un día y medio, porque había tanto que leer. Los artículos de Prieto y de Araquistáin, en especial, eran larguísimos.[1]

T.B.M. — Esa lectura tan vital de *El Socialista* parece ahora que pertenece a los tiempos del cine mudo.

M.S. — Yo lo recuerdo mucho porque era el símbolo de la comunicación entre los socialistas. Había incluso columnas, que yo leía con extrañeza, que decían «se busca el paradero de...», porque servía de nexo entre familias, parientes o amigos que se habían separado como consecuencia de la guerra y del exilio. Lo recuerdo sobre todo también porque con ese periódico mi padre y mi madre, fundamentalmente mi padre, pretendían enseñarnos a hablar, a leer y a escribir el castellano. Era el único libro de texto, por así decirlo, que entraba en casa. Por lo tanto tenía más motivos para odiarlo que para quererlo, porque en realidad era un deber añadido a los deberes escolares de francés.

T.B.M. — Es que leer a Prieto en la tierna infancia se las trae.

M.S. — Bueno, mi padre se ensañaba con nosotros cuando subíamos por la escalera a dormir la siesta. Nos mandaba escribir la editorial y aprender de memoria no sé cuántos párrafos del artículo que se le antojaba. Puede que también deba reconocer y agradecer la labor pedagógica de esas lecturas.[2]

1. Luis Araquistáin (1886-1959), periodista, fue de los intelectuales que ingresaron en el PSOE a partir de 1910 y la Conjunción Republicano-Socialista. Influyente asesor de Largo Caballero a partir de la Revolución de Octubre (1934) y teórico de un socialismo radical, Araquistáin, ya en el exilio, apoyó un acercamiento a don Juan, conde de Barcelona, y a Estados Unidos y fue un ferviente anticomunista.

2. En esa época Víctor Pradera, dirigente de la Asociación Socialista Universitaria (ASU), diría a Rodolfo Llopis que la lectura de *El Socialista* era perjudicial porque causaba rechazo en su generación. A finales de los sesenta un ejemplar del órgano oficial del PSOE caería en manos de Joaquín Almunia; el futuro ministro de Felipe González lo consideró «absolutamente antediluviano» (véase Almunia, p. 315, nota 2).

*Nicolás Redondo tenía un enorme ascendente en el interior. Era el contrapeso al intelectual, al líder universitario. Era un poco la voz de la autenticidad del socialismo y del sindicalismo.*

T.B.M. — ¿Era normal esa vida tan intensa de exilio político? ¿Fue así el ambiente de la niñez y la juventud de los que nacieron en el exilio?

M.S. — Era frecuente. Nos juntábamos el 14 de abril y el Primero de Mayo. Nos reuníamos por cualquier motivo. Y por supuesto acompañábamos también la actividad socialista belga. Esto era obligado. El que vivía en Bélgica con los belgas, pero el que vivía en Francia con los franceses. Hacíamos también una doble vida o una vida paralela de militante acompañando las actividades del sindicato minero. Si había conflictos, que los hubo en Bélgica importantes en aquellos años, incluso huelgas generales, obviamente nosotros estábamos involucrados. Era una vida muy intensa.

T.B.M. — Pasemos a tu largo viaje a Toulouse porque antes de llegar a la dirección de las organizaciones socialistas está tu estancia en Alemania.

M.S. — Primero me pasé a Bruselas. Cuando mi padre murió en el sesenta y uno, yo abandoné la mina y me trasladé a la capital. Me trasladé, por supuesto también, a la sección del partido y de la UGT de Bruselas. Trabajé de electricista y creé las Juventudes Socialistas en Bruselas. Fue entonces cuando la sección en Bruselas recibe una carta de la dirección de las Juventudes en el exilio, que se llamaba la Federación Nacional de las Juventudes Socialistas, pidiendo a un voluntario para ir a trabajar entre los españoles emigrantes en Alemania, concretamente en Hamburgo. Como tenía diecinueve o veinte años y disponibilidad, me presenté como voluntario y me fui en el sesenta y tres a Hamburgo.

T.B.M. — Te vas a trabajar y a convivir no con exiliados políticos sino con emigrantes económicos.

M.S. — Sí. Había una estrategia de la Federación Nacional de Juventudes Socialistas de abrirse como organización exiliada a los trabajadores emigrantes.

T.B.M. — Pero vuestros mayores del Partido Socialista no miraban la estrategia con buenos ojos. Tampoco era apoyada y apreciada por la UGT.

M.S. — Es que, simplificando el análisis, los dirigentes veteranos del exilio temían que esta masa de compatriotas, y estamos hablando de centenares de miles, no era apta para adherirse o acercarse a nuestras organizaciones porque ellos venían con el afán de buscar un trabajo, ganar dinero y volverse a España sin querer comprometerse en la lucha o la causa antifranquista.

T.B.M. — Lo que revela ese análisis, a mi juicio, es que estos dirigentes históricos podían ser muy meritorios en cuanto a su entrega, su lealtad, su honradez y decencia, pero a la vez eran tremendamente recelosos y desconfiados y acabaron creando un ambiente casi sectario. ¿No sé si esto es injusto?

M.S. — No, no, no. Y además creo que ésta es una de las consecuencias, diría yo que casi normal, de una diáspora de tantos años. Había recelos, había desconfianza, había siempre la posibilidad de infiltraciones en la organización y de hecho se dieron casos. El partido no se abría fácilmente a cualquier voluntad y menos a esos aluviones, a esos trenes sin fin de emigrantes que desembarcaban en Francia, en Bélgica, en Holanda, en Alemania. Nuestros veteranos advertían a la generación de juventudes que el querer ser afiliado del partido o de la UGT pasaba por tener un perfil determinado. Tenían que ser gente probada, avalada por dos compañeros que ya hubieran hecho demostración de capacidad, de voluntad, de cierto comportamiento ético. Y para los veteranos, los emigrantes eran señores enviados por el franquismo, muertos de hambre, que no querían más que volverse sin complicaciones a casa con algún dinero ahorrado.

T.B.M. — ¿Qué receptividad encuentras entre los emigrantes?

M.S. — Pues minoritaria. Entre octubre de 1963 y junio de 1965 me pude patear todas las principales estaciones de ferrocarriles del país porque en ellas se solían reunir los sábados y domingos los compatriotas españoles. En un primer contacto me decían que habían venido a aprender el idioma o a conocer el país y en una segunda entrevista ya empezaban a reconocer que habían venido a trabajar. En el tercer contacto ya me preocupaba por saber si se habían afiliado al sindicato alemán y ofrecía ayudarles a inscribirse en él y a apuntarse a algún curso de alemán. Y así, paulatinamente, iba creando conciencia entre unos pocos para crear una sección de la UGT.

T.B.M. — ¿Y se constituyeron secciones?

M.S. — Al poco tiempo empezaron a crearse centros democráticos que se llamaban centro democrático Antonio Machado, centro democrático Federico García Lorca y así para distinguirse de algunas casas de España que las autoridades españolas, amparándose en sus consulados y en religiosos, creaban para, entre comillas, ayudar, asesorar, etcétera. Nosotros tomamos una actitud mucho más concreta. Íbamos a crear secciones primero de Juventudes que luego transformábamos en secciones de la UGT. Cuando dejé Alemania para ir a Toulouse había creado, junto con otros compañeros, diecisiete secciones de Juventudes que después pasaron a ser secciones de la UGT. El Partido Comunista fue muy activo en la tarea de la emigración, pero no se presentaba como tal y actuaba mucho más dentro de esos centros democráticos, de esas asociaciones culturales. Naturalmente luego hacía, poco a poco, un trabajo de afiliación muy importante.

T.B.M. — Lo mismo que los veteranos de Toulouse desconfiaban del aluvión de emigrantes, éstos seguramente desconfiaban de un proselitismo organizado por exiliados que tenía toda la pinta de meterlos en muchos líos.

M.S. — En gran parte había no sólo desconfianza. Había también desconocimiento. No sabían siquiera de qué iba el tema. Pero había casos en los cuales conectabas con personas cuyos padres o abuelos habían tenido algo que ver con la izquierda y con la República y entonces funcionaba la memoria histórica. En casos aislados algunos confesaban que en sus casas se guardaba el carnet.

T.B.M. — La estrategia que desarrollan las Juventudes en el exilio era un viaje en doble sentido, ¿no? Los emigrantes, algunos, tomaban contacto con vuestras ideas, con el sindicato, con el socialismo, pero también vosotros estabais conociendo la realidad de España a través del trabajo con la emigración.

M.S. — Sí. Nosotros llegamos a superar muchos esquemas, muchos obstáculos. Creo sinceramente que esto contribuyó de manera muy importante a las renovaciones que luego se dieron para empezar en la UGT y luego, seguidamente, en el partido.

T.B.M. — Y luego, en Toulouse, entras en contacto, a través de las Juventudes, con gente venida de España que ya no eran emigrantes económicos a quienes había que captar. Me refiero a los jóvenes españoles que empezaban a militar o a acercarse al socialismo en el interior y que acudían al partido en el exilio para instruirse.

M.S. — Sí, nosotros teníamos una serie de actividades que llamábamos las escuelas de verano y permitían reunir a los hijos de exiliados con los que venían de España. Ya venían personas que luego han tenido casi todos responsabilidades importantes en la vida del partido y del sindicato. Nos encontrábamos primero como alumnos y luego ya como monitores. Por ahí pasaron Felipe González, Alfonso Guerra, Luis Yáñez, Gregorio Peces-Barba, Pablo Castellano, Nicolás Redondo, Enrique Múgica, en fin, muchos.[3]

T.B.M. — ¿Había una gran diferencia entre los que os habíais criado en el exilio y los que venían del interior?

M.S. — No había grandes diferencias en cuanto a los sentimientos, las intuiciones y los objetivos. Pero era evidente que nos encontrábamos los del exilio ante mujeres y hombres que tenían un conocimiento de la realidad de España que envidiábamos. Por otra parte, ellos veían en nosotros una suerte de compañeros y compañeras que teníamos entre comillas la suerte de poder compartir una vivencia democrática en nuestros países y por lo tanto de tener acceso a una educación, una cultura, una gimnasia democrática que ellos también envidiaban.

T.B.M. — ¿Cuál de los dos grupos llevaba la voz cantante?

M.S. — Pues en estas escuelas de verano donde se intercambiaban importantísimas experiencias además de las humanas, yo recuerdo cómo los del exilio escuchábamos, respetábamos y admirábamos a los compañeros que venían del interior. Para nosotros eran un poco héroes que venían de la clandestinidad.

T.B.M. — Pero por muy héroes que pudieran ser, ellos venían, al menos al principio, a escuchar y a aprender.

M.S. — Sí. Nos daban conferencias nuestros prohombres del exilio y cada uno nos hablaba de lo que sabían o habían hecho en la República. Cuando una persona como Andrés Saborit te daba una conferencia sobre la experiencia socialista en los municipios en la República, era una gran conferencia.[4] Cuando te venía Llopis, que había sido director general de enseñanza primaria, a hablar del valor de la enseñanza, era una enorme y gran conferencia. Pero luego

3. El llamado Campo Escuela de Verano, que duraba dos semanas, fue organizado por primera vez en Anglet, cerca de Biarritz, en 1952 por la UGT con financiación de la internacional sindical CIOSL, y en 1962 pasó a depender del partido y fue encomendado al Centro de Estudios Pablo Iglesias y a la Comisión de Formación del Militante. La participación de alumnos del interior pasó de siete en 1959 a cuarenta y uno en 1966. (Martínez Cobos, *La travesía del desierto, intrahistoria del PSOE*, p. 16.)

4. Andrés Saborit, como Indalecio Prieto que residía en México, era la voz en aquella época de medio siglo de militancia socialista. Saborit fue condenado en un consejo de guerra a cadena perpetua, junto con Francisco Largo Caballero, Julián Besteiro y Daniel Anguiano, como miembro del comité PSOE-UGT que organizó la huelga revolucionaria de agosto de 1917. Los cuatro fueron amnistiados el año siguiente al ser elegidos diputados.

poco a poco fueron ya tomando la palabra la gente del interior y ya se hablaba de otras cosas. Había conferencias teóricas sobre el socialismo pero también nos hablaban de las realidades de España.

T.B.M. — Llopis y su dirección desconfiaban de quienes llegaban del interior por conductos que no fuesen controlados por ellos, ¿no?

M.S. — Desconfiaban mucho de los que venían con la pretensión de exportarnos un modelo político que habían ido creando. Estoy pensando en el Partido Socialista del Interior de Tierno Galván. Recuerdo que veíamos con muchísimo interés a estas personas que visitaban a los dirigentes en Toulouse, porque teníamos la esperanza de aunar esfuerzos para enriquecer nuestra tarea.[5] Pero también recuerdo con qué distanciamiento, con qué frialdad a veces, eran tratados por la dirección.

T.B.M. — Habría problemas generacionales, de talante.

M.S. — Una vez escuché a Pascual Tomás a su regreso de Bayona, que era donde se realizaban la mayor parte de las reuniones y los contactos, después de una entrevista con la recién creada Federación Sindical de Trabajadores que quería conocer a los dirigentes de la UGT en el exilio probablemente con la idea de acercarse a ellos y luego poder proyectarse internacionalmente. Recuerdo a Pascual Tomás decir que no había nada que hacer con esos jóvenes porque sin conocerle y una vez sentados a la mesa de reunión le habían tuteado. Para él era un signo de falta de respeto, de impertinencia, y la conversación comenzó mal.[6]

T.B.M. — ¿Cómo era el talante de Llopis?[7]

M.S. — Pues una vez le acompañé en su despacho de Toulouse cuando recibió a un enviado de Tierno. Bueno, soy generoso cuando digo despacho porque lo que teníamos eran unas buhardillas en un

5. La desconfianza que Llopis mostraba respecto a Tierno Galván y sus seguidores cambiaría súbitamente cuando el viejo dirigente perdió el control de su propio partido en 1972. (Véase Boyer, p. 297, nota 10.)

6. Pascual Tomás (1898-1973), secretario general de la UGT de 1944 a 1968, comenzó a trabajar a los ocho años, fue un fiel colaborador de Largo Caballero que le encomendó delicadas misiones durante la guerra, y volvió a su Valencia natal meses antes de morir. Al igual que Llopis en el partido, Tomás gobernó el sindicato como guardián de las esencias socialistas. Según los hermanos Martínez Cobos, «Ambos personificaron las organizaciones socialistas a lo largo del exilio hasta el punto que creyeron, con sincera convicción, que sin ellos éstas no podían funcionar y perderían su autenticidad, su legitimidad.» (Martínez Cobos, *La travesía del desierto, intrahistoria del PSOE*, p. 23.)

7. Véase Guerra, p. 127, nota 8.

desván que nos habían graciosamente cedido los amigos franceses del ayuntamiento de Toulouse. Llopis se sentó a la mesa y empezó a poner sobre ella, de manera muy meticulosa, el mechero, el librito de papeles de cigarrillo, la picadura, la pluma y sus cuartillas. Mientras tanto llega el visitante y empieza por decir que él era un incondicional del profesor Tierno Galván. Entonces Llopis, sin dejarle sentar, le dice: «Mire, joven, un buen socialista no es incondicional de nadie.» El pobre chico, cortadísimo, dijo que lo que quería decir era que admiraba muchísimo a Tierno. Y Llopis le contestó: «Eso es muy distinto; siéntese por favor.»

T.B.M. — Pero Llopis exigía lealtad incondicional como el que más.

M.S. — Ahí voy. Cuando yo ingresé en la Ejecutiva del partido en el sesenta y siete, siendo secretario de organización de las Juventudes, al salir de la primera reunión Llopis me dijo: «Manolo, tú debes saber que estás aquí porque yo he querido y me gustaría que en la Ejecutiva seas un hombre mío.» Yo tenía ganas de soltarle la frase que había aprendido de él un año y medio antes, y decirle: «Mire usted, yo soy un buen socialista y no soy incondicional de nadie.»

T.B.M. — Supongo que Llopis te había metido en la Ejecutiva porque quería encauzar un movimiento de renovación que ya se había declarado en las Juventudes. Una renovación que pasaba por una creciente colaboración con el interior.

M.S. — Sí. Él ya se daba cuenta de esto y quiso ahormar una suerte de renovación. Con esa intencionalidad me recomendó a la Ejecutiva. Y es que nosotros, en las Juventudes, ya desde nuestro congreso del sesenta y cinco, estábamos no sólo compartiendo dirección con el interior, sino que miembros de la Ejecutiva en el exilio de las Juventudes, yo mismo por ejemplo, habíamos viajado al interior en contra de la voluntad del partido.

T.B.M. — Una de las reglas de oro del partido, temeroso y con razón por las caídas, era no pasar del exilio a España.

M.S. — Claro. Era un argumento fundamental. A toda costa había que evitar el poner en peligro el aparato y a los compañeros del interior. Era un razonamiento lógico y prudente. Y por lo tanto había el deseo de preservar la dirección total, con todas las consecuencias, en el exterior. Nosotros, como Juventudes, rompimos ese esquema. Es más, en el afán de demostrar internacionalmente, frente a lo que estaba ocurriendo en la UGT y el partido, que teníamos capacidad de organizar en el interior, celebramos durante tres días en Portugalete una reunión de la Ejecutiva de la IUSY.[8]

T.B.M. — Fue un riesgo enorme pero un gran golpe de efecto.

M.S. — Pues mira, creo que nosotros no nos dábamos cuenta en ese momento de la importancia del hecho. El partido nos había dicho que no asumía ninguna responsabilidad, pero luego le vino muy bien a Llopis en sus campañas internacionales el que se hubiese celebrado esa reunión en España. Y algunas personas que luego han ocupado muy altos cargos en sus países estuvieron esos días en Portugalete.

T.B.M. — Las Juventudes fueron precursoras en el proceso de renovación y de compartir dirección con el interior, ¿no? Porque luego estos aires nuevos se extienden a la UGT en su congreso de 1971 y en el del partido en 1972.[9]

M.S. — Es que con la adhesión de trabajadores emigrantes se había recuperado la UGT en el exilio y a la vez se había reforzado la organización en el interior. Y dos años después de dar las Juventudes el primer paso, en el congreso de la UGT del sesenta y ocho, ya se habla de la necesidad de una dirección compartida entre el interior y el exterior. La UGT la presidía Rodolfo Llopis y Manuel Muiño había sustituido a Tomás Pascual como secretario general. Reunido el congreso, por primera vez en la historia se rechaza el informe de gestión de la Ejecutiva saliente y es que naturalmente habían votado también los compañeros del interior.

T.B.M. — ¿Fueron decisivos los votos del interior?

8. La IUSY (International Union of Socialist Youth) financiaba, exiguamente, las Juventudes, y el futuro dirigente de la UGT Manuel Garnacho, que ostentaba la presidencia de la Federación Nacional de las Juventudes en el exilio, concibió el plan de organizar una reunión de la Internacional en el interior de España con el fin de mostrar la actividad que se desarrollaba en la clandestinidad y la imperativa necesidad de mayores fondos. Burlando a la policía franquista, se reunieron cincuenta delegados de la IUSY, entre ellos dirigentes de Japón, de Malasia y de los países escandinavos, en Portugalete en febrero de 1967. La reunión, apoyada desde el principio por Ramón Rubial, fue «una impresionante proeza organizativa y un importante golpe de publicidad», según Gillespie (*The Spanish Socialist Party, a history of factionalism*, p. 250). Los resultados no se dejaron esperar: aumentó de manera significativa el envío por parte de la IUSY de máquinas de escribir y demás material a la Ejecutiva que presidía el audaz Garnacho.

9. En su congreso de marzo de 1970 las Juventudes, anticipándose en cuatro años a lo que harían sus hermanos mayores en Suresnes, acordaron la vuelta de la dirección a España.

M.S. — Bueno, se organizó un gran revuelo y varias delegaciones del exilio, recuerdo las de Venezuela y México, quisieron impugnar la votación diciendo que no podía ser válida porque habían votado los del interior. Su argumento fue que así como se podía contabilizar uno por uno a los delegados del exterior y las cotizaciones pagadas, en el interior no era así. Pero la verdad es que aun haciendo el ejercicio de ficción matemática, que se hizo, de retirar los votos de los del interior, seguía habiendo una mayoría que castigaba la gestión. Después de la votación tuvimos que improvisar una Ejecutiva alternativa y ésta ya fue compartida. Entran en ella compañeros del interior como Nicolás Redondo, Enrique Múgica y Pablo Castellano.[10]

T.B.M. — Tú, y los de tu cuerda en el exilio, tenías clarísimo que la dirección de las organizaciones tenía que volver al interior.

M.S. — Nosotros lo teníamos muy claro desde mediados de los sesenta. Pero también teníamos claro que esto lo tenían que pedir los compañeros del interior. Esto era ineludible, y además así lo decían los congresos. Nunca ningún congreso se opuso a que las direcciones del partido, del sindicato y de las Juventudes volvieran al interior. Ten en cuenta que las direcciones salieron fuera a raíz de las caídas, y en particular la del cincuenta y tres cuando mataron a Tomás Centeno,[11] porque lo pide el interior y se dijo que volverían cuando lo acordasen los compañeros del interior. Lo que pasa es que el exilio iba retrasando ese momento y en los últimos casos con muchas argucias.

T.B.M. — Sobre todo lo retrasa Llopis, ¿no?

M.S. — Es que con la evidencia de lo que había ocurrido en las Juventudes y, sobre todo, en la UGT, estábamos convencidos de que Llopis, que era una persona muy inteligente, había sacado una lección. Pero dijo que a él eso no se lo hacía el partido. El partido iba a celebrar su congreso en el setenta y dos y Llopis se resistió.

T.B.M. — Para entonces ya tenían presencia y algún peso en Toulouse personas como Múgica, Castellano...

10. Dos años antes, en 1969, dimitieron cuatro miembros de la Ejecutiva de la UGT, entre ellos los históricos José Barreiro y Arsenio Jimeno que se habían alineado con los renovadores, para impulsar la llegada de jóvenes del interior a la dirección del sindicato. Véase el testimonio de Pablo Castellano sobre el proceso de renovación (p. 231 y nota 11).

11. Véase Guerra, p. 126, nota 7.

M.S. — Sí, y Felipe, Guerra, Yáñez, Galeote, y también muchos militantes de Asturias, del País Vasco y de Cataluña. Ya era evidente la renovación y se trabajaba para conseguir un congreso sosegado que diera el paso de manera no traumática. Pero tropezamos con el sectarismo, y creo que la palabra no es exagerada, de Llopis.

T.B.M. — ¿Qué argumentos empleaban los veteranos?

M.S. — Pues que éstos eran muy jóvenes, muy inexpertos, y que iban a entregar el Partido Socialista al comunismo porque no iban a poder resistir esa presión. Decían que ellos eran los depositarios de las esencias y que querían llevarlas al interior con la llegada de la democracia para celebrar en España un congreso extraordinario. Nuestros históricos, que fueron abnegados militantes y dirigentes, honrados hasta lo imposible, habían perdido el sentido de la realidad de lo que estaba ocurriendo en el interior. Llopis se creía sinceramente imbuido de una misión histórica. Franco iba a morir y él tenía que dar cuenta a la historia, y de paso también a la sociedad española, de quiénes habían sido los depositarios de las esencias y de cómo las habían conservado.

T.B.M. — Era una deseo muy comprensible. Tarradellas pensaba lo mismo.

M.S. — Sí. Pero él no tuvo la complicación de estar dirigiendo organizaciones como el partido y la UGT que dentro de sus limitaciones eran organizaciones duras. ¿Cuántos congresos hizo Tarradellas en el exilio, cuántos afiliados tenía? Nosotros teníamos organización y militancia, teníamos congresos y también, cada seis meses, comités federales.[12]

T.B.M. — A mí me asombra cómo el socialismo español se mantiene organizado en el exilio.

M.S. — Es que debe de haber pocas experiencias de una supervivencia en el exilio tan larga, y con todos los matices que se quiera, tan sana. Creo que a finales de los cincuenta nos empieza a salvar un poco la ola de emigración. Aunque vinieron pocos a la organización política y a la sindical, la emigración nos ayudó a re-

12. Por otro lado, un millón de catalanes reivindicaron el retorno de Josep Tarradellas, presidente de la Generalitat en el exilio, en la Diada Nacional del Onze de Setembre de 1977. El 23 de octubre Tarradellas, a sus setenta y ocho años, pronunció su célebre «Ciutadans de Catalunya, ja soc aquí» desde el balcón de la Generalitat.

generarnos y a iniciar una tarea de renovación. Y tuvimos también la enorme suerte de que apareciesen hombres como Felipe González, como Alfonso Guerra, como Nicolás Redondo y también como Pablo Castellano, Enrique Múgica y otros.

T.B.M. — Y teníais también a Ramón Rubial.

M.S. — Bueno, él era el hombre cuyo nombre no se pronunciaba, ¿no? Era «Pablo».[13] Todo nuestro anhelo era convencer a Pablo de las necesidades y de las urgencias de devolver la dirección al interior. Sabíamos que en cuanto hombres como Pablo, sobre todo Pablo, pero también hombres como Nicolás Redondo y, por supuesto, como Felipe, dijesen que el momento había llegado, teníamos la batalla ganada.

T.B.M. — Y la batalla se libra en el setenta y dos. El Congreso de Suresnes de 1974 es donde se consuma la vuelta de la dirección al interior, pero parece que no hay dudas entre vosotros de que la puesta en escena tiene lugar en el congreso de 1972.

M.S. — Sí. Ante las dilaciones y los trapicheos de Llopis que quería postergar la convocatoria del congreso, tuvimos una reunión muy difícil, muy emotiva en Bayona donde se mezcló todo: lo que había pasado en el congreso de la UGT, lo que podía ocurrir en el congreso del partido y lo que estaba pasando en las Juventudes, entonces fuertemente enfrentadas al partido. Se volvió a reiterar la necesidad de convocar el congreso y quedó encargado Llopis, como secretario general, de hacerlo. Pero cuando resultó, a los pocos meses, que Llopis quería aplicar un artículo de los estatutos que le permitía, en casos excepcionales, aplazar el congreso durante un año, el comité director nombró una comisión organizadora que se puso a trabajar en todo el ritual, redactando las ponencias y esas cosas, que acompañaba a congresos como los nuestros. Fue entonces cuando apareció Alfonso Guerra en Toulouse, también de vez en cuando Enrique Múgica, y algunos compañeros les prestamos nuestra colaboración. Y el congreso se convocó con la oposición frontal de Rodolfo Llopis.[14]

T.B.M. — ¿Qué audiencia tenía Alfonso Guerra en esa época?

M.S. — Yo le recuerdo con sus enormes barbas y muy canijo,

13. Nombre utilizado por Ramón Rubial en la clandestinidad. Para Rubial véase Santos Juliá, p. 50, nota 3.

14. Después de jugar un papel importante en la organización del congreso, Alfonso Guerra se ausentó. Véase Guerra, p. 129, nota 12.

que es como le llamábamos, y muy vivo, muy imaginativo, muy sorprendente en sus planteamientos. Yo recuerdo las miradas de pavor, de no entendimiento, de Pepe Mata, que era el tesorero de la UGT, cuando Alfonso le dijo que era una barbaridad mantener en un banco de Toulouse una reserva de dinero.[15] El dinero que se guardaba para poder organizar la UGT en España una vez muerto Franco estaba en bonos del Tesoro y toda la ilusión y empeño de Mata era poder entregar ese caudal y un poco más a su sucesor cuando acabase su gestión como tesorero. Guerra decía que ese dinero hacía falta en España para editar un periódico, comprar una multicopista y hacer no sé qué seminario. Decía que ese dinero había que gastarlo y que había que tener las cuentas en rojo. A mí ya se me antojaba Guerra en ese momento como un hombre muy importante y por lo tanto representaba enormes esperanzas para nosotros en el futuro.

T.B.M. — Pero Guerra siempre llevaba a Felipe González por delante, ¿no?

M.S. — Siempre. Yo no sé si esto era tan querido o deseado como se dice, pero el hecho es que Felipe tenía otra forma de comportarse, de hablar y de plantear las cosas. Y él intervenía en las reuniones más que Alfonso.

T.B.M. — ¿Cómo comparas a los sevillanos con esa tercera figura de primera línea en el interior que era Nicolás Redondo?

M.S. — Redondo tenía un enorme ascendente en el interior. Era el contrapeso al intelectual, al líder universitario. Era un poco la voz de la autenticidad del socialismo y del sindicalismo. Era el hombre que se expresaba poco pero duramente y casi siempre con acierto.

T.B.M. — Estamos dando ya un salto desde el congreso del setenta y dos que elige una dirección colegiada, de transición, al del setenta y cuatro en Suresnes cuando sale elegido Felipe González como primer secretario. ¿Es verdad, a tu juicio, que Redondo, de querer el cargo, hubiese podido ser el primer secretario del partido en lugar de González?

M.S. — Seguro. En el setenta y cuatro ya intuíamos que iba a ser el último congreso en el exilio y que había que votar un *primus inter pares,* un líder. Si Nicolás hubiese dicho en ese momento que

15. José Mata no era hombre que se asustara por cualquier cosa: dirigió una guerrilla en Asturias desde el final de la guerra hasta 1948.

él era el indicado, aunque tal vez nunca lo hubiera dicho él prefiriendo dejarse arrastrar, nadie se hubiese opuesto a que lo fuera.[16] Pero no hubo debate entre él y Felipe porque Nicolás, con mucho sentido común y visión de futuro, sabía que había que distribuir las tareas para poder rehacer una gran central sindical y un gran partido. Él optó por esa fórmula y yo creo que todos, salvo quizá Pablo Castellano, estábamos muy de acuerdo.

T.B.M. — La reflexión obvia de todo el proceso de renovación que hemos estado analizando es que si éste no hubiese tenido lugar difícilmente podría haber sido el socialismo la fuerza hegemónica en España, primero en la izquierda y luego, y durante muchos años, en todo el espectro político.

M.S. — Mira, Tom, quizá con el paso de los años lo podremos ver con más sosiego y con más rigor en el análisis, pero yo estoy convencido de que si no hubiéramos dado el paso que dimos en el congreso de la UGT del año setenta cuando acordamos compartir la dirección y si no hubiésemos sido capaces también en el setenta y dos de escindirnos de Llopis y, por supuesto, si no hubiésemos sacado adelante Suresnes como lo sacamos, no hubiese sido en absoluto el PSOE lo que indiscutiblemente es.

T.B.M. — ¿Y tú qué reflexión haces cuando repasas de dónde se viene y adónde se ha llegado? Tú que te criaste en un ambiente donde se recibe con gozo un periódico como *El Socialista,* que ahora no se ve por ningún lado, y donde se hacía un ejercicio de militancia diaria que ahora no existe. Tú que conociste al PSOE y a la UGT como organizaciones fraternales.

M.S. — Es que trasponer lo que era la educación y la cultura intelectual del socialista en los años aquellos de exilio a los años ochenta no tiene mucho sentido.

T.B.M. — Pero es el mismo proyecto socialista centenario, ¿no?

M.S. — Con un ingrediente muy especial que es vivir en el exilio. No sé si eso era más duro que la clandestinidad. Al menos en la clandestinidad podías hacer cosas, una huelga, un panfleto, no sé. Pero francamente en el exilio había que ser, lo digo entre comillas, bastante integrista y fundamentalista para ir todos los domingos a la Casa del Pueblo, año tras año, e intentar mantener y mejorar las organizaciones. Y también el ingrediente exilio hace

16. No parece haber dudas sobre la preferencia por Redondo. Véase, por ejemplo, el testimonio de Francisco Bustelo (p. 246).

que el partido, el sindicato y las Juventudes se confundan en una sola cosa.

T.B.M. — ¿Cómo explicas el divorcio entre la UGT y el PSOE?

M.S. — Pues de entrada el que se dedica al sindicato, ya con las libertades restauradas, se enfrenta a un trabajo muy gris, muy duro, muy ingrato, no brillante y no reconocido. Los que eran diputados y alcaldes figuraban, pisaban moqueta. Ahí empiezan a crearse los primeros conflictos que a veces pienso no tenían nada que ver con la sensibilidad ideológica de unos y de otros. Sencillamente a unos les repateaba que los otros se subieran en un coche oficial y que la Guardia Civil se cuadrara a su paso, mientras que ellos estaban intentando crear una sección sindical en una empresa donde el empresario no se quería sentar a negociar.

T.B.M. — Las sensibilidades ideológicas encontradas llegarían, sin embargo, muy pronto.

M.S. — Es que tengo la impresión de que muchos dirigentes políticos, unos que emanan del partido y otros que llegan en aluvión al partido, no tenían nada de formación ideológica e incluso no tenían nada de disciplina de partido. Inevitablemente tenía que producirse una confrontación con el movimiento sindical. Y también tengo la impresión de que por falta de gimnasia democrática, de hábito y de experiencia democrática, hemos sido incapaces de crear un órgano de enlace entre los dirigentes sindicales y los políticos como los que existen en las socialdemocracias de otros países. Me consta que Nicolás Redondo ha tenido que enterarse por los periódicos de decisiones del gobierno socialista que afectaban directamente a decenas de miles de trabajadores. Ni el partido, ni el gobierno le habían pedido a él, como secretario general de la UGT, ni su asesoramiento, ni su parecer. Es que ni siquiera le habían puesto en antecedentes.

T.B.M. — ¿Cómo encajaste el divorcio entre el PSOE y la UGT?

M.S. — Personas como yo, de mi generación y de mi trayectoria, que habíamos visto al socialismo alcanzar resultados inimaginables, lo vivimos mal, casi bordeando la esquizofrenia.

# 4. Joaquín Arango

*Subsecretario de Educación (1982-1988). Presidente del Centro de Investigaciones Científicas (1991-1996).*

**Los diez millones de votos del 82 son muy excepcionales y totalmente marcados por el 23-F, por el temor a la democracia amenazada y por el hundimiento de la UCD.**

He coincidido bastante a lo largo de los años con Joaquín Arango, a través de amigos comunes y de encuentros en el Instituto Universitario Ortega y Gasset y en la Residencia de Estudiantes, y he llegado a admirar en él su inteligencia, la independencia de sus criterios y su culto a la amistad. También, con la mala costumbre que uno tiene de encasillar a las personas que va tratando, he querido ver en él un prototipo de aquellos líderes estudiantiles de la generación del sesenta y ocho, apasionados por la política, que completaron su formación fuera de España y pronto ocuparon, en el caso de Arango con gran dignidad, altos cargos en la administración socialista.

Creo que Arango sintió curiosidad por el proyecto de este libro y de hecho se prestó generosamente a colaborar en él. Fue una conversación que no tuvo, para mí, desperdicio y, para introducirla, quisiera solamente destacar dos de las varias reflexiones que me interesaron muchísimo.

La primera trata de su ingreso en el PSOE, ingreso que fue algo tardío, en el sentido de que le aparta del núcleo duro o fundacional del partido renovado, puesto que se produce poco antes de las primeras legislativas del setenta y siete, pero que es muy representativo de la entrada de tantos otros *progres* dispersos bajo el paraguas protector de las siglas históricas del socialismo doméstico. La segunda concierne a los juicios de Arango, ejemplarmente honestos, sobre ese mismo núcleo duro del que jamás formó parte.

Arango, al igual que muchos otros de su cuerda que habían militado en grupos de ultraizquierda y que, pasado ese sarampión juvenil, intentaron inventar nuevas fórmulas de socialismo democrático —la que medio cuajó se llamaba la Federación de Partidos Socialistas—, llegó a la conclusión de que «el único tren que llegaba a alguna parte» era el PSOE, un Partido Socialista, evidentemente, renovado y pilotado por Felipe González.

Lo interesante de la mayoría de los cuadros que ingresan en el PSOE desde grupos socialistas periféricos en vísperas de aquellas primeras elecciones de la transición es que habían hecho un viaje de ida y vuelta al marxismo. Arango es absolutamente displicente con una doctrina —«me parecía absolutamente obsoleta e intelectualmente deleznable»— que miembros de una generación universitaria anterior a la suya, como Francisco Bustelo, defendieron ardorosamente en el tormentoso XXVIII Congreso del PSOE de mayo de 1979.

En este viaje de descarga ideológica Arango acompañó a Felipe González. El líder del PSOE intuyó, antes que ninguno en la dirección socialista, que ya no se podía pensar en la democracia lo mismo que se había pensado en la dictadura y decidió unilateralmente enviar el marxismo al baúl de los recuerdos. Arango se dio perfecta cuenta de que Felipe González «significa la renovación y el socialismo democrático moderno». Arango quería ya en ese momento lo que González prometería en las elecciones del ochenta y dos: la modernización de España y la consolidación de una democracia que él ve como muy necesitada de vitaminas.

La segunda reflexión pertenece a la etapa posterior cuando Arango ya es un alto cargo en la administración socialista y comienza a conocer de cerca los planteamientos y las conductas del aparato del partido controlado por Alfonso Guerra. La reflexión tiene que ver con los peligros que encierra el poder incontestado en manos de un grupo político férreamente disciplinado en torno a un líder indiscutido.

Arango descubrió un pequeño universo compuesto por quienes pensaban en clave de «nosotros y ellos» y tenían una particular, y muy arrogante, interpretación de la moralidad y de la ejemplaridad en la vida pública: «El PSOE pensó que todo lo que hacía era bueno, que casi bastaba con que lo hiciese para que fuera bueno.»

Si eso fue así, si lo que regía era el «qué más da», se comprende perfectamente que la corrupción hiciese estragos en el partido. Arango denuncia la «poca sensibilidad por el rigor y la exigencia moral» del PSOE y afirma que Felipe González, a quien acusa de indolente y fatalista, tuvo «un grado de responsabilidad importante» en la extensión de la corrupción.

Para Arango la renovación profunda del PSOE es muy deseable pero muy poco previsible. «Estoy muy, muy, muy pesimista acerca de la posibilidad de un cambio efectivo.»

Tom Burns Marañón: Pensaba que eras del PSOE de toda la vida y resulta que no ingresas en el partido hasta unos meses antes de las elecciones del setenta y siete.

Joaquín Arango: Es que para nosotros en Madrid el PSOE simplemente no existía a final de los años sesenta, principios de los años setenta. Nunca habíamos visto a ningún socialista.[1]

T.B.M. — ¿Ninguno? ¿Nunca?

J.A. — Bueno, para ser exactos, conocí a Miguel Boyer porque cuando se declaró el Estado de excepción del sesenta y nueve yo estaba perseguido y acabé escondido durante un mes en el sótano de la casa de Julio Feo. Él recibía a amigos suyos que eran socialistas y uno de ellos era Boyer. En broma decía después a mis amigos que el PSOE existía y que yo lo había descubierto. Para nosotros no había más que el PCE, que nos parecía un partido componedor y trapacero, y los radicales que estábamos en el Felipe, no porque el Felipe fuera fascinante sino porque era lo que había en la izquierda radical nocomunista.[2]

T.B.M. — Te vas luego a California, y cuando vuelves en el setenta y cuatro, supongo que, intuyendo ya el final del franquismo, era cuestión de organizarse de nuevo políticamente.

J.A. — Sí, empezamos a llamarnos por teléfono. Hablé con Leguina, con Carlos Romero y otros.[3] No existía el Felipe ni nada parecido, y cuando nos preguntábamos dónde estábamos, la respuesta era siempre la misma: en el socialismo democrático.

T.B.M. — ¿Qué entendíais por eso?

J.A. — Pues dos cosas de Perogrullo. Una que seguíamos siendo izquierdistas bastante radicales y dos que ya no estábamos por la toma del Palacio de Invierno.

1. La Asociación Socialista Universitaria (ASU), en la cual militaron Miguel Boyer, Francisco Bustelo, Luis Gómez Llorente y los hermanos Solana entre otros futuros miembros destacados del PSOE, había desaparecido sin dejar prácticamente rastro cuando la generación de Leguina comenzó a estudiar en la Universidad Complutense.

2. El Frente de Liberación Popular (FLP), conocido con el «Felipe», fuertemente influenciado por el diálogo cristiano-marxista de los sesenta y por las revoluciones de Cuba y de Vietnam, pretendía siempre situarse más a la izquierda que nadie. Uno de sus primeros impulsores, el ex diplomático Julio Cerón, diría: «La historia del FLP —como la historia de otros grupos de oposición— es un poco la historia de sus divisiones y de sus nuevas formaciones, de sus fusiones y de sus transfusiones.» (Sergio Vilar, *Protagonistas de la España democrática, la oposición a la dictadura 1939-1969,* París, 1968, p. 155).

3. Joaquín Leguina y Carlos Romero habían militado en el FLP. Ambos harían carrera en el PSOE, el primero como presidente de la Comunidad Autónoma de Madrid y el segundo como ministro de Agricultura.

T.B.M. — Entre el sesenta y nueve y el setenta y cuatro, ¿qué pasó con la revolución?

J.A. — Es que ésa es una palabra que ya produce vergüenza. Ya no estábamos con el vale todo, y aunque estábamos muy a la izquierda, pidiendo grandes reformas y todo eso, toda tenía que ser desde la democracia y con la democracia. El primer objetivo era la democracia.

T.B.M. — Una vez que abrazasteis el socialismo democrático, teníais donde elegir. El PSP de Tierno Galván, por ejemplo.

J.A. — No. Eso nos horrorizaba.

T.B.M. — ¿Tan pesados eran?

J.A. — En el mejor de los casos eran embaucadores y en el peor eran tipos de tercera categoría subidos al carro de Tierno y de Morodo por pensar que ese carro iba a ir a alguna parte. Como tantas veces en la vida, era una cuestión de estética, de estilo, de instinto.[4]

T.B.M. — Quedaba entonces el PSOE.

J.A. — Eso. Pero la gran cuestión era qué hacer con el PSOE, porque el PSOE era Llopis y el exilio y para la inmensa mayoría un desconocido. En el setenta y cuatro conocí a Bustelo y a Solana, pero eran una *clique* y tirando por alto eran diecisiete. Y entonces decidimos inventar algo que fuera socialismo democrático pero no PSOE. Creamos Convergencia Socialista que en Barcelona, llamado Convergència Socialista de Catalunya, resultó ser fuerte, y fusionamos las diversas «convergencias» que se iban creando en la Federación de Partidos Socialistas.[5]

4. Miguel Boyer y sus compañeros del PSOE en la clandestinidad desconfiaban del Partido Socialista Popular (PSP), considerándolo un socialismo domesticado por el régimen de Franco (véase Boyer, p. 297). Raúl Morodo, profesor de derecho político y lugarteniente de Enrique Tierno Galván, se mantuvo independiente cuando el PSOE absorbió el PSP en 1978.

5. La Federación de Partidos Socialistas (FPS), en cuya dirección colectiva se encontraban Enrique Barón, ministro de Transportes en el primer gobierno de Felipe González, y el dirigente socialista catalán Joan Reventós, nombrado embajador en París en 1982, reunió en 1976 un total de once grupos socialistas en diversas regiones de España y contó con el apoyo de la Unión Sindical Obrera (USO), de origen progresista cristiano, parte de la cual ingresaría posteriormente en la Unión General de Trabajadores (UGT). Los grupos más importantes del FPS fueron Convergencia Socialista de Madrid, donde militaba Joaquín Leguina, y Convergència Socialista de Catalunya (CSC), donde militaban Narcís Serra, Raimon Obiols y Pascual Maragall. Al contrario de lo que ocurrió en el resto de España, fue el CSC el que absorbió al PSOE en Cataluña, creando el Partit Socialista de Catalunya (PSC), por ahí el PSOE tenía una presencia testimonial que, además, fue siempre tildada de sucursalista.

*Partido Socialista Popular: en el mejor de los casos eran embaucadores y en el peor eran tipos de tercera categoría subidos al carro de Enrique Tierno Galván y de Raúl Morodo por pensar que ese carro iba a ir a alguna parte.*

*El golpe del 23-F estuvo a punto de triunfar. Le faltó una pestaña. Podía haber triunfado perfectamente y si falló, falló prácticamente por detalles.*

*Se podían contar con los dedos de una mano los que veían claro que había que estar en la OTAN y que era un disparate pedir un referéndum. Pero negarse a la OTAN era izquierdismo prehistórico. (Javier Solana, actual secretario de la organización.)*

T.B.M. — Y es a través de la Federación que dos años más tarde acabáis, por un proceso de fusión, en el PSOE. Vuelvo a lo del principio. ¿Por qué el PSOE no en el setenta y cuatro y sí en el setenta y seis? A donde quiero llegar, obviamente, es al impacto del proceso de renovación del Partido Socialista.

J.A. — Es que en el setenta y cuatro el PSOE era una incógnita. Empezaron a llegar noticias de Suresnes, noticias vagas, pero tardaron en llegar. Luego se vio que tenían siglas, que tenían apoyo internacional, que contaban con Willy Brandt y que tenían dinero. Pero simpatías no había. Me acuerdo de reuniones de la Platajunta en las cuales Múgica, que era el representante del PSOE, iba siempre con un periódico, el más grande de formato que había en el mercado, para abrirlo ostentosamente en la mesa y pasarse el ochenta por ciento del tiempo detrás del diario para mostrar su desprecio por los demás.[6]

T.B.M. — Decías que se vio que tenían siglas. Tú y los que eran de tu cuerda las habíais menospreciado, pero ellos tuvieron el acierto de entender que PSOE era una marca que vendía.

J.A. — Evidentemente tenían razón. Lo que pasa es que yo no sé si eso fue una agudeza política extraordinaria o una apuesta que les salió bien. Nadie pensaba que la historia estaba tan viva o que la memoria histórica era tan importantísima.

T.B.M. — En todo caso os copan el terreno.

J.A. — Sí. Nos dimos cuenta de que el espacio del socialismo democrático lo había ganado el PSOE. Entonces teníamos dos posibilidades: o entrar en el PSOE o irnos a casa. Lo que no tenía sentido era mantener otras marcas porque lo único que éstas iban a hacer era entorpecer y crear confusión. El único tren que iba a alguna parte era el PSOE.

T.B.M. — Y a la vez el PSOE ya para entonces no era sectario y abría sus puertas, precisamente porque eran pocos. Por lo que yo recuerdo de la época, Felipe González en particular se esfuerza por ir sumando socialistas dispersos.

6. La Platajunta fue la unión de las dos alianzas creadas a finales del franquismo por los dos partidos rivales de la izquierda: la Plataforma de Convergencia Democrática liderada por el PSOE, y la Junta Democrática creada por el PCE. Enrique Múgica fue nombrado representante del PSOE en la Platajunta, posiblemente porque su pasado como militante del PCE y su conversión a un furibundo anticomunismo aseguraban un displicente escepticismo socialista ante aquel organismo. (Véase el testimonio de Múgica sobre la Platajunta en Tom Burns Marañón, *Conversaciones sobre el Rey*, Barcelona, 1995, p. 347s.)

*El franquismo termina cayendo en el descrédito. Empezamos a vernos como faltos de libertad, atrasados, como europeos de segunda clase.*

*Ha habido poca sensibilidad por el rigor y por la exigencia moral. Ahí atribuyo un grado de responsabilidad importante a Felipe González, a sus características personales.*

J.A. — Sí. Desde luego hay que decir que fue otro rasgo de inteligencia política por su parte. La gente del PSOE estaba muy convencida, como tú has dicho, de que tenía las cartas decisivas en su mano, pero como eran pocos actuaban con deseos de integrar aunque con cierta prepotencia. El primer objetivo era limpiar el terreno para que sólo hubiera un puño y una rosa; eso estaba clarísimo. Y, segundo, había un ingrediente positivo que era nutrirse de cuadros. En Convergencia, por ejemplo había cuadros, muchos cuadros. El único obrero era Juan Barranco y llegó a donde llegó porque era eso, el único obrero aunque trabajaba en un banco.[7] Casi todos los demás éramos profesores.

T.B.M. — Hablabas de prepotencia.

J.A. — Es que por un lado había ese clima expansivo e integrador, pero por otra parte el mensaje era que serías recibido pero con el carnet más o menos en la boca. Desde luego, por parte de algunos de los *guerristas* el adjetivo convergente se utilizó como arma arrojadiza durante muchos años. Para los *guerristas* había unos con *pedigrí* y otros dudosos.[8]

T.B.M. — ¿Dónde estaban los convergentes en el debate marxismo sí, marxismo no del congreso del setenta y nueve?

J.A. — Hombre, con Felipe y por el abandono del marxismo.

T.B.M. — ¿Por qué?

J.A. — Porque no éramos dogmáticos, porque el marxismo ya a muchos nos horrorizaba. Primero por razones intelectuales. El marxismo nos parecía una religión bastante lamentable, y el programa máximo que habla de la lucha de clases y de la abolición de las clases era totalmente anacrónico, una pereza mental y un insulto a la inteligencia.[9] El análisis marxista no se sostiene en abso-

7. Juan Barranco llegó a ser alcalde de Madrid, sucediendo en el cargo a Enrique Tierno Galván.

8. Fernando Morán, que ingresa en el PSOE desde el Partido Socialista Popular (PSP) de Enrique Tierno Galván, también reconoce reticencias del aparato. (Véase Morán, p. 344s.)

9. El programa máximo del PSOE, revisado por Marx y Engels y aprobado por el primer congreso del partido celebrado en Barcelona en 1888, plantea básicamente tres aspiraciones: «la posesión del poder político por la clase trabajadora»; «la transformación de la propiedad individual o corporativa de los instrumentos de trabajo en propiedad común de la nación», y «la constitución de la sociedad sobre la base de la federación económica, de la organización científica del trabajo y de la enseñanza integral para todos los individuos de ambos sexos». El programa concluye: «El

luto. Y luego estaba la utilización política que se estaba haciendo del marxismo. Representaba la caspa del socialismo más cutre, más rancio y más feo.

T.B.M. — Creo que para muchos el tema era más sencillo. Si Felipe González decía que había un exceso de ideología y que había que olvidarse del marxismo pues todos conformes y adelante.

J.A. — Sí, pero no solamente porque Felipe González era visto como un muy buen líder. Es que Felipe González significaba la renovación y el socialismo democrático moderno. Están muy bien las siglas y está muy bien la tradición, pero no nos confundamos, porque con Pablo Iglesias tenemos muy poco que ver, afortunadamente.

T.B.M. — Claro, porque con ese partido moderno, con un Felipe González al frente, ya se podía ir hacia el centro político que era la llave del poder, puesto que ahí estaban los votos que necesitaba el PSOE.

J.A. — Sin duda. Seguramente todas esas motivaciones concurrieron en diferentes dosis. Yo participé intensamente en ese debate y lo hice principalísimamente contra el marxismo, contra una actitud que me parecía absolutamente obsoleta e intelectualmente deleznable. Y además de eso, ¿quién representaba el marxismo? Lo representaba Gómez Llorente, que es una persona respetable pero que es de los años veinte, y se lo apunta Tierno Galván, un oportunista de quien no se puede fiar en absoluto, y Paco Bustelo, que era otro oportunista y frívolo por más señas.[10]

T.B.M. — Es que para los críticos como Bustelo el oportunismo lo representaban quienes querían abandonar el marxismo. En el congreso del año setenta y seis el PSOE asume la ponencia política más radicalmente marxista de su historia y tres años más tarde, en el siguiente congreso, una vez que el PSOE había comprobado que

ideal del Partido Socialista Obrero es la completa emancipación de la clase trabajadora, es decir la abolición de todas las clases sociales y su conversión en una sola de trabajadores dueños del fruto de su trabajo, libres, iguales, honrados e inteligentes.» Para un examen crítico de la fascinación por el marxismo en el PSOE recién renovado, véase Pilar Cambra, *Socialismo no es libertad. El verdadero programa del PSOE*, Madrid, 1979. Publica el programa máximo en el apéndice I.

10. Los tres intentarían formar una candidatura «marxista» (véase Bustelo, p. 258). Para Bustelo y otros críticos es evidente que el oportunismo y la frivolidad de muchos altos cargos nombrados por los gobiernos del PSOE acabaron corrompiendo el partido.

el PCE no era rival y que electoralmente era la fuerza hegemónica de la izquierda, Felipe González decide que de marxismo nada.[11]

J.A. — No. Eso ignora o soslaya la evolución vertiginosa que se produjo en España en esos años. En el año setenta y seis, cuando el PSOE celebra su congreso con el puño en alto y las banderas rojas, era sincero porque todavía vivíamos en el franquismo.[12] Hay un cambio fundamental entre cómo se piensa en dictadura y cómo se piensa en democracia. Y esto requiere un tránsito que dura tres años. Yo en el setenta y seis levantaba el puño y en el setenta y nueve no. Pero no dejé de levantar el puño por un cálculo estratégico. Es que a mí en el año setenta y seis me gustaba levantar el puño en alto y en el setenta y nueve me parecía una aberración.

T.B.M. — De acuerdo. Pero es que, en gran parte, gracias a que ya no erais marxistas, a que ya no coreabais lo de «España mañana será republicana» y a que habíais dejado de levantar el puño, en el ochenta y dos conseguisteis diez millones y pico de votos en vez de los cinco millones y pico que lograsteis en las elecciones del setenta y siete y del setenta y nueve.

J.A. — No. Los diez millones de votos del ochenta y dos son muy excepcionales y totalmente marcados por el 23-F, por el temor a la democracia amenazada y por el hundimiento de la UCD. Por diversas circunstancias el PSOE ha emergido en esos años como la gran esperanza. Se había idealizado el partido y sobre todo a Felipe González.

T.B.M. — Y el PSOE ofrece seguridad y cambio a la vez.[13]

J.A. — Exacto. La gente se convence de que la única forma de asegurar la democracia es avanzando y afirmándose. El fracaso del 23-F da convicción y legitimidad moral para esa opción. Antes la

11. El punto cuatro de los principios de la resolución política adoptada por el XXVII Congreso del PSOE celebrado en Madrid en diciembre de 1976 reza: «El PSOE reafirma su carácter de partido de clase y, por lo tanto, de masas, marxista y democrático.» En un párrafo posterior explica: «Somos un partido marxista porque entendemos el método científico de conocimiento de transformación de la sociedad capitalista a través de la lucha de clases como motor de la historia.» Y añade, de manera farragosa: «Entendemos el marxismo como un método no dogmático, que se desarrolla y que nada tiene que ver con la traslación automática de los esquemas teóricos o prácticos de las experiencias determinadas del movimiento obrero.»

12. Según Bustelo (p. 254s), entre los que asumían el marxismo con mayor entusiasmo y sinceridad estaban los sevillanos con Felipe González al frente.

13. La doble oferta es desarrollada por Santos Juliá (p. 60), y por José Félix Tezanos (p. 387s).

opción era «vamos a consolidar la democracia gradualmente, con timidez, sin pisar callos...».

T.B.M. — Es decir, se pierde el miedo.

J.A. — Bueno, se pierde desesperadamente. La cuestión se convierte en «o yo me enfrento al tiburón, o el tiburón me devora». Lo que no se puede hacer es intentar convencer al tiburón. Pero realmente el miedo no se pierde hasta que ya está el gobierno socialista instalado en la Moncloa y en el Ministerio de Defensa.[14] Cuando sabíamos, meses antes de las elecciones, que las íbamos a ganar, estábamos muy, muy preocupados. Nuestro estado de ánimo era: «La que se nos viene encima, la responsabilidad espeluznante que nos cae encima.»

T.B.M. — Porque lo que le toca al PSOE es consolidar la democracia.

J.A. — Sí, porque la democracia no estaba consolidada. Mi tesis es que el golpe del 23-F estuvo a punto de triunfar. Le faltó una pestaña. Podía haber triunfado perfectamente y si falló, falló prácticamente por detalles. Yo en esa época dirigía un centro de estudios próximo al PSOE, y al día siguiente del golpe, puesto que no sabíamos nada de la conspiración, nos pusimos a estudiarlo con el apoyo de Felipe González. Él nos facilitó contactos militares y policiales y también estuvimos estudiando muchísima prensa de extrema derecha y militar publicada en los meses antes del 23-F. Nos dimos cuenta, aterrorizados, de que el golpe se había estado pidiendo a gritos. Entre las conclusiones y recomendaciones de nuestro trabajo, una fue que había que entrar cuanto antes en la OTAN, no ratificar nuestra presencia en la OTAN sino entrar en ella porque en ese momento todavía no estábamos en la Alianza.

T.B.M. — Pues no os hizo mucho caso el partido. Metisteis la pata brillantemente con ese tema.

J.A. — Totalmente. Fue un disparate monumental. Fue un error catastrófico.

T.B.M. — ¿A quién se lo atribuyes?

J.A. — Hombre, yo creo que casi a todo el mundo. Fue un error muy compartido. Se podían contar con los dedos de una mano los que veían claro que había que estar en la OTAN y que era un disparate pedir un referéndum. Pero negarse a la OTAN era izquier-

14. Narcís Serra afirma que no existía el Ministerio de Defensa cuando le es encomendada esa cartera en octubre de 1982 (véase p. 191).

dismo prehistórico. Ya entre el ochenta y dos y el ochenta y seis se vio que era mucho mejor estar dentro.

T.B.M. — ¿Qué nivel de crisis supuso para el partido y para sus votantes cambiar de opinión sobre la OTAN? Al fin y al cabo una de las razones para votar al PSOE en el ochenta y dos fue salir de la OTAN.

J.A. — Lo que ocurrió fue que la gente comprendió que estaba en juego el gobierno socialista. En el ochenta y seis el gobierno estaba prácticamente en su punto de máxima popularidad y votar en contra de la OTAN significaba infligir tal derrota política al gobierno que hubiera tenido que dimitir.

T.B.M. — Con todo, fue muy arriesgado.

J.A. — La convocatoria del referéndum fue un acto de irresponsabilidad total del PSOE, pero, claro, como vivimos en un mundo «resultadista», todo cambia cuando has ganado. Y resulta que como se ganó el referéndum, la convocatoria fue una de las grandes genialidades de Felipe González. Pero si lo llega a perder, que lo podía haber perdido, hubiera sido una catástrofe. Hubiera sido para ir a los tribunales para pedirle responsabilidades.[15]

T.B.M. — Volviendo a la democracia que consolida el PSOE, es evidente que quienes asientan la democracia son en gran parte responsables de la cultura política que la sustenta. Tú defines los rasgos de esta cultura política como un tremendo valor a la democracia y a la libertad, pero a la vez existe poca participación, poca apreciación por los políticos y cada vez más desencanto.[16] Esto me parece paradójico. ¿Por qué es tan baja la participación política de los españoles? No me refiero a la participación electoral, sino a la participación general del día a día.

J.A. — Claro, es que esto es un poco difícil de explicar, porque la respuesta sería por nuestra cultura política y eso es una tautología. Yo creo que hay una distancia, en general muy grande, entre lo privado, lo íntimo, lo local y lo público. Hay una alienación histórica de la esfera de lo público. En España no existe una tradición his-

15. Esta opinión es ampliamente compartida. Véase, por ejemplo, el testimonio de Malefakis (p. 279) y la nota 11 para la estadística de una votación en un referéndum que el gobierno, contra el pronóstico de muchos, ganó con cierta holgura.

16. La cultura política de los ochenta está sucintamente resumida y analizada por Joaquín Arango en su ensayo *Los españoles y la política 1982-1994*, que aparece en el volumen *Historia de una década* publicado por AB Asesores, Madrid, 1994.

tórica de participación. Los poderes públicos son vistos como algo ajeno, y cuanto más estatales y más centrales sean, pues más aún.

T.B.M. — El concepto de «*polity*» , el valor de «*We are the people*» a la americana, no es parte de la cultura política española.

J.A. — Te refieres a «Yo soy el pueblo soberano y he decidido que quiero tener un Congreso y el Congreso va a ser así, y yo soy el que va a votar unos impuestos para que se pueda mantener ese Congreso, etcétera». Aquí no. Aquí los poderes han existido de siempre y han tenido el poder siempre; con la democracia nosotros hemos conseguido ganar derechos. La democracia nos da derecho a criticar a los gobernantes y a echarlos electoralmente e incluso, en caso extremo, a pedir cuentas. Pero la democracia no nos obliga a participar.

T.B.M. — A donde quiero llegar es a la reflexión de que el PSOE nunca tuvo un especial empeño por crear interés ciudadano por la *res publica*.

J.A. — No. Yo creo que el PSOE pensó que tenía la razón. Que todo lo que iba a hacer era bueno y que incluso casi bastaba con que lo hiciese para que fuera bueno. Estaban muy convencidos de eso. Es decir, si tenían un apoyo electoral y demoscópico tan fuerte y tan sostenido, pues todo lo demás o bien vendría a su debido tiempo o bien no era tan necesario.[17]

T.B.M. — Es una convicción que en cierta manera se apoya en una preferencia política e ideológica que en España, frente a los demás países europeos, está más sesgada hacia la izquierda.

J.A. — Bueno, ese posicionamiento es, por un lado, compartido por otros países del sur de Europa. Hay unos rasgos comunes. Son sociedades más populares, más populistas. Por otro lado, se puede explicar por razones históricas, por la caída del franquismo y por el rechazo al franquismo.

»El franquismo termina cayendo en el descrédito. Empezamos a vernos faltos de libertades, atrasados, europeos de segunda clase, más pobres que los otros, aislados, con menos bienestar y menos derechos. Y entonces todo eso es culpa del franquismo.

T.B.M. — ¿El posicionamiento de centro izquierda está empezando a cambiar?

J.A. — No, no tanto. Va disminuyendo un poco, pero todavía no

17. Victoria Camps (p. 444s) tiene ideas parecidas sobre la ausencia de autoridad moral en la dirección del PSOE y su cultura del «todo vale».

se ha producido un cambio importante. No es verdad que el Partido Popular ha ganado las últimas elecciones porque ha habido un vuelco electoral y España se ha derechizado. La cultura no ha cambiado, aunque las ultimísimas generaciones, las de dieciocho a veinticuatro años, empiezan a ser menos progres que las anteriores.[18] Y eso se explica porque la transición está ya más alejada. Pero los valores de feminismo, igualitarismo, tolerancia, ecologismo, universalismo, pacifismo, permisividad, antirracismo, etcétera, siguen siendo rasgos de la cultura política.

T.B.M. — ¿Y se suma todo eso y sale PSOE?

J.A. — No. Estos valores no tienen por qué tener una traducción político-electoral inmediata. El PSOE los representaba fantásticamente y de ahí su éxito. Pero si otro partido también los representa y es moderado, pues se le apoya igual.

T.B.M. — Hay un rasgo que me interesa y es el apego al Estado y la dependencia de él. Los españoles quieren un «Papa-Estado», un Estado providencial. El franquismo hizo gala de su paternalismo y esta cultura en cierto modo se traslada al Estado de bienestar, desde la cuna hasta la tumba, que es la gran seña de identidad de la socialdemocracia. Aumentan las prestaciones del Estado y la sociedad le demanda más.

J.A. — Es que la cultura política española es muy estatista, muy providencialista. Y no sólo la española, porque encuentras lo mismo en el este y en el sur de Europa y, en parte, en América Latina. Tiene bastante que ver con lo que hablábamos antes de los poderes ajenos. La cuestión es que si esos poderes mandan y han mandado siempre como les ha dado la gana, entonces también tienen que solucionar problemas. Y eso más aún en una democracia que da más derechos para reclamar. El franquismo evidentemente contribuye muchísimo a la socialización de valores paternalistas.

T.B.M. — Y a la demanda y la expectación de prestaciones.

J.A. — Sí. Y lo que ocurre en estos últimos años es que esas demandas en parte se satisfacen. Y esto proporciona un mayor apego, si cabe, al Estado y una fuente de apoyo importante para el PSOE. Lo que pasa en España, y ésta es la verdadera paradoja, es que el estatismo coexiste con el antiestatismo. Mientras se demanda todo al Estado, y el Estado es responsable de todo, se tiene en muy poca

18. Cristina Alberdi, que evidentemente no maneja los datos del CIS como Arango, cree (p. 409) que estos jóvenes están volviendo a las filas socialistas.

estima al Estado. En cambio en Francia, donde también se demanda mucho al Estado, aunque no tanto como en España, el Estado sí tiene prestigio.

T.B.M. — Lo que parecen indicar las últimas tendencias electorales es que el PSOE, aunque satisface muchas demandas, ya no satisface tanto las de las capas medias urbanas y que éstas, que antes se suponían progresistas y socialistas, se han desplazado hacia el centro derecha. Supongo que esto lo veías venir.

J.A. — Sí. Hay un desplazamiento gradual durante todo este período. Yo creo que hay que explicarlo por dos vías, o dos dinámicas, un poco distintas. Por un lado, el PSOE pierde jóvenes, urbanos y profesionales y, por otro lado, gana viejos y pequeñas ciudades.

T.B.M. — Y también mujeres.

J.A. — Bueno sí, pero siempre ha tenido un sobreapoyo de mujeres.[19]

T.B.M. — El PSOE gana viejos y capas rurales por las prestaciones.

J.A. — Claro. Pierde el voto joven porque éste en general es un voto de oposición y el PSOE se va convirtiendo en régimen y pierde el voto de las ciudades porque ahí las ventajas sociales son más difíciles de ver.[20]

T.B.M. — Y supongo que el PSOE pierde el voto ilustrado, por así decirlo, el voto que normalmente sería progresista, por el tema de la corrupción.

J.A. — Sí. La corrupción ha sido decisiva. Es evidente que ese voto ya se estaba perdiendo antes, pero la vuelta de tuerca decisiva, la gota, o las muchas gotas, que colman el vaso es la corrupción.[21]

T.B.M. — ¿Cómo empiezas a explicarte la incidencia de la corrupción?

J.A. — Pues, de entrada, es el resultado de una actitud bastante indolente, de «qué más da», de «lo importante son las grandes cosas y que como en el fondo lo que estamos haciendo es bueno porque lo que estamos haciendo es redistribución y Europa y libertad, qué importa que nombremos a magullantes y a gente de cuarta fila».

T.B.M. — ¿Cómo te explicas que a la primera de cambio, cuan-

19. Las mujeres votan al PSOE pero no se afilian (véase Alberdi, p. 408, nota 2).

20. El voto joven también se pierde por el fuerte aumento del paro (véase Tezanos, p. 391).

21. De Miguel ofrece un análisis similar (véase p. 465s).

do la corrupción ya se empieza a airear, el partido es incapaz de frenarla en seco?

J.A. — Es difícil de decir y habría que buscar varias explicaciones. Una primera es la que te acabo de señalar. Hay una parte comprensible en esta explicación que es eso de que se estaba en las cosas grandes, y hay otra que es menos justificable porque creo que ha habido un grado de indolencia, de indiferencia por muchas cosas bastante grande. Ha habido poca sensibilidad por el rigor y por la exigencia moral. Ahí atribuyo un grado de responsabilidad importante a Felipe González, a sus características personales.

T.B.M. — ¿Lo dices por su indolencia?

J.A. — Por su indolencia y por esa fatalidad suya que dice: «Ya se sabe que en el mundo hay suciedad y que en la política hay cañerías y cloacas.»

T.B.M. — Y que «siempre habrá cuatro sinvergüenzas».

J.A. — Claro, y a continuación se dice: «Yo estoy encima de ello, y al margen, y soy impoluto.» En segundo lugar está el tema de los nombramientos. Decíamos, medio en broma, que Felipe González no sabía quiénes eran sus ministros porque no los veía nunca y porque todo le daba igual, y resulta que ese ambiente se transmite al final a los nombramientos. Yo y otros hemos estado durante muchísimo tiempo muy cabreados por nombramientos que nos parecían lamentables. El más famoso ha sido Roldán.

T.B.M. — El problema no es sólo que se haya nombrado a sinvergüenzas.

J.A. — No, no. No sólo sinvergüenzas. Digamos incompetentes. Es decir, personas que notoriamente no estaban a la altura de la responsabilidad. Volvemos al «qué más da con tal de que sean fieles». Y aquí hay un factor muy peligroso y éste es muy *guerrista*. Es la idea de que la soberanía popular justifica todo y limpia todo.

T.B.M. — Es decir, «a mí me han votado y a ti no».

J.A. — Y por tanto «como me han votado esto me da prácticamente carta blanca para todo y tengo derecho a poner a un primo mío donde yo quiera».

T.B.M. — Es un concepto tremendamente patrimonialista de la política.

J.A. — Sí, completamente. Pero al mismo tiempo no es sólo patrimonialista. También hay una concepción sectaria de la política que es «ellos y nosotros; nosotros somos la izquierda y somos los buenos y los otros son la derecha». Por definición la izquierda hace lo bueno y por lo tanto todo lo que se haga por vencer a los otros está justificado porque los otros van a traer todas las maldades de la derecha.[22]

T.B.M. — Cuando hablas de un *guerrismo* sectario supongo que te refieres a actitudes internas dentro del partido además de las externas frente a la derecha.

J.A. — Sí. Es en todos los planos. Internamente en el partido «los que no están conmigo están contra mí; si éste no me quiere, decir que está contra mí y por lo tanto le veto». Yo cuando salí del ministerio con Maravall en el ochenta y ocho me encontré con el veto de Guerra en todas partes. Fui nombrado presidente del CIS por (Narcís) Serra, una vez que había caído Guerra.

T.B.M. — ¿Y todo porque no le querías?

J.A. — Pues sí. No estaba con él, no era de los suyos, y por lo tanto estaba contra él. Aquí estas afinidades grupales son importantísimas, decisivas, ¿no?

T.B.M. — Otra explicación de la corrupción es la necesidad de financiar los partidos políticos.

J.A. — Ahí ha habido muchísima permisividad. Hay que comprender que la cultura de financiación irregular es de siempre y esto no es sólo imputable al PSOE porque todos los partidos se financiaban irregularmente y esto era visto como algo normal. Pero hay que distinguir entre la noción general de que hay que buscar esquemas para financiarse creando empresas y cosas así y lo que es claramente irregular. En cuanto a lo primero, salvo los comunistas que tenían empresas de exportación con la Unión Soviética, los demás no teníamos ni idea de cómo hacerlo.

T.B.M. — ¿Tú eras consciente de la financiación irregular cuando eras subsecretario de Educación?

J.A. — Yo en el año ochenta y siete u ochenta y ocho, ya al final de mi etapa en el ministerio, empecé a darme cuenta, por cosas que oía, de que había esquemas de financiación preocupantes. Tuve indicios de que el partido podía estar cobrando comisiones por obras públicas y me pareció escandaloso. Pero pensé que esas prácticas no eran muy extendidas y que se corregirían.

T.B.M. — Comenzamos hablando de la renovación del PSOE de Llopis en el setenta y cuatro. ¿Cómo se debe enfocar una segunda renovación del partido, dando por hecho que es necesaria después

22. Joaquín Almunia hace reflexiones parecidas (véase p. 331).

de que han estado catorce años en el poder y que ahora se enfrenta a quizá varios años de oposición?

J.A. — Es que son dos cosas total y absolutamente distintas, ¿no? La renovación del setenta y cuatro fue una renovación fundacional o neofundacional. Si bien es cierto que el PSOE existe desde hace más de cien años, en el setenta y cuatro hay una renovación tan profunda, tan total....

T.B.M. — Que es una refundación.[23]

J.A. — Completamente. Y una refundación es fácil en unas circunstancias excepcionales. Ahora no es concebible un cataclismo como el que tuvo lugar en el setenta y cuatro.

T.B.M. — Bien. Son tiempos no comparables y yo no planteo una refundación ahora. La reflexión es sobre algo más modesto que es una renovación.

J.A. — Pues hay dos cosas. Una es que la renovación sea muy deseable, incluso necesaria. Otra cosa es si es previsible o no.

T.B.M. — ¿En cuanto a la primera?

J.A. — Yo creo que es necesaria porque el PSOE se ha desgastado mucho durante este tiempo; ha desarrollado vicios, y no ha revisado su ideario, su visión del mundo y su elenco de soluciones. Además la falla en la vertiente ética ha sido muy grande, y aunque en parte es imputable a sinvergüenzas ajenos y a circunstancias históricas, también es imputable a falta de rigor, a falta de exigencia y a una permisividad injustificable.

T.B.M. — Supongo que quienes siguen dirigiendo el partido son los responsables de esas faltas, de esa permisividad.

J.A. — Bueno, ha habido una cierta reacción y se está aprendiendo dolorosamente por las heridas sufridas. Seguramente en el futuro, o en el presente, las cosas serán, o son ya, distintas. Pero todavía no se ha producido esa manifestación absolutamente decidida, frontal, de cambio en ese terreno. Se han dado muestras de arrepentimiento pero hace falta algo más.

T.B.M. — Puede que la renovación pase por el cambio de personas.

J.A. — Sí. Desde luego que pasa por personas. Y además pasa por estructuras y por voluntad masiva, mayoritaria, de cambio.

T.B.M. — También te preguntabas si la renovación es previsible.

J.A. — Es que el cambio de las personas no es fácil, sobre todo cuando hay un liderazgo tan especial, tan fuerte, tan carismático,

23. El término es de Santos Juliá (véase p. 55).

tan indiscutido. Pero el cambio es mucho más difícil con las estructuras y la cultura organizativa existente en el PSOE. Las estructuras realmente son muy poco democráticas y de hecho la concentración de poder en el vértice es extrema. Nadie discute ni cuestiona lo que dice el líder o los líderes y eso es gravísimo. Y además de eso se ha producido, a mi juicio, una evolución muy negativa y muy perversa que es la consolidación de los barones regionales. La clave está entonces en ponerte de acuerdo con éstos que a su vez son virreyes autócratas.

T.B.M. — Entiendo que no ves nada clara esa renovación que dices es deseable y necesaria.

J.A. — No. Estoy muy, muy, muy pesimista acerca de la posibilidad de un cambio efectivo.

# III

# EN EL GOBIERNO (I)

5. Alfonso Guerra

*Vicesecretario del PSOE desde 1979, fue vicepresidente del Gobierno desde 1982 a 1991.*

**Un líder se va o se queda, y cuando anuncia que se va pero acaba quedándose, complica las cosas en vez de solucionarlas.**

Antes de Felipe González estuvo Alfonso Guerra. Es Guerra, de adolescente, quien busca a un histórico socialista andaluz, desterrado en Sevilla, y se pone a sus órdenes para reconstruir el Partido Socialista. Cuatro años más tarde, en 1962, el inquieto Guerra contacta con Felipe González que gozaba de cierto carisma en la Facultad de Derecho hispalense y estaba próximo a grupos católicos progresistas.

Es Guerra el primero en establecer una fluida relación política entre los jóvenes andaluces y los socialistas de la cornisa cantábrica, los mineros de Asturias y los metalúrgicos en la margen izquierda de Bilbao; es el primero en visitar a los dirigentes socialistas en su exilio francés; es el que organiza el llamado congreso de la escisión, celebrado en Toulouse en 1972, que defenestró al veterano secretario general, Rodolfo Llopis, y eligió una Ejecutiva compartida entre renovadores del exterior y del interior; es el que, sellando un supuesto «pacto del Betis» con los socialistas del norte, catapulta a Felipe González al liderazgo del PSOE en el congreso celebrado dos años más tarde en Suresnes, a las afueras de París.

No es nada arriesgado afirmar que sin la tremenda vocación política de Alfonso Guerra el PSOE que emerge en la transición hubiera sido un pálido reflejo de lo que fue. Pero su labor estaba entonces a medio camino.

Es Guerra, autodidacta en tantas cosas, quien se hizo el experto consumado del partido en técnicas electorales y quien dirigió la campaña de 1977, que convirtió el PSOE en la segunda fuerza electoral del país; es Guerra, ya de diputado y reconvertido en jurídico, quien en 1978 deshace entuertos, pacta acuerdos y ayuda a hacer realidad un consenso constitucional; es Guerra, como organizador y director de escena que siempre fue, quien entrega a Felipe González un partido férreamente disciplinado después del susto que ambos se pegaron en el tormentoso congreso que en 1979 debatió el tema del marxismo.

Si la contribución de Alfonso Guerra al socialismo es diáfana en aquellos años, el impacto de su acción política posterior es mucho más difícil de calibrar.

Nombrado vicepresidente del Gobierno en 1982, Guerra dijo de sí mismo que estaba de «oyente» en el Gabinete. Los testimonios de quienes se sentaron con él en el Consejo de Ministros sugieren que la autocalificación es muy exacta; salvo en el papel que jugó en el cese de Miguel Boyer, el único que le pudo hacer sombra en el primer gobierno socialista, Guerra interviene poco en las resoluciones del Gabinete. No existe una sola decisión gubernamental de largo alcance ni una iniciativa legislativa, en los nueve años que fue vicepresidente, que pueda ser directamente atribuible a él.

La explicación generalizada de este paso de puntillas por el gobierno es que, en el reparto de papeles con Felipe González, Guerra dedicó sus mayores energías al partido. Pero no fue un reparto equilibrado; en el PSOE Guerra mandaba en representación de Felipe González, el secretario general del partido que había delegado poderes en él por estar ocupado en tareas de gobierno. Guerra nombra a personas de su confianza para puestos relevantes del partido, pero no consigue que el partido influencie la labor del gobierno. Su intento más serio de dar «voz propia» al partido fue el Programa 2000, una iniciativa que fue glacialmente recibida por Felipe González y olvidada por completo.

La fuerza real de Alfonso Guerra en el PSOE se ve con precisión ya muy nítida cuando sale del gobierno en 1991 en medio de un escándalo familiar. A partir de entonces la historia interna del Partido Socialista ha consistido en el exitoso acoso y derribo del llamado *guerrismo,* término equívoco porque no demuestra tanto una opción política como un entramado de lealtades personales.

Sería, sin embargo, absurdo no contar con Guerra en el presente y en el medio plazo del PSOE, sobre todo ahora que, con el paso del Partido Socialista a la oposición, se han nivelado las posiciones entre PSOE-partido y PSOE-gobierno y que a todos, no sólo a Guerra, se les han rebajado los humos. Ésta fue la impresión muy meditada que me quedó después de mantener una distendida conversación en la cual Guerra, que es un hombre muy tímido y muy sentimental, mostró una indudable inteligencia y, además, el incuestionable encanto personal de quien es, en el fondo, una muy buena persona.

Habrá que contar con Guerra porque siente con pasión, como ningún otro dirigente del PSOE, el «socialismo de andar por casa», que es lo que la franja fiel de los votantes del partido comprende y quiere. Y habrá que contar con él porque, según afirma, «un partido que pasa a la oposición se tiene que liberar de su gobierno». Políticamente Guerra tiene toda la razón y esto quiere decir, hablando en llano, liberarse de Felipe González, su fichaje hace más de treinta años.

Tom Burns Marañón: Sé que Alfonso Fernández Torres[1] tuvo mucha influencia sobre usted, pero sigo sin entender por qué de muy joven decide militar en un partido que estaba prácticamente desaparecido y cuyos pocos supervivientes eran mayoritariamente personas de avanzada edad.

Alfonso Guerra: Mi experiencia personal, estrictamente personal, es un poco curiosa. Yo era hijo de una familia muy numerosa y muy humilde. Mi padre no estaba politizado, pero tenía una tendencia a estar en oposición a todo lo que fuera Franco. Tenía incluso un cierta mitología con la Unión Soviética. Pensaba que aquello sí que funcionaba.

T.B.M. — ¿Como paraíso de los trabajadores?

A.G. — No. Como país mucho más competente, la cuna de los *sputniks*. Decía que a los americanos les ganaba de calle. Él no tenía grandes conocimientos, no estaba politizado pero estaba contra Franco, y la Unión Soviética representaba todo lo que se oponía a Franco y a quienes, como los americanos, le apoyaban. Yo era un niño y empecé a interesarme por la lectura de una manera curiosa. Un compañero de colegio tenía un primo que era clarinetista en la orquesta de Sevilla y éste era un hombre modesto, no era universitario, era de formación media baja, pero le gustaba la lectura y leía por ejemplo a Gregorio Marañón y nos prestaba los libros de Marañón. Yo empecé a leer en la Casa Americana de Sevilla a toda la generación perdida, a Dos Passos, a Eugene O'Neil, que me descubrió el teatro. Empecé a leer mucho. Leíamos las revistas americanas como *Life* y después vimos que cuando empezaron a llegar aquí esas revistas los escotes de las señoras estaban sobrepuestos. En fin, empezamos con catorce años a ver dos mundos diferentes.

1. Alfonso Fernández Torres (1907-1978) estudió derecho en la Universidad de Granada, fue alcalde de Torreperogil (Jaén), su pueblo natal, dirigió el PSOE y la UGT en la provincia y presidió la Diputación Provincial jiennense durante la República. Condenado a muerte después de la guerra por dos causas distintas, sus penas fueron conmutadas por la de cadena perpetua y fue puesto en libertad, beneficiándose de un indulto, en 1946. Desterrado de Jaén tras una nueva detención e inhabilitado para el ejercicio de la abogacía, se trasladó a Sevilla donde trabajó como administrador en un garaje. Alfonso Guerra diría que fue «el motor inicial de la renovación del Partido Socialista. En él encontramos la persona que supo encauzar nuestras inquietudes». Véase Alfonso Guerra, *De Suresnes a la Moncloa*, Madrid, 1984, p. 37.

T.B.M. — Va conociendo distintos mundos, entre ellos, supongo, el político.

A.G. — Es que cae en mis manos una página, una página corta de Antonio Machado. En ella Antonio Machado contaba que siendo niño lo llevaron al Retiro a un mitin de Pablo Iglesias. Yo leí una frase, yo tendría quince años, que me impresionó. Decía Antonio Machado de Pablo Iglesias, que yo no sabía quién era, «la voz de Pablo Iglesias tenía el timbre inconfundible de la verdad humana». Yo ya admiraba a Machado, y si él decía eso de ese señor, ese señor tenía que ser una cosa muy especial. Y entonces intenté encontrar libros que hablaran sobre Pablo Iglesias. Pero en aquella época, y además siendo un niño que no tenía relaciones, no encontraba nada. Pero en casa del padre de un amigo encontré una biografía de Pablo Iglesias firmada por Juan José Morato, una biografía muy antigua que debió de ser del año veintitrés o algo así. La leí y me entusiasmó. Y entonces empecé a conocer que en Sevilla había un chico de mi edad que se llamaba Alfonso Fernández Malo, hijo de uno que, según decía la mitología de la época, iba predicando el socialismo, durante la República, montado en un burro por los montes de Jaén. Aquello me creó unas imágenes absolutamente románticas. Yo ya entonces me dedicaba a escribir poesías e intentaba hacer teatro. La dictadura lo prohibía todo, absolutamente todo. Eran de una ceguera total. Podían haber permitido mucho más de lo que permitían sin que nos pusiéramos en contra. Y yo ya me puse en absolutamente contra la dictadura, más por el vehículo cultural.

T.B.M. — Hay bastantes testimonios que apuntan a que usted entra en la política impulsado por la estética.

A.G. — Eso. Por razones estéticas. Entonces yo conozco a Alfonso Fernández y le veo como a una especie de santo laico porque tenía la imagen de sus predicaciones sobre la idea del socialismo, yendo a los mítines en burro.[2] Y él un día me ofrece que reconstruyamos el partido.

T.B.M. — Cuando se conocen personas a quienes uno ha inves-

2. La descripción de «santo laico» fue popularizada por Ortega y Gasset en un artículo titulado «Pablo Iglesias» publicado en *El Imparcial* en 1910: «Hay en España dos santos laicos, Pablo Iglesias es uno. Don Francisco Giner [fundador de la Institución Libre de Enseñanza] es otro: ambos son los europeos máximos de Europa.» José Ortega y Gasset, *Obras completas,* volumen X, Madrid, 1983, p. 140.

*Todo el mundo creía que el Partido Comunista contaba con los mejores intelectuales, con los mejores cartelistas, con todo. Y resultó ser un* bluff *absoluto. No tenían los mejores de nada.*

*Nuestra generación ha sido prisionera de la carga psicológica de la guerra civil.*

tido con mucha mística, sobre todo cuando se es joven y ellos son mayores, a veces las decepciones suelen ser tremendas.

A.G. — La verdad es que a mí Fernández Torres no me decepcionó. Nunca me decepcionó. Al final él tenía un cierto miedo a todo. Creía que todo el mundo le iba a dejar orillado y estaba ya, un poco, con un cierto temor de los años que a mí no me agradaba ver, pero no me decepcionó. Fue un hombre muy íntegro y que creía en el socialismo. A mí me enseñó un socialismo de andar por casa que es en el que creo. Yo he leído mucho después, pero no he aprendido mucho más de lo que me enseñó él.

T.B.M. — ¿Encuentra en las enseñanzas de Fernández Torres y en las experiencias con él ese timbre inconfundible de la verdad humana que decía Machado de Pablo Iglesias?

A.G. — Bueno, me encuentro con las dos caras de la moneda. Alfonso Fernández Torres no podía ejercer como abogado, lo tenía prohibido, y entonces trabajaba de guarda en un garaje. Yo iba a verlo al garaje y él me daba direcciones de viejos socialistas, para que yo intentara reagruparlos porque él no podía ir ya que estaba muy vigilado. Entonces yo iba a Jaén, a Granada, a buscar viejos socialistas y encontraba las dos caras de la moneda. La cara de ese socialismo romántico, entusiasmante, que le dejaba a uno entusiasmado, y la cara del miedo. Había un enorme miedo. Cuando yo llegaba muchos creían que yo era policía, que era un gancho para llevarlos a la cárcel. A veces tuve unos choques muy complicados y la realidad es que todos vivían muy cerca de la desgracia de la guerra, tenían muy cerca la cárcel, el fusilamiento de los familiares. Podía contar anécdotas para no terminar.

T.B.M. — Quería que reflexionase sobre el santoral del socialismo histórico, sobre los líderes de la preguerra que estos viejos con quienes usted iba contactando habían conocido de una manera muy directa. Es obvio que la figura de Pablo Iglesias es muy nítida para usted. A mí me interesa la entrada de intelectuales en el partido como Fernando de los Ríos y su aportación al socialismo a partir de 1910, cómo Unamuno y Ortega y Gasset se sentían atraídos por el PSOE, la figura de Negrín, que ingresa en el PSOE porque el partido asegura la República, y la de Besteiro, que desconfía de la República, al menos en sus comienzos, porque es socialista antes que republicano. Me interesa la disputa entre Prieto y Largo Caballero por el liderazgo del partido.

A.G. — Bueno, cuando yo empecé a conocer el socialismo, el

Constitución Española

Don Juan Carlos I,
Rey de España.

A todos los que la presente
vieren y entendieren.

Sabed: que las Cortes han
aprobado y el Pueblo es-
pañol ratificado la siguiente
Constitución.

*La Constitución del setenta y ocho no nos gustó del todo a ninguno, pero nos ha servido a todos. No se había hecho nunca una constitución así en España.*

santoral estaba compuesto por todos pero cada uno tenía su santo predilecto. Uno era *besteirista*, otro era *caballerista* y así sucesivamente. Se hacían unas trifulcas entre veteranos sobre que si uno dijo tal y si el otro dijo cual. Yo he reflexionado mucho sobre lo que oí continuamente en esas luchas. Al cabo de los años me hice un especie de puzzle sobre quiénes eran los socialistas más profundos entre lo que yo he podido ver, entre lo que oía y entre que lo leía. Y mi conclusión es que realmente el hombre importante del socialismo español es Pablo Iglesias. Yo creo que debió de ser una personalidad absolutamente excepcional, absolutamente extraordinaria. Debió de ser de esos que te conquistan con la mirada y que crean una relación de dependencia de las personas.[3] Luego hay otros hombres mucho más mundanos en el sentido de que ya están en el mundo y ya los puedes tocar, que ya no son dioses. Quizá hay uno que está un poquito en la línea de Pablo Iglesias, que es don Fernando de los Ríos. Está un poco por encima. De los demás el más listo de todos, el más inteligente es Prieto y yo creo que no cabe ninguna duda sobre esto. Largo era muy habilidoso pero creo que lleno de errores. Al cabo de los años, yo creo que los errores de Largo eran muy grandes. Luego está Besteiro, un hombre ético, de gran integridad. Creo que la historia ha sido muy injusta con él.

T.B.M. — Supongo que Carmona siempre ha sido un santuario para usted.

3. Se le puede señalar a Pablo Iglesias (1850-1925) como el máximo responsable de la falta de «coherencia y consistencia» en el socialismo español acentuando su cambio desde un rígido radicalismo, aislacionista y retórico, hacia un colaboracionismo reformista con partidos republicanos, véase Heywood, *Marxism and the failure...* pássim y p. 150. Otros, como Edward Malefakis (véase p. 277), critican el culto a la personalidad en torno al fundador del PSOE y culpan a Iglesias del lento crecimiento del partido. Pero no puede haber duda de que Iglesias «conquistaba con la mirada», como afirma Guerra; personajes tan expertos en las miradas y en las flaquezas humanas como Benito Pérez Galdos buscaban la amistad de quien era conocido como «el abuelo». Iglesias, hijo de una viuda que lavaba ropa en el río Manzanares, pasó parte de su infancia en un hospicio antes de aprender, de muy joven, el oficio de tipógrafo. Fue enterrado en medio de una de las más multitudinarias manifestaciones conocidas en la historia de España. Morato, cronista prolífico de los primeros años del PSOE, y autor de la biografía del fundador del partido que leyó Guerra de adolescente, cuenta que el carro fúnebre fue acompañado al cementerio civil de Madrid por «una muchedumbre que marcha recogida, que no deja oír sino un rumor como de río caudaloso y hondo». Juan José Morato, *Pablo Iglesias, educador de muchedumbres*, Barcelona, 1968, citado por José Félix Tezanos en *Historia ilustrada del socialismo español*, Madrid, 1993.

A.G. — Absolutamente. El primer mitin de mi vida fue en el teatro Cerezo de Carmona al lado de la cárcel donde muere Julián Besteiro. Y después he ido muchísimo ahí. A Besteiro siempre le he tenido como una cosa muy sentimental. El final de su vida es muy trágico.

T.B.M. — La foto de él en la cárcel con los curas vascos impresiona.

A.G. — Con los curas vascos y el albañil. Yo tengo el original de esa foto.

T.B.M. — Cuando se revisa el santoral llama la atención la diversidad de todos ellos. Y Negrín es conflictivo.

A.G. — Es que ocupaban una panoplia muy curiosa. Negrín también es un hombre muy hábil, pero le conocemos todos muy mal, bueno, los de mi generación. De Negrín no tenemos más que los ecos de lo que dice Marichal.[4]

T.B.M. — ¿No ha habido ningún intento por parte del partido de recuperar la figura de Negrín?

A.G. — Es que no hay documentación. Por ejemplo de Azaña, que sin ser azañista me parece una persona excepcional, existe muchísima documentación. Rivas Cheriff dejó un monumento de documentación. Pero en el caso de Negrín, te vas al hombre que más conoce de Negrín, que es Marichal, y tiene un capitulito de un libro. Yo, por ejemplo, abrí las sesiones de una fundación Negrín en Canarias, con Santiago Carrillo por cierto. Pero la verdad es que yo no tengo formas para llegar a Negrín. Eligio Hernández, que es el presidente de la Fundación Negrín, es un *negrinista* total, pero es un *negrinista* sentimental porque no tenemos donde aprender.[5]

T.B.M. — Usted se encuentra con la plana mayor del socialismo histórico cuando comienza a ir a Toulouse. No sé si estos viejos socialistas serían entusiasmantes como los que conoció a través de Alfonso Fernández Torres en Andalucía, pero al menos no tendrían miedo.

A.G. — Yo, curiosamente, siempre tuve una sensación doble con los históricos en Toulouse y en París. Yo era muy joven y, aunque

4. Una de las llamativas reflexiones de Marichal en el capítulo I es que la conducta de Negrín durante la guerra civil fue contraria a la idea generalizada que de ella se tiene: «Es él quien utiliza a los comunistas y no al revés.» Véase Marichal, p. 42.

5. Eligio Hernández fue un polémico fiscal general en la última legislatura del PSOE que acabó presentando la dimisión.

sea pedante decirlo, sentía un poco de compasión porque veía que eran unos hombres que habían entregado toda su vida a guardar en una cúpula de cristal una llama pero también veía que en esa tarea, como no tenían más que hacer eso, habían degradado mucho su posición política. Sus rencillas eran más personales que políticas. Ya no se defendían ideas ni proyectos, sino que aquél quiere venir y yo quiero que el otro no venga y tal. Sin embargo, siempre me asombraba la entrega de estos hombres. Yo recuerdo al padre de los Martínez Cobo, Carlos Martínez Parera, a quien yo tenía un gran cariño.[6] Este hombre vivía en París en un cuchitril inmundo y su familia estaba toda en Toulouse. La visitaba una vez al año porque el partido necesitaba tener a alguien en París. Entonces este hombre merece un monumento. Luego hablabas con ellos y, claro, estaban más en la pequeña cosa, incluso en la pequeña miseria política.

T.B.M. — Cuando Llopis y la dirección del PSOE en Toulouse se resistían a dar mayor poder y autonomía a los socialistas del interior, a los que estaban en España, solían alegar razones de seguridad y de hecho hubo caídas que sin duda debieron ser muy duras de encajar como la de Tomás Centeno.[7]

6. Carlos Martínez Parera (1902-1980), administrador de *El Socialista* y tesorero del PSOE a lo largo de veintidós años, fue uno de los socialistas más queridos y respetados del exilio. Educado en la Institución Libre de Enseñanza, mantuvo trato y amistad con un amplio elenco de personalidades políticas, entre ellas Salvador de Madariaga, el monárquico liberal Joaquín Satrústegui y Dionisio Ridruejo. Sus hijos Carlos y José Martínez Cobo son importantes documentalistas del PSOE en el exilio francés. José Martínez Cobo presidió el congreso de Suresnes en octubre de 1974 y también el congreso extraordinario del PSOE en septiembre de 1979 que zanjó la polémica sobre el marxismo.

7. Tomás Centeno Sierra, presidente del PSOE en el interior y secretario general de la UGT, murió en los sótanos de la Dirección General de Seguridad en marzo de 1953. Su detención y asesinato por torturas provocó la decisión de establecer la dirección de las organizaciones socialistas exclusivamente en el exilio. En 1955 había en el penal de Burgos más de 1.200 socialistas, llegando a coincidir en las cárceles franquistas los miembros de un total de seis comisiones ejecutivas del PSOE en el interior, que, una y otra vez, eran elegidas y reorganizadas y, una y otra vez, eran detenidas por la policía. Véase Tezanos, *Historia ilustrada del socialismo español*, p.156s. En 1958 la dirección del partido autorizó la inclusión de dos socialistas del interior en la Ejecutiva del PSOE. Uno de estos puestos fue ocupado permanentemente por Ramón Rubial y el otro lo desempeñó durante algún tiempo el psiquiatra y novelista Luis Martín Santos. En el congreso de la escisión (1972), se acordó la dirección compartida, exterior-interior, del partido y en el congreso de Suresnes (1974), la dirección volvió al interior.

A.G. — Eso era un pretexto. Llopis era un hombre muy habilidoso y él y los suyos creían firmemente que la dirección la tenían que componer ellos. Creían que lo merecían por lo que habían hecho en su vida, porque se creían los únicos conocedores del socialismo y porque creían que nosotros éramos jóvenes que no sabíamos de qué iba la cosa. Es verdad que éramos recién llegados y que Llopis había sido un hombre importantísimo en la República, que hizo una labor extraordinaria como director de Instrucción Pública. Y sencillamente ellos no estaban dispuestos a ceder, porque ellos estaban investidos con el saber sagrado del socialismo y nosotros éramos aprendices.[8]

T.B.M. — Comencé preguntándole por su decisión de ingresar en el PSOE, y lo preguntaba porque hubo muchos jóvenes de su generación atraídos por el socialismo, pero para nada atraídos por un PSOE dirigido desde Toulouse. Consideraban que el partido había fracasado en la República, lo creían incluso, por sus divisiones, causante en cierto modo de la guerra civil y culpable del fracaso de la República. El PSOE pertenecía a una época pasada y lo suyo era por lo tanto construir un nuevo partido socialista acorde con los tiempos que vivían.[9]

A.G. — Sí. En algunos sectores se daba eso con claridad. Pero ya con una cierta cultura no había opción. Sobre todo en provincias, que es donde yo estaba, la opción en principio no era nada más que el Partido Comunista o esos históricos del Partido Socialista. Y en el Partido Comunista prohibían los libros. Cuando yo tenía diecisiete años un amigo que estaba en el Partido Comunista me habló de un libro que no se podía leer. Y yo le dije que jamás en la vida estaría con ellos, aunque colaboré tanto con ellos contra la dictadura que

8. Rodolfo Llopis se formó en la Institución Libre de Enseñanza y fue pensionista de la Junta de Ampliación de Estudios. Elegido secretario general del PSOE en el XIV Congreso, primero en el exilio, Toulouse, septiembre de 1944, fue el máximo dirigente del partido como secretario general desde 1955 hasta el polémico congreso de 1972. Los hermanos Martínez Cobos, que le consideran un «profesor sin discípulos», emiten un durísimo juicio sobre quien impulsó la construcción de miles de escuelas durante la República: «Llopis extendió injustamente su desconfianza a toda una generación, incluyendo, además, a los propios hijos del exilio con los que convivía.» Carlos y José Martínez Cobos, *La travesía del desierto, intrahistoria del PSOE*, Madrid, 1995, p. 28s.

9. Ésta fue, por ejemplo, la postura de quienes constituyeron en Madrid durante aquella época la Asociación Socialista Universitaria (ASU). Véase el testimonio de Miguel Boyer, p. 292.

ellos presumían de que yo era del Partido Comunista. Para mí el dilema no era otra organización o el PSOE, era crear otra organización o militar en el PSOE.

T.B.M. — Ahí es adonde iba. ¿Por qué el PSOE?

A.G. — Ésa es la enorme pregunta y siempre hay mucho de subjetivo. Carlos Marx, que era un gran sabio, se equivocó completamente en eso. Sólo, decía, los factores objetivos. Falso. Los factores subjetivos tienen una importancia extraordinaria. El hecho es que yo ya conocía a Alfonso Fernández Torres y luego para mí tuvo mucha influencia la lectura de Elio Basso, que fue quien en los años sesenta recuperó los textos de Rosa Luxemburg.[10] Entonces yo leí un artículo suyo en una revista italiana que nos llegaba clandestinamente donde hablaba del socialismo histórico, del francés, del español y tal. Y yo ya creí que aquí había un sitio. Creía que si éramos capaces de mantener las ideas que teníamos, éste era un sitio donde había libertad, y si había libertad, ¿por qué íbamos a crear una cosa nueva? Y si había cosas que no nos gustaban de este sitio, lo que teníamos que hacer era cambiarlas. Muchos días, cuando nos peleábamos con los veteranos, decíamos no lo vamos a cambiar y otros días decíamos sí, sí, lo vamos a cambiar. Teníamos la pugna de saber si íbamos a ser capaces de cambiar las cosas tal como lo concebíamos.

T.B.M. — Donde había un sitio socialista en España era en Asturias.

A.G. — El ir a Asturias fue un impacto importantísimo. Conocí a los mineros, a los socialistas mineros y era extraordinario. Los mineros asturianos son una gente de una nobleza fuera de lo común. No te engañan. Son bastante brutotes, van por derecho, pero no te engañan. Y entonces yo vi que ahí estaban los pies del partido.[11] Luego me pasé al País Vasco y estaba claro que los pies del

10. Rosa Luxemburg, junto con Karl Liebknecht, formó el grupo Espartaquista que se separó del Partido Socialdemócrata alemán en 1917 para apoyar la revolución de los bolcheviques. Predicando la acción directa y la creación de soviets, fundaron el Partido Comunista en Alemania y fueron asesinados por oficiales del ejército en 1919. Ambos pasaron a formar parte de la hagiografía comunista, pero los textos recuperados, que influenciaron mucho a movimientos estudiantiles, desde Alemania hasta California, a finales de los años sesenta, demostraron que de haber vivido hubieran criticado duramente la disciplina del partido en la organización de masas impuesta por Lenin.

11. Véanse las opiniones de Fernando Morán sobre los socialistas en Asturias, p. 346s.

partido estaban en la cornisa cantábrica. Comprendí que necesitábamos la cabeza, y la cabeza la intentamos crear en Sevilla.

T.B.M. — ¿No le sorprendió la existencia de estos pies? Me parece sorprendente la supervivencia del PSOE durante el franquismo. Los únicos partidos históricos de la República que siguen teniendo relevancia y que consiguen ocupar el poder cuando la transición restaura la democracia son el Partido Socialista y el Partido Nacionalista Vasco.

A.G. — Yo tuve mis dudas de que después de cuarenta años el partido fuera a recuperar su protagonismo. Tuve dudas hasta el setenta y cuatro, incluso pasado el setenta y dos, yo dudaba. Pero cuando se celebra el Congreso de Suresnes yo estaba convencido de que cualquier duda estaba superada.[12] Y lo puedo explicar gráficamente. Esos días hice presión sobre Carlos Altamirano, que estaba en París, y sobre François Mitterrand para que viniesen a Suresnes a visitar el congreso. Los dos, cuando llegaron y vieron el salón, me dijeron con toda sinceridad que creían que venían a ver a diez o doce en torno a una mesa. Pero vieron un salón abarrotado por ochocientas personas. De pronto los líderes internacionales descubrieron que el PSOE era una realidad.[13]

T.B.M. — Descubrieron además que una nueva generación había tomado el mando del Partido Socialista. Creo que este cambio generacional fue la gran clave del posterior éxito electoral del PSOE. El Partido Comunista no hizo ningún relevo y pagó las consecuencias.

A.G. — Sin duda. Es verdad. Nosotros hicimos el cambio muchos años antes.

12. El XXV Congreso del PSOE, XII en el exilio, de agosto de 1972, que acabó en la escisión de los históricos leales a Llopis, fue en gran parte organizado por Guerra (véase Simón, p. 87), que sin embargo se volvió a España antes de reunirse los delegados. Guerra, que fue elegido para la Ejecutiva en ese congreso junto con Felipe González y otros dirigentes del interior, explicó su ausencia lacónicamente a Miguel Fernández-Braso: «Yo soy así. Me gusta más preparar un congreso que estar en él.» Fernández-Braso, *Conversaciones con Alfonso Guerra*, p. 58.

13. Carlos Altamirano, dirigente socialista chileno en el exilio y ministro de Asuntos Exteriores de Salvador Allende, fue recibido con una ovación de gala por los socialistas españoles en Suresnes. Años más tarde un desconocido exiliado chileno, Carlos van Showen, que trabajaba de contable en una sociedad «tapadera» del PSOE en Barcelona, denunciaría el escándalo Filesa. Gillespie, citando a Luis Yáñez, dice que Mitterrand estuvo «muy frío» con los socialistas sevillanos. *The Spanish Socialist Party, a history of factionalism*, p. 273.

T.B.M. — Y cuando se dice que el PSOE fue recuperado, o refundado, o reinventado, lo que realmente ocurre es que fue un poco de todo.

A.G. — Sí. Fue todo a la vez.

T.B.M. — Y el cambio está en sintonía con los propios cambios en la sociedad española. Lo digo porque usted dirige a partir de 1972 a un equipo que se dedica concienzudamente a estudiar las tendencias electorales de los españoles.[14] ¿Qué es lo que descubre, con esos supuestos estudios de mercado, de la sociedad española?

A.G. — Pues llevábamos mucho tiempo estudiando la realidad social y comprendimos que la sociedad española había cambiado muchísimo pero que ese cambio no se manifestaba. ¿Por qué tanto cambio? Porque había montones de españoles que por haber ido a trabajar al extranjero, o por haber conocido a turistas, empezaban a conocer una realidad muy diferente a la española y empezaban a darse cuenta de que había un *décalage* entre su propia experiencia y su conocimiento. Yo mismo en el sesenta y ocho era absolutamente conocedor de todo lo que estaba pasando en París y en la Primavera de Praga. Pero aquí no podíamos hacer nada. Había una contradicción entre mi conocimiento y mi praxis, mi práctica que se dispara en el año setenta y cuatro con la Revolución de los Claveles en Portugal. Entonces todo el que tenía aquí una inquietud política va a Portugal. Íbamos todas las semanas a ver y a participar en los mítines. Yo viví esa experiencia exactamente igual como si hubiese sido aquí en España.

T.B.M. — También estudiaban técnicas electorales.

A.G. — Cuando yo dije en la dirección del partido en el año setenta y dos que quería preparar las próximas elecciones me querían matar. «¿Qué elecciones?», me decían porque Franco estaba todavía sanísimo. Y yo decía que algún día tendría que haber elecciones y que ese día ya no podía estar muy lejos. En el setenta y cuatro, cuando Franco cayó con la flebitis, se empezó a ver que todo aquello se terminaba y ya nos dedicamos a viajar por Europa visitando los centros electorales de los partidos socialistas. Nos atendieron muy bien en Alemania, en Francia, en Suecia, en todas

14. El grupo se convirtió en sociedad anónima en 1976 con el nombre, cuidadosamente elegido, de Instituto de Técnicas Electorales-Proyectos Sociales y Organizaciones Empresariales (ITE-PSOE). Trabajaron en él dos futuros hombres fuertes en la Moncloa, Julio Feo y Roberto Dorado. Véase Feo, *Aquellos años*, p. 33.

partes, y ahí donde había unas elecciones, ahí íbamos. Ya de vuelta en España, nos hicimos un manual electoral, y lo inventamos con toda la frescura del mundo porque nunca habíamos hecho nada electoral. Y luego todos nos han ido copiando.

T.B.M. — En el fondo la gran explicación de la transición política en España es el profundísimo cambio que había experimentado la sociedad española. A mí siempre me ha gustado esa metáfora del cuerpo que había crecido mucho y que había que hacerle un nuevo traje a la medida de su nuevo tamaño.

A.G. — Eso. Eso exactamente. El cambio se había operado, pero no se manifestaba.

T.B.M. — Quien no fue capaz de ajustar el traje fue el Partido Comunista, a pesar de estar tan presente en la oposición al franquismo.

A.G. — La explicación de esto es muy difícil, tan difícil que los propios comunistas no la tienen. Yo he hablado mucho con Santiago Carrillo y con dirigentes actuales sobre el porqué de la crisis del Partido Comunista. Todos apuntan a lo mismo, aunque después no saben dar con la explicación. El hecho es que había poca diferencia, poca desproporción, entre los militantes con los que contaba en 1977 y los votos que obtuvo en las elecciones de ese año. Pero si hacemos la relación votos PSOE, militantes PSOE, votos comunistas, militantes comunistas, entonces multiplicamos por diez la diferencia. Ellos estaban convencidos de que tendrían un apoyo electoral muy grande, y cuando digo ellos no me refiero solamente al Partido Comunista, porque nosotros también, todo el mundo, creía que el Partido Comunista contaba con los mejores intelectuales, con los mejores cartelistas, con todo. Y resultó ser un *bluff* absoluto. No tenían los mejores de nada.

T.B.M. — Tenían muchos dirigentes destacados, universitarios y sindicalistas y también líderes en los movimientos vecinales.

A.G. — Eso fue una de las cosas de esa época. Nosotros creíamos que los comunistas dominarían, que iban a arrasar, en las áreas operativas donde tenían gente. Y no fue así en absoluto. Cuando los comunistas, en el año setenta y siete, vieron los pocos votos que sacaron, entraron en una crisis terrible porque les pareció injusto el resultado electoral. Precisamente ellos que habían luchado tanto, que habían creado tantas organizaciones, que habían ansiado tanto la libertad y trabajado tanto por ella. Yo se lo dije luego a Carrillo, sin ánimo de crítica, que no se habían dado cuenta de que los comunistas no son flor de libertad; son flor de clandestinidad.

T.B.M. — Ustedes moderaron mucho su discurso en la segunda mitad de los años setenta. El PSOE era tremendamente radical en su congreso de 1976 en Madrid, y a partir de entonces entra por la senda de la moderación. ¿Es que ya se iban haciendo mayores y empezaban a conocer la realidad de la política del día a día? ¿Es que se dieron cuenta de que el electorado no comulgaba con el radicalismo? ¿Es que, después de las elecciones del setenta y siete, cayeron en la cuenta de que el Partido Comunista no era un rival a batir?

A.G. — No. Es más sencillo y si se quiere más complejo también. Un partido que vive cuarenta años en la clandestinidad, con poca estructura, requiere una carga ideológica, cada vez más fuerte, para su propia supervivencia. Y eso se va comprimiendo como el gas en una botella y en cuanto se quita el tapón el gas sale. Entonces ocurre que la carga ideológica se va perdiendo, pero se pierde no sólo en el Partido Socialista sino en toda la sociedad española.[15]

T.B.M. — Volvemos a la sociedad española que cambia.

A.G. — Te cuento una anécdota que parece una tontería pero no es una tontería. El cuadro de Guernica que está en el Reina Sofía fue pintado por Picasso, que era muy cercano al Partido Comunista, por encargo del gobierno de la República y fue un manifiesto estético contra la brutalidad del ejército y de la Guardia Civil, y contra la bendición que la Iglesia extendía a los fascistas. Así fue concebido el Guernica. Cuando el Guernica vuelve [el cuadro, que estuvo después de la guerra en el Metropolitan de Nueva York, no «volvió» porque nunca había estado en España], el director del Museo del Prado, donde se cuelga el cuadro, era un cura.

T.B.M. — Lo conocí mucho. Monseñor Federico Sopeña nos casó a mi mujer y a mí.

A.G. — ¡Ah!, ¿te casó? Pues el tema es que el presidente de la República ya no era tal, había un rey, y custodiaban el cuadro, para que no fuera destruido por la extrema derecha, la Guardia Civil. O sea es el cuadro vuelto al revés. Y es que eso fue lo que pasó en España. La sociedad española maduró, es decir, se desprendió de la carga ideológica necesaria durante una dictadura, a una velocidad tremenda.

15. Esta reflexión se repite, con matices, en varios testimonios. Véanse, por ejemplo, Joaquín Arango, p. 102, y Miguel Boyer, p. 301, que habla de una olla a presión.

T.B.M. — Y a la vez maduró y se desprendió de cargas ideológicas el PSOE.

A.G. — Es que si se cogen las resoluciones del congreso del partido de diciembre del setenta y seis, se ve que son tremendamente radicales. Pero en abril del setenta y siete, que pasan nada, cuatro meses, el programa electoral es otra cosa completamente distinta. La maduración de la sociedad se realizó a una velocidad de vértigo. Y es que ya no estábamos metidos en la botella y ya no podíamos hablar el mismo lenguaje. Fue una cosa natural aunque hubo traumas como el XXVII Congreso, por ejemplo.

T.B.M. — La bronca durante ese congreso, tres años más tarde, indica que seguía habiendo bastante gas en la botella.

A.G. — Pues indica que había presión o tal vez que alguno quitó el tapón de golpe y había que quitarlo poquito a poco. Es que se dijo lo del marxismo en una rueda de prensa y eso dicho en una reunión del partido hubiera tenido otro camino.[16]

T.B.M. — Pero usted puso buena cara y lo recondujo.

A.G. — Bueno, lo reconduje después, pero en el propio congreso yo llegué a un acuerdo con los que estaban en la posición contraria, con Luis Gómez Llorente, para reconducirlo en el propio congreso. Eso fue antes de la bronca, antes de la dimisión, antes de nada. Lo que pasó es que las cosas no se hicieron bien, y Felipe tuvo la idea equivocada de decirle a Almunia que defendiera su posición. Y Almunia salió a defender con tan malas ganas, porque él siempre habla así, que parecía que defendía la posición de los otros. No hubo nadie defendiendo la postura de Felipe.

T.B.M. — Y Bustelo estuvo brillante defendiendo las tesis marxistas.

A.G. — Bueno, seamos sinceros, es muy difícil que Bustelo esté brillante. Otras cualidades tendrá pero la brillantez no lo creo. Habló de los vinos nuevos en los odres viejos, utilizó frases evangélicas para decir que el marxismo... En fin estuvo un poco confuso.[17]

16. Para el sorpresivo anuncio de Felipe González sobre la necesidad de abandonar el marxismo, véase Boyer, p. 301, nota 13. Francisco Bustelo, que defendió la ponencia marxista en el XXVIII Congreso, también critica las formas empleadas por Felipe González y concuerda con Guerra en que la polémica se pudo haber evitado discutiendo el tema ideológico en los organismos del partido. Véase Bustelo, p. 256-257.

17. Bustelo afirma que «el gran éxito» que tuvo al defender el marxismo fue para él «una sorpresa completa». Lo atribuye a que logró tocar «fibras sensibles». Véase Bustelo, p. 257.

T.B.M. — Con el debate bien reconducido en el congreso extraordinario de septiembre, ustedes ya, sin la carga ideológica de la clandestinidad y de la lucha contra el franquismo, tenían el camino despejado para preparar su llegada al poder. La crítica que hacen los vencidos en el debate sobre el marxismo es que ustedes, ya como gobierno, se vuelven excesivamente moderados. ¿Por qué tienen que dar un giro de ciento ochenta grados en el tema de la OTAN? ¿Por qué se distancian de los sindicatos? ¿Por qué reprivatizan Rumasa? Se toman una serie de posturas que están en aparente contradicción con las señas de identidad de un partido socialista.

A.G. — No lo he mencionado hasta este momento, pero podía haberlo dicho en varias de las cosas de las que ya hemos hablado. Nosotros, nuestra generación, ha sido prisionera de una cosa que no hemos mencionado. Ha sido prisionera de la carga psicológica de la guerra civil. Yo siempre, en toda mi vida, he estado pendiente de que aquello no se podía repetir.

T.B.M. — Y para cualquiera que no estuviese pendiente, se produjo el 23-F para refrescar la memoria.

A.G. — También, sí, sí, sí. Es verdad. Los ataúdes no estaban del todo cerrados. Eso reaviva todo aquello.

T.B.M. — Lo que está diciendo es que la carga psicológica de las polarizaciones políticas del pasado influían sobre el gobierno socialista.

A.G. — Lo que pasa es que en el año ochenta y dos el gobierno socialista tomó la decisión, yo creo que en general acertada, aunque en ciertas cosas ni estuve entonces, ni tampoco ahora, de acuerdo, de buscar algunas apoyaturas que si bien no fueran del régimen anterior tampoco fueran directamente contra el régimen anterior.

T.B.M. — ¿Por ejemplo?

A.G. — Pues no se hizo una limpieza en las empresas públicas y siguieron llevando el Banco de España personas que no eran precisamente socialistas.[18] Se dijo que durante un tiempo el país, digo el país y no nosotros, necesitaba que otros, es decir no nosotros, pusiesen el sello de que éramos serios.

T.B.M. — Me interesa mucho esta justificación de la moderación, cuando se llega al gobierno, y esta necesidad de apoyo externo.

18. Para la actitud de Guerra ante el nombramiento de Mariano Rubio como gobernador del Banco de España, véase Solchaga, p. 164, nota 19.

A.G. — Tal vez si hubiéramos entrado diciendo éste es el momento de arrasar, y podíamos haberlo hecho en aquel momento porque la derecha poderosa, el ejército y la Iglesia se quedaron desconcertados por nuestro triunfo en el ochenta y dos, seguramente no hubiéramos tenido la continuidad que tuvimos. España es un país de grandes convulsiones, y las constituciones se hacían para media España y la otra media, que no las aceptaba, las cambiaba en cuanto podía. La Constitución del setenta y ocho no nos gustó del todo a ninguno pero nos ha servido a todos. No se había hecho nunca una constitución así en España.

T.B.M. — ¿Y los apoyos externos?

A.G. — Pues en el ochenta y dos nosotros llegamos a la conclusión de que necesitábamos una apoyatura, unas muletas, de gentes que no eran socialistas. Yo tuve conversaciones con personalidades muy importantes del gobierno de la UCD y les dije que en cualquier otra nación las noventa o cien personas que dirigen de verdad el país pueden marcharse todas a la vez a sus casas y venir otras noventa o cien. Pero en España no debíamos permitirnos ese lujo. Incluso le ofrecí a alguno de ellos entrar en el gobierno o en puestos de responsabilidad alta.

T.B.M. — Uno de los estamentos que el gobierno socialista decidió no cambiar en el ochenta y dos fue el de las fuerzas de seguridad, el de la Policía y el de la Guardia Civil. La decisión le ha salido muy cara al PSOE.

A.G. — Se paga un coste. Lo que pasa es que si se repitiera la historia probablemente se repetiría de la misma manera, porque el coste que se pagaría haciendo lo contrario sería mucho mayor. Por ejemplo, yo viví el coste del hundimento de la policía secreta portuguesa, de la PIDE, y fue tremendo. Había asambleas *do povo* en cada esquina sacando a la gente de los coches y golpeándoles. Eso era continuo, todas las noches. A la policía la perseguían en calzoncillos blancos, en *slips*, de noche por las calles. Lo que dices se pensó, pero llegamos a la conclusión de que era un coste. Y claro que hemos pagado costes, y la sociedad española ha pagado costes por hacer la Constitución que hizo. Pero, conociendo la trayectoria histórica de España, yo creo que los costes han sido menores de lo que hubieran sido si se hace un borrón y cuenta nueva. Yo que participé de una manera modesta pero muy intensamente en la elaboración de la Constitución, veo ahora los agujeros que tiene con toda claridad, pero estoy convencido de que si se repitiera la historia en las mismas circunstancias haríamos una Constitución muy parecida.[19]

T.B.M. — Entiendo muy bien que una lectura de la historia contemporánea de España conduce a consensos y a asumir costes, que pueden ser costes menores. Pero creo que la decisión de no tocar las fuerzas de seguridad responde a una lectura concreta que el PSOE hace del fracaso de la República. Reflexionando sobre ese fracaso ustedes dicen que lo que falló fue el orden público, quemas de conventos, huelgas salvajes, levantamientos libertarios y todo cuanto pudo deslegitimizar la autoridad de la República. Por lo tanto, era esencial, cuando se estrenaba el PSOE en el gobierno, mantener la autoridad, y para conseguir esto había que contar con las fuerzas del orden público que se heredaban y apoyarlas.

A.G. — Yo nunca pensé eso. Yo fui mucho más duro con el partido.

T.B.M. — ¿En qué sentido?

A.G. — En el sentido, no de que el Partido Socialista fuese una causa de la guerra civil, pero sí en el sentido de que si no hubiera habido una lucha interna terrible del Partido Socialista, las circunstancias en la República difícilmente hubieran podido favorecer que un golpe militar se convirtiese en una guerra.

T.B.M. — Ésa es la tesis de...

A.G. — Salvador de Madariaga.

T.B.M. — También. Yo iba a decir de Gerald Brenan en *El laberinto español*.[20]

A.G. — Es que es un poco fuerte. Esas divisiones en un momen-

19. Guerra estableció una fructífera relación en 1978 con Fernando Abril Martorell, vicepresidente de Gobierno con Adolfo Suárez, y juntos consiguieron desbloquear temas complejos en la elaboración de la Constitución y acordar un consenso. Gregorio Peces-Barba, ponente de la Constitución en representación del PSOE, se declara, en sus memorias, un ferviente admirador de Guerra, a quien considera «una persona de categoría intelectual y personal, con un alto sentido de la dignidad del Estado» que tuvo una «muy positiva» participación en la transición. Peces-Barba, *La democracia en España, experiencias y reflexiones,* p. 172.

20. Madariaga en una sugerente reflexión titulada *La Batalla de los tres Franciscos* afirma que Francisco Franco y Francisco Largo Caballero se rebelaron contra la España decente que representaba Francisco Giner de los Ríos. Véanse Salvador de Madariaga, *España, ensayo de historia contemporánea*, Buenos Aires, 1964. Brenan es extremadamente crítico con la política de Largo Caballero en los meses anteriores al comienzo de la guerra civil, y llega a sugerir que el dirigente socialista quería provocar un alzamiento militar para así poder armar al pueblo y hacer la revolución. «Consciente o inconscientemente, él y su partido calculaban su juego sobre la posibilidad de una insurrección militar.» Brenan, *El laberinto español,* p. 358.

to clave, cuando se estaba organizando un golpe de Estado. Y ya durante la propia guerra, las luchas más importantes, ya no sólo entre los socialistas sino entre socialistas, comunistas y otros, eran por las carteras, no por lo que estaba ocurriendo en el frente. Una cosa tremenda. Y para colmo esa izquierda que decía no, no, aquí lo que hay que hacer es la revolución, no ganar la guerra. Así no había forma de ganar la guerra.

T.B.M. — Pero es que yo me refería a la memoria histórica de una pérdida del orden público que le hace decidir al PSOE, cuando llega al gobierno, mantener las mismas personas al frente de las fuerzas de seguridad.

A.G. — No a las personas, sino a la estructura. O se derribaba la estructura, o se mantenía. No había más que esas dos alternativas. Si tenías a ciento y pico mil guardias civiles y policías, o los echabas a todos, y eso hubiera sido el hundimiento del poder, o los mantenías. Yo creo que para la historia de España era mejor mantenerlos, incluso pagando facturas muy altas, que se han pagado y que se siguen pagando.[21]

T.B.M. — ¿La decisión de seguir en la OTAN como también la de practicar una determinada política económica que irritaría a los sindicatos forma parte de esta misma reflexión de asumir costes menores y de no mover demasiado las cosas?

A.G. — No, no. Lo de los sindicatos es otra cosa, una cosa mucho más lamentable. Es que hay un sector del partido, un sector social liberal, o como se quiera llamar, que lo forman enemigos de los sindicatos. Este sector lo que quiere es liquidar los sindicatos, mientras que otros estamos en otras posiciones y no queremos eso para nada. Pero esto no es un tema de prudencia política. Esto es la influencia de Reagan, es el reaganismo, es la idea de que los sindicatos están periclitados y que ya no tienen función en la vida. Y eso no es verdad, aunque la vida ha cambiado mucho y las organizaciones sindicales y políticas tienen que cambiar mucho.

T.B.M. — Usted mismo criticó en una de las reuniones que organizaba en Jávea la dirección de los sindicatos.[22]

21. Joaquín Almunia llega a una conclusión muy similar sobre este tema. Véase Almunia, p. 323.

22. En el II Encuentro sobre el Futuro del Socialismo organizado por la Fundación Sistema, fundación presidida por Alfonso Guerra, en Jávea, septiembre de 1986, Guerra afirma: «La verdad es que, mientras que la clase obrera ha cambiado mucho en los últimos años, el problema es que los sindicatos han cambiado bastan-

A.G. — No. Yo digo que tienen que modernizar sus estructuras y sus sistemas. Yo creo que eso tiene que ser así. La sociedad está cambiando a una velocidad muy grande y mi tesis es que dentro de treinta años los jóvenes no van a poder creer que nosotros pudimos vivir sin las cosas con las que van a vivir ellos. Cuando les explico a mis hijos que yo a su edad no tenía televisor, me preguntan que qué hacía por las tardes. Y si entramos en el control de la genética, lo que va ocurrir en estos treinta años no quiero ni imaginarlo.

T.B.M. — Mencionábamos Jávea hace un momento, y yo creo que usted y sus amigos políticos hacen en esas jornadas y en el Programa 2000 un intento serio de imaginar el futuro y de renovar las ideas y el lenguaje del PSOE.[23]

A.G. — ¿Por qué no cala?

T.B.M. — Exactamente. ¿Por qué? Usted triunfa diez años antes cuando impone sus tesis de técnicas electorales y ahora, siendo vicepresidente del Gobierno, no consigue sus propósitos. La iniciativa de Jávea le salió mal.

A.G. — Yo creo que hubo un pacto no acordado, un pacto tácito en el cual los medios de comunicación deciden silenciar eso.[24] En España, en los últimos años, hemos asistido a un proceso de sustitución del discurso de la razón por el discurso del beneficio. Ha ocurrido en otros lugares pero aquí ha sido en estos años. Y lo que yo decía y hacía no convenía porque yo iba en contra de ese proceso de dominio del nuevo sagrado social que es el mercado. El mercado existe y negarlo es de gilipollas. Pero no es un sagrado social. No lo es.

T.B.M. — Pero usted propone una serie de ideas —por ejemplo que los valores ecológicos se pueden y se deben anteponer a los de

te poco.» Alfonso Guerra y otros, *Nuevos horizontes teóricos para el socialismo,* Madrid, 1987. Nicolás Redondo se queja de que el PSOE nunca quiso entender los cambios en la clase obrera y los nuevos retos del sindicalismo. Véase Redondo, p. 212s.

23. Para el Programa 2000, véase Tezanos, p. 392, nota 13.

24. Alfonso Guerra, mientras fue vicepresidente, tuvo relaciones tirantes con el diario *El País* y con el grupo Prisa que lo editaba. Jesús Polanco, presidente de Prisa, le dice al escritor Manuel Vázquez Montalbán que Guerra es uno de sus dos «enemigos» políticos (el otro es el presidente de la Generalitat de Cataluña, Jordi Pujol), y que mientras Guerra estuvo en el gobierno «trató de negarnos el pan y la sal». Guerra, que según Polanco culpaba al grupo Prisa de su caída en desgracia, tuvo, evidentemente, poco éxito en su supuesta *vendetta* puesto que el grupo Prisa consiguió durante esa época tomar el control de la cadena SER y, con Canal Plus, obtener una de las tres licencias de televisión privada que otorgó el gobierno. Manuel Vázquez Montalbán, *Un polaco en la corte del Rey Juan Carlos*, Madrid, 1996, p. 118.

un desarrollismo puro y duro— que son compartidas por muchísima gente y sí que han calado.

A.G. — Sí, pero nunca han querido poner esos mensajes en la boca de Alfonso Guerra. Lo han silenciado.

T.B.M. — ¿Por qué?

A.G. — Porque yo sigo creyendo en el papel de la izquierda. El mismo mensaje ecologista dicho desde la derecha obtiene aplausos.

T.B.M. — Es decir, ese señor Alfonso Guerra es la izquierda y, por lo tanto, hay que silenciarle y apoyar a todos los que se oponen a él.

A.G. — No hace falta dar muchas pruebas, ¿verdad? Hay grupos de presión que a lo que se han dedicado en la política es casi exclusivamente a eso.

T.B.M. — ¿Dónde se reconoce usted en el Partido Socialista ahora? O para ser más concreto, personas afines a usted, pertenecientes a la Fundación Sistema, que parece que están inquietos con la forma de ejercer el liderazgo del partido. Es la teoría del *neo-bonapartismo...*

A.G. — Sí, es una teoría de Tezanos.[25]

T.B.M. — Y lo que plantea es las dificultades que existen para renovar el partido, supongo que para renovarlo en una dirección que tanto él, José Félix Tezanos, como usted creen más conveniente para el socialismo.

A.G. — Bueno. En el año setenta y siete tuvimos una discusión muy intensa, muy fuerte, incluso un poco tensa en la dirección del partido. El tema era si debíamos organizar la campaña electoral del setenta y siete centrándola en una persona o en un colectivo. Se discutió mucho y yo sostuve que en una persona. Yo creía que era necesario poner un rostro, una cara a la voz de una partido que llevaba cuarenta años debajo de las piedras.

T.B.M. — Eso era algo que había aprendido cuando viajaba por los centros electorales de los partidos socialistas europeos.

A.G. — Eso es. Eran las técnicas. Y entonces yo sostuve la cara y otros sostuvieron lo contrario. Después eso ha ido creando un liderazgo que, sobre todo con tantos años de gobierno, a veces se sobrepone a la decisión colectiva, pretendida o no pretendidamente. Esto crea problemas y ya lo termina de rematar el líder cuando dice

25. Véase Tezanos sobre el superliderazgo, p. 397s. El tema está interesantemente desarrollado en José Félix Tezanos, *Populismo, corporativismo, neo-bonapartismo,* Sistema 129, noviembre de 1995.

que se va. Pero no termina de rematar porque un líder se va o se queda, y cuando anuncia que se va pero acaba quedándose complica las cosas más que solucionarlas. Esto fue en el año ochenta y nueve y desde entonces se ponen en la línea de salida todos los caballos que le quieren sustituir y así no se puede trabajar.

T.B.M. — El mismo Felipe González dice que es a la vez el problema y la solución. Usted mismo dice que él fue una solución en las primeras elecciones del setenta y siete cuando había que poner una cara a la voz del partido. Está también diciendo que ahora es un problema y la historia demuestra que esto es lo que, con el tiempo, suele ocurrir con casi todas las «soluciones».

A.G. — Bueno, al menos la gente tiene la duda de si el capital de lo que ha hecho como presidente del Gobierno durante tantos años es superior, en el otro platillo, a la carga que supone todo lo que ha ocurrido en el último gobierno, en la última etapa de tres años. ¿Qué pesa más? La gente tiene la duda.

T.B.M. — Desde el punto de vista de la renovación del partido, todo se complica todavía más al constatar que ese liderazgo se reproduce con los barones regionales del partido.

A.G. — Sí, pero ésa es una copia menor. Y esas baronías no tienen autoridad para ejercer un liderazgo nacional. Para ser exactos se enganchan en el liderazgo nacional.

T.B.M. — Sin embargo, Felipe González se apoya mucho en ellos. Luego, en las elecciones del noventa y tres, toma la iniciativa de arroparse con candidatos independientes, de situarles en las listas electorales y en el gobierno. Es una estrategia, según los propios independientes, pensada para atraer de nuevo a las capas medias urbanas que el partido había ido perdiendo.[26] Y puede que algunos de estos independientes acaben siendo los artífices de la renovación del socialismo. ¿Cómo encaja todo esto el PSOE?

A.G. — Lo vive con cierta dificultad. La llegada de personas que no estaban vinculadas a un proyecto nacional debería ser bien recibida, pero no tiene sentido que se les dé un plus respecto a quienes ya estaban comprometidos políticamente. El Programa 2000 que antes citabas logró reunir a un millón de personas.

T.B.M. — Cuando ni de lejos había un millón de militantes socialistas.

A.G. — No. Entonces había doscientos veinte mil. Pero no se

26. Así lo explican Juan Alberto Belloch, p. 422, y Cristina Alberdi, p. 406s.

decía que por el hecho de no ser del partido se era mejor que siéndolo. Ni mejor ni peor. Sin embargo en el año noventa y tres aparece el discurso que dice que los buenos son los que no están en el partido.

T.B.M. — El discurso era que el partido estaba muy quemado por la corrupción y por lo tanto había que acudir a quienes estaban fuera del partido para ilusionar a los votantes.

A.G. — O se cree en un proyecto o no se cree. Yo comprendo que haya quien no crea. Pero no creer y dirigirlo, ya es más complicado. Algunos se pasaban de rosca, ¿no?

T.B.M. — ¿Cuál es la reflexión que se hace sobre la corrupción que tanto ha dañado al partido? Sobre todo teniendo en cuenta el gran patrimonio de honestidad, de austeridad, de ética que lega Pablo Iglesias.

A.G. — Aquí hay que hacer dos observaciones y las dos son igualmente importantes. La gente del Partido Socialista, o amparados por el Partido Socialista, que han realizado operaciones de enriquecimiento personal representan lo más abyecto para un socialista de verdad. La otra observación es: «No sea usted ciego, mírelo todo.» Quiero decir que el Partido Socialista se pasa cuarenta años en la clandestinidad. En el año setenta y siete es declarado legal en febrero y en mayo tiene que competir en una campaña electoral y obtiene ciento dieciocho diputados. Y en el setenta y nueve tiene que presentar a setenta mil personas en listas para las elecciones municipales. A ver por qué lupa los miras. En un principio todo el que viene es recibido. Y esto ocurre con los otros partidos, no sólo con el Socialista. Al final se presentan doscientos mil nombres en las listas municipales en un país donde no había habido actividad política en libertad durante cuarenta años. En general, yo creo que el resultado ha sido muy bueno, aunque claro está que ha habido un porcentaje del uno o del dos por ciento horroroso. Y no hablo solamente del Partido Socialista sino de todos.

T.B.M. — Usted va a seguir en proyectos políticos del PSOE.

A.G. — Hombre, yo creo que sí. Es verdad que mi desviación hacia la política no ha sido elegida voluntariamente porque acabo en ella por la cosa cultural, por la cosa estética. Quise abandonar la política en el año ochenta y dos y estuve un mes negándome a formar parte del gobierno. Es que yo no soy un político vocacional aunque la política me parece una actividad apasionante. Mis vocaciones, el teatro, la literatura, van por otros conductos. Pero en principio sí, sigo aunque algún día tendré que parar. No tengo demasiados años, pero llevo muchos si miramos cuando empecé. Es que yo llevo en el partido toda mi vida, empecé con dieciocho años y tengo cincuenta y seis. Y empecé creando el partido en Andalucía. Éramos tres Alfonsos, Alfonso Fernández Torres, que era el presidente, su hijo Alfonso Fernández Malo, que era el secretario general, y yo, que era el tesorero. Los tres Alfonsos. Parecíamos un partido monárquico. Con lo cual algún día tendré que frenar también, ¿no?

T.B.M. — Lo preguntaba porque lo que realmente quiero saber es si usted tiene una idea muy clara sobre el futuro del socialismo, sobre la dirección que debería tomar su partido.

A.G. — Hombre, yo puedo estar equivocado pero sí tengo las ideas claras. Creo en las cosas que pienso y hoy en la socialdemocracia europea hay muy poca gente que cree en lo que piensa y además se les nota. Les ves por la televisión hablando y puede que sea muy bonito lo que están diciendo pero no se lo creen. O sea hay que creer.

T.B.M. — Es que todo se reduce a la credibilidad. Quienes les critican desde la izquierda dicen que llegaron al poder con muchísimos votos y que renunciaron a hacer una política socialista. A mí me da la impresión no de que quisieron o no quisieron ser más o menos socialistas, sino de que se dieron cuenta de que, ante todo, tenían que consolidar un Estado.

A.G. — Sin duda. Las circunstancias nos obligaron durante esos años a ser más nacionalistas que socialistas.[27]

T.B.M. — Ya. Pero llega un momento en el tiempo cuando esa primera meta está ya conseguida. Y entonces se puede ser más socialista que nacionalista para entendernos. Puede que a los dirigentes políticos sólo les cabe realizar un gran proyecto y que, una vez conseguido éste, les sea muy difícil cambiar el *chip*, diseñar otro proyecto y también conseguirlo.

A.G. — Es que en general los altos cuadros del partido extendidos por toda España se han dejado un poco devorar por el papel institucional. Se ha llegado a la conclusión de que el papel institucional es el preferente y el papel partidario es un instrumento de apoyo. Yo creo que no. Yo creo que eso no es verdad. Si queremos

27. Con encomiable perspicacia *The New York Times* afirmó que el primer gobierno de Felipe González estaba compuesto por «jóvenes nacionalistas».

que el partido, que ha vivido ciento dieciocho años, viva otros ciento dieciocho, el partido tiene que tener voz propia. No puede ser sólo institucional. Por eso ahora, después de las elecciones municipales y autonómicas donde se perdió mucho papel institucional y después de perder el gobierno, hay una especie de trauma. Siguen siendo un poco gobierno y yo creo que eso es un error.

T.B.M. — Porque no lo son.

A.G. — Efectivamente, no lo son. Entonces pensemos que un partido gobierna durante una serie de años y que cuando termina tiene los mejores en el gobierno, sin duda los mejores de su partido e incluso de la sociedad. Bueno, pues aun así un partido que ha de pasar a la oposición se tiene que liberar de su gobierno. No se puede tener la mentalidad de que se sigue siendo gobierno. El otro día me decía un compañero que había sido ministro que acababa de hablar con el diario tal porque no era posible que no se dijera nada sobre no sé qué estaba pasando. Y yo le dije que cómo era posible que siguiera pensando como ministro reclamando no sé qué trato. «Pero qué me estás contando —le dije—. Tú ya no eres ministro y ya tienes que tener otra cosa en la cabeza.»

T.B.M. — Lo que le suele pasar a un partido que deja el gobierno y pasa a la oposición es que se radicaliza.

A.G. — Sí, en los alemanes fue evidente.

T.B.M. — También ocurrió en el Partido Laborista británico. Lo decía porque igual puede ocurrir aquí lo mismo.

A.G. — ¿Ahora mismo? ¿Aquí? Noooo. Porque aquí se ha hecho una operación muy rara al estar los que fueron gobierno dirigiendo el grupo parlamentario.[28] Y, claro, están atados de manos porque viven pendientes de lo que puede decir su sustituto respecto a lo que ellos han hecho. Y además cuando los sustitutos son unos impresentables que dicen que ellos no hacen otra cosa que no se había hecho antes, pues están prisioneros. Así es muy difícil.

28. El pase de ex ministros al grupo parlamentario es explicado, y defendido como útil, por Joaquín Almunia, p. 334.

# 6. Carlos Solchaga

*Fue ministro de Industria (1982-1985) y ministro de Economía y Hacienda (1985-1993).*

**Cuando yo llegué al Ministerio había seis millones y pico de declarantes sobre la renta, y cuando me fui había doce millones y pico.**

Carlos Solchaga ha sido, al menos conmigo, siempre generoso con su tiempo. Lo fue durante sus largos años en el gobierno y lo sigue siendo ahora que, él en el Grupo Recoletos y yo en el *Financial Times*, somos vecinos cercanos. En la enésima conversación que tuve con él, que es la que transcribo a continuación, me di cuenta, con mucha mayor nitidez que en anteriores encuentros, de algo que me parece crucial para descifrar la estela del *felipismo,* del paso por el poder de un socialismo democrático que estaba íntimamente ligado a las ambiciones y a las intuiciones de Felipe González. Me refiero a los límites de la socialdemocracia en la España de los años ochenta, o, dicho de otra manera, a la contradicción que configuró el querer modernizar y racionalizar una economía y, a la vez, extender y consolidar un Estado de bienestar en tiempos y en circunstancias mayoritariamente no propicias para esos fines.

Solchaga, lo mismo que Miguel Boyer, a quien apoyó desde el Ministerio de Industria y que luego sucedió como ministro de Economía y Hacienda, sabía perfectamente que la economía nacional no estaba para experimentos alegres cuando el PSOE llegó al poder en 1982. Ambos ministros tuvieron la suerte de que el socialismo llegó al gobierno en España casi año y medio después de haberlo conseguido en Francia de la mano de François Mitterrand. Con su política económica de izquierdas, los socialistas franceses llevaron a su país al borde de la quiebra; empezaron, por lo tanto, los socialistas españoles aprendiendo lo que no se debía, y lo que no se podía, hacer en esta materia.

Boyer y Solchaga tuvieron también la suerte de que Felipe González aprendió mucho antes que el resto de sus ministros lo que ellos ya sabían sin necesidad de ejemplos franceses: la aplicación de una política económica ortodoxa era imperativa. La economía española contenía multitud de trampas y sus posibilidades eran engañosas; superprotegida, archirregulada e inconsciente de la endeblez de multitud de sus sectores, la economía nacional requería bisturís y corrientes de electrochoque para ponerla a tono con las que competían directamente con ella en el mercado cada vez más libre.

Es muy revelador el testimonio de Solchaga cuando afirma en relación con sus compañeros de gobierno, excepción hecha, lógicamente de Boyer y también de algún otro como el siempre lúcido Joaquín Almunia, que en el Gabinete «no había convicción real» de que la política económica emprendida por el gobierno «era la política económica adecuada». Los no convencidos, los dudosos, *guerristas* todos de mayor o menor grado, sin embargo se callaron porque así lo quiso Felipe González: «Había una enorme disciplina porque Felipe había elegido esa política que era la que sugería Miguel Boyer y la que yo respaldaba.»

Estamos por lo tanto ante un *felipismo* que entiende una serie de prioridades que ya habían sido asumidas por obvias en la mayoría de los países desarrollados de la OCDE que conforman el entorno económico de España: había que reducir la inflación y el déficit y había que hacerlo flexibilizando el proceso productivo y aumentando la competitividad. Éste es el PSOE en su primera época de gobierno cuando su norte exclusivo es la integración en la Comunidad Europea. El gobierno socialista, disponiendo de enorme autoridad gracias a su abrumadora mayoría parlamentaria, insiste en la moderación salarial, se enfrenta a la reconversión industrial, con una decisión que jamás en el pasado habían demostrado gobernantes en España, y vigila rigurosamente el aumento de los gastos sociales.

Pero esto es solamente una cara de la moneda. La otra se enfrentaba al predicamento de la eficacia con el discurso socialdemócrata. Y es aquí donde los límites del *felipismo* para modernizar el país se hacen patentes. Solchaga tiene ocasión de interiorizar esta situación cuando en febrero de 1984 Felipe González frena en su intento de rescindir los contratos a los afectados por la reconversión industrial de Aceriales, el grupo de aceros especiales. «Yo creo que con eso la reconversión perdió parte de su autoridad», afirma Solchaga.

Un juicio más exacto sería que la política económica, tan firme y valientemente emprendida, empezó a descarrilarse: el proyecto modernizador se batió en retirada ante el auge de políticas típicas de dirigismo socialdemócrata que intervienen en el mercado con propuestas de zonas de urgente industrialización, de fondos de creación de empleo, de jubilaciones anticipadas y, por supuesto, de suspensiones de empleo en vez de rescisiones de contrato. Cuando los sindicatos paralizan el país con una confusa plataforma reivindicativa (incluye la exigencia de que sea retirado un plan de empleo juvenil en una sociedad donde más del 40 por ciento de los jóvenes que buscan trabajo no lo encuentran), Solchaga propone la celebración inmediata de elecciones generales. De nuevo Felipe González le para en seco.

Para un economista de la fibra de Solchaga, los últimos años son penosos. Contempla, irritado, cómo se dispara el déficit que tanto quiso controlar y cómo los mercados financieros, expertos conocedores de la fuerza real de una economía que tiene el doble de desempleo que el de los demás socios europeos, fuerza tres devaluaciones de la peseta en poco más de seis meses. Y para un político del temple de Solchaga el final del *felipismo* es desesperante; el proyecto modernizador que tan tozudamente defendió había perdido prácticamente toda su credibilidad entre las clases activas del país que habían mayoritariamente dejado de votar al PSOE.

Tom Burns Marañón: Es a usted, junto con Miguel Boyer, a quien le toca implementar una política de ajuste nada más llegar al poder. Tenían la ventaja del ejemplo francés, pero aun así debió ser duro el debate previo a la toma de determinadas decisiones que poco tenían que ver con la política expansiva que muchos esperaban del PSOE.

Carlos Solchaga: El debate nunca fue absolutamente explícito, pero también es verdad que se veían las dos tendencias. De hecho, incluso nuestros discursos en la oposición respecto a la política presupuestaria eran más bien de preocupación por el desempleo y de benevolencia hacia la idea de aumentar el déficit público.

T.B.M. — La segunda tendencia surge entonces después de comprobar el efecto de una política económica intervencionista y de demanda en Francia, típicamente socialista, que practica Mitterrand cuando llega al poder en el ochenta, dieciocho meses antes que ustedes.[1]

1. El gobierno socialista dirigido por Pierre Mauroy, el primero de la presidencia de François Mitterrand, nacionalizó treinta y seis bancos, dos sociedades financieras y once grupos industriales llegando a controlar el 60 por ciento de la inversión anual en industria y energía. El coste de las nacionalizaciones se estimó en el 2,6 por ciento del PIB francés. La política de demanda fue acompañada por medidas redistributivas que incluyeron subidas del salario mínimo y de las pensiones más bajas con un coste del 2 por ciento del PIB. La estrategia de «keynesianismo en un solo país» fue económicamente desastrosa —se multiplicaron las importaciones, se deterioró la balanza comercial, se debilitó el franco y aumentó el déficit público— y fue abandonada en 1983 en favor de una política ortodoxa de oferta que redujo el impuesto sobre las sociedades y congeló precios y salarios. Para una comparación entre los distintos programas económicos socialistas en el sur de Europa, véase José María Maravall, *What is Left? Social Democratic policies in Southern Europe*, Working Paper 1992/36, Instituto Juan March de Estudios e Investigaciones, p. 24s.

C.S. — La experiencia francesa sirve como objeto de análisis y de reflexión para muchos de nosotros sobre todo por dos cosas. La primera es que una política de nacionalizaciones produce una enorme desconfianza; si los mercados internacionales admiten mal esa política en un país que es una gran potencia como Francia, mucho peor sería la desconfianza en España si nosotros hiciésemos lo mismo. La segunda es que el relanzamiento económico que intentó la izquierda francesa no creó empleo —los resultados en cuanto a empleo fueron prácticamente tan malos como en el resto de Europa— y acabó desembocando en una inflación del 11 o del 12 por ciento y en una devaluación del franco.

T.B.M. — El programa electoral del PSOE en el ochenta y dos no propone nacionalizaciones, pero sin embargo sí alude a una política expansiva. Tengo la impresión de que tú nunca creíste que existían en aquel momento posibilidades de fomentar la demanda.

C.S. — Es que con el dato de Francia lo que aprendemos muchos de nosotros es que hay que andarse con mucho cuidado con las políticas de demanda cuando todos los países industrializados, empezando por Estados Unidos, que está pasando por una recesión importante en el ochenta y uno y el ochenta y dos al igual que Europa, están en un ciclo económico a la baja. No se puede construir una expansión, una reactivación, desde un país pequeño y periférico.

T.B.M. — De hecho, os olvidáis de la política expansiva en cuanto llegáis al gobierno. Yo entiendo muy bien que no hubo otra opción, pero ¿fue difícil convencer al partido de la necesidad de guardar las esencias socialistas?

C.S. — Pues costó bastante, porque insisto en que gran parte de esta discusión no fue explícita. Son más bien tomas de decisiones que van calando en el ánimo de Felipe González, de manera que el primer énfasis que pone el gobierno al constituirse es más bien en determinadas medidas de oferta pasando por la reconversión industrial y en el restablecimiento de la competitividad mediante la devaluación. Es verdad que esto puede ser expansivo, pero al mismo tiempo se produce una subida muy fuerte de los tipos de interés y un incremento del coeficiente de caja del Banco de España que consiguió una contracción monetaria muy importante.

T.B.M. — Y a la vez el gobierno está pidiendo moderación salarial.

C.S. — Exacto. Se está viviendo en un pacto heredado del año anterior y nos ponemos a trabajar sobre acuerdos para los años siguientes con los sindicatos.

*Había dos actitudes completamente diferentes: la de Felipe, que era en la medida de lo posible captar lo mejor de lo que veía por ahí, y la de Guerra, que era asegurarse a sus fieles.*

*Felipe le apoya primero en la historia de Juan Guerra y algunos le decimos que va a tener que cambiar a Alfonso Guerra antes o después, porque en ningún país de Europa un vicepresidente con una historia así permanece en su puesto.*

T.B.M. — Con el tiempo se vería que esto es justo lo que no sois capaces de conseguir. El problema que tiene el gobierno del PSOE con los sindicatos recuerda al que tuvo el gobierno laborista en el Reino Unido durante los setenta. Al igual que hicisteis los deberes sobre la experiencia francesa, supongo que el fracaso del laborismo en mi país pocos años antes de llegar vosotros al poder debió pesar bastante.[2]

C.S. — Sí. Sin duda una gran parte del gobierno, y particularmente Miguel Boyer y yo, éramos muy conscientes de las malas andanzas de los laboristas británicos como consecuencia de estar en manos del TUC. Pensábamos que eso no debería pasar aquí. Por supuesto había que tener una buena relación con los sindicatos y especialmente con la UGT, que es parte de la familia socialista, pero los sindicatos no podían condicionar al Gabinete y la política económica. Hicimos alguna cosa de imagen, como era reducir la jornada laboral a cuarenta horas semanales, que era una vieja reivindicación aunque de hecho la mayor parte de la economía española estaba ya trabajando por debajo de esa jornada, y prácticamente no se hace mucho más. Y ya los sindicatos empiezan a desconfiar.[3]

T.B.M. — Es que lo que desde luego no se hace es crear ochocientos mil puestos de trabajo tal como prometió el programa electoral de 1982. Fue una promesa emblemática.

C.S. — Es que una gran parte del programa electoral era de corte socialdemócrata y ahí es donde intervienen los ochocientos mil puestos de trabajo. Mi información es que la promesa figura a raíz de una presión de la propia Unión General de Trabajadores porque Joaquín Almunia y el equipo de economistas que estaban preparando el programa no querían que figurase una promesa de esa naturaleza. Cuando en un acto público me preguntan por los ochocientos mil puestos de trabajo, yo digo que con el tipo de política económica que habíamos decidido adoptar eso era sencillamente

2. Para las desavenencias entre el Partido Laborista británico y el Trades Union Council (TUC), véase Redondo, p. 206, nota 6. Nicolás Redondo afirma que, al citar el ejemplo británico, el gobierno socialista hacía «una extrapolación grosera».

3. Los sindicatos empezaron a desconfiar porque la semana laboral de cuarenta horas, que fue prometida por el programa electoral del PSOE en 1982, no fue implementada de inmediato cuando se constituyó en gobierno socialista. Redondo vería en esta decisión una «pérdida de dirección del gobierno» (véase p. 211s). Las cuarenta horas no serían introducidas hasta inicios de 1984.

*Era una constante de Alfonso Guerra que él era un* primus inter pares, *que no podía haber otro número dos, que no podía haber alguien semejante a él.*

*Yo tuve a Felipe González esperando un año sin ver a Mario Conde.*

*Aparece una lista en la que consta el gobernador del Banco de España (Mariano Rubio), y se demuestra que éste tiene la mala costumbre de no pagar impuestos.*

imposible. Con lo cual al día siguiente poco menos que me excomulgan.[4]

T.B.M. — Lo que ocurrió fue que Alfonso Guerra no tardó ni veinticuatro horas en desautorizarte.

C.S. — Bueno, Alfonso Guerra dijo en el Consejo de Ministros que iría al congreso de la UGT, que daba la casualidad que se estaba celebrando esos días, y que trataría de suavizar el tema. Lo que hizo fue decir en el congreso que no había que hacer caso a pesimistas y que se crearían más de ochocientos mil puestos de trabajo. Tal fue la tensión, que Felipe González, para evitar que creciesen las especulaciones, me hizo aparecer el domingo siguiente en un palco junto con Alfonso Guerra para presenciar la final de la copa de fútbol, me parece que fue en Zaragoza.[5]

T.B.M. — No creo que eso ayudase mucho a disipar el enfrentamiento que se produjo.

C.S. — Es verdad. Ahí empiezan a tomar, digamos, carácter público las discrepancias con la UGT.

T.B.M. — Es que empezaba a llover sobre mojado porque los sindicatos también tenían que tragar la reconversión industrial. Lo que me interesa es el grado de discrepancias que pudo existir en el gobierno al discutir la política de ajuste.

C.S. — Bueno, no había una convicción real de que era la política adecuada, pero no hubo discrepancias en la medida en que estaba absolutamente detrás de esta política el presidente del Gobierno. Había una enorme disciplina porque Felipe había elegido

4. Según Joaquín Almunia, que admite que fue una equivocación prometer ochocientos mil puestos de trabajo, el deterioro de la economía durante los seis meses que separaron la elaboración del programa electoral del PSOE y la formación del gobierno socialista explica la imposibilidad de cumplir la promesa. (Véase Almunia, p. 326.)

5. Solchaga habló de la imposibilidad de crear ochocientos mil puestos de trabajo en un simposio organizado para empresarios extranjeros por *The International Herald Tribune*. Al día siguiente, 2 de junio de 1983, Alfonso Guerra inauguró el XXXIII Congreso de la UGT y enardeció a los delegados con el desmentido más esperado: «En contra de los agoreros, os puedo decir que el gobierno está dispuesto a ratificar su compromiso de crear en esta legislatura ochocientos mil puestos de trabajo.» Guerra acabó su discurso diciendo: «Sed audaces y tomad la iniciativa.» (Véase Miguel Fernández-Braso, *Conversaciones con Alfonso Guerra*, Barcelona, 1983, p. 194s.) Cuando Solchaga pasó a ser ministro de Economía en la remodelación del gobierno de julio de 1985 los datos reflejaban que había seiscientos noventa mil parados más en vez de los ochocientos mil puestos de trabajo prometidos.

esa política que era la que sugería Miguel Boyer y la que yo respaldaba.

T.B.M. — ¿Quiénes eran los no convencidos?

C.S. — Había discrepancias, particularmente por parte de Enrique Barón, el ministro de Transportes de la época, y también por parte del ministro de Sanidad, Ernest Lluch, a quien le hubiera gustado más ocupar mi puesto de ministro de Industria, y, con frecuencia, del ministro de Obras Públicas, Julián Campo, todos los cuales, a su vez, se aproximaban al sector de Guerra.

T.B.M. — ¿Y se situaban enfrente de lo que era el sector de Boyer?

C.S. — Es que se acercan a Guerra como contraposición a la comisión delegada que lideraba Miguel Boyer.[6] Poco a poco se van formando grupos dentro del sector económico. Joaquín Almunia, Miguel Boyer y yo, en una línea mucho más ortodoxa, estábamos convencidos de que había que ir hacia liberalizaciones y desregulaciones, que eran cosas de las cuales se hablaba mucho menos entonces en España y en Europa. Hablábamos también de reformas en las empresas públicas, que no podían perder tanto dinero, y de la posible venta de alguna de ellas.

T.B.M. — Dentro de esa línea ortodoxa de mercado y de orientación liberal estaba la apelación constante a la moderación salarial.

C.S. — Bueno, es que heredamos la norma de pactar salarios de acuerdo con la inflación prevista y no de acuerdo con la inflación pasada.[7] Cuando Miguel Boyer propone que la inflación el año siguiente va a ser el 12 por ciento, los salarios que habían venido creciendo al 15 o al 16 por ciento pasan a crecer al 12 y esto se nota.

T.B.M. — En 1987 los sindicatos ya piden aumentos por encima de la inflación prevista, concretamente tres puntos por encima. Y lo

6. La comisión delegada reunía a los ministros técnicos del área económica y era presidida por el ministro de Economía y Hacienda.

7. Esta norma fue fruto de los pactos de la Moncloa pilotados en 1977 por Enrique Fuentes Quintana, vicepresidente económico del segundo gobierno de Adolfo Suárez. Al establecer que los aumentos salariales se basaran en función de la inflación prevista, que siempre era más baja que la inflación real, la norma fue un instrumento útil para imponer la moderación salarial y para rebajar la inflación. Esta práctica, que aprovechó Miguel Boyer para su política de ajuste, fue rota por presión sindical en 1987 siendo ministro de Economía Carlos Solchaga. Los pactos de la Moncloa están sucintamente analizados por Joaquín Estefanía en Santos Juliá y otros, *Memoria de la transición,* Madrid, 1996, p. 251s.

piden no solamente porque querían recuperar poder adquisitivo, sino porque, habiendo aceptado la moderación salarial a cambio de la creación de empleo, comprobaban que había una destrucción de puestos de trabajo.

C.S. — Es posible que haya existido esa racionalización, pero la verdad es que cuando consideras todos los deslizamientos, quitando 1984, en todos los demás años hay aumentos salariales reales. Lo hay en 1983, lo hay en 1985 y lo hay en 1986. La ruptura se produce porque para entonces las relaciones entre la UGT y el PSOE, y particularmente entre Redondo y González, se han roto.

T.B.M. — Esto merece una reflexión un poco más detallada porque con esta ruptura entre el partido y el sindicato comienza la cuenta atrás para la huelga general del 14 de diciembre de 1988.

C.S. — El deterioro de las relaciones tiene varias causas. Primero las fricciones surgen como consecuencia de la política de reconversión industrial. Hay una tensión muy fuerte en febrero de 1984 que es cuando yo presento mi dimisión, que luego reconsidero, porque yo era partidario en un caso concreto que era la huelga de Aceriales, un grupo de aceros especiales, de aplicar a modo de prueba el sistema de rescisión de contrato. Pero hubo tal presión de la UGT sobre el Partido Socialista de Euskadi que Felipe González me pide que dé marcha atrás. Yo creo que con eso la reconversión perdió parte de su autoridad.[8]

T.B.M. — La bronca que hubo en Aceriales, y tu decisión de seguir en el gobierno a pesar de haber perdido esta batalla, es un

8. Solchaga presentaría la dimisión, o amenazaría con hacerlo, en varias ocasiones a lo largo de sus más de diez años de ministro. La claudicación del gobierno ante la presión sindical en el conflicto de Aceriales, que fue la prueba de fuego de la política de reconversión industrial, afectaría gravemente toda la estrategia de dotar de mayor competitividad a la industria española como demostrarían sucesivos planes de reconversión en éste y en otros sectores. El gobierno creó los llamados fondos de empleo que garantizaban el puesto de trabajo y el salario de los afectados por la reconversión a lo largo de cuatro años. La consecuencia fue, como testifica Boyer (véase p. 304), que «nadie buscaba trabajo». En 1986, ya como ministro de Economía, sucediendo a Boyer, Solchaga por fin ganaría la «batalla de la rescisión de los contratos», pero para entonces el precio de la victoria había sido muy alto. La experiencia del primer gobierno de Felipe González ilustra las limitaciones que arrastra un partido socialdemócrata a la hora de una reconversión industrial a todas luces necesaria. El tema está rigurosamente analizado en Carlos Boix, *Building a social-democratic strategy in Southern Europe: economic policy under the González government (1982-93),* Working Paper 1995/69, Instituto Juan March de Estudios e Investigaciones.

ejemplo muy nítido de cómo un gobierno socialista tiene problemas específicos con una política de ajuste porque se está enfrentando a su propia base electoral.

C.S. — Sí. A partir de entonces viene la suspensión de empleo y la creación de los fondos de promoción de empleo, las zonas de urgente reindustrialización, la jubilaciones anticipadas. Es verdad que todo esto estaba también contemplado en mi esquema, pero la posibilidad de la rescisión era muy importante. Bueno, el caso es que fue ya una clara señal de las tensiones entre el sindicato y el gobierno.

T.B.M. — El año siguiente, en 1985, los sindicatos encajan mal, como era de esperar, la liberalización del sistema de contratos de trabajo.

C.S. — Justo, los contratos de seis meses. La cosa es que tuvieron un efecto bastante positivo, pero nos enfrentaron con los sindicatos que sólo los aceptaron de muy mala gana.

T.B.M. — Visto ya con la perspectiva que da el tiempo, lo que estabais haciendo a trancas y a barrancas era la misma política que se hace diez años más tarde a mediados de los noventa. Un ejemplo obvio es vuestro intento de reformar el sistema de pensiones.

C.S. — Así fue. La tercera causa del deterioro fue la reforma del sistema de pensiones. Lo que hicimos fue ampliar de dos años a ocho años la base reguladora de la pensión.

T.B.M. — Es que a todas luces es insostenible un sistema de pensiones basado en los ingresos de los dos últimos años de una vida laboral.

C.S. — Había que corregir el sistema, sobre todo porque se había puesto de moda la compra de las pensiones. Es decir, gente que había pagado cantidades ridículas, fundamentalmente pequeños comerciantes y trabajadores autónomos, pagaban cantidades normales en los últimos dos años de su vida activa a la Seguridad Social y conseguían que cada peseta que ponían representara doce o trece mil pesetas para el resto de sus vidas.[9]

T.B.M. — Creo que la UGT entendió que el Partido Socialista llegó al poder en medio de un ciclo económico que no permitía ale-

9. Nicolás Redondo y Antón Saracíbar, compañero en la Ejecutiva de la UGT, votaron en contra de la Ley de Pensiones de 1985 en el Congreso de los Diputados y renunciaron a sus escaños dos años más tarde.

grías expansivas.[10] Lo que impulsó la ruptura entre el Partido Socialista y su sindicato, según la UGT, fue la «dirección» de la política económica del gobierno; pero también hubo enfrentamientos personales que tuvieron que ver más con la estética que con la política.

C.S. — Bueno, hay un tema de carácter casi personal. A la vista de todas estas tensiones se creó una animadversión cada vez mayor entre Nicolás Redondo y Felipe González. Todavía en 1986, cuando ya la inflación se había reducido bastante y se preveía un mayor descenso, yo propuse a Nicolás Redondo un acuerdo social para el año siguiente con el 5 por ciento de aumento salarial que él primero acepta y luego rompe porque estaba temeroso de perder las elecciones sindicales.[11] Y ahí ya la ruptura es total. Luego viene el programa de empleo juvenil y ellos creen que el gobierno trata de sustituir a los sindicatos.

T.B.M. — A Redondo el plan para dar empleo a los jóvenes le sentó como un tiro y fue uno de los grandes agravios que airearon los sindicatos en la huelga del 14 de diciembre de 1988.

C.S. — Exacto. Yo personalmente como ministro no creía en ese programa. Me sonaba a intervencionista y hasta le veía viejos residuos franquistas. En cambio yo sí he pensado siempre en la necesidad de restaurar el contrato de aprendizaje. Y también he creído siempre que merece la pena estudiar una reducción fuerte de las cotizaciones de los trabajadores menos cualificados con el fin de aumentar el empleo de éstos, que son los que más sufren la tasa de paro. Sin embargo, nunca he creído que un sistema de encuadramiento de estos trabajadores a través de un plan de empleo juvenil fuera a funcionar. El plan estaba promovido por el partido y el gobierno lo apoyaba aunque por mi parte con cierta frialdad.[12]

10. Según Nicolás Redondo: «En nuestra relación con el partido nunca ha habido problemas de urgencia o de ritmo. Lo que queremos es una orientación» (véase p. 212).

11. El pacto con los sindicatos y con los empresarios era una asignatura pendiente del gobierno puesto que no había conseguido ninguno desde el Acuerdo Económico y Social (AES) de 1984 que firmó la CEOE y la UGT, pero no Comisiones Obreras. En un programa televisado en febrero de 1987, Nicolás Redondo le espetó a Solchaga: «Tu problema, Carlos, son los trabajadores; te has equivocado de trinchera.» Véase el análisis de Félix Monteira sobre las relaciones del gobierno socialista con los sindicatos en *Memoria de la transición*, p. 625s.

12. El plan consistía esencialmente en la promoción de doscientos mil puestos de trabajo con sueldos baratos para menores de veinticinco años. Según Solchaga,

T.B.M. — El momento ya era de ruptura y en ese clima ya había comenzado la cuenta atrás para la huelga general.

C.S. — Es que hay que tener en cuenta lo que está ocurriendo en la escena política. Fraga estaba en crisis y su sucesor Hernández Mancha comete la imprudencia de presentar una moción de censura de la cual sale con el rabo entre las piernas. Toda España estaba persuadida de que había gobierno socialista para largo porque no había oposición. Y lo que pasa es que los sindicatos heredan desde los medios de comunicación ese papel de oposición. Las polémicas diarias son las mías y las de otros ministros con los sindicatos y lo que ocurre en las Cortes, donde es grande la sensación de hegemonía del PSOE y la debilidad de la derecha no le importa a nadie.[13]

T.B.M. — Ésta es la etapa que tú llamas *caballerista* de Nicolás Redondo.

C.S. — Es que lo mismo que los rusos le calentaron la cabeza a Largo Caballero en el treinta y seis llamándole «el Lenin español», a Redondo le llaman en esta época «el único socialista honrado» y «el único auténtico socialista».[14]

T.B.M. — Y cuando la UGT y Comisiones Obreras consiguen paralizar el país en la huelga, el gobierno claudica y comienza a poner en marcha toda una serie de acciones, como las pensiones no contributivas, que incrementan el gasto social, reparten más y que son, al fin y al cabo, más socialistas.

C.S. — Yo era partidario de hacer unas elecciones generales in-

---

sus principales animadores eran José María Benegas y su compañero en la Ejecutiva del PSOE Francisco Fernández Marugán, es decir, el aparato *guerrista*, junto con José Luis Corcuera, futuro ministro de Interior, que había sido expulsado de la UGT por Nicolás Redondo. Solchaga nunca sintió mucho entusiasmo por este plan juvenil que, por otra parte, estaba sacado de los clásicos manuales dirigistas del socialismo.

13. EL PSOE había renovado su mayoría absoluta en las elecciones generales de junio de 1986 con el 44,3 por ciento del voto emitido. El resultado provocó la dimisión de Manuel Fraga Iribarne como presidente de Alianza Popular y un efímero protagonismo de Antonio Hernández Mancha al frente del partido de la derecha. Según Nicolás Redondo, el movimiento sindical asumió el papel de oposición política «de manera indeseada». (Véase Redondo, p. 215.)

14. Francisco Largo Caballero (1869-1946) dejó de ser el «Lenin español» en mayo de 1937 cuando su negativa a disolver las milicias del POUM causó la caída del gobierno que presidía a instancias de la Unión Soviética y su sustitución por Juan Negrín.

mediatas. Mi tesis, que expongo en el Consejo de Ministros, es que la gente tenía que saber quién mandaba: si un gobierno condicionado por los sindicatos o un gobierno que ha sufrido una huelga general pero que es ratificado por la población. Los sindicatos nos habían echado un pulso que habíamos perdido, pero teníamos que ir hasta el final y el final en una democracia son las urnas.

T.B.M. — Lo que pasó fue que no tuvisteis margen para elecciones inmediatas porque a España le tocó presidir por primera vez la Comisión Europea en el primer semestre de 1989 y por lo tanto no hubo más opción que tragarse el condicionamiento sindical.

C.S. — Es que Felipe, que siempre ha estado muy preocupado, genuinamente preocupado y positivamente preocupado, por los temas comunitarios, dijo que no podía haber elecciones. La presidencia sale bastante bien, la peseta entra en el sistema monetario europeo, el país se va tranquilizando y es sólo después del verano cuando Felipe se aviene a mi tesis y convoca elecciones.

T.B.M. — Para entonces se había perdido toda sensación de inmediatez y no se estaba preguntando al país si mandaban políticos o piquetes.

C.S. — Claro; ya no podía decir «ustedes me han hecho una huelga, vamos a ver lo que dice la población».

T.B.M. — Y para entonces ya había claudicado el gobierno en el sentido de que había admitido las reivindicaciones de la convocatoria de la huelga. Retiró, por ejemplo, el plan de empleo juvenil.

C.S. — La verdad es que en los primeros días de enero se hace una reunión con los representantes sindicales y ellos exponen lo que entienden como la deuda social, que consistía en subidas de salarios para los funcionarios, subidas de las pensiones y particularmente apertura de la cobertura del desempleo. A lo que se llega es a unos acuerdos provisionales sobre la cobertura del paro que fueron muy peligrosos porque comenzó a aumentar el registro de desempleo a toda velocidad.

T.B.M. — La paradoja es que en 1989 la economía ya estaba creando empleo.

C.S. — Sí. En 1989 se crearon cuatrocientos cincuenta mil puestos de trabajo. Y cuando el empleo va bien, se nota poco un aumento de parados que reciben prestaciones. El INEM no nota ese aumento en sus recursos. Pero, claro, cuando en 1991 y 1992 da la vuelta el ciclo, se nota muchísimo porque el INEM se ha comprometido a unas coberturas gigantescas. El presupuesto del INEM que estaba en seiscientos mil millones o en setecientos mil millones de pesetas pasa a dos billones. Esto fuerza al gobierno a introducir el *decretazo* y fue mi ministerio el que dio varias vueltas a la tuerca para conseguirlo.[15]

T.B.M. — A mí me interesa el puente que intentó tender el gobierno socialista con los sindicatos después de la huelga general de diciembre de 1988. Fue un último intento de reconducir los enfrentamientos y, en el caso de la UGT y del PSOE, de unificar de nuevo la familia socialista.

C.S. — Bueno, primero se hace ese acuerdo de enero que te comentaba y que no cuesta mucho dinero. La tensión con los sindicatos seguía, en el fondo, siendo igual pero se celebraron las elecciones y a pesar de la tensión muchos afiliados de la UGT y de Comisiones votaron al PSOE. Bien es verdad que ya nuestro número de escaños en el Congreso se reduce a 175 y yo mismo le digo a Felipe González, el mismo día que juré de nuevo mi cargo, que no podíamos seguir enfrentados a los sindicatos y que había que buscar algún tipo de acuerdo.[16]

T.B.M. — ¿Cómo le vendes al presidente del Gobierno la necesidad de una negociación con los sindicatos y que seas precisamente tú quien la lleves a cabo? ¿Cómo te pones a construir puentes con ellos?

C.S. — Pues digo que acabará habiendo algún tipo de acuerdo y que prefería intervenir yo porque si las negociaciones las llevaba otro nos iba a salir más caro. Llamo a Nicolás [Redondo], con el que llevaba meses comunicándome sólo a través de los medios públicos, donde nos insultábamos mutuamente, le propongo una reunión y nos vemos a los dos días. Llegamos a un acuerdo de discutir primero la llamada deuda social y a continuación de introducir varios temas que eran los que interesaban al gobierno y que estaban relacionados con el programa de convergencia de la unión monetaria.

T.B.M. — Pero lo que interesa a los sindicatos —la ampliación de la cobertura del desempleo y las pensiones no contributivas—

15. El *decretazo,* que recortaba el subsidio de desempleo, fue contestado con una huelga general de media jornada y de impacto limitado el 28 de mayo de 1992.

16. En las elecciones generales de octubre de 1989 el porcentaje del voto del PSOE cayó del 44,3 por ciento obtenido en 1986 al 39,5 por ciento, casi la misma proporción que el aumento del voto del PCE/Izquierda Unida, que subió del 4,7 por ciento en 1986 al 9,1 por ciento en 1989.

tiene muy poco que ver con la contención de gastos que implica el programa de convergencia.

C.S. — A mí me asegura el ministro de Trabajo y de Seguridad Social [Luis Martínez Noval] que la deuda social va a costar noventa mil millones de pesetas y acabó costando doscientos cincuenta mil millones. Y a eso hay que añadir el salto que te acabo de contar en el presupuesto del INEM en 1991-1992. Además, si sumas la gran inversión pública de los proyectos de 1992, que eran inversiones que no se podían retrasar, pues ya el gasto público se hace inmanejable. Y a la vez se dispara el déficit de la autonomías y de los ayuntamientos que se habían lanzado a una carrera loca de inversiones públicas.

T.B.M. — Y ese gasto no lo puedes controlar tú desde el gobierno.

C.S. — Exacto. Según la Constitución los gobiernos autónomos y las corporaciones locales tienen plena soberanía para endeudarse.

T.B.M. — Es que os llueven los golpes por todos los lados a comienzos de los noventa. Además de la presión sindical, además de los costes de 1992 y de las administraciones rumbosas, comienza un nuevo ciclo económico recesivo bajo el impacto de la guerra del Golfo y el de la reunificación alemana. España a todas éstas tiene menos autonomía económica porque en 1989 había entrado en el Sistema Monetario Europeo y la fragilidad de su economía se demostraría cuando los mercados monetarios fuerzan sucesivas devaluaciones de la peseta que comienzan en el otoño de 1992. ¿Empezamos por el Sistema Monetario Europeo?

C.S. — Mi mayor preocupación al entrar en el Sistema Monetario era que ya no teníamos el arma de la devaluación porque nos habíamos comprometido a un cambio e íbamos a ser socios leales.[17] Por lo tanto, los ajustes tenían que venir por el control de los precios y de los costes internos y no por la vía de la devaluación. Así pues, tenía que pedir moderación salarial justo cuando los sindicatos se estaban desbandando con aumentos salariales.

T.B.M. — Y cuando no consigues la moderación tienes que subir los tipos, es decir, encarecer el coste del dinero, para controlar la inflación.

17. El gobierno ya no podía devaluar la moneda, pero sí podía forzar los mercados. La peseta entró en el Sistema Monetario Europeo con un valor de sesenta y cinco pesetas por marco alemán. Tras las sucesivas devaluaciones de la peseta la moneda alemana costaba unas ochenta y cinco pesetas a mediados de los noventa.

C.S. — Es que mi problema, y así lo dije muchas veces, era que resultaba muy fácil organizar una recesión en España porque bastaba con una contracción monetaria, pero no quería que el coste de ajustar nuestra inflación y nuestra competitividad fuera necesariamente un aumento del desempleo. Pero a pesar de todo tuve que recurrir a eso y, tú lo recordarás, reduje al 10 por ciento el crecimiento del crédito.[18]

T.B.M. — Tu decisión de enfriar la economía coincide con los impactos externos que comentaba.

C.S. — La guerra del Golfo en 1990 y 1991 afectó a la demanda y a las inversiones además de causar problemas en los *stocks* y produjo una minirrecesión a lo largo de 1991. Luego hubo una cierta recuperación industrial que nos engañó.

T.B.M. — ¿Os engañó?

C.S. — Es que yo al final de 1991 estoy convencido de que en 1992 se puede evitar la recesión y que podíamos sobrevivir.

T.B.M. — Ya sé que a toro pasado todo es muy fácil, pero lo que pasaba era que seguía el efecto, realmente demoledor, del coste de la unificación alemana.

C.S. — Fíjate que yo estuve durante mucho tiempo enfrentado a los alemanes porque en mi opinión tenían que haber revaluado el marco para asumir parte del coste de la reunificación. Lo dije en cada oportunidad que tuve. Pero aun así yo minusvaloré el impacto que la reunificación iba a tener para toda Europa. Yo buscaba una revaloración del marco y una cierta devaluación menor de los tipos de interés. Esa combinación me parecía mejor que la de mantener el marco donde estaba y subir mucho los tipos de interés que es lo que acabaron haciendo los alemanes.

T.B.M. — Y al final acabaron con la revaloración del marco que es donde podían haber empezado.

C.S. — Claro. Se revalorizó el marco porque se produjeron las devaluaciones de las demás monedas en cadena como fichas de dominó. Yo les decía «hagámoslo bien porque éste es un sistema global». Por lo tanto, «devaluemos unos cuantos de nosotros porque ya hemos acumulado una falta de competitividad pero revalúen ustedes a la vez y entonces esa nueva parrilla del sistema de cambios será más creíble y ustedes tendrán que subir menos los tipos de in-

18. La medida (febrero de 1989) provocó una escalada en los tipos de interés, situándose el nominal a corto al 15 por ciento.

terés, suavizando, por lo tanto, el efecto de la recesión en toda Europa».[19]

T.B.M. — Eso lo pedía usted pero otros socios, como Francia sin ir más lejos, prefirieron seguir pegados al marco.

C.S. — Es que los franceses decían con toda claridad que la relación del franco con el marco no iba a cambiar. Yo debo reconocer ahora que no fui capaz de prever en el momento todo el impacto recesivo de la política del Bundesbank.

T.B.M. — Y así llegamos al año 1992. No se consolidó la recuperación esperada al final del año anterior y se entró seriamente en recesión.

C.S. — Fue un año terrible. Fue el año en que se disparó el presupuesto del INEM, como comentábamos antes, y al mismo tiempo, como consecuencia de la recesión, los ingresos tributarios cayeron cuatro o cinco puntos por debajo de lo que habíamos previsto en el otoño del noventa y uno.

T.B.M. — Con más gastos y menos ingresos, era inevitable un tremendo déficit presupuestario.

C.S. — Claro. Se lanza también el déficit del Estado que hasta ese momento había estado bastante controlado.

T.B.M. — Echando la vista atrás, a lo que fueron los años ochenta del gobierno del PSOE, me parece que conseguisteis ajustar y reconducir una economía que estaba tocada de ala con una política muy ortodoxa y a todas luces necesaria. Lo que no comprendo es por qué fuisteis aparentemente incapaces de mantener el mismo rigor cuando comenzó un ciclo expansivo de la economía en la segunda mitad de esa década, saneando así de una vez las cuentas públicas. Me parece que eso fue una oportunidad perdida en la cual el socialismo no fue capaz de gestionar la expansión al igual que antes había puesto orden en la recesión. Tuvisteis un momento óptimo para aprovechar el crecimiento.

C.S. — Sin duda, sin duda. Mira, hay dos cosas que facilitan el crecimiento brillante de la segunda parte de la década de los ochenta. Una es un cierto saneamiento interno. No se consiguió todo lo que se debía en esta área, pero fue importante lo que se hizo. Y, en

19. Solchaga no tuvo en cuenta que el Bundesbank, el muy autónomo banco central alemán con responsabilidad exclusiva de fijar los tipos de interés que soportan el valor de una divisa, suele hacer exactamente lo contrario a lo que le recomiendan los mercados y los gobiernos, empezando por el gobierno alemán.

segundo lugar, conseguimos un nuevo anclaje internacional de España. De ser un país periférico, España pasó a ser un país comunitario. Empezaron a entrar capitales, España se convirtió en un lugar de inversiones y de oportunidades.

T.B.M. — Me refería a la oportunidad perdida, porque no se aprovechan esos años de crecimiento, para reformar una serie de fenómenos estructurales, como podrían ser las rigideces del mercado laboral. Éstas, que vienen del pasado, no sólo tienen que ver poco con una economía moderna, flexible e internacional, sino que impiden un tejido industrial realmente productivo.

C.S. — Absolutamente verdad.

T.B.M. — Es que creo que quizá no le es posible a un partido socialista ese tipo de reformas.

C.S. — Es muy difícil.

T.B.M. — Por supuesto que lo es. Nunca va a ser un partido socialista el que elimine, por ejemplo, el sueldo mínimo.

C.S. — Claro. Sin embargo, el PSOE ha sido el único que ha hecho una reforma del mercado laboral.

T.B.M. — A quien teóricamente le toca cambiar las relaciones laborales es a la derecha, y así lo entendió Margaret Thatcher en Gran Bretaña. A los socialistas les toca el reparto y desde luego eso lo hacen ustedes de una manera acelerada, y, como ya hemos visto, con efectos duros para la economía, a raíz de la huelga de diciembre de 1988. No sé si esa decisión de abrir la mano del gasto público tiene una traducción en el voto electoral. Se me ocurre que al perseguir una política más «socialista», para entendernos, se concentra fuertemente el voto del PSOE en las capas rurales y en la población pasiva y, en cambio, se empieza a perder en las ciudades y entre la gente cualificada, activa, de clase media y, en muchos casos, entre los jóvenes.

C.S. — Puede tener alguna influencia sobre la consolidación del voto en las zonas rurales y sin duda la tiene sobre la tercera edad. Sobre la pérdida de votos en las clases medias...

T.B.M. — Que son las que dicen «pagamos impuestos europeos para recibir servicios africanos»...

C.S. — Exactamente. Ahí yo creo que lo que cuenta más es el aumento de la presión fiscal. La política social nos consolida entre algunos, en los barrios, en la tercera edad, etcétera. Sin embargo, lo que tiene que ver con la pérdida de afección entre las clases medias es que cuando yo llegué al ministerio había seis millones y pico de declarantes sobre la renta y cuando yo me fui había doce millones y pico. Y entonces la gente empieza a tener una mentalidad de coste-beneficio, es decir: «Yo pago y ¿qué obtengo?» Y eso que la gente generalmente no observa muy bien lo que obtiene porque muchos de esas clases medias obtienen una gratuidad en la enseñanza, el regalo, prácticamente, de la universidad para sus hijos, la cobertura de la enfermedad...

T.B.M. — Lo que observan, al margen del servicio que reciben, es que están pagando por ello.

C.S. — Es que ellos tienen la sensación de que eso también, más o menos, lo obtenían antes y no pagaban tanto.

T.B.M. — Pienso que hay otro fenómeno y ése es el del agravio comparativo. En la segunda mitad de los ochenta los ingresos suben mucho para algunos pocos que mejoran espectacularmente su posición mientras que otros se quedan donde estaban. Usted mismo dijo aquello de que España era el país donde más rápidamente uno podía hacerse rico y eso molestó tanto que todavía se recuerda.

C.S. — No; la frase fue exactamente: «España es el país donde se puede ganar más dinero en menos tiempo.» Era una forma, poco pedagógica, de explicar la valoración de nuestros tipos de interés a corto y a largo plazo.

T.B.M. — La gente lo entendió como el apoyo al pelotazo.

C.S. — Sí.

T.B.M. — ¿Qué reflexión le provoca ahora, con un poco de distancia por medio, aquella percepción tan extendida que equiparaba el Partido Socialista con el lujo, no con la corrupción, que eso vino después, sino con el lujo, y concretamente con el lujo hortera y el despilfarro?

C.S. — Yo creo que el gobierno como tal, en sus usos y costumbres, ni cayó en el despilfarro que unos le han atribuido, ni tuvo unas grandes ostentaciones, si bien es verdad que se produjeron lo que se dio en llamar los fastos del noventa. Debo decir que en general las inversiones, como mejorar aeropuertos, acabar autovías, e incluso construir el AVE, que se hicieron con ocasión del noventa y dos, tuvieron una alta rentabilidad social. No creo que esté justificada la acusación de despilfarro y de ostentación en lo que concierne al gobierno.

T.B.M. — Me refería a lo que era la percepción en la sociedad.

C.S. — Es que la sociedad ostenta más que el gobierno. ¿Por qué? Pues, mira, en parte, porque lo que ocurrió aquí fue lo que pasó en Estados Unidos en los cincuenta y en los primeros años de los sesenta, ¿no?; lo que pasó con la gente que en su juventud había vivido la depresión. Aquí también se habían vivido años duros y cuando llegó la prosperidad pues quizá se pasaron.

T.B.M. — Pero la sociedad se está mirando también en un partido que había obtenido un espectacular triunfo electoral y, lo que es más importante, que era un partido con un patrimonio de ética y de austeridad.

C.S. — Tengo que decir que yo observé más la ostentación y el gasto superfluo en el partido que en la propia administración. La verdad es que a mí me escandalizaba que los miembros del núcleo duro de la Ejecutiva tuvieran coche, escolta y tal. Sin embargo, en la administración estos gastos estaban relativamente controlados y eran bastante razonables. Creo, sin embargo, que lo que hubo fue un ambiente, se creó un ambiente de negocio rápido en el que todo el mundo podía obtener ganancias. Es que pasaron muchas cosas a la vez, como también pasaron en otros países en esa época. Aquí, en concreto, lo que pasa es que la Bolsa, que era un mercado estrecho y miserable, se reforma, se crean muchas nuevas oportunidades en la Bolsa y se van creando nuevos chiringuitos financieros. Al mismo tiempo son años en que la inversión internacional en España es de varios miles de millones de dólares. Hay una competencia tremenda por captar cuadros y los salarios de los altos ejecutivos, de los cuadros superiores de las empresas en España, se ponen más altos que en Inglaterra en algunos casos.

T.B.M. — Volviendo al partido. Jorge Semprún, en el libro que escribe sobre su paso por el gobierno, recuerda que cuando usted propone a Mariano Rubio como gobernador del Banco de España, Alfonso Guerra, entonces vicepresidente, hace una reflexión acerca de la necesidad de tener a lo que él llama «los nuestros» en tales puestos —evidentemente no creía que Rubio era de «los nuestros»—. Semprún escribe que Guerra hace esta consideración de una manera casi testimonial, para que constase en acta, y que el presidente de Gobierno, Felipe González, automáticamente aprueba el nombramiento de Rubio que usted proponía.[20]

C.S. — Así fue.

20. Dice Semprún de Guerra: «Le oía hablar con su voz sorda, lacerada su dicción por el acento andaluz, y notaba la cantidad de veces que repetía la palabra "nosotros", que hablaba de los "nuestros".» Las palabras de Guerra le recordaban a Semprún su pasado en el Partido Comunista. Jorge Semprún, *Federico Sánchez se despide de ustedes*, Barcelona, 1993, p. 78s.

T.B.M. — Esa cultura de «los nuestros», que era fuerte en el partido, en el aparato, ¿se traslada también al gobierno?

C.S. — Nunca, nunca. Te lo digo porque yo he tenido un conjunto de colaboradores, primero en Industria y luego en Economía y Hacienda, muchos de los cuales no tenían carnet de partido. Es verdad que hay momentos en que Alfonso Guerra se permitía decir «esto no es un gobierno del PSOE, es un gobierno de coalición entre el PSOE y el Ministerio de Hacienda». Existe una línea del partido, que es la que representa Guerra, que dice, amargamente «no, si encima nos tendremos que castigar por tener el carnet del PSOE». Y esto es algo que además yo comprendo porque es una cuestión, en parte, de supervivencia, de que a todo el mundo hay que darle un lugar al sol.

T.B.M. — Lo que no parece existir es una confrontación entre dos maneras distintas de entender la acción del gobierno y la política económica. No hay debate político o ideológico. Es más bien cuestión de «quítate tú que me pongo yo», un enfrentamiento personal y de personalidades. Una cuestión también casi estética.

C.S. — Yo diría que era más bien estético-personal. Yo he hablado de esto muchas veces con Felipe González, y él decía: «Mira, Guerra cree que éste, éste y el otro son cojonudos y simplemente lo cree así porque les tiene confianza. Siempre me propone que sean ministros, pero yo nunca los haré ministros porque no creo que son cojonudos sino que son simplemente leales a Guerra.» Y entonces ahí había dos actitudes completamente diferentes: la de Felipe, que era en la medida de lo posible captar lo mejor de lo que veía por ahí, y la de Guerra, que era asegurarse a sus fieles.

T.B.M. — ¿Cómo se mantiene la unidad del partido cuando hay dos personalidades tan fuertes en su dirección? ¿Por qué no se reprodujo la división que hubo cuando se enfrentaban Indalecio Prieto y Largo Caballero?

C.S. — Por una razón. Alfonso Guerra es un hombre muy consciente. Él sabe que tiene la capacidad para maniobrar en el partido en la medida que utiliza el poder que le otorga Felipe. Contra Felipe, como se ha demostrado posteriormente, su poder se va reduciendo, pero en la medida en la que él es el intérprete de los deseos de Felipe, tiene todo el poder que quiera en la organización. Entonces, consciente de esta limitación, Alfonso Guerra sabe que puede presionar a Felipe pero desde atrás. ¿Cuándo se enfrenta? Pues cuando ya las cosas se ponen del color de la hormiga. Felipe le apoya primero en la historia de Juan Guerra y algunos le decimos que va a tener que cambiar a Alfonso Guerra antes o después porque en ningún país de Europa un vicepresidente con una historia así permanece en su puesto. Le decimos al presidente que será mejor hacerlo antes porque después tendrá mucho menos coste político.

T.B.M. — Lo que declara Felipe González es que si lo que se quiere es la dimisión de Alfonso Guerra, habrá dos dimisiones por el coste de una porque él se va también.

C.S. — Sí. Ésa es la primera reacción. Luego empieza a ver que se está deteriorando mucho la imagen del gobierno y que se están paralizando los ministerios. Pero también ve otra cosa, y ésta es que Alfonso se va a atrincherar en el partido tan pronto salga del gobierno y, en efecto, esto es lo que ocurrió. Se empezó entonces a manejar en el partido la tesis de una contraposición partido-gobierno. ¿Quién establece aquí la hegemonía? ¿Es el partido el que da instrucciones que el gobierno ejecuta?

T.B.M. — Felipe González siempre tenía muy claro que gobierna el gobierno, no el partido.

C.S. — Sí, pero a partir de la primavera de 1991, cuando se reorganiza el gobierno y Narcís Serra es nombrado vicepresidente, el partido, que hasta entonces me tenía a mí como objeto de sus ataques, se enfila hacia Narcís Serra porque nunca podrá hacerlo hacia Felipe González sin caer en la contradicción puesto que él es el secretario general del partido.[21] La toman con Narcís Serra y empieza una pelea por parte del aparato para que tengan ellos, digamos, el protagonismo de la línea estratégica del gobierno. Y ahí empieza una labor muy lenta de Felipe González que consiste en aliarse muy claramente con los renovadores del partido y en segar la hierba debajo de los pies de Guerra.

T.B.M. — Me dijo tu sucesor Pedro Solbes, al poco tiempo de asumir el Ministerio de Economía y Hacienda, que él tenía una suerte tremenda porque no había *guerristas* en el gobierno y porque tú eras el portavoz del grupo parlamentario.

C.S. — Y tenía razón. Era verdad que tenía suerte porque aparte de que él deliberadamente cultiva un perfil que evita el enfrentamiento, lo cierto es que ya llegó sin oposición en el Consejo de Ministros, sin la oposición que yo tuve que padecer durante mucho

21. Narcís Serra conseguiría irritar de solemnidad al aparato del PSOE con sus propuestas de «abrir» el partido (véase Serra, p. 184s). Además Serra creía firmemente que el gobierno estaba para gobernar sin recibir presiones del partido.

tiempo. Cuando llega Solbes, Felipe González decía esto es así y ya no había ni mal sabor. Eso en cambio lo hubo en mis tiempos y no te digo lo que hubo de enfrentamientos en los tiempos de Miguel Boyer. Era una constante de Alfonso Guerra que él era un *primus inter pares,* que no podía haber otro número dos, que no podía haber alguien semejante a él. Guerra empezaba a crear problemas en el partido a cualquier persona en quien González confiaba mucho, como podía ser el caso de Miguel Boyer o el mío.[22]

T.B.M. — El problema que sí hereda Pedro Solbes es el de Banesto. Y enfrentamientos los tuviste todos tú con Mario Conde, su presidente de entonces.

C.S. — Yo tuve a Felipe González esperando un año sin ver a Mario Conde.

T.B.M. — Y fue por desconfianza en su gestión.

C.S. — Consideraba que no estaba cumpliendo con el Banco de España, pero cuando ya el Banco de España se equivocó y aceptó que la entrada de Corsair de JP Morgan era una forma de resolver el problema, entonces le dije a Felipe González que le vería yo primero y almorzamos juntos Conde y yo en el ministerio.[23]

T.B.M. — Ahí ya comienza la *rentrée* de Mario Conde.

C.S. — Es que Felipe González me decía que Conde llevaba un año queriendo verle y que él se sentía un poco incómodo porque al fin y al cabo Banesto era un gran banco. Mi tema era que por muy presidente de un gran banco que fuese tenía que cumplir con sus obligaciones como ciudadano.

T.B.M. — Las bendiciones que extiende JP Morgan a la gestión de Mario Conde supongo que acaban con cualquier suspicacia.

C.S. — Exacto. Conde ve finalmente a Felipe González y parece que hay un momento en el cual las relaciones van relativamente bien. Pero entonces viene la historia de Ibercorp y finalmente la salida de Mariano Rubio del Banco de España.[24] Para entonces yo ya

22. Esta reflexión de Solchaga coincide con la explicación que da Miguel Boyer de los motivos que le llevaron a salir del gobierno. (Véase Boyer, p. 309.)

23. JP Morgan, el prestigioso banco norteamericano, comenzó a asesorar la gestión de Conde en 1992 y en 1993, a través del fondo Corsair que gestionaba, acudió a la ampliación de capital de Banesto. La decisión de JP Morgan en diciembre de 1993 de no apoyar un tercer tramo de esa ampliación forzó la intervención de Banesto por el Banco de España.

24. La crisis de Ibercorp, el emblemático banquito de los llamados «*beautiful*», arrastró a Mariano Rubio, gobernador del Banco de España. Rubio mantenía una

estoy asustado porque Mariano me dice que a Banesto hay que abrirle un expediente de recursos propios porque los inspectores le dicen que le pueden faltar noventa mil millones de pesetas. Yo, como sé hasta qué punto el gobernador está quemado con Conde, le digo que me mande papeles. Luego viene Luis Ángel Rojo, que no tiene nada en lo personal, por decirlo así, con Conde y me dice «vamos a tomarlo con calma, no vaya a ser que nos precipitemos». Pero realmente en la primavera de 1993, cuando yo ya voy a salir del gobierno, era evidente que había un problema muy grave en Banesto que no había sido ni mucho menos resuelto por JP Morgan. Y en diciembre, pues viene lo que viene, y en parte Mariano ya lo había advertido, pero dada la animadversión que existía entre él y Conde pensé que podría estar exagerando.

T.B.M. — Al final se le cuelan al gobierno socialista muchos pufos: Banesto, Ibercorp y KIO con Javier de la Rosa y el Grupo Torras son los más sonados. ¿Fue tan difícil evitarlos?

C.S. — Era bastante difícil. Pero además cuando te ocurre una cosa durante un gobierno, pues te ha ocurrido. En parte puede ser que tú has sido poco celoso y vigilante, pero ten en cuenta también que estaban cambiando las reglas de juego y el papel de intervención, control y prevención del gobierno no era el mismo que quince años antes.

T.B.M. — ¿Ni siquiera cuando se trata de una fuertísima inversión extranjera como la que protagonizan los kuwaitíes en el Grupo Torras de la mano de Javier de la Rosa?

C.S. — Bien, el escándalo KIO. ¿Qué puede hacer un gobierno cuando viene un fondo oficial de un gobierno amigo y dice este fondo que quiere invertir centenares de miles de millones? Y claro, ¿qué vas a hacer? No vas a decir que no. Y luego resulta que quien lo administra aquí, aparentemente a medias con quien lo administra en Londres, vacía ese fondo de ese dinero.[25] ¿Es culpa del gobierno? Lo que es inevitable es que el gobierno esté conectado con el escándalo KIO como también lo está con el escándalo Ibercorp, que desde mi punto de vista es una minucia como escándalo finan-

cuenta no declarada a Hacienda que era gestionada por su amigo Manuel de la Concha, ex síndico de la Bolsa de Madrid y fundador y presidente de Ibercorp.

25. La guerra del Golfo causó la retirada de fondos invertidos por la Kuwait Investment Office (KIO) en su *holding* español, el Grupo Torras. La suspensión de pagos declarada por el Grupo Torras en diciembre de 1993 fue la mayor en la historia de España.

ciero. Lo que ocurrió ahí es que aparece una lista en la cual se encuentra el gobernador del Banco de España y se demuestra que éste tiene la mala costumbre de no pagar los impuestos. Te lo juro que hay veces que me tengo que preguntar cómo un tío como Rubio, que fue siempre un profesional y muy riguroso servidor del Estado, puede hacer eso. Es una historia muy rara.[26]

26. Solchaga pagó muy caro la «historia rara» de Mariano Rubio en quien había depositado su confianza como gobernador del Banco de España. Dimitió de su cargo de portavoz del grupo parlamentario del PSOE en el Congreso, cargo para el que había sido elegido en 1993 tras su salida del gobierno en dura pugna con el sector *guerrista,* y dejó su escaño. Le sucedió como portavoz Joaquín Almunia, también destacado *renovador.*

# 7. Narcís Serra

*Diputado del PSC-PSOE por Barcelona, fue ministro de Defensa (1982-1991) y vicepresidente del Gobierno (1991-1995).*

**La identificación del Partido Socialista con el objetivo de la emancipación de la clase trabajadora es algo que desapareció en Europa hace mucho tiempo.**

La conversación con Narcís Serra fue extremadamente reveladora en cuanto a lo que podría ser el futuro del socialismo. El dirigente catalán parece tener un diseño muy meditado sobre lo que podría ser el proyecto del PSOE en los próximos años. También resultaron clarificadores sus testimonios sobre los primeros años de gobierno socialista. Repasando el diálogo me quedé con la reflexión de que los juicios y las ideas de Serra chocan frontalmente con los de la vieja guardia del partido, es decir, el *guerrismo,* y compiten directamente con los de políticos como, por ejemplo, Juan Alberto Belloch, que más o menos abiertamente se perfilan como los protagonistas del relevo en la dirección del PSOE.

Frente a los primeros, Serra parte con cierta ventaja. El Partit Socialista de Catalunya (PSC) ha obtenido resultados en elecciones municipales, autonómicas y, sobre todo, en elecciones legislativas, sensiblemente mejores a los del PSOE en el resto de España. Es de suponer que el PSC, desde su sede en la calle Nicaragua de Barcelona, podrá impartir lecciones provechosas en cuanto a mensajes, estrategias y conductas a los que han dirigido el PSOE desde la madrileña calle de Ferraz.

Serra aventaja, mientras tanto, a los que van ocupando puestos de relevo, al contar con la potente organización del PSC y su alto grado de autonomía. Quienes sean los que dirijan el PSOE en el futuro tendrán que negociar con el PSC y esto, hoy por hoy, quiere decir sentarse a discutir con Serra.

El diseño político de Serra sólo tiene de nuevo el hecho de que lo expresa con claridad. Lo que quiere es lo que los americanos y los ingleses llaman un *catch-all party,* un partido «recogelotodo», sin una acentuada cultura corporativa o señas de identidad exclusivas. Quiere «reinventar» el partido: que el PSOE se olvide de la emancipación de la clase trabajadora, que deje de tener importancia el tener carnet o no tenerlo y que el partido no sea en el futuro la propiedad de sus dirigentes y militantes.

Todo esto supone, como Serra reconoce, «modificar la estructura del partido para que el partido esté mucho más difuminado y abierto a la sociedad». El mensaje matriz de este «partido de amplias fronteras» sería la «lucha contra la exclusión». El socialismo democrático del futuro mandaría el programa máximo del PSOE al baúl de los recuerdos y abriría un debate, no muy distinto al que entretiene al Partido Demócrata en Estados Unidos, entre los estímulos necesarios para fomentar la competitividad de la economía y la acción social para evitar la marginación.

Éste es un discurso más plausible en Cataluña, donde hasta el año 1977 el socialismo nunca tuvo una presencia más fuerte que en otros lugares de España. Además el PSC, que es fruto de un proceso de fusiones entre distintos grupos socialistas catalanes después de la muerte de Franco, ha sido siempre un *catch-all party* que ha sabido a lo largo de sus veinte años de existencia mantener el voto de una parte de la intelectualidad y de las clases medias ilustradas de Barcelona y también el apoyo de los inmigrantes en el cinturón industrial de la ciudad. Exportar este modelo de partido difuminado y abierto al resto de España y, especialmente a zonas de larga tradición socialista, puede ser mucho más complicado.

Serra inserta una última y definitiva carga de dinamita en los yacimientos de la casa solariega del PSOE cuando propone un liderazgo que tenga una capacidad de convocatoria superior a la del partido. Si la «reinvención» del PSOE reta directamente a quienes pilotaron su renovación y su consolidación como partido mayoritario, esta última propuesta se enfrenta también a muchas sensibilidades en el partido que precisamente lo que no quieren es un liderazgo carismático o *neo-bonapartista,* para utilizar la terminología de los teóricos de la Fundación Sistema que dirige Alfonso Guerra.

En otro orden, me pareció muy interesante el testimonio de Serra sobre el Partido Socialista y la OTAN, sobre todo cuando se contrasta con el de Fernando Morán. Un cínico diría que Felipe González se acercaba a la esquizofrenia cuando se planteó la problemática de la Alianza Atlántica en 1982.

Por un lado, según Morán, es Felipe González quien decide incluir la celebración de un referéndum sobre la OTAN en el programa electoral del PSOE. Fue una promesa que el electorado, al menos, entendió como la puerta abierta para salir de la Alianza. Por otro, Serra afirma que él fue nombrado ministro de Defensa por ser uno de los muy pocos atlantistas en el partido que apoyaban la presencia de España en la OTAN. Si Felipe González quería que España siguiese en la OTAN, ¿por qué hace del referéndum un tema estrella de su programa electoral? Si lo que quería era salir, ¿por qué encarga a Serra el Ministerio de Defensa?

Hay además una aparente contradicción sobre la OTAN entre

el testimonio de Morán, ministro de Asuntos Exteriores en el primer gobierno de Felipe González, y el de Serra. El primero dice que no hubo vinculación entre la entrada de España en la Comunidad Europea y su permanencia en la OTAN. El segundo dice que sí la hubo. De hecho, se celebró el referéndum sobre la Alianza Atlántica al año siguiente de la adhesión de España al tratado de Roma y de la ratificación de la entrada española en Europa por los parlamentos de sus futuros socios en la Comunidad.

Tom Burns Marañón: Cataluña se ha convertido en un bastión del socialismo en España gracias al Partit Socialista de Catalunya (PSC). Lo que me llama la atención es que el socialismo nunca estuvo históricamente implantado en Cataluña, ni siquiera existía el PSC como tal cuando se renueva el PSOE, y que la presencia del Partit Socialista Unificat de Catalunya (PSUC) era muy grande cuando comienza la transición.[1]

Narcís Serra: Sí. Yo estuve en el Front Obrer de Catalunya, el FOC, que era la rama catalana del Frente de Liberación Popular, del Felipe, y de hecho el éxito de las primeras elecciones en Cataluña nos sorprendió.[2] No lo esperábamos. Pensábamos que habría una inercia en relación con los partidos que habían tenido más

1. Pablo Iglesias trabajó denodadamente por establecer una fuerte implantación del socialismo en Cataluña —el primer congreso de la UGT y el primer congreso del PSOE se celebraron en Barcelona en agosto de 1888—, pero fracasó ante el mayor atractivo del anarcosindicalismo y de las corrientes independentistas. La Federación Socialista Catalana del PSOE, con una presencia prácticamente testimonial después de la guerra civil, era vista como sucursalista en el tardofranquismo. El PSUC, creado en 1936 por la fusión de Unió Socialista de Catalunya, Partit Comunista de Catalunya, Federació Catalana del PSOE y Partit Català Proletari, contaba con un envidiable historial de lucha, militancia y organización en la izquierda catalana. Liderado por Gregorio López Raimundo, que pasó a la clandestinidad y el exilio en 1954 después de su detención en la huelga de tranvías de 1951, el PSUC postulaba la creación de un Estado federal y, al eliminar la «dictadura del proletariado» de su vocabulario y proponer un «compromiso histórico» con la burguesía, seguía los pasos del Partido Comunista Italiano.

2. Para el Frente de Liberación Popular (FLP), conocido popularmente como el Felipe, véase Arango, p. 95, nota 2. El PSC-PSOE fue el partido más votado en Cataluña en las elecciones de 1977 y lo seguiría siendo en todas las siguientes elecciones legislativas. En 1977 obtuvo once escaños en Barcelona, frente a los siete del PSUC, los seis de Pacte Democràtic per Catalunya (futuro Convergència i Unió) y los cinco de Unión de Centro Democrático (UCD).

fuerza en la lucha contra el franquismo, y que el PSUC, por lo tanto, sería el más fuerte en las elecciones.

T.B.M. — ¿Fue el éxito del PSC en las primeras elecciones un reflejo del no menos sorprendente éxito del PSOE a nivel nacional y del arrastre del liderazgo de Felipe González?

N.S. — No. Yo creo que la victoria socialista catalana en el setenta y siete tuvo raíces muy catalanas. Fuimos el único partido en Cataluña que en nuestra plataforma incluimos el regreso del *president* Tarradellas y conectamos con el sentimiento de los catalanes de recuperar su autogobierno.[3] Esto no lo reivindicó Jordi Pujol porque había pactado una especie de diputación general con la UCD. Nosotros al invocar la continuidad histórica con Tarradellas tuvimos, seguro, una conexión con el electorado muy clara.

T.B.M. — Y esto compensaba de algún modo, supongo, la falta de tradición histórica del PSC.

N.S. — Bueno, también contábamos con otro elemento importante, y éste era que los ciudadanos de Cataluña veían claramente que éramos el resultado de una serie de confluencias. Convergència Socialista de Catalunya (CSC), que por cierto se había creado antes que la Convergència Democràtica de Pujol, desapareció al crearse el Partido Socialista y la gente entendió que éramos la suma de todos los que creíamos en el socialismo democrático.[4] Esto fue importante porque conectamos con un sentimiento muy catalán una suma de voluntades a grandes aparatos de partido. No éramos monolíticos, éramos muy plurales y esto también lo deseaba el electorado catalán.

T.B.M. — Y por último estaba el enganche con el PSOE.

N.S. — Hombre, por descontado. Pero en el setenta y siete no estábamos unidos a la federación del PSOE porque lo que teníamos era una coalición electoral. En el mitin que tuvimos aquí en Barcelona con Felipe González, el primero en esa campaña que se celebró en una plaza de toros, a mí me tocó defender la autonomía de Cataluña y un Estado de inspiración federal.

T.B.M. — Creo que el catalanismo del PSC fue también el hecho diferencial que explica los buenos resultados socialistas en Cataluña veinte años después en las elecciones del noventa y seis.

3. Adolfo Suárez recibió a Josep Tarradellas en la Moncloa el 27 de junio de 1977, doce días después de las elecciones. (Véase Simón, p. 86, nota 12.)

4. Para el CSC, véase Arango, p. 96, nota 5.

*En el setenta y siete Jordi Pujol había pactado una especie de Diputación General con la UCD.*

*Gracias al resultado electoral del noventa y seis en Andalucía y en Cataluña, Aznar no ganó la mayoría absoluta y no puede gobernar con manos libres.*

*No tiene ningún sentido que yo fuese conseller de la Generalitat con Tarradellas teniendo treinta y tres años y alcalde de Barcelona con treinta y cuatro. (En la foto, ambos con Lluís Armet.)*

N.S. — Seguro. Nuestros adversarios, los de Convergència i Unió sobre todo, dicen que hicimos nuestra campaña electoral más catalanista. Eso por un lado. Pero por otro yo creo que en Cataluña los ciudadanos no vieron el socialismo manchado por la corrupción como lo pudieron ver los electores en otras partes de España.

T.B.M. — ¿El PSC estaba al margen de todo ese tema?

N.S. — Sí, claro.[5] Es que además el PSC es el único partido dentro del PSOE que tiene finanzas separadas. Es decir, el PSC paga sus propias campañas electorales. La tesorería propia fue uno de los acuerdos de nuestra fusión con el PSOE.

T.B.M. — ¿Debería extenderse este modelo?

N.S. — Yo creo que el caso del PSC debe ser, en principio, un caso único. Yo no propondría generalizarlo. Es que creo que cuanto más cultivemos la identidad propia del PSC más favor le podemos hacer al PSOE.

T.B.M. — La autonomía del PSC refleja por lo tanto la de Cataluña.

N.S. — Por descontado. Yo siempre he creído que los partidos y su estructura deben ser influidos y condicionados por la evolución de la sociedad.

»Así como si cambiáramos la ley electoral los partidos tendrían que cambiarse y serían otra cosa, pues de la misma manera los partidos en la actualidad reflejan una España autonómica. Hay que tener en cuenta que cuando los socialistas llegamos al poder no todas las autonomías estaban constituidas y que todas pasaron a tener parlamento y competencias y ejercicio de esas competencias. España cambió y los procesos de identidad regional, o en el caso del País Vasco y Cataluña de identidad nacional, se dispararon.

T.B.M. — Si el modelo de Estado tiende a ser más federal, siguiendo su análisis, en un partido como el PSOE, que asume ese modelo, los que ejercen cargos dirigentes en las distintas federaciones tendrán más peso en el partido a nivel nacional, ¿no?

N.S. — Sí, sin duda. Y además es irreversible este proceso como es irreversible el Estado de las autonomías.[6]

T.B.M. — El triunfo del PSC fue importante en las primeras

5. Sin embargo, la trama Filesa de financiación irregular del PSOE estaba domiciliada en Barcelona.

6. El creciente poder de barones regionales en el PSOE es criticado en varios testimonios. Véanse, por ejemplo, Almunia, p. 334; Arango, p. 111, y Tezanos, p. 395s.

*Franco mata para la política la generación que en el año setenta y siete tenía cincuenta años. (En la foto, con el presidente Eisenhower.)*

*A mí me nombra Felipe González ministro de Defensa porque sabía que yo estaba convencido de que no podía resolver el tema militar sin mantener a España en la OTAN.*

*Roldán, como director general de la Guardia Civil, tenía unas aptitudes y una dedicación que en absoluto podían hacer pensar que podía estar realizando actividades por las que ahora está ante los Tribunales.*

elecciones porque permitió el discurso socialista de que el PSOE era el partido que garantizaba la vertebración del país. Era el partido mayoritario en áreas tan distintas como Cataluña y Andalucía y llevaba el mismo mensaje a ambos electorados.

N.S. — Tienes razón. Y los resultados de las elecciones del noventa y seis demuestran que el PSOE sigue teniendo una gran fuerza en Cataluña y en Andalucía. Gracias al resultado electoral, en Andalucía y en Cataluña Aznar no ganó la mayoría absoluta y no puede gobernar con manos libres.

T.B.M. — Lo curioso es que Andalucía y Cataluña son, sociológicamente y económicamente, polos opuestos. Sé que en estas dos autonomías el socialismo es un muy importante punto de referencia política, pero el reforzamiento del PSOE tanto en una como en la otra se debe en parte a que en ambas la estrategia del Partido Popular contenía errores bastante graves.

N.S. — Bueno, en Andalucía Aznar se sumó a nuestro favor porque creó un sentimiento negativo entre los andaluces gracias a ese pacto implícito que estableció con Izquierda Unida. No era un pacto para gobernar, sino para no dejar gobernar a los socialistas y esto nos ayudó porque políticamente es una estrategia mala. Y en Cataluña nos ayudó el sentimiento generalizado de que Aznar lideraba un partido que incluía gestos y manifestaciones claramente anticatalanas.

T.B.M. — Y ustedes se beneficiaron de ese error porque diseñaron, como decía usted, una campaña especialmente catalanista.

N.S. — El hecho es que en Cataluña conseguimos casi el cuarenta por ciento de los votos en las elecciones del noventa y seis. Fueron las primeras elecciones generales en las cuales el PSC obtuvo un porcentaje de voto más alto que el del promedio del voto nacional del PSOE. Esto es prácticamente imposible de conseguir puesto que por regla general en España sólo compiten tres partidos, el Socialista, el Popular e Izquierda Unida, mientras que en Cataluña se disputa el voto también con Convergència, que tiene una potencia tremenda, y con Esquerra Repuplicana. Cuando concurren cinco partidos es muy difícil conseguir un resultado como el del PSC que sobrepasa el resultado socialista en otras partes de España.

T.B.M. — Esto es lo que hace pensar a algunos que el futuro del PSOE, en el sentido de volver a ser la fuerza política mayoritaria en España, pasa por Cataluña. Aquí el partido debe de tener mucho que aprender.

N.S. — Yo creo que hemos conseguido estos resultados porque aquí se mira el socialismo como una fuerza política necesaria en el futuro.

T.B.M. — ¿Qué quiere decir?

N.S. — Pues que la población sabe que se va a requerir un compromiso entre las necesidades de la economía para ser competitiva y la acción social para evitar la marginación y la exclusión. El catalán ve que el Partido Socialista tiene garantizado ese compromiso mientras que cree que Iniciativa per Catalunya[7] vigilaría mucho la acción social, pero no lograría ese compromiso entre necesidades económicas y necesidades sociales.

T.B.M. — Me da la impresión de que es en Cataluña donde se ve con más nitidez el modelo de un partido socialista interclasista, de un partido *catch-all,* «recogelotodo», como dicen los anglosajones.[8]

N.S. — Bueno, no se recoge todo.

T.B.M. — Lo digo porque el PSC busca el voto catalanista y también el de los inmigrantes, el de los intelectuales y las clases medias y también el de los trabajadores de la SEAT y el de los que viven en el cinturón industrial de Barcelona.

N.S. — Ya. El caso es que la identificación del Partido Socialista con el objetivo de la emancipación de la clase trabajadora es algo que desapareció en Europa hace mucho tiempo. Ahora el objetivo no es la emancipación de la clase trabajadora, sino la lucha contra la exclusión. El socialismo democrático es sobre todo la garantía del desarrollo del individuo socialmente responsable, la garantía de que pueda autodesarrollarse y de que pueda ser libre en la sociedad. Creo que éste es el mensaje del PSC y creo que es un mensaje que la población acepta, sobre todo en Cataluña.

T.B.M. — Supongo que también es un mensaje que cree aplicable al socialismo en toda España y que forma parte de su discurso de renovación del partido.

N.S. — Es que yo me esforcé alrededor del noventa y uno en transmitir tres mensajes al partido que estaban ligados al proceso necesario de renovación.[9] El primero era que nos olvidásemos de la

7. Coalición electoral de Izquierda Unida en Cataluña.

8. Lo que propone Serra parece ser el modelo y la estrategia de Bill Clinton respecto al Partido Demócrata en Estados Unidos y de Tony Blair respecto al Partido Laborista en el Reino Unido.

9. Serra fue nombrado vicepresidente del Gobierno en marzo de 1991, sustituyendo a Alfonso Guerra que había dimitido del cargo en enero.

emancipación de la clase trabajadora y que pensásemos en la defensa de los intereses populares. Esto era lo que aquí en Cataluña ya estábamos defendiendo porque todos aceptábamos un partido de amplias fronteras. El segundo mensaje era que debíamos abrir la organización del partido. El partido no debería tener un límite entre los que tienen carnet y los que no tienen carnet. El partido puede y debe contar con la colaboración de mucha gente a través de plataformas de discusión, de *forums* y de tertulias que reúnan a gente del partido y a gente que no lo es. Estas plataformas deberían tener una estructura sectorial, por ejemplo de ecología o de educación, en la que no se pidiese el carnet.

T.B.M. — ¿Y el tercer mensaje?

N.S. — Era que el partido no es propiedad de sus dirigentes, ni siquiera de sus militantes. El partido es propiedad de los que defienden las mismas ideas, estén afiliados o no. El partido es una plataforma al servicio de esas ideas.

T.B.M. — ¿Cómo encajó ese discurso en el partido?

N.S. — Pues creó problemas.[10]

T.B.M. — Lo que usted dice de crear *forums* de discusión sin pedir carnet y de renovar el partido con un nuevo discurso extraído de las conclusiones de plataformas sectoriales amplias ya se intentó con el Programa 2000.[11] Creo que esa iniciativa, que pretendía incluir a muchos no afiliados en el debate sobre el futuro del socialismo, murió porque estaba muy ligada al protagonismo de Alfonso Guerra que cae en desgracia por temas de corrupción. No sé si asume usted este análisis de la frustración del proyecto.

N.S. — Es una explicación, y yo creo que como todas las explicaciones cuando sólo se ofrece una es insuficiente. Pero es que para que el Programa 2000 se llevase a la práctica, el partido tenía que cambiar radicalmente.

T.B.M. — ¿Cambiar?

N.S. — Sí. Tenía que ser, pues eso, un partido abierto.

T.B.M. — Y por eso critica usted explícitamente, en el tercero de los mensajes que lanza al partido en el noventa y uno, el concepto de patrimonialización del partido. Usted cuando pasa a ser vicepresidente del gobierno ¿es consciente de una desconexión, de

10. Alfonso Guerra (p. 142), Joaquín Almunia (p. 330) y José Félix Tezanos (p. 395) comentan los problemas que plantean las propuestas de Serra.

11. Sobre el Programa 2000 véanse Guerra (p. 140) y Tezanos (p. 391s).

una asimetría entre la Moncloa y Ferraz? ¿Es consciente de que el partido, precisamente por los escándalos de la corrupción, cierra filas, más que nunca, en torno a sí mismo? Me da la impresión de que en aquel momento el PSOE, o mejor dicho su aparato, iba en la dirección opuesta a la que deseaba usted cuando pedía que el partido se abriese y no fuese propiedad de sus dirigentes.

N.S. — No. Yo creo que sería un error hablar de desconexión entre la Moncloa y Ferraz porque Felipe González es tan Ferraz como Moncloa, para entendernos.

T.B.M. — Sin embargo es el propio Felipe González el que establece una línea divisoria entre la Moncloa y Ferraz. En todos los congresos del PSOE advierte, simplificando, que una cosa es el gobierno y otra es el partido, que el gobierno tiene que ser para todos y que el partido no debería pedirle cuentas en exceso.

N.S. — Sí, eso lo ha cuidado mucho. Por ejemplo él comunicaba al partido la formación de sus gobiernos cuando ya había hablado con el rey y no antes. Esto siempre lo hizo Felipe. Para que quede claro, Felipe González siempre entendió que como gobernante se debía a los electores y a los ciudadanos y no a la estructura del partido. En esto yo estoy absolutamente de acuerdo.[12] Ahora bien, yo creo que de lo que estamos hablando no es tanto de un enfrentamiento entre la Moncloa y Ferraz como de la aparición de dos sensibilidades o de dos corrientes muy claras dentro del Partido Socialista.

T.B.M. — El choque entre sensibilidades opuestas surge en la huelga general del 14-D que supone la ruptura, aparentemente definitiva, de la familia socialista.

N.S. — Sí. Pero tengo que decir que en la huelga del ochenta y ocho la cohesión con Alfonso Guerra es total.

T.B.M. — Volviendo a las dos sensibilidades, creo que lo que ambas tienen en común es una preocupación por una dominación del liderazgo, o una exagerada dependencia en el líder. Les preocupa la falta de debate, ven al partido desvitalizado, creen que la política se ha reducido a grandes eventos con mensajes populistas y que no se trabaja sobre propuestas programáticas de medio plazo. Y que además del superliderazgo, el partido adolece de una estructura piramidal y de una excesiva presencia de líderes regionales que a su

12. Miguel Boyer, sin embargo, considera que la separación entre el partido y el gobierno es «algo inaudito» y «absolutamente absurdo» (Boyer, p. 309).

vez presiden sus propias pirámides. Les preocupa, por lo tanto, que no haya ni debate interno ni buenas perspectivas para una renovación necesaria del partido. Parece existir un consenso entre las dos sensibilidades de que el modelo del partido ha funcionado bien hasta ahora, aunque menos bien a partir de finales de los ochenta, y que ahora tiene que cambiar para afrontar nuevos tiempos.[13]

N.S. — Sin duda. Yo creo que el modelo de partido se está transformando y que además se transformará más, nos guste o no. Si lo hacemos bien será en una buena dirección, y si no lo hacemos bien, pues no. Aquí yo tengo que decir lo siguiente. Mira, yo creo que Europa muestra que los éxitos se producen cuando se logra tener una buena conexión con el partido como organización y se tiene, a la vez, una capacidad de convocatoria, o si se quiere de credibilidad personal, que, entre los electores y ciudadanos, es superior a la capacidad de convocatoria del partido. Un ejemplo es lo que ha sucedido en Francia con Lionel Jospin.[14] Jospin sabe utilizar la organización del partido y le es necesaria, por descontado, una organización potente. Pero a la vez Jospin dirige un mensaje que es muy general y muy creíble para una gran masa de la población. Lo que me parece decisivo es poner este ejemplo frente al que presenta un Berlusconi en la política.

T.B.M. — Es decir, el partido tiene que crear sus propios líderes indiscutibles.

N.S. — Sin duda. Ahora, estos líderes no pueden basar su éxito en la seducción del electorado como ha hecho Berlusconi.[15]

T.B.M. — Ya. Pero la seducción es uña y carne del liderazgo. Aquí mismo, antes de entrar en su despacho, he estado mirando un póster electoral que tienen en el hall y que dice: «Felipe o Aznar. Tú decides.» Esto me parece que es personalizar la política de una manera casi flagrante. Desde luego no se dice nada de programas, de propuestas de un socialismo democrático y esas cosas. Es que ni siquiera se menciona el partido, la organización, detrás de esos dos nombres.

N.S. — Sí, esto se hizo en Cataluña, sólo aquí, y no en España.

T.B.M. — ¿No le preocupa tal personalización?

13. Estas preocupaciones son, en grandes rasgos, expresadas tanto por el *renovador* Joaquín Almunia (p. 334) como por el *guerrista* José Félix Tezanos (p. 397).

14. Dirigente socialista francés.

15. Silvio Berlusconi, dirigente populista italiano, creó su partido de la nada utilizando las redes de su imperio empresarial y de las peñas del equipo de fútbol, AC Milán, que presidía.

N.S. — Mucho. Pero es que creo que si el personaje es Berlusconi que, controlando televisiones y medios de comunicación, ejerce una seducción...

T.B.M. — Pero es que aquí también se acusa a los gobiernos de controlar la televisión y no hay «Berlusconis».[16]

N.S. — Por lo tanto aquí lo que hay que hacer es creer en el discurso tenaz y creer en el reto de convencer a los ciudadanos. Mira, vuelvo a Francia. Chirac lo ha hecho despacio y lleva muchos años, mientras que Jospin lo ha hecho más deprisa.[17] Pero los dos basan el peso público que han adquirido en un discurso político y en una creencia en sus propias ideas.

T.B.M. — Entiendo que Francia y Jospin pueden servir de ejemplo e Italia y Berlusconi de revulsivo; pero volvamos a España y al Partido Socialista. La reflexión sería la siguiente. El PSOE, cuando organizativamente era endeble y electoralmente virgen apostó en su congreso en Suresnes en el setenta y cuatro y luego en su congreso en Madrid en el setenta y seis por exaltar un liderazgo fuerte y montó la campaña de las primeras elecciones del setenta y siete en torno a la personalidad de su líder indiscutible Felipe González.[18] Creo que esa estrategia fue una solución en una etapa histórica del partido y que ahora, cuando el partido se enfrenta a una etapa muy distinta, ese mismo liderazgo, que tan conscientemente se creó, se ha convertido en un problema.

N.S. — Bueno, éste es el reto de futuro. Lo que sí hemos tenido nosotros es la coexistencia de un fenómeno exigido por la sociedad actual, que es la del líder, con una estructura de partido que era de épocas anteriores. Y eso tiene muchos peligros. El reto es si sabremos modificar la estructura del partido para que el partido esté mucho más difuminado y abierto a la sociedad. El reto es si sabremos hacer del partido un factor de movilización social y de animación de la sociedad que estimule debates que puedan interesar a la población. Si el partido avanza en esa dirección, la concordancia de esa estructura con el líder, o su equivalencia con el líder, será mucho mayor. Y además serán más fáciles de resolver los problemas

16. Es lícito suponer que los pudo haber habido en la persona de Mario Conde.
17. Jacques Chirac, presidente de Francia y líder gaullista.
18. Según Alfonso Guerra, se discutió mucho si la campaña del PSOE del setenta y siete se debía centrar en una persona o en un colectivo. Guerra sostuvo lo primero porque «era necesario poner un rostro, una cara a la voz de un partido que llevaba cuarenta años debajo de las piedras» (p. 139).

que pueden surgir para sustituir a un líder o para resolver entre más de uno que quiera ser líder. Pero, claro, si debajo del líder incontestado, y con tanta capacidad de audiencia, ponemos un partido con estructura de centralismo democrático, evidentemente entonces acabamos con un partido leninista. La sustitución del líder y todos los problemas que me has señalado se multiplican.

T.B.M. — Pero estamos en que el liderazgo fuerte es inevitable porque la sociedad lo exige.

N.S. — Yo creo que es ilusorio pensar que hay que reducir el papel de los líderes políticos en la sociedad actual y en la del futuro.

T.B.M. — Estamos entonces con el reto de reinventar el partido.

N.S. — Evidentemente. El reto es reinventarse partidos que sean más aceptados por los ciudadanos. Que no los vean cerrados, que los vean más como una asociación cívica en la cual se encuentren a gusto. Que no tengan que ir sólo al líder para estar a gusto.

T.B.M. — En las legislativas del noventa y tres el PSOE ensayó la estrategia de incluir a independientes de prestigio en sus listas electorales como reclamo para votantes de las capas medias que habían dejado de votar al partido. A mí me parece que esta estrategia demostró, en el mejor de los casos, un fallo en el propio PSOE porque pareció que carecía de candidatos válidos, y en el peor de los casos, la estrategia sugería una desconfianza en el partido por parte de Felipe González, puesto que fue él quien buscó a independientes y los incorporó en las listas del PSOE. ¿Por qué el PSOE no consigue promocionar, digamos orgánicamente, nuevos cuadros que resulten electoramente atractivos?

N.S. — ¿Por qué lo crees tú?

T.B.M. — Pues una explicación, y puede ser que sea la suya, es porque los partidos en España todavía tienen una vida muy corta y el proceso de promoción de sus nuevos valores, como ocurre en sistemas parlamentarios asentados, con partidos consolidados y decenios de años de experiencia democrática, no ha tenido lugar por falta de tiempo y de hábito. La culpa, y no lo digo totalmente en broma, es de Franco.

N.S. — Claro. A ver. No tiene ningún sentido que yo fuese *conseller* de la Generalitat con Tarradellas teniendo treinta y tres años y alcalde de Barcelona con treinta y cuatro.[19]

19. En una fulgurante carrera política, Serra fue *conseller* en la Generalitat en 1978, alcalde de Barcelona en 1979 y, tres años más tarde, ministro de Defensa.

T.B.M. — Estamos hablando del tapón que formaron quienes llegaron a ser dirigentes políticos a una edad en la que les correspondía ser todavía aprendices de la política.

N.S. — Pues claro. Es que Franco mata para la política a la generación que en el año setenta y siete tenía cincuenta años. Entonces la generación de treinta años entró en política y se ha constituido en un tapón muy largo. ¿Cómo era nuestro partido en el año setenta y siete? Pues estábamos una gran cantidad de gente joven y otra cantidad, no tan numerosa, de gente de más de sesenta y cinco años que habían vivido la República y la guerra. Y en medio, entre los treinta y cinco y los sesenta y cinco años, había muy poca cosa. ¿Por qué? Porque la falta de democracia había quemado a los que estaban en medio.

T.B.M. — Donde más se manifiesta el tapón es precisamente en el liderazgo.

N.S. — Absolutamente entendido. Somos una generación tapón porque nos ha tocado el acceso a puestos de responsabilidad mucho antes de lo que nos hubiera tocado en una sociedad democrática normal. Es que no teníamos generación política delante.

T.B.M. — Bien. Ustedes llegan al poder, muy jóvenes, en el ochenta y dos y lo que deciden es aparcar un programa socialdemócrata puesto que tienen que asumir como primera prioridad un programa modernizador. ¿No sé si usted estará de acuerdo?

N.S. — Bueno, no. Lo que pasa es que nosotros entendimos el programa socialdemócrata como la construcción del Estado de bienestar y nos pusimos a construirlo en el orden en que se podía hacerlo dadas las prioridades de entonces. Es decir, por descontado Felipe González gastó muchas energías entre el ochenta y dos y el ochenta y seis en el tema militar y en el tema de la entrada de España en Europa...

T.B.M. — Y en remendar el entuerto de la postura del partido sobre la OTAN.

N.S. — Es que esto estaba ligado a esos temas, al militar y a la entrada en Europa, porque una condición era mantener a España en la OTAN.[20] En ese período, además, no hubo dinero para mejo-

20. Fernando Morán, que como ministro de Asuntos Exteriores negoció la entrada de España en la Comunidad Europea, sostiene que ninguno de los futuros socios comunitarios vinculó el acceso de España a Europa con su permanencia en la OTAN (véase p. 352).

rar las pensiones, pero sí que hubo algunas iniciativas en el terreno de la sanidad e iniciativas en el terreno de la enseñanza obligatoria.

T.B.M. — Es que la sociedad española no pedía más en ese momento. Lo que quería era un gobierno unido y fuerte, un acercamiento a Europa porque ello suponía normalidad y modernización y, desde luego, la desaparición del problema militar.

N.S. — Sí. Lo que nosotros llamábamos la consolidación de la democracia.

T.B.M. — El tema militar le toca a usted. ¿Fue un tema más fácil o más difícil de lo que se suponía?

N.S. — Pues yo no sé lo que se suponía. Fue relativamente fácil por lo que respecta a la relación con los militares, con las fuerzas armadas como colectivo humano. Y fue bastante difícil porque había que resolver temas como el referéndum de la OTAN y el acuerdo con los norteamericanos sobre las bases en España. Y también hubo que enfrentarse con el partido sobre temas como el mantenimiento del carácter militar de la Guardia Civil. Nada de esto fue fácil porque los problemas eran complejos y la sociedad española también. Ahora, fue más fácil de lo que esperábamos en lo que se refiere al estricto diálogo con las fuerzas armadas, aunque hubo problemas y muchos.

T.B.M. — Pero usted no estaba solo.

N.S. — No. Contaba con la colaboración directa de Felipe. Fue un acierto que él considerase este problema como uno de los prioritarios que había que resolver y que hiciéramos tándem. Fue el período de gobierno del cual estoy más satisfecho. En todo momento las fuerzas armadas y los otros partidos vieron que en este tema no había fisuras entre Felipe y yo y pusimos en marcha un programa que visto con perspectiva fue bastante amplio.

T.B.M. — Y supongo que ustedes dos, como tándem, contaban con un claro apoyo de Su Majestad.

N.S. — Por descontado. Y además tuve mucho cuidado, y Felipe también, de informar al rey y de explicarle todo por adelantado. Y es que hicimos muchas cosas, desde alterar la ley básica de organización de toda la estructura de defensa y militar hasta crear un ministerio que no existía.

T.B.M. — ¿Cómo que no existía el ministerio? Usted no fue el primer civil que ocupó la cartera de Defensa en el posfranquismo.

N.S. — No, no fui el primero. Antes que yo estuvieron Agustín

Rodríguez Sahagún y Alberto Oliart.[21] El primero tenía un despacho dentro del cuartel general del Ejército de Tierra y Oliart, como prefería el aire, tenía un despacho dentro del cuartel general del Ejército del Aire.

T.B.M. — Así tan crudamente.

N.S. — Bueno, también tenían algunos despachos para sus colaboradores. Pero el ministerio no existía cuando yo llegué.

T.B.M. — Al menos Oliart, siguiendo las directrices de Calvo-Sotelo, metió a España en la OTAN.

N.S. — Sin duda.

T.B.M. — Y usted era de los poquísimos atlantistas convencidos en el PSOE.

N.S. — Sí, claro. A mí me nombró Felipe González ministro de Defensa porque sabía que yo estaba convencido de que no se podía resolver el problema militar sin mantener a España en la OTAN.[22] Es que esto era el huevo de Colón. Si es que no es ningún invento. La solución de España es Europa en todo y, por descontado, la estructura adecuada para la estructura de nuestras fuerzas armadas era la integración en la OTAN.[23]

T.B.M. — ¿Era absolutamente necesario correr el riesgo de celebrar un referéndum sobre un tema tan emotivo y tan complejo como era el mantenimiento de España en la OTAN?

N.S. — Hombre, hubiera sido mucho mejor que no hubiésemos en su momento prometido el referéndum.

T.B.M. — Si recorremos las etapas de los gobiernos socialistas es obvio que en la primera legislatura ustedes consiguen importan-

21. Rodríguez Sahagún fue ministro de Defensa con Adolfo Suárez y Oliart con Leopoldo Calvo-Sotelo. Oliart, a petición del rey y de Calvo-Sotelo, informó puntualmente a Felipe González de cuanto acontecía en su ministerio. (Véase Santos Juliá, *Memoria de la transición*, p. 356.)

22. Joaquín Arango encabezó un grupo de estudiosos asociado al PSOE que, habiendo investigado el golpe militar del 23-F, recomendó la urgente entrada en la OTAN para ayudar a resolver el problema militar (véase p. 103). A pesar de esta recomendación, Joaquín Almunia reconoce (p. 324) que había poquísimos socialistas partidarios de la OTAN en 1982. Resulta en cierto modo paradójico que Felipe González nombrase a Serra ministro de Defensa porque era atlantista cuando a su vez, según el testimonio de Fernando Morán (p. 349), el futuro presidente del Gobierno fue el responsable de incluir en el programa electoral del PSOE la promesa de celebrar un referéndum sobre la Alianza.

23. La frase de Serra tampoco es un invento. Ortega y Gasset sentenció lapidariamente: «Si España es el problema, Europa es la solución.»

tes logros en el reto que se habían marcado de consolidar la democracia. A partir del ochenta y seis y la segunda legislatura, cuando comienzan unos años económicamente expansivos, ya se les plantea el reto de empezar a construir el Estado de bienestar...

N.S. — Y se construye.

T.B.M. — Bien. Pero al construirlo se entra en conflicto con los sindicatos.

N.S. — Evidente.

T.B.M. — Entonces ¿por qué no es capaz el gobierno del PSOE de administrar el período de vacas gordas? ¿Por qué, sobre todo, pierde el PSOE su talante histórico de austeridad, de ética y de buen hacer? Lo digo porque es la UGT la que acusa al PSOE de haber perdido sensibilidad, y más que nada de haber perdido su norte como Partido Socialista.[24]

N.S. — Éstos son temas distintos. Yo creo que ahora no tiene sentido ir a ver qué responsabilidades correspondieron a los sindicatos y cuáles fueron nuestras. Creo de todas maneras que si se repasan los motivos de las cuatro huelgas generales —la del ochenta y cinco fue contra la ley de pensiones, la del ochenta y ocho contra el contrato de aprendizaje o de empleo juvenil, la del noventa y dos por los recortes en el subsidio de desempleo y la del noventa y cuatro por la reforma laboral—, se verá que en estos momentos no hay ningún sindicalista que no diga que estas iniciativas del gobierno no fueran razonables y que el gobierno tenía que llevarlas a cabo. Si no hubiéramos hecho la reforma de pensiones, en estos momentos los acuerdos sobre ellas del pacto de Toledo no serían posibles.

T.B.M. — Eso no lo discuto. Lo que sí me parece difícil de entender es por qué el PSOE no es capaz de explicar las cosas mejor a la UGT y así evitar el divorcio entre el partido y el sindicato.

N.S. — Lo que ocurre es que el problema no es solamente un problema de explicación. Hay otras cosas. Yo creo que hay unas dificultades de diálogo que están vinculadas a las personas.

T.B.M. — ¿Todo se reduce a un antagonismo entre Nicolás Redondo y Felipe González?

N.S. — No, no, no. La actitud de Comisiones Obreras demuestra que lo que había era un problema con los sindicatos. Pero creo que en este momento todos tenemos elementos de reflexión sobre ese período. También los sindicatos pueden reflexionar que el defender los in-

24. Véanse las quejas de Nicolás Redondo en p. 210s.

tereses de los que tienen el empleo y el conseguir los aumentos salariales que se consiguieron a partir del ochenta y ocho puede ser una manera de perjudicar muy seriamente a los que no tienen empleo o a los que lo pierden precisamente por esos aumentos salariales.

T.B.M. — Lo normal es que un sindicato defienda los puestos de trabajo. Y en cuanto a la moderación salarial, ¿no cree que lo que crispa mucho en esos años fue lo que se dio en llamar la cultura del pelotazo?

N.S. — Sin duda. Y el hecho de que esto que dices se produjera en aquellos años en todo el mundo no es excusa.

T.B.M. — ¿Por qué fue el PSOE incapaz de proyectar un mensaje ético a la sociedad y de ejercer, con su conducta, una ejemplaridad? El tema es que al PSOE se le exige lo que no se le exige a un Ronald Reagan o a una Margaret Thatcher, padrino y madrina de los *yuppies* y de la economía especulativa.

N.S. — Yo creo que nos faltó decisión y que teníamos que haber actuado con mayor contundencia en relación con casos personales que son muy singulares, muy escasos pero sí muy notorios. Esto hubiera demostrado que los socialistas no estamos por el enriquecimiento rápido y especulativo y que además no estamos por el enriquecimiento a cualquier precio, violando la ley si ello es necesario. Alguien podrá decir que es fácil decir esto ahora con perspectiva, ¿no? Pero este tema lo defendí en su momento.

T.B.M. — ¿El gobierno estaba al tanto de cómo se estaba financiando el PSOE?

N.S. — No. En esto sí que había una separación clara. El gobierno nunca discutía temas de partido.

T.B.M. — Pero a los miembros del gobierno, sobre todo a los que a su vez eran destacados dirigentes del partido, ¿nunca les llamó la atención ciertas conductas de quienes contaban con el beneplácito del aparato? ¿No les preocupaba la aparente liquidez con la que contaba el partido a juzgar por la ostentación de personas ligadas al PSOE?

N.S. — Bueno, en primer lugar el partido nunca ha tenido inyecciones de liquidez que mejoren su situación económica. La primera vez que ha reducido su endeudamiento fue en el año noventa y cinco y las cuentas son absolutamente transparentes. Si arrastrábamos esa deuda era evidente que el partido no resolvía sus problemas financieros con la llegada de grandes sumas de dinero. No había nada que nos hiciera pensar que se debía andar con cuidado porque el partido estaba sospechosamente resolviendo sus problemas financieros.

Al contrario. El mensaje que teníamos era que cada año se debía más dinero. Habrá que ver qué dinero ingresamos y la justicia dirá lo que tiene que decir. Nosotros tenemos la obligación de investigar el tema al máximo, pero los hechos conocidos muestran que lo que ha habido es corrupción vinculada al enriquecimiento personal.

T.B.M. — Se acusa al gobierno del PSOE de no haber ejercido mayor control sobre los nombramientos que hizo.

N.S. — Sin duda el máximo error que cometimos fue el nombramiento de Roldán, pero éste es el caso que hay y no hay muchos más. Hay que decir que Roldán, como director general de la Guardia Civil, tenía unas actitudes y una dedicación que en absoluto podían hacer pensar que podía estar realizando las actividades por las que ahora está ante los tribunales.

T.B.M. — Otro error, visto con perspectiva, fue no cambiar el mando policial y de la seguridad del Estado en la lucha antiterrorista cuando llegaron al poder en el ochenta y dos. Las consecuencias han sido el lastre de la guerra sucia que le ha costado muy caro al PSOE. La explicación, resumiendo, es que había que hacer frente a ETA contando con los mandos de seguridad que había. Primero, porque éstos tenían la experiencia y la información y, segundo, porque el terrorismo no daba ninguna tregua para reorganizarlos. Juan Alberto Belloch piensa que sí se pudo haber cambiado la cúpula policial y que de hecho él lo hizo cuando llegó al ministerio. Lógicamente la suya fue otra época y habla, en cierta manera, a toro pasado.[25]

N.S. — Hombre, como todas las reflexiones a toro pasado es fácil decir esas cosas. Hay que tener en cuenta que teníamos una conciencia muy clara del problema militar. No sólo por el 23-F, sino porque la víspera de las elecciones que nos llevaron al poder había otro golpe preparado que desmontar el Cesid.[26] Todas las energías

25. Belloch sostiene (p. 429) que «el tener unos u otros cuadros al frente de los servicios, con tal de que los elijas con cuidado, no empeora ni mejora sensiblemente la operatividad antiterrorista».

26. El Cesid consiguió documentos sobre una operación que pretendía atacar determinados centros neurálgicos de Madrid e impedir la celebración de las elecciones generales. Los planes fueron descubiertos en el maletero del coche del coronel Luis Muñoz Gutiérrez mientras éste almorzaba con el líder derechista Blas Piñar el 27 de octubre de 1982, la víspera de los comicios, después de haber visitado esa misma mañana en la prisión militar al ex teniente general Jaime Milans del Bosch que cumplía condena por su participación en el 23-F. Hubo un acuerdo tácito entre las fuerzas políticas de no otorgar relevancia a la llamada conspiración del 27-O. (Véase Cernuda, *El presidente*, p. 159s.)

estaban orientadas en una dirección que era la de las fuerzas armadas. Y a la vez la existencia de ETA orienta todas las energías hacia el combate del terrorismo, no hacia reestructuraciones del mando policial.[27]

T.B.M. — ¿Y visto con perspectiva?

N.S. — Debimos hacerlo distinto. Pero es como todo los errores a pelota pasada. Ten en cuenta que los asesinatos de ETA en nuestros primeros años fueron tremendos y que el terrorismo se combate con la información. No es fácil cambiar a quienes tienen la información en la lucha antiterrorista.

T.B.M. — A donde quiero llegar es a la reflexión de que en el noventa y seis el PSOE pierde el poder cuando una parte de su electorado se resiste a votarlo porque asocia al partido con la corrupción y la guerra sucia.

N.S. — Sin duda. Hemos perdido más por nuestros errores que por los aciertos de nuestro adversario. Pero soy optimista. El futuro pasa por políticas de centro izquierda, por lo que decía antes del compromiso entre las necesidades sociales y las necesidades económicas.

27. Joaquín Almunia (p. 323) hace una reflexión similar.

# IV

# LOS CRÍTICOS

8. Nicolás Redondo

*Secretario general de la Unión General de Trabajadores (1976-1993).*

**El gran error del Gobierno socialista es que ha defendido a rajatabla, como inherentes al socialismo, conceptos que eran conceptos conservadores.**

Los años de gobierno socialista marcan la ruptura entre el sindicato y el partido que Pablo Iglesias había creado para que, como los dos pies de un mismo cuerpo, llevasen conjuntamente a la clase obrera por la senda de su emancipación. Este divorcio ocurre en aquellos años, e incluso antes, entre partidos socialdemócratas y sus sindicatos fraternos prácticamente en toda Europa. En España, donde la complicidad entre el PSOE y la UGT había sido extrema durante casi cuatro décadas de exilio, la ruptura fue más traumática y, creo, que sus consecuencias políticas han sido, y serán, de más largo alcance para el socialismo. Era sobre precisamente esto, además del porqué de la ruptura, que quise conversar con Nicolás Redondo.

La trayectoria socialista y la personalidad de Redondo es suficientemente conocida, pero a mí me impresionó de nuevo la autenticidad de este veterano sindicalista, una autenticidad antigua. No me sorprendió que hacia el final de nuestro diálogo mostrara su preocupación por el auge de los juegos de azar bajo los gobiernos de Felipe González, por el poco fomento de la cultura y de los valores cívicos de la sociedad. Son las preocupaciones propias de Pablo Iglesias y de su generación de socialistas y son inquietudes que honraron al socialismo de principios de siglo.

El porqué de la ruptura es fácil y, a la vez, difícil de entender. Se enmarca dentro de lo que sería una difícil convivencia, al margen de cualquier decisión política, de un partido que se hace el amo del país y de un sindicato que, habiendo sufrido las mismas penurias, pasa a ser el pariente rematadamente pobre que se mantiene a mucha distancia porque incomoda al provocar ataques de conciencia. Las desavenencias se hacen patentes nada más ganar el PSOE las elecciones de 1982. Nicolás Redondo se niega a que José Luis Corcuera, miembro de la Ejecutiva de la UGT, sea ministro de Trabajo tal y como quería Felipe González. El flamante gobierno socialista a su vez aplaza *sine die* su promesa electoral de introducir la semana laboral de cuarenta horas.

Para Redondo este aplazamiento es «irresponsable» porque se trataba de un tema «crucial». La cuestión es que el gobierno de Felipe González consideraba que su decisión era todo lo contrario: demostraba un alto sentido de responsabilidad dada la difícil coyuntura económica. Y lo que es más llamativo es que el nuevo gobierno no entiende por qué las cuarenta horas representan algo de tan suma importancia. Lo que es un tema mayor para el sindicato es un tema menor para el partido.

Las distintas sensibilidades son ya evidentes cuando Miguel Boyer consigue el respaldo de Felipe González para un ajuste duro. Redondo cuenta que en una reunión le pide al ministro de Economía y Hacienda alguna inversión pública para dar algo de «alegría» a una clase trabajadora agobiada por la reconversión industrial y la guerra que el gobierno había desatado contra la inflación. La contestación de Boyer, según el testimonio de Redondo, es de antología: «¿Qué dais a cambio?», le pregunta al líder de la UGT. Estaba claro que los dos pies de ese cuerpo ya iban en direcciones opuestas.

Es importante, creo, tener en cuenta que, como Redondo afirmó repetidamente a lo largo de la conversación, por parte de la UGT nunca hubo problemas «de urgencia o de ritmo». Ahora bien, lo que sí quiso en todo momento la organización sindical era «una orientación». Y ésta nunca fue la que Redondo quiso y esperaba de un gobierno socialista. Comprueba en el partido hermano que forma el gobierno poco «poso», poca «maduración» socialista; «estaban encandilados con las políticas liberales de turno».

Redondo comenzó pronto a incluir en sus discursos y escritos su reflexión sobre el «abrazo aristocrático». El PSOE no solamente había perdido los modales, lo había «perdido todo». Y es que cuando los dos pies emprenden rutas distintas, el cuerpo se desvanece. La huelga general de diciembre de 1988 estaba cantada desde el mismo momento en que el PSOE tomó el poder.

El que en Suresnes pudo haber sido, de haberlo querido, el primer secretario del PSOE en lugar de Felipe González emite un juicio atroz sobre el resultado de las legislativas de 1996. Afirma que fue «el mejor que pudo haber para Felipe González y el peor para el socialismo».

Tom Burns Marañón: Quería empezar con el concepto fundacional de la familia socialista como un solo cuerpo que tenía dos pies, o dos brazos, o dos ojos, el del partido y el del sindicato.

Nicolás Redondo: Es que eso está muy arraigado desde las propia creación de las dos organizaciones.[1]

1. Las dos organizaciones celebraron sus congresos fundacionales en Barcelona con pocos días de diferencia en agosto de 1888 al amparo de la Ley de Asociaciones promulgada por el gobierno de Sagasta el año anterior. Durante muchos años Pablo Iglesias presidió ambas.

T.B.M. — Y el exilio las une todavía más porque ambas ocupan los mismos despachos, se reparten los pocos medios que tienen, se intercambian dirigentes e incluso, en Rodolfo Llopis, están presididas por la misma persona.

N.R. — Sí, sí. Pero la diferencia fundamental durante muchos años en ese período ya no es el de sindicato y partido, sino el de exilio e interior. Esto ocurre sobre todo cuando ya desde el interior tomamos conciencia de que era necesario traer la dirección a España.

T.B.M. — Y el deseo de volver a dirigir la familia desde el interior está presente tanto en el partido como en el sindicato, ¿no?

N.R. — Claro. Lo que ocurre en el sindicato en esa época es que tiene tal sobrecarga ideológica que en vez de tener una acción sindical tiene una acción política. Todo se dirigía hacia la recuperación de libertades sindicales y no tenía sentido ninguno defender la acción de los gremios porque no había ninguna posibilidad de hacerlo.

T.B.M. — Si el punto uno del programa es la recuperación de las libertades y el punto uno estratégico era traer la dirección a España para así conseguir antes esa meta, la acción sindical y la política del partido son dos caras de la misma moneda.

N.R. — Es que íbamos en la misma dirección. Tenga en cuenta que Felipe González estuvo durante un tiempo en las dos direcciones, lo mismo que estuve yo. Creo que fui secretario de organización del partido. Eso fue cuando hicimos la dirección colegiada del partido y desaparecieron la presidencia y la secretaría general. Pero en la Unión General la lucha por interiorizar la organización fue anterior.[2]

T.B.M. — Fueron procesos casi paralelos.

N.R. — Es que era la misma organización. Como no teníamos ninguna función sindical cuando estábamos en la clandestinidad o

2. La UGT se anticipó al PSOE creando en 1971, en su XXVIII Congreso y su XI Congreso del exilio, una dirección formada por dirigentes del exilio y del interior. El año siguiente el PSOE, en su XXV Congreso, XII del exilio, también eligió una Ejecutiva compartida en el llamado congreso de la escisión. Las Juventudes Socialistas en el exilio, auténticamente precursoras, dieron el paso hacia una dirección compartida en 1965 y establecieron su Ejecutiva en España en 1970, cuatro años antes que el PSOE tomase la misma decisión en su Congreso de Suresnes. Entre 1971 y 1974, jóvenes dirigentes del interior como Nicolás Redondo, Enrique Múgica, Pablo Castellano y Felipe González estarían en las ejecutivas compartidas del sindicato y del partido, lo mismo que durante el exilio lo estuvieron los socialistas históricos agrupados en torno a Rodolfo Llopis. El testimonio de Manuel Simón (p. 80s) completa la reflexión de Redondo sobre las dos organizaciones en el exilio y el proceso de renovación de ambas.

en la ilegalidad teníamos los mismos criterios, el mismo comportamiento y la misma *praxis* que el partido.

T.B.M. — Y ya con las libertades recuperadas, o a punto de recuperarse, usted y Felipe González se reparten los papeles. Uno hará política y el otro se dedicaría al sindicato.

N.R. — Es que vimos la necesidad de constituir el sindicato en una situación, digamos, normal nada más celebrarse el primer congreso del partido de vuelta en Madrid en el setenta y seis.[3] Pero tampoco era un reparto de pizarra diciendo tú haces esto y yo lo otro. Ocurrió lo mismo en Suresnes.

T.B.M. — ¿Cómo que ocurrió lo mismo?

N.R. — Pues que Suresnes fue un resultado totalmente imprevisto porque ahí nadie sabía lo que iba a pasar. Felipe me había comunicado cuando yo estaba en la cárcel a principios de ese año que había dimitido de la Ejecutiva —y no es verdad lo que cuenta Castellano en su libro que en esa visita se fraguó el «pacto del Betis»—, lo mismo que había dimitido Guerra; luego, no es frecuente que personas que están dimitidas salgan elegidas en un congreso.[4] Lo

3. Tolerado por Manuel Fraga Iribarne, entonces ministro de Gobernación en el primer gobierno de la Monarquía, la UGT había celebrado su primer congreso de la posguerra en Madrid en abril de 1976. A comienzos de diciembre de ese mismo año, e igualmente tolerado, puesto que la Ley de Reforma Política del gobierno de Adolfo Suárez aún no había sido promulgada, el PSOE celebró su primer congreso de vuelta en Madrid.

4. El «pacto del Betis» fue una frase acuñada por el siempre ocurrente Pablo Castellano para describir el acuerdo entre los socialistas vascos del interior, liderados por Nicolás Redondo, y los sevillanos, cuya indiscutible jefatura ostentaba Felipe González, para repartirse los papeles socialistas en el XXVI Congreso, XIII y último en el exilio, que se iba a celebrar en Suresnes. Según el «pacto», Redondo se haría cargo del sindicato y González del partido, quedando excluidos los socialistas madrileños, cuyo dirigente más destacado era Pablo Castellano. En su testamento político, *Yo sí me acuerdo* (p. 215), Castellano escribe que el acuerdo se cerró en marzo de 1974 cuando González visitó a Redondo en la cárcel donde éste cumplía un arresto por formar parte de un comité de huelga. Redondo, al igual que los sevillanos, niega rotundamente cualquier pacto previo a Suresnes. González y Alfonso Guerra habían dimitido de la Ejecutiva compartida a la cual fueron elegidos en el congreso del PSOE de 1972 a raíz de enfrentamientos con los históricos en Francia sobre artículos que habían apadrinado en *El Socialista*. Estas dimisiones no impidieron que Guerra fuese el vicepresidente de la mesa en el Congreso de Suresnes y que González, sustituyendo el informe de gestión de la Ejecutiva, presentase al congreso un informe de la situación política en España. (Véase Eduardo Chamorro, *Felipe González, un hombre a la espera*, Barcelona, 1980, p. 106 y 111.)

*Miguel Boyer estaba aplicando una política tan dura contra la inflación que hubiese terminado con el empleo además de la inflación.*

*Gente de la Ejecutiva de la UGT en aquella época, como Manolo Chaves y Matilde Fernández, firman dentro del Sindicato a favor del* sí *a la OTAN a petición del Partido.*

que pasa es que la gente dice después que yo lo tenía todo esto prácticamente dibujado en una pizarra.

T.B.M. — Pero más adelante, a partir del setenta y seis o el setenta y siete, sí que llega un momento en que usted y Felipe González se sientan juntos para explicarse qué es lo que van hacer en adelante dos organizaciones que durante tanto tiempo habían caminado juntas.

N.R. — Sí. Claro que hablamos y tuvimos muy fuertes discusiones.

T.B.M. — Tenían conceptos, por lo tanto, muy contrastados.

N.R. — Hombre, son conceptos que en cierta medida pueden parecer irrelevantes. Por ejemplo, nosotros nos oponíamos con más fuerza a los pactos de la Moncloa.[5] No veíamos por qué teníamos que asumir una serie de sacrificios. Pero no fueron diferencias fundamentales porque éstas tampoco aparecen de la noche a la mañana. Todavía no había entrado en una profunda crisis el sistema socialdemócrata de reparto de papeles. Eso de los dos brazos del movimiento obrero, el sindical y el político, con un solo fin que es el de la emancipación de la clase trabajadora, todavía funcionaba en Escandinavia y en la Alemania Federal.

T.B.M. — Por no mucho tiempo más. En Inglaterra ya la crisis estaba declarada entre el gobierno laborista de Callaghan y el TUC, el Trades Union Council.[6]

N.R. — Sí. Y el argumento, por ejemplo, de enfrentarse a la UGT de Felipe es lo de Callaghan con el Trades Union. Dice que ellos fueron los causantes de los desastres del gobierno laborista.

T.B.M. — Exacto.

N.R. — Pero no tenía que ver nada una cosa con la otra. Era una extrapolación grosera. Porque ahí los sindicatos estaban pidiendo subidas del 15 por ciento.

T.B.M. — Y además de ser el Trades Union en esa época muy poderoso, cosa que no era la UGT, los gobiernos laboristas en la

5. Para los pactos de la Moncloa véase Solchaga (p. 155, nota 7). El principal problema que planteaban para los sindicatos fue que las subidas salariales iban a fijarse según la inflación prevista por el Ministerio de Economía para el año siguiente, una tasa de inflación que siempre era más baja que lo que acabaría siendo la subida real de los precios.

6. El enfrentamiento entre el gobierno presidido por James Callaghan y el movimiento sindical británico en la segunda mitad de los años setenta tuvo consecuencias nefastas para ambas. La victoria electoral de Margaret Thatcher en 1979 inauguró un largo período de poder político conservador.

*Nosotros tenemos tanta legitimidad para convocar una huelga, que es un derecho constitucional, como la legitimidad que las urnas le dan a los partidos.*

*El proyecto del Partido Socialista está indisolublemente unido al proyecto de una izquierda que tendrá que incluir a Izquierda Unida, aunque cualquier acuerdo va a ser muy difícil.*

*El resultado electoral del noventa y seis fue el mejor que pudo haber para Felipe González y el peor para el socialismo.*

Inglaterra de los años setenta carecían de una mayoría absoluta.

N.R. — Y aquí el Partido Socialista obtuvo un triunfo absoluto en el ochenta y dos.

T.B.M. — Yo entiendo que cuando el PSOE llega al gobierno, el divorcio, antes o después de la UGT era ya algo anunciado. Pero puede que la ruptura en la familia socialista se hubiera podido evitar de algún modo, o al menos retrasar en el tiempo, si antes de ese triunfo usted y Felipe González se hubieran puesto de acuerdo en qué le correspondía a cada uno. Un análisis bastante extendido que se hace para explicar el desentendimiento es que por un lado entró en el PSOE un aluvión de gente con poca sensibilidad sindical e incluso con poca formación socialista y que, por otro, la UGT absorbe a una gran parte de la Unión Sindical Obrera (USO), y esto refuerza la tesis de autonomía sindical.[7]

N.R. — Bueno, tenga en cuenta que la ruptura formal con el PSOE no tiene lugar hasta las elecciones europeas de 1989, con lo cual todavía quedaba camino por recorrer, y que también mucha gente de la USO entraron en el Partido Socialista. No creo que la llegada de la USO sea un motivo sustancial que explique lo que ocurrió. Y luego, aunque es verdad que vinieron muchos al Partido Socialista con poca sensibilidad sindical o poso socialista, eso no se puede criticar. Yo siempre he defendido que el partido se tenía que abrir. Insisto en que por aquel entonces no hay diferencias sustanciales. Y además se apuesta por un socialismo del sur de Europa, que era un socialismo que se miraba con cierta expectación por las socialdemocracias y los partidos socialistas del norte de Europa.

T.B.M. — ¿Qué tipo de expectación? ¿A qué miraban, a Grecia, Portugal, Italia, España?

N.R. — Miraban, yo creo, a un conjunto de los socialismos de todos esos países que, por simplificar, ellos decían del sur de Europa. En países como por ejemplo Suecia estaban con el debate de acertar en profundizar y desarrollar más en su sentido socialista. Tenían una esperanza por lo que podía ocurrir en el sur de Europa pensando que se iban a hacer muchos y profundos avances sociales en muy poco tiempo. Y también había un líder como Felipe González con una capacidad de comunicación extraordinaria. Después de

7. La Unión Sindical Obrera (USO), que proponía un sindicalismo independiente de los partidos políticos, se escindió en 1978 al pasar una importante parte de sus cuadros y afiliados a la UGT.

las dictaduras en España, Portugal y en Grecia, se veía con mucha expectativa un socialismo joven y pujante.[8]

T.B.M. — Lo que es fatal para esas expectativas es que resurge el socialismo en el sur de Europa en un momento en que el entorno económico, después de las crisis del petróleo en la década del setenta y la consiguiente recesión global, no es nada favorable.

N.R. — Tiene usted razón en lo que dice del petróleo, pero en España nuestro discurso era como si no existiese la crisis. Era un discurso bastante generalizado en la izquierda europea, pero aquí estaba más acentuado porque salimos radicalizados de la dictadura.

T.B.M. — Pero el PSOE se modera a marchas forzadas. Entierra el marxismo en el setenta y nueve, y cuando elabora su programa electoral para las legislativas del ochenta y dos, lo único chocante por radical que hay en él es la promesa de celebrar un referéndum sobre la OTAN que luego resultó ser el referéndum que fue. Pero como entonces no había diferencias sustanciales entre el partido y el sindicato, usted y la UGT contribuyen en la elaboración del programa electoral.

N.R. — Bueno, yo propuse reivindicar las cuarenta horas semanales y los treinta días de vacaciones. Y había gente en el sindicato que se preguntaba si eso no era pedir demasiado. Y yo en las reuniones que tuve con el partido dije que aunque no pudiera asumir las cuarenta horas les apoyaríamos igual. En la UGT teníamos la tradición de pedir el voto de una manera clara y taxativa para el partido. Pero eso pasa al programa y hasta ahí bien.

T.B.M. — Pero luego viene el malentendido cuando, con las elecciones ganadas, Felipe González quiere nombrar a José Luis Corcuera ministro de Trabajo y usted dice que ni hablar.[9]

N.R. — Es que habíamos acordado en la Ejecutiva de la UGT que si el partido recababa a alguno de nuestra Ejecutiva para ministro estaríamos dispuestos a cualquier ministerio menos al de

8. En la obra de Tom Gallagher y otros, *Southern European Socialism*, hay un estudio comparativo de los partidos y gobiernos socialistas de España, Grecia, Italia y Portugal en los ochenta, y se aprecia que la expectativa ha decaído. Una de las principales preocupaciones es la ausencia de democracia interna en los partidos estudiados y la evidencia de nepotismo gubernamental. (Véanse especialmente p. 166s.) Maravall, *What is Left?*, y Malefakis, *Southern Europe in the 19th and 20th centuries*, son ejemplos de la creciente investigación sobre el «sur de Europa».

9. Véase la versión de Joaquín Almunia sobre el boicot de Nicolás Redondo al nombramiento de Corcuera (p. 326).

Trabajo. Lo acordamos porque ese ministerio era el más comprometido para el propio sindicato, puesto que podía haber una relación directa entre el ministro y el sindicato en función de medidas que tenían que ser duras dada esa crisis de que usted hablaba.

T.B.M. — ¿Cómo reaccionó la Ejecutiva del partido?

N.R. — Pues Felipe y Alfonso Guerra hablaban de cómo Largo Caballero, desde la UGT, se había implicado en el gobierno de la República.[10] Y nosotros les decíamos que esa situación se había superado ya. Es que cuando les interesaba, éstos, los socialistas modernos, se ponían a mirar a los tiempos de Pablo Iglesias. Siempre han pretendido supeditar el sindicato al partido.

T.B.M. — Pero ¿no hubiera sido útil para todos el nombramiento de Corcuera? Desde el Ministerio de Trabajo él hubiera podido suavizar determinadas medidas y también explicar al sindicato la política del gobierno.

N.R. — Sí, pero empezamos un poco a percibir que por mucha gente que tengas en la dirección del partido o en el gobierno eso no supone más fuerza para el sindicato sino que puede ser incluso al revés. Puede ocurrir que el hombre del sindicato en el gobierno acabe siendo el hombre del partido o del gobierno en el sindicato.

T.B.M. — Y acaba engañando al sindicato.

N.R. — No me atrevería a decir eso, pero es que aquí no había un sindicalismo fuerte como en Inglaterra o en Suecia. Aquí la relación siempre ha sido distinta. Había un Partido Socialista pujante y con muchos votos y un movimiento sindical en precario. Cuando el sindicato, como en Escandinavia, es poderoso, cuando tiene mucha organización y mucho dinero, pues las personas que manda de ministros siguen siendo del sindicato. Aquí empezamos sospechando, pero luego la realidad ha sido pasmosa y muy clarificadora. Nos dimos cuenta de que por tener a nuestra gente en el partido no teníamos más influencia, como tampoco la teníamos en el grupo parlamentario del cual tuve que dimitir.[11]

T.B.M. — El primer chasco que se llevan es que, si bien las cuarenta horas semanales estaban en el programa electoral, el gobier-

10. Francisco Largo Caballero fue ministro de Trabajo desde 1931 hasta 1933. Pablo Castellano (p. 228) considera que el paso del dirigente de la UGT por los primeros gobiernos de la República fue altamente provechoso.

11. En 1985 Redondo votó en contra de la Ley de Pensiones que fijó las pensiones en la media de los diez últimos años de cotización, en vez de los dos últimos. En 1987 renunció a su escaño parlamentario.

no socialista decide casi de inmediato posponer su aplicación. Según el gobierno, fue una decisión razonable y responsable porque descubre que la situación económica en diciembre del ochenta y dos, cuando toma posesión, está mucho más deteriorada que lo que anticipaba.[12] Supongo que a ustedes se lo explican mal y por supuesto les sienta fatal el incumplimiento de la promesa.

N.R. — Efectivamente hay un proceso en el cual Almunia nos llama para decir que el gobierno va a aplazar las cuarenta horas y algunos días más tarde nos llama Miguel Boyer para la misma cuestión. Yo ya me hacía a la idea de que a la semana siguiente nos llamaría Alfonso Guerra para repetírnoslo una vez más. Nuestra contestación fue la misma a Almunia y a Boyer. Dijimos que nos parecía bastante irresponsable que el primer gobierno socialista después de tantos años empezara ya posponiendo un tema tan crucial sin decir siquiera cuándo podría hacer efectiva la promesa.

T.B.M. — ¿Era realmente tan crucial, tan esencial lo de las cuarenta horas, porque de hecho ya muchísima gente las trabajaba? ¿O era más bien una prueba de confianza, una muestra de buena fe?

N.R. — Quizá habría mucha gente que ya las trabajaba, pero a mí me parecía que era una referencia para un gobierno socialista y que había sido una promesa fundamental de su campaña. Luego hemos visto el valor que tienen esas promesas, pero a mí entonces me parecía que el gobierno no podía claudicar. Es evidente que desde la oposición se piensa que se pueden hacer cosas que luego en el gobierno no se pueden hacer. Pero cuando se promete un cambio profundo, no se puede, nada más llegar al gobierno, decir que algo como las cuarenta horas se aplaza sin fecha. Hombre, siempre si se explican las cosas y si se guardan los modales se dignifica la situación, lo fundamental no fue la falta de explicación. A mí me dicen que me aferro a las cosas y que soy prehistórico y esas cosas, pero me parece que o se hacen las cosas con seriedad o no se hacen. Aplazar como primera medida un tema tan importante de la noche a la mañana pues, sencillamente, ponía al gobierno en entredicho.

T.B.M. — Y lo que es peor, les puso en entredicho a ustedes, que habían apoyado al gobierno y que habían metido las cuarenta horas en el programa electoral.

N.R. — Claro. Es que el gobierno, el partido, podía rentabilizar muchas cosas, pero nosotros como sindicato no rentabilizábamos nada.

12. Almunia comenta (p. 326) la deteriorada situación económica.

T.B.M. — Luego vendrían cosas peores con la adopción de una política económica dura de ajuste.

N.R. — Hay que entender una cosa importante. En nuestra relación con el partido nunca ha habido problemas de urgencia o de ritmo. Lo que queremos es una orientación. Si las cosas tardan treinta años en conseguirse en vez de quince, pues tardan treinta, pero hay que mantenerse en esa dirección, en ese camino, para conseguirlas.

T.B.M. — Quería hablar del «abrazo aristocrático» para entender mejor lo que está ocurriendo entre el partido y el gobierno después de ganar el PSOE las elecciones del ochenta y dos.[13] Usted empleó alguna vez ese término, y creo que no lo hacía como crítica al interclasismo sino porque usted veía que dirigentes de un partido que se denomina obrero se estaban comportando como burgueses recién avenidos.

N.R. — Exacto. No hablaba del interclasismo socialista que siempre lo hemos aceptado porque siempre ha estado ahí y eso no tiene vuelta de hoja. Yo por lo que estaba preocupado era porque parecían sentir una fascinación por la elite y hacia el poder financiero y económico.

T.B.M. — ¿Esto era muy importante para usted? Es decir, para ejercer el socialismo tal como usted lo entiende, ¿hay que guardar los modales, para entendernos?

N.R. — No sólo los modales. Se trata de compromisos en función de una ideología. El «abrazo aristocrático», y lo conoce usted mejor que yo porque ocurre primero en su país, no es solamente guardar los modales, es perder todo.

T.B.M. — Lo preguntaba porque me da la impresión de que para usted la estética es importante.

N.R. — Hombre, los modales son fundamentales. Como referencia es muy importante, ¿no? Yo nunca me he cerrado al interclasismo y además no se puede evitar. Pero también hay que mantener unas relaciones con los sindicatos y no se ha discutido, por ejemplo, la llegada en cierta manera de los movimientos sociales.

T.B.M. — ¿En qué sentido?

N.R. — Pues cuál es la relación con ellos, qué se hace con ellos, cómo se implican en una política determinada. Es que en la relación del partido con el sindicato nunca se ha tratado de los movi-

13. Para la reflexión sobre el «abrazo aristocrático» véase Bustelo (p. 261 y nota 18).

mientos sociales como un fenómeno que está ahí. Como tampoco ha tratado el partido interclasista el cambio profundo en un movimiento obrero que no tiene nada que ver con el de hace cuarenta o cincuenta años.

T.B.M. — Quería volver a las políticas en los tiempos del gobierno socialista porque primero había que reparar una economía muy deteriorada para luego hacer una política socialdemócrata, apostando fuerte por la educación y las infraestructuras y aumentando el gasto para prestaciones sociales.

N.R. — Es que le dije antes que el problema o la diferencia no es de períodos de tiempo. Y hasta el ochenta y cinco y el ochenta y seis hubo una política que se podía seguir aceptando. Incluso llegamos a acuerdos sobre la reconversión industrial.

T.B.M. — Pero la cuerda se rompe en el ochenta y cinco y el ochenta y seis, ¿no?

N.R. — La cuerda se rompe... Bueno, yo, en el ochenta y cuatro, estaba en una reunión con Felipe González, con Alfonso Guerra y con Miguel Boyer. Era cuando Miguel Boyer estaba aplicando una política tan dura contra la inflación que hubiese terminado con el empleo además de la inflación porque metió una cura de caballo que caía el empleo que era un primor. Y entonces, hablando, yo dije que por qué no se hacía alguna inversión para darle un poco de alegría a la economía. Y en eso dice Miguel Boyer: «¿Ustedes que dan a cambio?»

T.B.M. — Me imagino su respuesta: «¿Por qué hay que dar algo a cambio?»

N.R. — Es que aquí, siempre que se ha hecho algo, se ha pedido una contraprestación a los sindicatos. Y entonces ¿cuál es la diferencia entre un gobierno socialista y un gobierno conservador? ¿Si usted es socialista por qué no le preocupa el paro y cómo puede pedir cosas a cambio?

T.B.M. — ¿Cómo se explica usted conductas y políticas del PSOE que están, según sus criterios, en flagrante contradicción con conductas y políticas socialistas?

N.R. — Pues puede ser que en muy poco tiempo se pase desde la clandestinidad a la legalidad, a la oposición y al gobierno sin haber madurado suficientemente. Estaban encandilados con las propagandas liberales de turno.

T.B.M. — Según usted, el PSOE al formar gobierno entra poco menos que en un estado de embriaguez por el poder que controla y trata con desprecio a un movimiento sindical, como si se tratase de un pariente pobre.

N.R. — Claro. Y eso yo también lo entiendo. Es que en el Partido Socialista no se habían debatido esos temas que hablábamos de partido interclasista, de relaciones partido y sindicato, de cambio profundo del movimiento obrero. Y luego el Partido Socialista consigue doscientos dos diputados en las elecciones del ochenta y dos y claro que incurre en una especie de embriaguez que le lleva a decir que se vale solo para hacer cualquier cosa. Y con mayorías absolutas, eso es verdad. Pero los cambios sociales no se pueden hacer valiéndose cada uno por sí mismo.

T.B.M. — Un cambio que a usted le molestó profundamente fue el giro que dio el gobierno socialista al decidir la permanencia de España en la OTAN. En cualquier caso ¿le corresponde a un sindicato tomar partido sobre un asunto complejo de defensa y seguridad?

N.R. — Es que nosotros teníamos un acuerdo lo mismo que lo tenía el Partido Socialista a favor de la desaparición de los bloques militares. Nosotros somos un sindicato que siempre y en su mayor tradición no se ha limitado al campo laboral. Pero fuimos prudentes. Nosotros no hicimos campaña en contra de la OTAN.

T.B.M. — Bueno, pero el día del referéndum mostró a las cámaras de televisión su voto en contra de la OTAN antes de introducirlo en la urna.

N.R. — Eso no lo recuerdo. Pero lo que sí ocurrió fue que el Partido Socialista me llamó y me pidió que fuese a votar por la tarde, y en lugar de ir por la mañana fui por la tarde. Y también ocurrió que gente de la Ejecutiva de la UGT en aquella época como Manolo Chaves y Matilde Fernández recogían firmas dentro del sindicato a favor del sí a la OTAN a petición del partido.[14]

T.B.M. — Ése fue un primer ensayo de submarinismo que más adelante practicaría el partido, o mejor dicho el gobierno, con la UGT.

N.R. — Claro. ¿Qué es lo que ocurre después? Que hubo multitud de intentos desestabilizadores en los cuales el partido quería cargarse la dirección de UGT. Pero es que en ese juego dialéctico de partido y gobierno el partido desaparece porque queda subsumido en el gobierno. Yo creo que se ha hecho poca reflexión sobre esto.

14. Manuel Chaves entró en el gobierno cuatro meses después del referéndum como ministro de Trabajo. En 1989 Matilde Fernández fue nombrada ministra de Asuntos Sociales.

Dada la capacidad de liderazgo del propio Felipe, el partido está hoy prácticamente desaparecido.[15] La política económica no se discutió en un órgano de dirección del partido, sino que fue una decisión que tomó el gobierno y que luego el gobierno le dice al partido, sin más, sin un debate previo, que tenía que apoyar lo que había acordado.

T.B.M. — Felipe González siempre explicó que él hacía política de gobierno y no de partido. El partido en todo caso le apoya y, más y más, se vería que quien se enfrenta con la política del gobierno es el movimiento sindical. Una reflexión que sí se hace, al menos desde el gobierno, es que a partir del ochenta y seis, cuando el PSOE renueva su mayoría absoluta y se produce un vacío en la oposición porque Alianza Popular entra en una crisis de liderazgo, son los sindicatos los que forman la oposición del gobierno.[16] ¿Usted era consciente de que el movimiento sindical había asumido este papel?

N.R. — Sí, pero se asume de manera indeseada. Corríamos el riesgo con nuestras movilizaciones de aparecer como oposición al gobierno y el propio gobierno también se interesaba por magnificar eso. En el ochenta y ocho nosotros teníamos un poder extraordinario después del 14 de diciembre, pero hablábamos de paro general mientras que el gobierno decía huelga general. La comparaba un poco con la del treinta y cuatro y nos acusaba casi de querer cambiar la Constitución, ¿no?

T.B.M. — No sé si puede decirse que fuera un papel indeseado cuando ustedes convocan la movilización del 14-D, llámese paro o huelga general.

N.R. — Es que era indeseado nuestro papel de oposición política. No lo queríamos porque tenemos una función como sindicato. Los ministros confrontaban la legitimidad de las urnas con las huelgas generales, pero ¿por qué? Nosotros tenemos tanta legitimidad para convocar una huelga, que es un derecho constitucional, como la legitimidad que las urnas le dan a los partidos. Cuando hicimos la huelga de mayo del noventa y dos, decía el gobierno que los sindicatos estaban en contra del Parlamento.[17] Confrontaban la le-

15. Hay bastantes reflexiones sobre el tema en estas páginas. Son especialmente interesantes las de José Félix Tezanos (p. 398) y las de Narcís Serra que aboga por un liderazgo fuerte y un partido «abierto» (p. 184).

16. La reflexión es de Carlos Solchaga (p. 159).

17. La huelga fue en contra del llamado *decretazo* de Carlos Solchaga que recortaba el subsidio de desempleo (véase p. 157).

gitimidad de las urnas, que es muy respetable, con otra legitimidad que era igualmente respetable.

T.B.M. — Centrándonos en el 14-D, usted decía, con razón, que los sindicatos consiguen un poder extraordinario con esa movilización y lo que parece incuestionable es que en los meses sucesivos el gobierno se pliega a las exigencias que ustedes habían hecho en su plataforma reivindicativa.

N.R. — Es verdad que el año siguiente hay un incremento en las prestaciones que se cifró en dos mil millones y pico. Pero en realidad el gobierno no retira nada de su política. Con el tiempo volvería el plan de empleo juvenil bajo otras modalidades.[18] A mí en el noventa y dos me llamó Carlos Solchaga para sentarse a negociar y empezamos a ver algunas posibilidades sobre temas como el salario social, el carácter retroactivo de las pensiones, ayudas familiares. Las cosas iban muy bien. Pero luego la CEOE empieza a decir que los acuerdos que ya habían sido asumidos en lo que se llamaba la primera fase de la propuesta prioritaria sindical suponían una profunda carga dañina para la economía del país, y Solchaga recibe tantas presiones que acaba diciendo que de la segunda fase de la propuesta que habíamos empezado a negociar nada de nada.[19]

T.B.M. — Usted se siente, como diría yo, ¿defraudado?

N.R. — Totalmente.

T.B.M. — Y esto porque usted piensa que se ha desperdiciado una irrepetible oportunidad de impulsar otro tipo de sensibilidad, de cultura...

N.R. — Sería maximalista pensar que se pueden hacer grandes cambios, pero no se ha hecho mucho efectivamente por mitigar lo que existe. Por ejemplo, se ha interrogado la gente ¿por qué éste es el país de nuestro entorno donde hay más juegos de azar? Y además muchos se han creado bajo gobiernos socialistas.

T.B.M. — Con esas reflexiones usted recuerda al PSOE de Pablo Iglesias que era muy puritano para esas cosas.

N.R. — Eso es cierto, y además creo que es bastante racional. ¿Por qué no se invierte el dinero en unos pequeños ahorros en vez de dilapidarlo en las loterías? El caso es que seguimos siendo una so-

18. Según Narcís Serra (p. 192), ningún dirigente sindical en la actualidad discute la conveniencia de las medidas que tomó el gobierno socialista y que en su día provocaron huelgas generales.

19. Carlos Solchaga (p. 162) explica que el déficit ya se había disparado.

ciedad bastante invertebrada. No se ha hecho nada por enriquecer la sociedad en el sentido de vertebrarla haciéndola más civil.

T.B.M. — Cuando usted habla de fomentar la cultura y los buenos modales y de crear una sociedad más civil, entiendo que este tipo de planteamiento forma parte de lo que usted entiende por socialismo.

N.R. — Claro que es socialista. Me preocupa que haya un porcentaje muy elevado de gente que se limita exclusivamente a ver televisión. La España rural, la España profunda, se alimenta de la televisión, ¿no? Y, hombre, a esta gente, en lo que se pueda, habría que llevarlas al convencimiento de que lean más. No estoy hablando de una sociedad monacal ni nada de eso, pero sí de algo en esa dirección. Es que las fuerzas mediáticas nos están condicionando tanto que nos llevan a un terreno donde casi ya no podemos ni reflexionar.

T.B.M. — ¿Qué futuro le ve al socialismo en España?

N.R. — Pues es verdad que los resultados que obtuvo el PSOE en las elecciones del noventa y seis fueron magníficos teniendo en cuenta lo que preveía. Pero no es menos cierto que cuando un Partido Socialista pierde el voto de las capas urbanas y de los intelectuales pues merece la pena analizar un poco las cosas. El Partido Popular ha ganado mucho poder en las ciudades y en los gobiernos autonómicos. Yo, la verdad, veo el resultado electoral muy negativamente.

T.B.M. — ¿Le preocupa, por ejemplo, que el PSOE ahora corre el riesgo de perder también el apoyo de un electorado pasivo?

N.R. — Es que yo ya estoy en esa edad de hacerse uno conservador, que es cuando se está ya jubilado. Yo tengo la impresión de que los jubilados en general votan poder y votan a quien les puede asegurar las prestaciones.

T.B.M. — Se puede entonces pensar que si se mantienen las prestaciones sociales el voto del centro derecha...

N.R. — Puede subir.

T.B.M. — Y entonces, si eso es así, ¿qué hace la familia socialista ante la perspectiva de un período en el cual está condenada a seguir en la oposición?

N.R. — Siempre volvemos un poco a lo mismo, pero a mí lo que me parece es que no hay ninguna voz que diga «sentémonos a reflexionar». Y hay que reflexionar sobre cómo tomamos relación con la izquierda sociológica y cómo la tomamos, dentro de la autonomía de cada parte, con los sindicatos. En los años de gobierno se ha avanzado en unos sectores y no en todos, y el Partido Socialista tendrá que analizar en qué ha acertado el gobierno y en qué se ha equivocado.[20] ¿Cómo se puede pretender liderar otra vez la izquierda con la misma política? Hay mucha gente de la izquierda que piensa que si es para hacer la misma política, es mejor que siga Aznar. El gran error del gobierno socialista es que ha defendido a rajatabla, como inherentes al socialismo, conceptos que eran conservadores.

T.B.M. — ¿Como cuáles?

N.R. — Pues como pensar que la progresividad de los impuestos incrementa el fraude, como pensar que existe una relación directa de causa efecto entre los salarios de los activos y el aumento del paro, como pensar que el salario mínimo y la rigidez del mercado de trabajo fomentan el desempleo.

T.B.M. — El PSOE, por lo tanto, tiene que rearmarse por la izquierda, ¿no?

N.R. — Yo lo que creo es que el proyecto del Partido Socialista está indisolublemente unido al proyecto de una izquierda que tendrá que incluir a Izquierda Unida, aunque cualquier acuerdo va a ser muy difícil. Yo comprendo que eso fue imposible después de las elecciones del noventa y tres porque el país no estaba entonces vacunado para aceptar un acuerdo con Izquierda Unida y se hubiese hablado de los peligros de un frente popular.[21] Pero ahora no estamos en esa situación porque estamos en la oposición.

T.B.M. — Pero usted mismo dice que un acuerdo es muy difícil. ¿Qué pasos hay que dar?

N.R. — Pues se debe ir hacia una aproximación en la que Izquierda Unida debería ir abandonando ciertas tesis demasiado esquemáticas y el Partido Socialista, que está en un situación comatosa, debería de ir recuperando ciertas señas de identidad. La izquierda sociológica está huerfana y expectante.

T.B.M. — ¿Y qué papel juega Felipe González?

N.R. — Yo creo que con Felipe González esto no es posible. Lamentablemente no es posible.

T.B.M. — Pues en las últimas elecciones su figura, como usted sabe muy bien, salió reforzada.

N.R. — El resultado electoral fue el mejor que pudo haber para Felipe González y el peor para el socialismo.

20. Véase el lamento de Joaquín Almunia (p. 332) sobre la ausencia de autocrítica y análisis en el PSOE.

21. Felipe González, en minoría parlamentaria después de las elecciones de 1993, optó por buscar el apoyo de Convergència i Unió.

## 9. Pablo Castellano

*Diputado de Izquierda Unida, fue elegido miembro de la Comisión Ejecutiva del PSOE en 1972 y abandonó el Partido Socialista en 1987 después de 23 años de militancia.*

**Felipe González y Alfonso Guerra practicaban la insidia, la injuria, la calumnia, la maniobra más vil sin el menor reparo.**

Es difícil imaginar lo que hubiera sido el proceso de renovación del PSOE sin la contribución decisiva de Pablo Castellano. A principios de la década de los setenta Castellano formó parte de las ejecutivas compartidas entre dirigentes del exilio y del interior de la UGT y, también, del partido en lo que sería el paso previo para la vuelta de las direcciones de las organizaciones socialistas a España. Durante los años del tardofranquismo, Pablo Castellano era la presencia «pública» del PSOE en Madrid y en calidad de representante del partido histórico en la clandestinidad era cotejado por las embajadas acreditadas en la capital de España.

Es en gran parte gracias a la labor de Castellano que la renovación del PSOE, que acabarían capitaneando Felipe González y Alfonso Guerra, obtuvo el sello de legitimidad de la Internacional Socialista; sin el apoyo financiero, político y técnico de los partidos hermanos de la socialdemocracia, sobre todo de los partidos alemán y sueco, la historia del PSOE renovado hubiera sido otra.

Más de veinte años después de aquella salida de las catacumbas, es ahora imposible encontrar un crítico más mordaz del proceso de renovación del PSOE y de sus casi catorce años en el poder. De Castellano se ha dicho siempre, y con razón, él mismo lo reconoce, que tiene una habilidad desastrosa de perderse por la boca. Pero, desde su profundo desengaño, habla con conocimiento de causa y con bastante más sentido común de lo que quisieran sus antiguos compañeros de partido.

¿Miente o exagera Castellano cuando afirma que en el decisivo Congreso de Suresnes en 1974 Felipe González y Alfonso Guerra no tenían «más que una sola idea matriz» y que ésta era «dominar el cotarro»? ¿Exagera o miente cuando despotrica contra los dos dirigentes sevillanos diciendo que «son un enorme engaño los dos personajes, intelectualmente y políticamente»? ¿O cuando se despacha a gusto contra el paso del PSOE por el gobierno diciendo que no implementó políticas socialdemócratas perfectamente asumibles por la sociedad española porque carecía de «un sentido ideológico de la existencia y eso es fundamental»? El lector juzgará.

A lo largo de la conversación que tuve con Castellano, con la intención de aproximarme al pasado, al presente y al futuro del socialismo en España, me quedé bastante impresionado por la convicción que emplea al predicar a cuantos quieran escucharle que en

Suresnes «muere el partido de Pablo Iglesias y nace un nuevo partido». Hay opiniones para todos los gustos en torno a la continuidad o la ruptura del Partido Socialista a mediados de los setenta. La de Castellano es contundente.

En otro orden hay dos reflexiones más que me parecen interesantes. La primera tiene que ver con lo que Castellano llamó el «pacto del Betis», es decir, el acuerdo entre los socialistas sevillanos y vascos en el interior que en Suresnes permitió a Felipe González asumir la dirección del partido y a Nicolás Redondo la del sindicato. La segunda concierne a Izquierda Unida, la coalición política donde ahora milita Castellano como miembro destacado del PASOC, el pequeño refugio de socialistas asqueados con el *felipismo*.

Castellano describe perfectamente el proceso por el cual los sevillanos se ganaron, porque lo trabajaron, el apoyo de los socialistas de la cornisa cantábrica, de los asturianos y de los vascos. Esto, que acabó en el «pacto del Betis», nunca lo supieron hacer los socialistas madrileños que, sobre el papel, podrían aparecer como los predestinados a dirigir el PSOE en el posfranquismo. Castellano es muy displicente con la Asociación Socialista Universitaria (ASU), la cuna en la Complutense de algún que otro futuro notable del PSOE, a la sombra, eso sí, de Felipe González. Afirma que quienes ingresaron en la ASU «no tenían sentido de responsabilidad, conciencia de que podían ser el fermento de la construcción del partido». Y fue así como no hubo un «pacto del Atleti» y el primer perjudicado por ello fue el propio Castellano.

En cuanto a Izquierda Unida, Castellano es pesimista sobre su gancho electoral y sus posibilidades de ofrecer una alternativa a un socialismo deformado y desprestigiado por el *felipismo*. Según él, hay demasiadas «gentes nostálgicas» en el Partido Comunista, el motor principal de Izquierda Unida. Y es así, con el Partido Socialista como fuerza hegemónica de la izquierda, que Castellano ve el futuro con preocupación: «Lo mejor que le puede ocurrir a Aznar es que el opositor sea siempre González.» Es bastante seguro que esto también se le habrá pasado por la cabeza al líder del Partido Popular.

Tom Burns Marañón: Conversar sobre el socialismo contigo es hablar con el mayor crítico del PSOE actual, crítico tanto del proceso de renovación del partido como de su actuación en el gobierno.

Pablo Castellano: Es que cualquiera que conozca los antecedentes del PSOE y lo que fue su historia en la República y en el exilio tiene que hacerse dos preguntas: ¿Cómo una potencialidad política electoral y de apoyo popular tan importante ha podido derivar en lo que ha derivado? Para mucha gente es absolutamente inexplicable. Es evidente que en un momento político determinado se pueden cometer errores....

T.B.M. — Pero tu planteamiento es que aquí se va mucho más allá de los errores.

P.C. — Mucho más allá. Un partido como el Laborista de tu país puede perder unas elecciones y la legislatura siguiente las puede volver a perder o las puede ganar. Pero siempre mantiene una constante histórica. Aquí no se trata de errores. Se trata de un proceso de mutación genética. No es una mutación externa, sino que son los propios genes los que sufren la mutación. En una mutación externa, los genes se acomodan a una nueva posición con arreglo a aquel viejo aforismo que dice firmeza en las ideas y flexibilidad en las tácticas. Ésa es una mutación de carácter superficial en la que se dice que el programa no puede ser tan duro y por lo tanto se dulcifica, y nuestro comportamiento no puede ser tan de clase y por lo tanto se hace una pequeña apertura, un cierto grado de populismo.

T.B.M. — Es la mutación externa que se da en el *pablismo* cuando el partido llega a acuerdos con otros partidos o cuando se acomoda a la dictadura de Primo de Rivera.[1]

P.C. — Es que yo te estoy hablando clarísimamente de cómo el viejo partido de Pablo Iglesias en el año 1974, con motivo del Congreso de Suresnes y la elevación a la categoría de primer secretario de Felipe González, inicia un proceso que es un corte absolutamente radical con lo que es la historia del partido. Se podría afirmar en un lenguaje literario que el partido de Pablo Iglesias muere en 1974

1. El VIII Congreso del PSOE (octubre de 1908) acordó que «en casos excepcionales» el partido podría coaligarse con «partidos burgueses avanzados» en toda clase de elecciones. La decisión se materializó en la alianza conocida como la Conjunción Republicano-Socialista que fue presentada en público en noviembre de 1909 en un mitin presidido por Benito Pérez Galdós. En las legislativas de mayo de 1910 Pablo Iglesias fue elegido diputado en Madrid con 40.899 votos. En junio de 1924 la UGT acordó colaborar con el Consejo de Trabajo, creado por la dictadura del general Primo de Rivera, con el fin, no confesado, de arrinconar a su rival anarquista, la Confederación Nacional del Trabajo (CNT).

y que en ese año nace un nuevo partido que es el partido *felipista*. Esto es lo que hay que analizar.

T.B.M. — Decías que hay que hacerse dos preguntas y la primera trata del partido y de su renovación, que según tú desemboca en la mutación genética. Con la segunda ya nos enfrentamos con Felipe González de presidente del Gobierno.

P.C. — Es que cuando llega el momento de poner en marcha todo un programa de partido, ¿qué ha podido suceder para que cosas que pertenecen al mundo más asumible por los socialdemócratas no se hayan podido poner en marcha? Conste que no te digo asumibles por la parte más radical del socialismo, pero que sí son cosas perfectamente asumibles por la sociedad española. Es que no sólo no se ha gobernado en socialista, no sólo no se ha gobernado en socialdemócrata para conseguir unos objetivos mínimos, sino que además se ha gobernado mal y de una forma impropia.

T.B.M. — Hagamos un poco el análisis del proceso que acaba, según tú, en la muerte del partido histórico de Pablo Iglesias y el nacimiento de un nuevo partido, el partido *felipista*. La época del exilio, en el cual el partido está dominado por una dirección histórica en Toulouse, acaba cuando Felipe González, como primer secretario elegido en el Congreso de Suresnes, se trae la Ejecutiva al interior, a España. En ese momento había tres núcleos del PSOE en el interior que son el de la cornisa cantábrica, que númericamente era importante; el de Madrid, donde estás tú y que contaba con profesionales y con gente, digamos, de calidad intelectual y conocida, y el de Sevilla, que eran pocos y desconocidos pero que triunfan en el congreso de 1974. Son estos últimos quienes, según tú, secuestran el partido histórico y lo someten a una mutación genética.

P.C. — Efectivamente de los núcleos que quedaban del viejo partido histórico en el interior de España el más importante era el de Asturias y el segundo era el de Vizcaya. No diría el País Vasco porque en Álava no había más que la figura señera de Antonio Amat con sus discípulos los Aguirianos, y en Guipúzcoa estaba Enrique Múgica que se inventaba una militancia que no existía.[2] Y en

2. La familia Aguiriano, que regentaba una taberna en Vitoria, ciudad natal de Antonio Amat, se convirtió en la «familia» del activo dirigente de la clandestinidad socialista. José Antonio Aguiriano, gracias a las gestiones de Amat, obtuvo un puesto de delegado en Ginebra en la CIOSL, la internacional sindical socialdemócrata.

*El partido de Pablo Iglesias muere en 1974, y en el año 1974 nace un nuevo partido que es el partido* felipista.

*El inicio de Francisco Largo Caballero como ministro de la República es de una enorme sensatez. Era un ministro reformista. (En la foto, presidiendo el gobierno en plena guerra.)*

*Julián Besteiro al final de su vida mantiene tesis ideológicas que tienen alguna veleidad corporativista y acaba en la Junta de Casado. (En la foto.)*

Madrid también había militancia, pero con muchísimos problemas porque para algo Madrid era el lugar donde se cocía la vida política.

T.B.M. — Un inciso ya que lo mencionas y lo conociste. De Amat se ha escrito que fue «el hombre que pudo ser FG», es decir Felipe González.[3]

P.C. — No. Ni por su edad, ni por su talante. Fue un hombre que cumplió un papel histórico de mantener vivo el socialismo en el País Vasco y en el resto del Estado viajando permanentemente, pero no tenía las capacidades para haber podido ser, en ningún caso, FG. Esa figura retórica que apareció en ese libro pues está bien como homenaje a Amat, pero sinceramente hay una sobrevaloración de Amat. Por encima de todo él era un socialista vasco, y eso es importante porque era muy, muy vasco y eso quiere decir que tenía una preocupación no sólo por el socialismo sino por el propio pueblo vasco.

T.B.M. — Volviendo adonde íbamos, quería llegar a entender por qué la avanzadilla ilustrada de Madrid que forma la Asociación Socialista Universitaria (ASU) y que está, digamos, en el ajo político no se constituye en el núcleo dirigente que renovaría el partido, por qué no consigue ser el sucesor natural de los viejos exiliados en Toulouse.

P.C. — Pues por una sencilla razón. La ASU era una agrupación excesivamente estudiantil y no tenían el sentido de responsabilidad, no tenían la conciencia de que podían ser el fermento de construcción del partido.

T.B.M. — ¿El grupo de Sevilla sí tenía esa responsabilidad?

P.C. — Es que el grupo sevillano no toma el poder. Puede llegar al poder solamente porque cuenta con los asturianos y los vascos, aquello que yo bauticé con mayor o menor fortuna como el pacto del Betis. Los sevillanos por sí mismos no tenían ni militancia, ni apoyatura, ni arraigo. Tenían una hiperradicalización izquierdista típica de estudiante de asamblea de facultad con un desconocimiento absoluto de todo lo que significaba la tradición obrera del partido que era la tradición sensata del partido.

T.B.M. — Esto que acabas de decir es muy importante porque creo que hay una confusión tremenda sobre el papel que juega el obrerismo en el partido. Hay una imagen de mineros con cargas de dinamita y la misma imagen de Largo Caballero es nebulosa.

3. Título de la biografía de Amat escrita por Fernando Jáuregui y Miguel Ángel Menéndez. Véase Boyer, p. 291, nota 1.

*Ni en González ni en Guerra ha habido una formación teórica profundamente seria. Son un enorme engaño los dos personajes, intelectual y políticamente.*

*El proceso de evolución del Partido Socialista que había en la cabeza del señor Guerra y del señor González para lo largo de los tiempos no tenía más que una idea matriz que era que ellos tenían que dominar el cotarro. (González y Guerra en el banco azul.)*

*Lo mejor que le puede ocurrir a José María Aznar es que el opositor sea siempre González.*

P.C. — El inicio de Largo Caballero como ministro de la República es de una enorme sensatez. Era un ministro reformista.[4] La radicalización de Largo Caballero se produce después de la Revolución de Octubre en el treinta y cuatro, que es cuando entra en crisis el propio sistema republicano. Hasta ese momento Largo Caballero es una persona cuyos discursos parlamentarios dicen claramente que sus proyectos no son socialistas sino que son proyectos que traen los socialistas en beneficio del bien común, llámese la ley de jurisdicción de trabajo, llámese la ley que crea el cuerpo de inspectores de trabajo, llámese la ley de términos municipales.

T.B.M. — Es toda una tarea legislativa que frena, cuando no deshace, la derecha cuando gana las elecciones del treinta y tres.

P.C. — Claro. El Bienio Negro coloca en crisis a las fuerzas auténticamente republicanas y es entonces cuando se produce la radicalización del *caballerismo*. Entonces cuando se habla del obrerismo en el seno del Partido Socialista Obrero Español hay que recordar que era el sector más moderado, más ponderado y más sensato.[5]

T.B.M. — Al contrario de los intelectuales.

P.C. — Los intelectuales solían tener ciertas veleidades izquierdistas. El propio Besteiro en su discurso de ingreso en la Academia de Ciencias Morales y Políticas mantiene unas posiciones de un radicalismo marxista muy profundo. Es más, cuando se produce el famoso congreso del año 1931 en que se debate si el Partido Socialista debe de formar parte del Comité Revolucionario, la voz que se alza en defensa de la pureza del pensamiento socialista para no ir con los republicanos, que al fin y al cabo no eran un partido de clase, es la voz de Besteiro.[6]

4. Francisco Largo Caballero fue ministro de Trabajo en el gobierno provisional presidido por Niceto Alcalá Zamora (abril-diciembre de 1931) y siguió en el mismo cargo en el gobierno de coalición presidido por Manuel Azaña (diciembre de 1931-junio de 1933).

5. Gerald Brenan, que tenía pocas simpatías por Largo Caballero, apunta que el dirigente socialista actuó con gran cuidado durante la Revolución de Octubre quedándose en su casa durante las luchas en las calles de Madrid. Encarcelado y posteriormente absuelto, Largo Caballero tuvo durante su detención tiempo de leer, a sus setenta y siete años, y al parecer por primera vez, las obras de Marx y de Lenin. Gracias a estas lecturas, diría: «De pronto vi las cosas tal como son realmente.» (Gerald Brenan, *El laberinto español*, Barcelona, 1996, p. 346s.)

6. No fue un congreso sino un Comité Nacional PSOE-UGT el órgano que debatió en febrero de 1931 si las organizaciones socialistas deberían o no formar

T.B.M. — Luego se cambiarían los papeles.

P.C. — Lo que pasa es que la vida no transcurre en vano, y mientras de una parte Largo Caballero se va radicalizando a partir del treinta y cuatro, Besteiro va adquiriendo un tono cada día más moderado hasta que al final de su vida mantiene tesis ideológicas que tienen alguna veleidad corporativista y acaba en la Junta de Casado.[7]

T.B.M. — Hablamos de los núcleos del PSOE en el interior antes del Congreso de Suresnes.

P.C. — Es que hay que entender que los asturianos y los vascos conservaban mucho más la tradición obrerista del partido, mientras que en Madrid la ASU en concreto no era más que un núcleo de estudiantes que no tenían la menor conciencia de lo que significa la historiografía de un partido y el deseo de sucederse. Es más, ellos constituyen la ASU en alguna medida sin querer ser reconocidos como miembros del Partido Socialista Obrero Español. Lo suyo era la búsqueda de una fórmula intermedia. No forman una agrupación sometida a la disciplina de Llopis.

T.B.M. — Lo que distingue a los sevillanos que eran igual de estudiantiles que los de Madrid es que ellos sí que valoran mucho las siglas del PSOE.

P.C. — Evidentemente. Pero para ser justos ten en cuenta que estás analizando dos comportamientos que tienen lugar en dos épocas distintas. Cuando la ASU se constituye y actúa políticamente, el exilio, valga la expresión, estaba a leguas de distancia. No había la menor relación y el exilio era más bien un pudridero. Cuando los andaluces se plantean la hipervaloración de las siglas y de la orga-

---

parte del Comité Revolucionario que conspiraba contra la Monarquía de Alfonso XIII. Besteiro fue marxista pero nunca leninista. Al contrario, se inspiró en Karl Kautsky, el marxista alemán crítico de la Revolución rusa, en el laborismo británico, particularmente los *fabianos* y, por supuesto, en el espíritu krausista que le había formado en la Institución Libre de Enseñanza. El historiador británico Carr considera que Besteiro daba la talla de un «reformista social victoriano en vez de un revolucionario marxista». (Raymond Carr, *Spain 1808-1975,* Oxford, 1982, p. 451.) Para profundizar en la compleja personalidad intelectual de Besteiro, véase Emilio Lamo de Espinosa, *Filosofía y política de Julián Besteiro*, Madrid, 1973.

7. La Junta, apoyada por socialistas y republicanos moderados y encabezada por el coronel Segismundo Casado que intentó negociar con las fuerzas nacionales al final de la guerra civil después de propiciar un golpe contra el gobierno de Juan Negrín.

nización que hay detrás de ella, esa organización ya está reconstruida.[8]

T.B.M. — Tampoco es justo decir que los madrileños no valoran las siglas. Boyer y Gómez Llorente se dan perfectamente cuenta de que lo que cuenta, lo que es serio, es el partido histórico e ingresan en las Juventudes Socialistas.[9]

P.C. — Pero Boyer y Gómez Llorente no se plantean la reconquista del poder frente al exilio y no juegan ningún papel en la reconquista del partido hacia el interior. Hay que ver las cosas como son. La reconquista fue fundamentalmente protagonizada por un señor que se llama Nicolás Redondo, por otro señor que se llama Enrique Múgica, por otro señor que se llama Ramón Rubial, que dan el beneplácito a unos señores que se llaman Pablo Castellano, Felipe González y Alfonso Guerra. Entonces los andaluces sí forman parte de la recuperación del partido para el interior. Gómez Llorente y Miguel Boyer esperan pacientemente a que un día se les diga que ha habido un congreso de la UGT en el que Llopis ha dejado de ser presidente y que Nicolás Redondo está en la Ejecutiva, y que ha habido un congreso del partido en el que se ha producido una escisión, donde Llopis ha salido por los cerros de Úbeda, y en el que se ha creado una comisión ejecutiva colegiada de gente mucho más joven.[10]

8. Para la reconstrucción de las organizaciones socialistas en el exilio y, en especial, el papel que juega en este proceso la emigración de los años sesenta, véase Simón, p. 78s.

9. Véase Boyer cuando habla sobre la «seriedad» de la dirección en Toulouse (p. 296s).

10. Luis Gómez Llorente, quien algunos quisieron ver como el Julián Besteiro del socialismo renovado, se apartaría voluntariamente de la política para dedicarse a sus clases de filosofía cuando el PSOE llegó al poder en 1982. En el XXI Congreso del PSOE, VIII en el exilio, que tuvo lugar en Puteaux en agosto de 1961, Gómez Llorente se enfrentó a Llopis y a la dirección del partido cuando, en representación de las Juventudes Socialistas e instruido por Antonio Amat, defendió la conveniencia de alianzas con otros partidos de la oposición clandestina al franquismo, incluyendo el PCE. En esto se anticipó en casi diez años a un duro enfrentamiento que tuvo Felipe González con Llopis, argumentando esencialmente lo mismo y explicando las realidades políticas del interior, en el XXIV Congreso del PSOE, XI en el exilio, en Toulouse en agosto de 1970. Puede que Gómez Llorente y sus compañeros no jugasen ningún papel en la reconquista del partido para el interior, como afirma Castellano, pero es justo reconocer que dejaron un cierto terreno algo abonado. Castellano se refiere al congreso de la UGT que consiguió la dirección compartida y la sustitución de Llopis, el XXVIII Congreso de la UGT y XI Congreso en el exilio, en

T.B.M. — Y el beneplácito a la revolución de palacio la dan viejos históricos del norte.

P.C. — Es que era imposible pensar que se pudiese crear esa ejecutiva colegiada si detrás de ella no hubiesen estado Ramón Rubial, como líder vasco, y Barreiro como líder asturiano en el exilio. El paso que se da en el congreso de 1972 era decisivo porque ya no había vuelta atrás.[11]

T.B.M. — Pasamos entonces al secuestro andaluz del partido en Suresnes.

P.C. — Yo no utilizaría ese término. Yo creo sinceramente que en 1974 Felipe González y Alfonso Guerra, desde unas posiciones absolutamente mesiánicas, desde unas posiciones de creerse lo únicamente válido que había porque representaban la pureza del pensamiento y por lo tanto todos tenían que estar sometidos a ellos, luchan legítimamente, lo cual me parece muy bien, por hacerse con el poder. Un partido político que está en la clandestinidad tiene una dialéctica interna en la que se pulsa por el poder.

T.B.M. — Y Felipe González y Guerra pulsan con tanto éxito que convencen a los del norte.

P.C. — Exactamente. Convencen categóricamente a Nicolás Redondo, y, claro, convencer a Nicolás Redondo era convencer a los vascos y a los asturianos. Los asturianos han reconocido siempre la figura de Redondo, el liderazgo natural del trabajador de la naval de Sestao. Era una persona que merecía toda credibilidad, y cuando él da su sello de aprobación al tándem, los asturianos van detrás. En esa época había un total «seguidismo» de los asturianos respecto a los vascos.

agosto de 1971 (junto con Redondo entrarían en la Ejecutiva de la UGT Enrique Múgica y él mismo), y al XXV Congreso del PSOE, XII en el exilio, el congreso de la escisión de agosto de 1972 donde se produjo un resultado similar al de la UGT un año antes. Véanse Gillespie, *The Spanish Socialist Party, a history of factionalism,* p. 255s, y p. 264s y el testimonio de Manuel Simón (p. 84s.)

11. José Barreiro (1908-1975), maestro de profesión nacido en Sama de Langreo y exiliado en Francia desde 1940, fue vicesecretario del PSOE desde 1950 a 1967. Dio un importante impulso a la renovación socialista cuando dimitió de la Ejecutiva de la UGT en 1969 para permitir la entrada en ella a dirigentes jóvenes del interior. Otros tres siguieron el ejemplo de Barreiro, entre ellos Arsenio Jiménez, destacado socialista del exilio en París y eterno rival de Llopis. El partido siguió el ejemplo del sindicato cuando en su congreso de 1972 eligió una llamada Comisión Ejecutiva del Interior en la cual estaban Felipe González, Alfonso Guerra, Nicolás Redondo, Enrique Múgica, Pablo Castellano y Guillermo Galeote, entre otros.

T.B.M. — Y es a partir de ahí, siguiendo tu análisis, cuando se empieza a reinventar el partido rompiendo con el partido histórico.

P.C. — Yo estoy absolutamente convencido de que el proceso de evolución del Partido Socialista que había en la cabeza del señor Guerra y del señor González para lo largo de los tiempos no tenía más que una idea matriz que era que ellos tenían que dominar el cotarro. Pero si alguien les hubiera proyectado en aquella noche del 12 de octubre de 1974 en una película anticipada lo que iba a ocurrir, hubieran blasfemado de quien les hubiera presentado tal panorama.[12] Ellos se consideraban seriamente, de una manera mesiánica y sectaria, los verdaderamente socialistas. A Redondo, a Múgica y a mí nos tildaban de socialdemócratas agazapados que estábamos dispuestos a entregar el partido a la influencia de Willy Brandt. Ellos abominaban de la pertenencia a la Internacional Socialista.

T.B.M. — Esto es sorprendente. Felipe González muy pronto sería el joven héroe y el niño mimado de la Internacional Socialista, el hijo adoptivo y pródigo de Willy Brandt. ¿Cómo se produce ese gran cambio?

P.C. — Se produce porque en un momento dado necesitan mantener el control del partido. Ten en cuenta que cuando ellos llegan al poder el partido era todavía un elemento muy vivo, con una democracia muy horizontalizada. Las agrupaciones podían ser pequeñas en cuanto a número de militantes, pero tenían mucha vida y eran cualitativamente importantes porque tenían una profunda vida democrática. Que no se le olvide a nadie que la Agrupación Socialista Madrileña, entonces se llamaba agrupación y no federación como ahora, celebró más asambleas en plena clandestinidad que después. Luego ellos se dedicarían a desmontar orgánicamente todo lo que olía a democracia de base, introduciendo un sistema piramidal y completamente jerárquico.

T.B.M. — Pero estábamos con la Internacional Socialista. ¿Cuándo se dan cuenta Felipe González y Guerra de su importancia?

P.C. — Se dan cuenta cuando Curro López Real y yo le ganamos la batalla a Llopis y conseguimos el reconocimiento de la Internacional Socialista para la comisión ejecutiva colegiada elegida en el

12. Felipe González llegó a la dirección del PSOE, su tierra prometida, en la misma fecha que Cristóbal Colón puso pie en el Nuevo Mundo.

congreso de 1972. Eso fue el 6 de enero de 1974. Y es entonces cuando González y Guerra se dan cuenta de que la Internacional podía ser una pieza fundamental de la transición política, y ¿quién no olfateaba la transición en 1974?[13] Pero empiezan a valorar la Internacional en un sentido puramente funcional de decir que venía bien como un paraguas. Hablaban con un desprecio absoluto tanto de François Mitterrand como de Willy Brandt. Los veían como moderados y proamericanos.

T.B.M. — Eso cambiaría muy pronto. Meses más tarde es el propio Alfonso Guerra, según su testimonio, quien lleva a Mitterrand al Congreso de Suresnes.[14] En este punto estamos hablando de dos cosas, y ambas tienen que ver con el creciente liderazgo de Felipe González. Por un lado, se refuerza muchísimo con la Internacional Socialista que acudiría en pleno al congreso del partido, ya en España, en diciembre de 1976 cuando pasa de ser primer secretario del PSOE, el cargo que obtiene en Suresnes, a secretario general. Por otro, estamos hablando de un proceso de toma de control interno en el que Felipe González y Alfonso Guerra eliminan, según tú, a quienes les podían hacer sombra porque dices que la única idea que tienen es «dominar el cotarro». También hay un proceso en el cual Felipe González abandona el radicalismo mesiánico que dices que muestra en el congreso de 1972 y en el de Suresnes dos años después.

P.C. — Es que los que le pudimos crear algún estorbo nos retiramos de su camino. En 1975 dimito yo de la Ejecutiva y al año siguiente dimite Bustelo.[15] A partir de ahí ancha es Castilla. Van

13. Para Francisco (Curro) López Real, véase Almunia, p. 315, nota 1. López Real fue secretario de relaciones de la Ejecutiva del PSOE entre 1972 y 1974. En el Congreso de Suresnes le sucede Pablo Castellano con el título de secretario internacional. La Internacional Socialista envió observadores al congreso de la escisión celebrado en agosto de 1972 y al «contracongreso» organizado por Llopis y los históricos leales a él en diciembre de ese mismo año. En enero de 1973 el buró de la Internacional escuchó alegaciones de ambas facciones y un año más tarde, el día de Reyes de 1974, falló que el congreso de agosto de 1972 fue legal, y que por lo tanto la legitimidad del socialismo español la ostentaba la Ejecutiva colegiada que ese congreso había elegido.

14. Según Alfonso Guerra, Mitterrand se dio cuenta de que el PSOE era «una realidad» al ver la cantidad de delegados que habían acudido a Suresnes (Guerra, p. 129).

15. Pablo Castellano fue sustituido como secretario internacional por Luis Yáñez, reforzando así la presencia del núcleo duro sevillano en la Ejecutiva y aislando progresivamente a Francisco Bustelo.

apretando tuercas para convertir el partido en una institución absolutamente lideralizada.

T.B.M. — Y también cambian el discurso, ¿no?

P.C. — Es que tenían un izquierdismo muy infantil. Ni en González ni en Guerra ha habido una formación teórica profundamente seria. Son un enorme engaño los dos personajes intelectual y políticamente. Y como no había formación, da la casualidad de que el señor González, nada más ser elevado a la categoría de secretario general, entra bajo la influencia de los sectores que pudiéramos llamar menos socialistas del partido, sectores donde estaban el señor Boyer con toda la camarilla que le rodeaba y por otro lado el señor Sarasola.[16]

T.B.M. — Pero por qué tú y Bustelo no sois capaces de ganaros a Felipe González de la manera en que aparentemente sí es capaz de ganarle Miguel Boyer.

P.C. — Bueno, lógicamente porque nosotros ya teníamos unas enormes reticencias frente a los modos de hacer de Felipe González y de Alfonso Guerra. Su lucha era legítima para hacerse con el poder del partido, pero sus medios eran absolutamente repudiables. Practicaban la insidia, la injuria, la calumnia, la maniobra más vil sin el menor reparo.

T.B.M. — Por lo tanto, no lleváis, tú y Bustelo, por ejemplo, a Felipe González a vuestro terreno y os apartáis como más adelante se apartaría Luis Gómez Llorente. Y estamos ya en un momento cuando empieza a enterrarse, según tu análisis, el partido histórico que funda Pablo Iglesias.

P.C. — Claro. Orgánicamente, ideológicamente y políticamente, el señor González sabe que para mantenerse en el poder tiene que cambiar el partido. Para mantenerse en el poder durante un sistema dictatorial, cuando el partido es clandestino, basta con ser secretario general, pero mantenerse en el poder en un sistema democrático significa que hay que ganar elecciones y que hay que ser jefe de Gobierno porque sino el partido cambia de líder.

T.B.M. — Lógicamente.

P.C. — Por lo tanto para conseguir eso primero había que arrumbar por completo todo lo que era la historia vieja del partido con su democracia interna. Segundo, de cara a una sociedad como la española donde pocos, después de cuarenta años de dictadura,

16. Enrique Sarasola, empresario adinerado y, a raíz de su amistad con Felipe González, objeto permanente de especulación en torno al tráfico de influencias.

tenían una buena formación política, era mucho más útil para ganar unas elecciones un partido populista que un partido fiel a una ideología. Y tercero, políticamente, hay que procurar ganarse la confianza de los poderes fácticos. A todo eso contribuye, además de una manera muy seria, cuando llega 1982, el hecho de que no existe nada en el país que no sea el PSOE. La UCD ha saltado por los aires, Alianza Popular es una birria y el PCE está atravesando por ciento cincuenta mil contradicciones internas.

T.B.M. — Pero parece que estás reprochando a Felipe González el diseñar una estrategia para ganar las elecciones.

P.C. — No, no. Yo no le reprocho nada porque considero que dado su proyecto vital me quito el gorro, cuidado. Yo lo hubiera hecho de otra manera desde el punto de vista ideológico y político, pero no puedo reprochar a Felipe que desarrollase lo que era su proyecto político.

T.B.M. — Lo que pienso es que si se hace de otra manera, pongamos de tu manera, pues seguramente no se ganan las elecciones de la manera en que se ganaron.

P.C. — ¡Ah, evidentemente! Yo doy por descontado que un partido socialista que se hubiera mantenido dentro de la coherencia de un partido socialista y obrero y que hubiera comparecido de esta manera en las primeras elecciones hubiera sacado cuatro millones de votos.

T.B.M. — Presentándose con el yunque y con el libro.[17]

P.C. — Con el yunque, el libro y las posiciones de un partido de izquierdas. Lo que pasa, claro, es que para ganar dejando de ser izquierdas a mí no me interesaba. Ganar una batalla para perderme ya no me interesa. En Cáceres el partido era otra cosa.

T.B.M. — Ya. Vuestra decisión en Cáceres de mantener el yunque y el libro en vez de la rosa y, para colmo, llevar la bandera republicana a los mítines les sacaba de quicio a los de la campaña electoral.[18]

17. El símbolo centenario del PSOE fue sustituido por el del puño y la rosa, común a todos los partidos de la Internacional Socialista, antes de las elecciones de 1977. El PSOE ganó 5,2 millones de votos en las elecciones de 1977 con el símbolo del puño y la rosa, frente a los cuatro millones que, según Castellano en un ejercicio de voluntarismo característico en él, hubiera ganado con el yunque y el libro.

18. Pablo Castellano fue cabeza de lista del PSOE por Cáceres en las legislativas de 1977. Ante el estupor y la irritación de Julio Feo, jefe de la campaña socialista, y el beneplácito de Castellano, la agrupación de Cáceres sacó a relucir todos los símbolos históricos del PSOE cuando Felipe González llegó a dar un mitin en la plaza de toros de la ciudad. Véase Julio Feo, *Aquellos años,* Barcelona, 1993.

P.C. — Pero cuando yo era presidente del partido en Extremadura sacamos cuatro de los cinco diputados en Cáceres y a los tres senadores. Acabamos haciéndonos con todos los cargos públicos de Extremadura.

T.B.M. — No sé muy bien qué valor hay que darle a los símbolos, al yunque y también a la rosa. Pero siguiendo tu testimonio, entiendo que a ti no te engaña el radicalismo del discurso de Felipe González a principios de los setenta. Eso era un ejemplo de exceso verbal, infantilismo, dices tú, y no había un deseo real, fundado en una ideología seriamente asumida, de transformar profundamente la sociedad.

P.C. — No lo había en absoluto. Verbalmente se decía que se quería transformar la sociedad, y lo que hizo la sociedad en el momento mismo en que pusieron pie en ella fue transformales a ellos. Por eso yo arrancaba, Tom, al principio y te decía que no quiero utilizar la expresión «secuestro» porque lo utilizaría si ellos hubieran tomado el poder teniendo perfectamente definido lo que luego han hecho. Y no fue así. Tomaron el poder por tomar el poder.

T.B.M. — Una de las tesis de tu libro es que con el PSOE en el gobierno se podían haber hecho cosas, no transformar la sociedad, ni cosas de palabras mayores, pero sí cosas importantes que no se hicieron. ¿Por qué?[19]

P.C. — Porque se dejan arrastrar por la vorágine, no del confort, que es lo que se suele decir, sino del despilfarro y de la manifestación ostentosa del poder. Me refiero al séquito, a la comitiva.

T.B.M. — Y según vas bajando escalones de la administración puede ser peor. Yo me he topado con más parafernalia del poder —bedeles, secretarios, portavoces, asesores y no sé qué más— al querer ver al consejero de una administración autonómica que cuando he ido a entrevistarme con un ministro del gobierno central.

P.C. — Es que es lo mismo, se reproduce.

T.B.M. — Pero es que no debería ser lo mismo.

P.C. — No ya. Una cosa es que pueda tener sentido que el presidente del Gobierno reciba a personalidades en el coto de Doñana, pero no tiene sentido que el señor Rodríguez Ibarra esté todo el día

19. Entre las «cosas» que se podían haber hecho y no se hicieron Castellano apunta «una nueva forma de gobernar desde la sencillez que tantas veces se alaba de esos jefes de Estado, incluso reyes, que van en bicicleta al mercado, que mueren en atentado volviendo del cine a casa, que siguen viviendo en la casa habitual y que se pagan sus gastos de su bolsillo» (Pablo Castellano, *Yo sí me acuerdo*, p. 363s).

invitando a sus amigos al parque Monfrague.[20] En el franquismo se pegaban tiros a las cabras en el parque nacional de Gredos. Son comportamientos que se reproducen.

T.B.M. — Pero ¿por qué crees que se reproducen?

P.C. — Porque no hay firmeza ideológica. Ellos estaban convencidos perfectamente de cuál era su misión histórica y hablaban con petulancia sobre lo que iban a hacer con el país.

T.B.M. — Lo de la «pasada por la izquierda».

P.C. — Eso. Y luego llega un momento determinado en que toda esa petulancia se viene abajo porque no hay formación ideológica, no hay un sentido ideológico de la existencia, y esto es fundamental.

T.B.M. — ¿Qué quieres decir cuando dices un sentido ideológico de la existencia?

P.C. — Quiero decir que tienes derecho a vivir bien, que tienes derecho a vivir confortablemente bien, es decir a tener cubiertas tus necesidades de la forma más confortable porque esto es lo que reclamamos para todo el mundo. Ahora, de ahí a ir a los toros en un Mystère, pues hay cosas que no se pueden hacer porque tú tienes conciencia de la enorme cantidad de miseria que hay alrededor.[21] Cuando tienes esa conciencia te puedes comprar un coche mañana, pero no te puedes comprar un coche hiriente.

T.B.M. — La verdad es que siempre se te ha criticado los cochazos que has tenido.

P.C. — Porque tenía un deportivo de tercera mano. A mí toda la vida me han gustado esos coches y los compraba de segunda mano porque eran más baratos. Eso y el donjuanismo han sido mis puntos débiles de toda la vida. Si a mí me han visto comprar un traje en las rebajas, era porque había una moza que quería camelar.

T.B.M. — ¿Contabas con la corrupción?

P.C. — Sí, porque no soy ningún ingenuo. Sabía que habría algún estallido de corrupción, porque sabía que existía la tentación de querer financiar ciertas actividades. Una cosa era hacer negocios por ejemplo de exportación. El Partido Socialdemócrata sueco,

20. Juan Carlos Rodríguez Ibarra, presidente socialista de la Junta de Extremadura.

21. Castellano se refiere al escándalo que provocó en su momento la utilización por Alfonso Guerra de un avión oficial para su uso personal. El vicepresidente de Gobierno, al encontrarse con un atasco al volver de Portugal en la frontera de Ayamonte, solicitó un Mystère al Ejército del Aire para, supuestamente, no perderse una corrida de Curro Romero en la Maestranza de Sevilla.

con el cual teníamos magníficas relaciones, tiene una importantísima red de cooperativas y podíamos haber aprovechado nuestras relaciones para montar una empresa de exportación y enviarles productos españoles. Eso se discutió y me parecio lícito, perfecto.

T.B.M. — El farolillo de alarma se encendió con el escándalo en el ayuntamiento de Madrid cuando Alonso Puerta denuncia corruptelas y acaba fuera del partido.[22]

P.C. — Eso. Otra cosa es lo que ocurrió con Alonso Puerta. Es que se estaba pidiendo una mordida a un concesionario para una contrata de limpiezas. Eso ocurre nada más llegar a los ayuntamientos. Había incluso circulares internas sobre la obtención de donaciones de quienes contratan con los ayuntamientos. Éste era el camino en el que les había iniciado Nerio Nessi, padrino de una hija de Alfonso Guerra, que luego acabó en un escándalo y expulsado del Partido Socialista Italiano.[23] Cada vez que llamábamos algunos la atención sobre estos temas, la reacción, en lugar de decir vamos a corregirlo, fue la de matar al mensajero.

T.B.M. — Yo creo que ahora Felipe González manda en el PSOE como en sus mejores tiempos, o incluso más. Pero si vuelve a perder unas elecciones, su liderazgo ya sería muy cuestionado. Es posible que tenga que ocurrir eso para que se renueve el partido.

P.C. — El problema que hay que plantearse es que mientras esté el PSOE como está no podrá ganar unas elecciones generales. No es que las vuelva a perder. Si el PSOE se queda numantinamente en su búnker defendiendo todo lo que dice que ha hecho, teniendo en cuenta que una cosa es lo que se ha hecho y otra es lo que se dice que se ha hecho, y si, además, cierra los ojos al fenómeno de la corrupción que invade el PSOE desde la primera figura hasta la última, teniendo en cuenta que ésta es una historia no de cuatro o

22. Alonso Puerta fue expulsado del PSOE a finales de 1981, siendo teniente de alcalde en el ayuntamiento de Madrid que presidía Enrique Tierno Galván. El vergonzoso episodio está bien documentado en José Díaz Herrera y Ramón Tijeras en *El dinero del poder, la trama económica de la España socialista*, Madrid, 1991 (véase, p. 517s). Cuando denunció los contratos corruptos, Puerta, que procedía de las filas del PSP de Tierno Galván, estaba ya «condenado» por el aparato del PSOE por haber encabezado, con posturas críticas y promarxistas, la Agrupación Socialista de Madrid en el polémico XXVIII Congreso de ese año. Puerta posteriormente fundó el Partido de Acción Socialista (PASOC), que forma parte de Izquierda Unida y que ha servido de refugio político para disidentes del PSOE, entre ellos Castellano.

23. Nerio Nessi fue tesorero del PSI y presidente de la Banca Nazionale del Lavoro.

cinco sino de todo el PSOE, y si se encastillan en un tema mucho más importante, que ya no admite ninguna justificación, que es el tema de los crímenes de Estado, pues ya no levantará cabeza. Lo mejor que le puede ocurrir a Aznar es que el opositor sea siempre González.

T.B.M. — ¿Tú crees que Izquierda Unida, donde estáis ahora tú y Puerta entre otros, puede lanzar un mensaje socialista coherente y atractivo que le coma el terreno a un PSOE incapaz de aprender de sus errores? ¿El futuro del socialismo está en Izquierda Unida?

P.C. — Yo estoy convencido de que Izquierda Unida, que está en un proceso muy, muy difícil, tiene que acabar teniendo una evolución. La está teniendo pero con grandes altibajos. Izquierda Unida nace evidentemente con la intención de ocupar el espacio del socialismo democrático, no nos engañemos. Se concibe cuando ya se estaba olfateando la desaparición del muro de Berlín y la gran hecatombe de los países del Este. Ya entonces un sector comunista bastante lúcido se puso a pensar que lo que había que hacer era trabajar en el campo del socialismo democrático.

T.B.M. — Pero estos «lúcidos» no son el sector mayoritario en el PCE.

P.C. — Efectivamente. Se da un paso adelante y dos atrás porque se produce una reacción muy profunda en el seno del PCE. Pero aunque no les guste la expresión, porque siguen anclados en sus expresiones habituales, el propio PCE ya tiene hoy un sector socialdemócrata. Son gentes que históricamente han luchado por las libertades, por la pluralidad partidista y la pluralidad sindical, defendiendo un sistema democrático y un sistema parlamentario. De comunistas, en el sentido en que se entiende el comunismo que hemos visto, que hemos contemplado y que hemos vivido, no tienen nada.

T.B.M. — ¿Cuánto va a tardar esta evolución?

P.C. — Lamentablemente va a tardar el tiempo que tarde en producirse la desaparición en el seno del Partido Comunista de las gentes más nostálgicas.

## 10. Francisco Bustelo

*Catedrático de Historia Económica, fue elegido miembro de la Comisión Ejecutiva del PSOE en 1974. Abandonó el PSOE en 1989 después de 34 años de militancia.*

**Uno de los aspectos negativos que queda de los catorce años de gobierno socialista es el rechazo al que piensa de una forma distinta, al que no es incondicional.**

Francisco Bustelo ganó una batalla cuando defendió con éxito las tesis marxistas en el XXVIII Congreso del PSOE en mayo de 1979 pero perdió la guerra. Pronto comprendió que ni siquiera había salido airoso en una batalla. La victoria de los llamados críticos en aquel congreso fue una escaramuza de efectos muy pasajeros.

Bustelo no fue capaz de impedir la derechización del Partido Socialista que ya comenzó, con paso firme, decidido y público en aquel congreso. Y tampoco pudo evitar, y esto es lo que le preocupa más, el creciente liderazgo autoritario de Felipe González. Es más, la batalla-escaramuza del XXVIII Congreso sirvió para elevar la figura de Felipe González hasta niveles insospechados tanto en el partido como en la sociedad en general.

El testimonio de este gran perdedor que es Bustelo me parece de enorme relevancia para cualquier intento de establecer un criterio medianamente riguroso sobre el fenómeno del *felipismo*. El término es justo en este caso porque siguiendo la línea argumental de Bustelo la historia del socialismo a partir del congreso de la renovación generacional de su liderazgo en el Congreso de Suresnes de 1974, es la historia de la evolución política y del mando político de Felipe González.

A Felipe González se le ha acusado frecuentemente de oportunismo. Bustelo seguramente tiene razón cuando afirma, desde sus buenos modales de hombre culto y de universitario vocacional, que, oportunista o no, en todo momento el líder socialista es sincero. Lo que ocurre es que Felipe González siempre ha tenido «esa gran habilidad de ir evolucionando mucho y de irse convenciendo en cada momento de que esa evolución estaba justificada y que había que defender a ultranza lo que a lo mejor un año antes no se defendía o se defendía lo contrario».

Bustelo cree que entre 1976 y 1978 se produjo un «cambio de verdad» en las ideas de Felipe González que le llevarían a propugnar el abandono del marxismo en el congreso que se celebra en 1979. Anteriormente el futuro presidente del Gobierno era tan sinceramente marxista, o más, que ninguno, en la opinión de Bustelo. De hecho, como primer secretario del Partido Socialista dejó que se aprobasen las resoluciones más marxistas y radicales de toda la historia del PSOE en el congreso de 1976, el primero de vuelta en Madrid después de los años de exilio. En aquel congreso Felipe

González pudo, según Bustelo, haber impuesto tesis socialdemócratas y no marxistas sin ningún problema, tal era ya su ascendencia sobre el partido. No lo hizo, sencilla y sinceramente, porque creía lo contrario.

Paradójicamente si bien las ideas políticas, que habían dado un giro de ciento ochenta grados, de Felipe González sufren un pasajero revés tres años más tarde, las posibilidades futuras para el dirigente socialista de mando político son considerablemente aumentadas en aquel mismo congreso de mayo de 1979. Mientras que Bustelo y los demás críticos se ocupaban de la ideología del PSOE, el aparato socialista introdujo una alteración de largo alcance en los estatutos del partido. En adelante los delegados a los congresos serían elegidos por las federaciones regionales del Partido Socialista, en vez de por las agrupaciones locales, y, en los congresos federales, las federaciones votarían en bloque.

El cambio fue de suma importancia como se vio en el congreso extraordinario de septiembre de ese mismo año cuando los delegados, férreamente disciplinados, votaron, masivamente y en bloque, por una ejecutiva encabezada una vez más por Felipe González. Las nuevas normas para la elección de los delegados a los congresos del PSOE, según Bustelo, «explican muchísimo de la historia del socialismo español en los últimos veinticinco años». El aparato no quería más sustos y a partir de entonces el que se movía no salía en la foto.

Ya nunca más la historia del PSOE sería, como lo fue antes de la guerra, la historia de un partido pluralista que fomentaba un rico y continuo debate interno y democrático. Se apartarían de él socialistas como Luis Gómez Llorente, Ignacio Sotelo, Gregorio Peces-Barba, Pablo Castellano y el mismo Bustelo, socialistas de indudable relieve por su larga trayectoria de servicios y lealtad al partido. Se apartan porque, afirma Bustelo, se instala en el partido una cultura de rechazo hacia el que «piensa de una manera distinta, al que no es un incondicional».

Lo peor es que «Felipe González cree que es bueno para el gobierno, bueno para el partido y bueno para el país que el dirigente tenga un poder casi absoluto». Para conseguir la ausencia de democracia interna se habían juntado el hambre con las ganas de comer.

Tom Burns Marañón: Usted es un durísimo crítico del paso del PSOE por el poder. Escribe que bajo las «apariencias brillantes» del *felipismo* «quedaron latentes grandes deficiencias» y éstas, tras los años de gobierno y de mayorías absolutas, «han acabado conduciendo al PSOE y a sus gobiernos casi al desastre». La primera gran deficiencia de las que enumera es «el excesivo liderazgo unipersonal» de Felipe González.[1] ¿Cuándo empieza a palpar este liderazgo?

Francisco Bustelo: Si me pregunta por una fecha concreta diría que en el año 1975. Felipe González había sido elegido líder, secretario general del Partido, o primer secretario como se llamaba entonces, un año antes en el Congreso de Suresnes.

T.B.M. — Congreso al cual usted acudió como delegado.

F.B. — Sí. Fui representando a la Federación Socialista Madrileña. Felipe González no tenía su liderazgo asentado y fue elegido porque Nicolás Redondo, que era el candidato más cualificado, el que tenía más experiencia, más edad, y cuyo liderazgo reconocían todos, quería dedicarse a la UGT.

T.B.M. — ¿Usted le votó?

F.B. — Pues yo creo que sí. Había una lista única y un cierto acuerdo, aunque los de Madrid no estábamos muy contentos porque sólo participábamos con dos miembros en esa Comisión Ejecutiva, Pablo Castellano y yo, frente a los tres miembros andaluces y los cuatro vascos.[2]

T.B.M. — ¿Eran conscientes de que estaban eligiendo a alguien que podría encabezar un relevo generacional?

F.B. — Sí, en eso estábamos totalmente de acuerdo, coincidíamos absolutamente. Pero entonces los vascos tenían más peso y Nicolás Redondo era la persona más escuchada.

T.B.M. — Frente a Redondo, González era más atractivo electoralmente; era lo que los ingleses llaman un *vote-winner*, un ganavotos.

F.B. — Entonces no sabíamos que Felipe González reunía esas cualidades. Sabía desenvolverse, pero todavía no había una activi-

1. Francisco Bustelo, *La izquierda imperfecta, memorias de un político frustrado*, Barcelona, 1996, p. 128.

2. La enorme habilidad de los sevillanos fue ganarse la confianza de asturianos y vascos antes de Suresnes y conseguir lo que Pablo Castellano llamaría, ante el enfado de todos salvo los madrileños, el «pacto del Betis» (véase Castellano, p. 226). Los madrileños jamás tuvieron esa visión de jugada.

dad política normal donde los políticos tienen que demostrar cada día su capacidad y había muchísimas incógnitas en cuanto al presente y el futuro. La verdad es que todas las personas que estábamos ahí en Suresnes, empezando por Nicolás Redondo y Felipe González, no dejábamos de ser unas promesas.

T.B.M. — Todas esas incertidumbres no impiden la elaboración de un programa político.

F.B. — Sí. Hubo unas resoluciones bastante radicales porque todavía vivíamos con eso que se ha llamado la carga ideológica. Volviendo al relevo generacional, éste no era el hecho decisivo porque Nicolás Redondo, que tenía más años, hubiera obtenido más apoyo que Felipe González como candidato a primer secretario. El corte lo marcaban los que se oponían a que la dirección socialista siguiese en el exilio.

T.B.M. — Yo creo entender que en el relevo, la ruptura o el corte que representó el Congreso de Suresnes se mezclaron generaciones y geografías, y también ideas y estrategias.

F.B. — Eso. Los que pelearon por la interiorización del partido podrían tener un cierto radicalismo pero tenían la idea de que la transición podría ser compleja, incluso larga, y que había que irse adecuando, preparándose, lógicamente, desde el interior de España, porque se iba a establecer un sistema político distinto. Lo que no se podía hacer era esperar a que el franquismo se viniese abajo como un castillo de naipes para que se restableciese la II República. Eso es lo que se pensaba en el exilio casi desde el treinta y nueve.

T.B.M. — ¿Ustedes en el interior no tenían ninguna noción de que don Juan Carlos podría pilotar una rápida democratización del país una vez muerto Franco?[3]

F.B. — No. No teníamos muchas esperanzas de que don Juan Carlos fuese lo que luego resultó ser. Más bien pensábamos que sería un continuador de Franco.

T.B.M. — Volvamos a la alternativa Nicolás Redondo-Felipe González.

F.B. — Pues lo mismo que había coincidencia en torno a Nicolás Redondo, la había en torno a Felipe González cuando Nicolás Re-

3. El profundo desconocimiento de la izquierda sobre el proyecto democratizador de don Juan Carlos está estudiado en Tom Burns Marañón, *Conversaciones sobre el Rey,* Barcelona, 1995.

*No teníamos muchas esperanzas de que Don Juan Carlos (en la foto, con el almirante Carrero Blanco y el entonces presidente de las Cortes, Alejandro Rodríguez de Valcárcel) fuese lo que luego resultó ser. Más bien pensábamos que sería un continuador de Franco.*

*Al comunismo le restó votos el hecho de estar inevitablemente vinculado a la figura de Carrillo (en la foto, con el general Miaja durante la defensa de Madrid), a la de* la Pasionaria *y a la imagen de la guerra civil.*

dondo dijo que no. Salvo, claro, ese matiz de que los madrileños hubiéramos querido tres miembros en la directiva.

T.B.M. — ¿Era muy importante tener tres miembros en vez de dos?

F.B. — Bueno, tampoco mucho. Quizá nos creíamos los madrileños más importantes de lo que éramos y pensábamos que no faltaban figuras, como Gregorio Peces-Barba o José Federico de Carajal,[4] que podían haber sido elegidas y esto nos produjo un enfado ahí en Suresnes al final del congreso. Luego se olvidó el enfado y en realidad pensamos que aquello podía funcionar.

T.B.M. — A funcionar relativamente para usted, porque enseguida entramos en el tema del liderazgo que es donde comenzó esta conversación.

F.B. — Sí. Luego en la práctica se empezó a confirmar ese liderazgo excesivo de Felipe González. Yo creo que nunca le ha gustado compartir el poder.

T.B.M. — Eso es común en muchas áreas de la vida, y no digamos en la política. ¿Cuándo constata esta característica en Felipe González?

F.B. — Yo creo que fue exactamente en enero de 1975 cuando Pablo Castellano dimitió de la Ejecutiva y se eligió a un cuarto andaluz, a Luis Yáñez, para sustituirle en la Secretaría de Relaciones Internacionales.

T.B.M. — Nicolás Redondo se podía haber opuesto.

F.B. — En ese momento apoyaba a Felipe González y éste entonces gozaba ya con creces de la mayoría absoluta en la Ejecutiva. A partir de ese momento comienza a asentarse lo que se ha llamado el *felipismo*. Es él quien quiere marcar, incluso *a priori,* la evolución de la línea política y las grandes decisiones. Yo creo que ya cuando fue presidente del Gobierno tomaba las grandes decisiones con poca consulta. Había un cierto círculo vicioso porque a la par que conseguía muchos éxitos políticos se fue asentando su forma de proceder.

T.B.M. — Antes hubo una reacción...

F.B. — Sí, hubo un último coletazo del partido, porque inicial-

4. Abogado madrileño, presidiría la comisión gestora del PSOE después de la dimisión de Felipe González en el XXVIII Congreso de mayo de 1979 hasta la reelección de González en el congreso extraordinario de septiembre del mismo año. Fue presidente del Senado en la primera legislatura socialista.

*Lo que explica muchísimo de la historia del socialismo español en los últimos veinticinco años, además del carisma de Felipe González, es la capacidad organizadora de Alfonso Guerra, que estaba a su lado.*

mente le costaba aceptar, yo creo, ese liderazgo tan acusado. El coletazo fue aquel congreso de 1979.

T.B.M. — La gran polémica de «marxismo sí, marxismo no» que indiscutiblemente refuerza todavía más a Felipe González. Pero antes de entrar en el XXVIII Congreso y el liderazgo ya absolutamente consolidado, quería rematar la reflexión sobre la manera en que Felipe González toma, con gran rapidez, las riendas del poder en el partido después de Suresnes. Como primer secretario comienza a viajar, establece una relación muy fluida con los importantes líderes socialistas de Europa y consigue todas las bendiciones de la Internacional Socialista, amén de su apoyo económico. Todo eso, supongo, está en el haber de Felipe González.

F.B. — Sí, pero todo eso era una labor colectiva y la Internacional Socialista ya había decidido apoyar a los llamados renovadores desde algún tiempo antes.[5] Felipe González tuvo papel en el reconocimiento internacional, pero no fue una labor sólo suya. Lo que suponía el PSOE en 1974, con sus muchos problemas y con sus logros, no era ni mucho menos una cosa exclusiva de Felipe González, que aunque ya era un dirigente destacado no estaba en ese lugar tan por encima de los demás que ocuparía después.

T.B.M. — Si Nicolás Redondo hubiese querido ser primer secretario la historia habría sido muy distinta.

F.B. — Claramente distinta. Pero incluso no siendo primer secretario Nicolás Redondo, con los tres otros miembros vascos de la Ejecutiva, pudo haber apoyado a la minoría dentro de la dirección del partido que no acababa de convencerse del todo de la forma de proceder de Felipe González y haberle obligado a actuar de otra manera.[6]

T.B.M. — ¿Por qué cree que Redondo se inhibió entonces?

F.B. — Pues por temor a que se produjesen disidencias dentro

5. La Internacional Socialista reconoció al sector renovador como el legítimo representante del socialismo español en enero de 1974, diez meses antes del Congreso de Suresnes (véase Castellano, p. 233, nota 13).

6. Junto con Redondo, los otros vascos en la Ejecutiva que fue elegida en Suresnes eran Enrique Múgica, Jose María *Txiqui* Benegas y Eduardo López Albizu *Lalo*. La «minoría» en la Ejecutiva la componían Bustelo y Pablo Castellano que acabarían tirando la toalla, dimitiendo ambos en 1975. Redondo, Benegas y Múgica se distanciarían con el tiempo de Felipe González, pero en aquellos primeros años del liderazgo de Felipe González el «pacto del Betis» funcionó a la perfección. Lalo, compañero de la Naval de Redondo, tuvo un papel muy importante en la renovación de las Juventudes Socialistas en los sesenta. Murió en 1996.

del partido como hubo en otras épocas. Esto preocupaba mucho, especialmente a los vascos y especialmente a Ramón Rubial, que influía mucho en Nicolás Redondo.

T.B.M. — El temor a disidencias es algo palpable en el PSOE. El enfrentamiento entre *prietistas* y *caballeristas* durante la República crea un claro temor hacia las discrepancias.[7]

F.B. — Sí, esa preocupación era muy manifiesta porque el PSOE, como todo partido político y sobre todo cuando tiene una larga historia detrás, es un difícil equilibrio entre las fuerzas centrífugas y las centrípetas. El problema es cómo se compagina el pluralismo de un partido con la necesidad de mantener una determinada eficacia.

T.B.M. — Además el PSOE tiene el ejemplo de Pablo Iglesias como referente de una indiscutible autoridad.

F.B. — Pero de todas formas yo creo que, aun siendo indiscutida la figura de Pablo Iglesias, el *pablismo* permitió la promoción de figuras de primer plano, cosa que con Felipe González ha sido imposible.

T.B.M. — Una vez muerto Pablo Iglesias, esas primeras figuras, como acabamos de comentar, se pelearon.

F.B. — Es verdad que hubo una división negativa y que, además, esto influyó en la guerra civil. Pero a pesar de todo había una cultura de pluralismo que yo creo que es consustancial al socialismo democrático. Esta cultura se ha quebrado.

T.B.M. — Ya se quebró con Rodolfo Llopis después de la guerra. Instalado en el exilio, el PSOE no dio pie a corrientes críticas.

F.B. — Eso fueron las circunstancias del momento. En el exilio la cuestión no era tanto el funcionamiento interno del partido. Fue más bien la preocupación por mantener una posición única frente a la salida del franquismo, porque se corría el riesgo de dejarse envolver por los comunistas en un extremo o por los monárquicos en otro. Llopis, me parece a mí, no tuvo el afán de mando que después tuvo Felipe González.

7. Ramón Rubial, metalúrgico nacido en Erandio (Vizcaya) en 1906, era, y es, una indiscutible autoridad dentro del partido sobre los choques entre Indalecio Prieto y Francisco Largo Caballero puesto que los vivió. Ingresó en la UGT con catorce años y en el PSOE en 1922. Fue detenido en la Revolución de Octubre del treinta y cuatro y estuvo en la cárcel entre 1937 y 1956. Miembro de la Ejecutiva del PSOE desde 1958, fue elegido presidente del partido en 1976, cargo que todavía ocupaba veinte años más tarde.

T.B.M. — Sin embargo, para Felipe González, Rodolfo Llopis debió de ser en cierta manera un punto de referencia en cuanto a conducta política y a la manera de dirigir el PSOE.

F.B. — La gran preocupación de Llopis era que se podía perder la sustancia de la posición que él creía acertada y ésta era una posición firme de defensa de los valores democráticos, de anticomunismo y de valores republicanos. Pero a mí me da la sensación de que Llopis no tenía esas características que casi consideraría psicológicas de Felipe González de creer que para que todo funcione bien el dirigente tiene que evitar todo lo que suponga compartir el poder. Felipe González cree que es bueno para el gobierno, para el partido y para el país que el dirigente tenga un poder casi absoluto.

T.B.M. — Hace un momento usted decía que Llopis pensaba que la salida natural del franquismo era el restablecimiento de la II República. Se ha comentado bastantes veces en estas conversaciones que Llopis tenía la idea fija de que el partido sólo tenía que abrir el quiosco en la Puerta del Sol y que la cola para afiliarse al PSOE bajaría por toda la calle de Alcalá hasta Cibeles.

F.B. — Sí, así fue.

T.B.M. — Y en el fondo tenía razón. En cuanto existen las libertades políticas y el PSOE se presenta a unas elecciones libres, la memoria histórica funciona y al partido le llegan, en masa, militantes, simpatizantes y sobre todo votantes. Es posiblemente un éxito inmerecido dado que el Partido Comunista tuvo mucho mayor protagonismo en la lucha antifranquista.

F.B. — Yo no me atrevería a explicar si hay una memoria colectiva. Pienso que fue un concurso de circunstancias, entre ellas la imagen que se presentaba y la misma figura de Felipe González, y la falta de madurez del pueblo español, lógica, por otra parte, después de tantos años de dictadura. Una de las preocupaciones en Suresnes fue que no sólo no sabíamos el peso del socialismo democrático en la España del posfranquismo, sino que ni siquiera sabíamos si dentro de ese socialismo nosotros podíamos ser mayoritarios.

T.B.M. — ¿Lo dice por el Partido Socialista Popular (PSP) de Enrique Tierno Galván?

F.B. — Pues sí. Enrique Tierno entonces era una figura que tenía cierto peso y parecía que podía desempeñar un papel más importante que Felipe González. También existían muchos grupos o grupitos más o menos socialistas o nacionalistas, en Cataluña sobre todo, que no se habían sumado todavía al PSOE. Creíamos que todo esto nos podía crear una competencia.

T.B.M. — No hubo lugar para tanta preocupación.

F.B. — No. Luego todo eso no se cumplió. Tampoco tuvo razón de ser la preocupación que teníamos de que los comunistas, entonces más organizados, sacasen tantos votos como nosotros.

T.B.M. — En el concurso de circunstancias que usted mencionaba hay dos que me parecen fundamentales. La primera fue el rechazo mayoritario en las primeras elecciones de la democracia de los cuarenta años anteriores, rechazo tanto del franquismo, es decir de Alianza Popular, como del antifranquismo, es decir del Partido Comunista. Se quería pasar página. El PSOE, por lo tanto, se beneficia de presentar caras nuevas y Felipe González era, de largo, la más atractiva de las caras nuevas. La segunda circunstancia se refiere al espacio electoral del socialismo democrático y a las siglas PSOE. Las siglas tienen, sin duda, mucha solera, tienen una especial prima de la cual carecen todos los demás partidos que compiten por ese espacio. El PSOE es lo más castizo de la izquierda española.

F.B. — Yo no estoy seguro de que el peso de las siglas fuese muy grande. A mí me de la sensación de que antes de la legalidad no encontrábamos ese entusiasmo que luego parecieron provocar las siglas. Numéricamente, por pura ley biológica, había muy poca gente en la España del posfranquismo que pudo, en el pasado, haber votado al PSOE.[8] Yo creo que, más que unas siglas, los votantes querían imágenes nuevas porque querían borrar como fuese la posibilidad de una vuelta a los enfrentamientos de la guerra civil. Por eso al comunismo le restó votos el hecho de estar inevitablemente vinculado a la figura de Carrillo, a la de la Pasionaria y a la imagen de la guerra civil.

T.B.M. — ¿No hubo rechazo a la ideología comunista?

F.B. — No. Yo no creo que hubo tal rechazo a la ideología comunista. No fue una elección consciente entre el comunismo y el socialismo democrático moderado que ofrecía el PSOE.

8. José Félix Tezanos, estudioso de la sociología del socialismo, afirma que un alto porcentaje de quienes votan al PSOE en las primeras elecciones lo forman hijos y nietos de socialistas (véase Tezanos, p. 385). José María Maravall, que también cree en la memoria histórica como factor electoral, analizó las similitudes en la distribución del voto socialista en la República y en el posfranquismo. José María Maravall, *La política de la transición,* Madrid, 1982.

T.B.M. — En su XXVII Congreso de diciembre de 1976 en Madrid, el PSOE aprueba lo que usted mismo reconoce como la resolución «más radical de toda la historia del socialismo español» cuando se declara «partido de clase y, por lo tanto, de masas, marxista y democrático».[9] Esta resolución ¿no fue un intento, puramente táctico, de quitar espacio electoral a los comunistas? ¿No fue una estrategia para asegurarse que nadie podría pasar al PSOE por la izquierda?

F.B. — En parte yo creo que sí existía esa preocupación. Pero creo que luego la mayor parte de nosotros, y desde luego Felipe González, por lo menos por el recuerdo que tengo yo y hasta el año 1977 o 1978, éramos marxistas convencidos. Felipe González, en 1976, estaba convencido que eso era lo que había que decir.[10]

T.B.M. — ¿Había que decirlo por una razón táctica?

F.B. — No, no, no. Yo creo que por convicción. Felipe González estaba convencido de que el marxismo, de que el marxismo democrático, si cabe esa contradicción, era la idea que había que defender. Lo que pasa es que Felipe González ha tenido esa gran habilidad de ir evolucionando mucho y de irse convenciendo en cada momento de que esa evolución estaba justificada y que había que defender a ultranza lo que a lo mejor un año antes no se defendía o se defendía lo contrario. La evolución de Felipe González ha sido muy acusada pero quizá por la historia de España se pueda explicar. No es un caso único.

T.B.M. — Bien, pero el PSOE no se tenía como marxista cuando Felipe González es elegido su primer secretario en 1974 y la decisión de introducir el marxismo como seña de identidad en el congreso de 1976 fue un paso nuevo, conscientemente nuevo, que da una dirección diferente al partido. De entrada, ¿por qué no se definía el PSOE como marxista hasta entonces?

F.B. — Yo creo que el PSOE de Pablo Iglesias tenía un marxismo heredado de los franceses, pero era un partido democrático y se respetaban las ideas de los demás.[11] Eso quizá explique que no se

9. Bustelo, *La izquierda imperfecta,* p. 108. La resolución, entusiastamente aprobada por Bustelo, provocaría la irritada salida del PSOE de Miguel Boyer, compañero de Bustelo veinte años antes en la Asociación Socialista Universitaria, (ASU).

10. Véase la interesante reflexión de Joaquín Arango sobre el grado de aceptación del marxismo en el PSOE de 1976 (Arango, p. 100).

11. Paul Lafargue, yerno de Carlos Marx, y su amigo íntimo Jules Guesde, ortodoxo marxista francés y director del semanario *L'Égalité,* inspiraron los primeros textos del socialismo español.

incluyesen afirmaciones marxistas en los congresos. Pero en 1976, por falta de madurez o por lo que señalaba usted de presión de los comunistas, Felipe González, en un congreso donde ya clarísimamente está confirmado su hiperliderazgo, deja que se redacte una resolución política que es de toda la historia del PSOE sin duda la más marxista, la más radical, la más monolítica. Y fue una resolución redactada y apoyada por los llamados *felipistas* al ciento por ciento.

T.B.M. — En el siguiente congreso, el polémico XXVIII Congreso, la identificación marxista sigue siendo válida.

F.B. — Sí. Se demostró que en el PSOE había cierta renuencia a dejar el marxismo de lado o a socialdemocratizarse. Pero estoy convencido de que en el congreso de 1976 se hubiese podido aprobar una resolución completamente distinta, es decir, socialdemócrata y no marxista porque no hubiese habido ninguna oposición. Entonces Felipe González tenía todos los apoyos habidos y por haber.

T.B.M. — No deja de ser curioso ese marxismo del partido en 1979. El PSOE para entonces ya había machacado electoralmente al Partido Comunista y tenía que abrirse hacia el centro. El PSOE nunca había sido explícitamente marxista hasta 1976, y ya en 1979, con la Constitución democrática aprobada, no tenía mucho sentido insistir en seguir siéndolo. Y sin embargo la mayoría hace profesión de fe marxista.

F.B. — Claro, claro. Es una cosa muy curiosa. Yo creo que Felipe González cambió de verdad. Si algún día escribe sus memorias, pues probablemente contará cómo realizó ese cambio entre el año 1976 y 1978, que fue cuando de verdad se produjo un giro fundamental en sus ideas....

T.B.M. — Lo dice porque insiste en que en 1976 Felipe González era un marxista convencido.

F.B. — Sí, yo creo que sí. Felipe González ha pecado por un exceso de oportunismo muchas veces, pero a su manera ha sido muy sincero. Ha evolucionado muchísimo, ha sido capaz de adaptarse. En el año 1976 yo creo que él de verdad, sinceramente, era marxista. Y además la imagen que teníamos de Felipe González, yo creo que desde el año 1970 hasta 1978, era que tanto él como los andaluces que le apoyaban eran más bien la izquierda del partido. Eran más radicales que Pablo Castellano, que yo, que los madrileños o que los vascos.

T.B.M. — ¿Qué es lo que le pasa a Felipe González para que de sopetón anuncie en 1978 que había que ir pensando en abandonar el marxismo?[12]

F.B. — Pues no lo sé. Sería muy difícil de explicar. Lo que sí es cierto es que Felipe González se lo jugó todo a una carta. Creo que tenía entonces ese liderazgo completo, y que podía haber conducido al partido a un cambio inevitable aunque quizá excesivo. Pero lo hizo de una forma traumática, yo creo que sin pensarlo mucho. Y le salió bien porque hasta cierto punto estaba la historia a favor de él, pero también hubo mucho de casualidad.

T.B.M. — No veo yo que le saliese tan bien. Al fin y al cabo pierde el congreso, dimite y tiene que esperar un congreso extraordinario para seguir al frente del partido.[13]

F.B. — Bueno, le sale mal durante tres meses, entre mayo y septiembre, porque en septiembre se produce su gran triunfo.

T.B.M. — Ya lo sé. Y eso es lo que conduce a algunos a pensar que todo estaba meditado y planificado hasta el último detalle. A ustedes los críticos que defendían la resolución marxista les metieron en una encerrona porque todo fue una escenificación.

F.B. — Eso en absoluto. Yo creo que el resultado de la resolución política les cogió completamente por sorpresa. Felipe González, con su gran peso y su gran carisma, estaba convencido de que si yo defendía una resolución política que a él le parecía excesiva, el que conseguiría el apoyo sería él.

T.B.M. — ¿Por qué estaba usted tan convencido de que era necesario reafirmar el marxismo como seña de identidad del partido?

F.B. — ¡Ay! Desde una perspectiva actual aquello no tenía mucho sentido, ¿no? Luego se ha visto que la evolución histórica, que la historia de España, no iba por ese camino. Pero yo entonces sí que creía, y pienso que la mayoría del partido lo creía, que había que mantener unas señas de identidad muy de izquierdas. Estábamos demasiado radicalizados y sobre todo a mí no me gustaba que aquello se hubiese hecho de una forma poco democrática, poco discutida, que fuese simplemente el primer secretario el

12. Para el anuncio del abandono véase Boyer, p. 301, nota 13.

13. Hay varios testimonios en este volumen sobre el XXVIII Congreso de mayo de 1979, en el cual Felipe González presenta su renuncia a ser elegido secretario general y el congreso extraordinario de septiembre en el cual él vuelve triunfalmente al poder y el marxismo pasa al baúl de los recuerdos del PSOE. Son especialmente interesantes las reflexiones de Joaquín Almunia (p. 322), de Alfonso Guerra (p. 133) y de Miguel Boyer (p. 302).

que hiciese una declaración a la prensa en Barcelona sin consultar a los demás.

T.B.M. — Si Felipe González hubiese planteado ese giro de otra forma, ante los órganos del partido, explicando los motivos, ¿se hubiera aceptado sin bronca?

F.B. — Claro, si se hubiese hecho así, claro.[14]

T.B.M. — El razonamiento de Felipe González era bastante obvio. Se habían celebrado dos elecciones y el PSOE había perdido ambas aunque tenía una clara hegemonía en la izquierda con cinco millones y pico de votos. Ya no había más votos marxistas que recoger y ahora se trataba de abrirse hacia el centro. Y eso es exactamente lo que el partido, ya curado de su marxismo, consigue tres años más tarde en 1982, doblando su número de votos.

F.B. — Claro, la historia lo demostró. Nosotros creíamos que España, por su atraso, era más radical, que el electorado era más de izquierdas. Y luego la historia demostró que no era así. El PSOE sacó diez millones de votos porque consiguió muchos votos de centro, muchos votos moderados. Pero aunque la historia le diese la razón a Felipe González, yo creo que el giro lo hizo de mala manera, o con poca habilidad, o con poco respeto hacia los demás.

T.B.M. — Y así se produjo la contradicción...

F.B. — La gran contradicción —que la gente quería a Felipe González y también quería el marxismo—. Pero volviendo donde estábamos, la verdad es que todo esto fue una sorpresa, una sorpresa para Felipe González y para mí mismo y para todos los demás. Hablar de una escenificación es querer escribir la historia a toro pasado. El gran éxito que tuve defendiendo la ponencia política fue una sorpresa completa. Quizá acerté en tocar unas fibras sensibles. Yo improvisaba y había algo de demagogia si se quiere. Pero hubo una respuesta mayoritaria.

T.B.M. — Lo que ocurrió es que luego usted no encontró a la gente que necesitaba para ayudarle a formar la dirección del partido, sustituyendo a Felipe González. O bien nadie podía hacer frente al liderazgo de Felipe González o bien los que habían votado la ponencia marxista sabían en su fuero interno, tal y como había explicado Felipe González, que con esa seña de identidad el PSOE no iba a ninguna parte.

14. En esto hay una curiosa coincidencia entre Bustelo y Alfonso Guerra, que luego perseguiría tenazmente a los llamados «críticos» (véase Guerra, p. 133).

F.B. — Ni Enrique Tierno ni Luis Gómez Llorente quisieron apoyarme. Y había razones. Felipe González tenía muchísimo peso y una nueva ejecutiva hubiera sido una oposición a su liderazgo. Existía el riesgo de una escisión.

T.B.M. — A Tierno Galván le preocupaba el apoyo internacional.

F.B. — Eso a mí nunca me convenció porque entre los partidos se respeta mucho, con independencia de las preferencias, la persona que sale democráticamente elegida en una ejecutiva. Y además la ayuda material tampoco era muy grande. Pero sin embargo sí que había problemas en el grupo parlamentario. Los diputados y los senadores estaban al ochenta por ciento a favor de Felipe González.

T.B.M. — No hubo por lo tanto una nueva ejecutiva y el desenlace del congreso fue una gestora para organizar un nuevo congreso, un congreso extraordinario, el llamado «congreso veintiocho y medio». Felipe González anuncia su dimisión con un discurso en el que dice que está en la política porque le mueve la ética y que es «un junco que se resiste a ser llevado por los vientos». Pierde, momentáneamente como se vería, el control del partido, pero se gana, como también se vería, otros cinco millones de votos que le auparían al poder con una mayoría aplastante tres años más tarde.

F.B. — Pero entre 1979 y 1982 es muy difícil imaginar qué hubiese ocurrido si se hubiese registrado otra evolución. Yo creo que, de evolucionar el partido de otra manera, su imagen hubiese sido, sin duda, más radical aunque se pudiese haber ido corrigiendo, porque nosotros, los dirigentes, Enrique Tierno, Luis Gómez Llorente y yo mismo, pues también habríamos cambiado. Tampoco era que fuésemos unos radicales totalmente izquierdistas. Yo creo que quizá se hubieran conseguido menos votos, pero también creo, aunque claro todo esto es difícil decirlo y es un poco arrimar el ascua a mi sardina, que se hubiesen evitado determinados problemas que se han manifestado durante los catorce años de la gobernación socialista y que yo creo que van muy unidos al liderazgo exclusivo de una persona.

T.B.M. — El hecho es que el PSOE pasó de ser «el partido socialista más radical de la Europa occidental a ser el más moderado sin saber muy bien el porqué de lo uno y de lo otro».[15]

F.B. — Bueno, la evolución del PSOE era inevitable porque la han registrado todos los partidos socialistas de Europa, pero la evolución se podía haber hecho de otra forma, de una forma más de-

15. Bustelo, *La izquierda imperfecta*, p. 129.

mocrática, de una forma más meditada y quizá, haciéndolo así, el PSOE también hubiera tenido buenos resultados electorales.

T.B.M. — ¿Si el PSOE se presenta como un partido todavía radical en 1982 hubiera ganado las elecciones?

F.B. — No. Probablemente no, aunque, claro, eso no se puede saber. Tenga en cuenta que las resoluciones políticas pueden crear cierta imagen, pero en realidad no se las lee nadie. Salvo los delegados que las aprueban, las resoluciones no las leen ni los propios militantes. Lo que importa es la imagen que dan en los medios de comunicación el líder o los líderes y la campaña electoral que hacen. Lo que sí es verdad es que Felipe González, que es un gran comunicador, acertó plenamente en 1982 y que luego ha mantenido durante mucho tiempo una imagen que atraía votos del centro y le aseguraba una gran cantidad de escaños.

T.B.M. — En el XXVIII Congreso el país entero se enteró del debate sobre el marxismo y de que Felipe González era una persona que decía que había que «ser socialista antes que marxista» y que él estaba en la política «porque hay un discurso ético, que no suena demasiado revolucionario, que no suena demasiado demagógico, pero que es lo que mueve a Felipe González en la política».[16] Eso, creo, movió a muchos votantes tres años después. Pero me interesaba algo que pasó prácticamente inadvertido en aquel momento y esto fue que se aprobó una enmienda a los estatutos que cambiaría radicalmente la composición y el desarrollo de futuros congresos. Gracias a esa enmienda los delegados que debían asistir a los congresos serían elegidos no por las agrupaciones sino por las federaciones, y las federaciones, entre las cuales la andaluza era con mucho la mayor, votarían en bloque. Con ese cambio el aparato del partido tenía la posibilidad de controlar férreamente los congresos. Mientras ustedes, los críticos, luchaban por resoluciones políticas y se dedicaban a la ideología, el *felipismo* aseguraba su victoria por goleada en el congreso extraordinario. El liderazgo ya se hace inamovible.

F.B. — Eso es totalmente cierto. Fue una cosa elemental y fue nuestro gran error. Es que en un partido político, con independencia de las posiciones ideológicas, lo que es fundamental es la cocina interna, el tener las redes, los apoyos y la clientela, y el poder preparar los congresos. Nosotros no supimos hacer eso en ningún mo-

16. Las citas están tomadas de Santos Juliá, *Memoria de la transición,* p. 400s.

mento. En cambio Felipe González sí lo supo hacer. Lo que explica muchísimo de la historia del socialismo español en los últimos veinticinco años, además del carisma de Felipe González, es la capacidad organizadora de Alfonso Guerra que estaba a su lado. En el congreso extraordinario de septiembre encontramos que teníamos absolutamente todas las de perder. Cada vez que Alfonso Guerra levantaba la tarjeta de la federación andaluza, ya votaban el treinta por ciento de los delegados.

T.B.M. — Entonces ya, a partir de entonces, se elimina la posibilidad de cualquier presencia crítica en la cúpula del partido y por lo tanto la capacidad de cualquier ejercicio de control sobre la actuación de sus máximos dirigentes.

F.B. — Completamente. El recuerdo que tengo ahora, una vez retirado de toda actividad política y después de muchos años, es no solamente el hecho de que estuviésemos en minoría, que es una cosa absolutamente legítima y aceptable en cualquier partido político, sino el de un rechazo, un rechazo que incluso algunas veces era personal. El no ser un incondicional resultaba ser inaceptable, a pesar de tener acreditada nuestra fidelidad a lo largo de muchos años a las ideas socialistas y al Partido Socialista. A mí esto me parece malo. Se ha asentado una forma de proceder, una cultura, que va a costar erradicar. Uno de los aspectos negativos que queda de los catorce años de gobierno socialista es el rechazo al que piensa de una forma distinta, al que no es incondicional.

T.B.M. — ¿Anteriormente no había sido así en el PSOE? Los partidarios de Prieto y de Largo Caballero se enfrentaban unos a otros con piedras, puños y pistolas.

F.B. — Yo creo que no, salvando, evidentemente, aquellos años muy crispados de los treinta. Volviendo a lo que hablábamos al principio, creo que existía un mayor respeto. Se comprende que en circunstancias difíciles se puede exigir un mayor monolitismo, y una circunstancia excepcional podía muy bien ser la salida de una dictadura. Pero en 1982, cuando se tenía la mayoría absoluta ¿por qué no se empieza a establecer un mayor pluralismo en la dirección? ¿Por qué inevitablemente personas como Gregorio Peces-Barba, Ignacio Sotelo, el propio Luis Gómez Llorente son apartados?[17]

17. Bustelo hace una pregunta retórica. Son apartados porque son incómodos. Ignacio Sotelo, profesor en la Universidad Libre de Berlín, formó parte de la Ejecutiva elegida por el congreso extraordinario de 1979 con el cargo de secretario de Cul-

T.B.M. — ¿Cómo se explica este temor al pluralismo?

F.B. — Pues yo sigo buscando una explicación, porque la que tengo es una explicación psicológica y no me convence mucho como historiador y menos como antiguo marxista. Creo que se trata de unas ideas, unas convicciones, muy arraigadas en Felipe González, donde se mezclan aspectos personales y políticos. Cree que compartir el poder es malo y cree en sus propias cualidades y sus propios aciertos. Y además ha tenido buenos motivos para creer que él acertaba y que era bueno para el país y para el partido tener esa dirección tan poco compartida. Yo tengo el recuerdo de Felipe González antes de 1976, que es cuando dejé de tratarle cotidianamente, y era un Felipe González que quería escuchar a los demás. Bien es verdad que entonces éramos pocos y teníamos muchos problemas y era inevitable que se hablase de muchas cosas. Pero creo que Felipe González no ha creído nunca jamás que es bueno para un partido democrático, y a la larga más eficaz, tener una dirección compartida, si bien con un *primus inter pares*.

T.B.M. — Repasando aquella época hasta 1976, da la sensación de que Felipe González era como una esponja, que rebañaba ideas de muchos sitios.

F.B. — Eso sí. No se explicaría su gran figura política, su papel en la historia de España, si no hubiese tenido una enorme capacidad de aprendizaje. Felipe González es un caso muy especial que llega a la presidencia de un gobierno con una experiencia mínima. No es corriente en la historia de una democracia que uno llegue a ser presidente habiendo estado sólo cinco años de diputado y sin haber sido siquiera concejal. En realidad esto nos ocurrió a todos, porque tuvimos que aprender deprisa y corriendo lo que era vivir en una democracia.

T.B.M. — Uno de los riesgos de llegar demasiado pronto al poder es quedarse fascinado por él. Y el riesgo concreto para los dirigentes de un partido de izquierdas que está apelando al voto moderado y de centro es caer en manos de lo que ya críticos como usted en los años veinte en Inglaterra llamaban el «abrazo aristocráti-

---

tura. Lúcido crítico del *felipismo,* es autor de *Los socialistas en el poder*, Madrid, 1986. En la *Democracia en España*, Gregorio Peces-Barba se despacha a gusto contra «las miserias del partidismo cerrado» y la «cultura de *leadership*» que rodea a Felipe González (p. 144).

co».[18] Los antecedentes suyos son, digamos, de burguesía ilustrada y usted está vacunado contra ciertos abrazos porque los conoce desde la cuna. No es así en el caso de muchos que ocuparon altos cargos en la administración socialista. Generalmente hay pocos pasos entre el abrazo, la corruptela y la corrupción.

F.B. — Sí, es cierto que personas que se acercan a zonas de la sociedad que desconocían se pueden contagiar de unos sistemas de valores que cuando se conocen se sabe que son poco atractivos. Pero quizá no sea la única explicación. Se produce también por falta de convicción.

T.B.M. — Lo que ha perdido el PSOE, ¿no?, es la imagen de austeridad, el idealismo de un partido de hombres «libres, iguales, honrados e inteligentes»[19] que fue el legado del *pablismo*. Ese patrimonio ha quedado dilapidado, o cuando menos seriamente cuestionado, después de la experiencia del PSOE en el poder.

F.B. — Claro, ése era el gran patrimonio. El PSOE tuvo errores a lo largo de su historia, algunos eran errores grandes, pero siempre tuvo ese patrimonio. Cuando se haga una historia ya serena del PSOE —quizá usted ya está colaborando con ese fin—, se verá que es muy difícil entender la mezcla de aspectos positivos y negativos. No cabe duda de que ha tenido muchos aspectos positivos y también muchos negativos, posiblemente más de éstos de lo que hubiera sido normal. Y uno se pregunta cómo fue posible que Felipe González, disponiendo de tanto mando, no fuera capaz de imponer una forma de proceder acorde con la historia del partido. Hacer eso era lo más sencillo.

T.B.M. — Y ética aparte, era lo más eficaz.

F.B. — Es que si no se dejan coger por la corrupción, incluso con el oportunismo, con la poca sensibilidad social, con una política económica con algunos errores, probablemente pudieran haber estado cuarenta años en el poder en lugar de estar los catorce que estuvieron.

18. La frase estaba dirigida a Ramsay MacDonald, primer ministro, en 1924, del primer gobierno laborista en el Reino Unido, que fue repudiado por su propio partido al optar por políticas conservadoras. La utilizó Nicolás Redondo para criticar a Felipe González (véase p. 212).

19. Según el programa máximo de 1879.

# V

# TESTIGOS DE LA HISTORIA (II)

# 11. Edward Malefakis

*Autor de numerosos estudios sobre la historia contemporánea de España, es profesor de Historia en Columbia University, Nueva York.*

## Cualquiera sabe cómo se sale del *felipismo*.

Empezando por Raymond Carr, que fue durante un tiempo mi tutor en mi paso por la universidad, he tenido la gran suerte de conocer y tratar a bastantes de los hispanistas anglosajones que han contribuido a esclarecer y a explicar la historia de España. Coincidí con Edward Malefakis, un notable entre éstos, en Nueva York cuando estaba ya preparando este libro y se brindó con gran generosidad a dialogar sobre el socialismo español para ayudarme a situarlo en su contexto de la política nacional de este siglo, en su contexto de partidos de izquierdas y en el contexto europeo.

Tenía un interés especial en poder contar con Malefakis después de haber leído un ensayo suyo sobre los procesos históricos del sur de Europa en los siglos XIX y XX que analiza las coincidencias y las diferencias en la búsqueda común, tan frecuente y bruscamente interrumpida, por España, Grecia, Italia y Portugal de un consenso político estable. Grecia presenta problemas particulares y especiales, pero Malefakis está seguro de que «el resto del sur de Europa ha cruzado el umbral que durante tanto tiempo eludió y ya no es verosímil que sufra las involuciones desastrosas que le caracterizaron en el pasado».[1]

En el haber del PSOE renovado y de Felipe González está una muy decisiva contribución al paso de España por ese umbral. Creo que es muy importante resaltar que todos los aspectos criticables del Partido Socialista en sus casi catorce años de gobierno, empezando y acabando por esa prepotencia, basada en un excesivo liderazgo y en un férreo control central, que permitió la corrupción, son *peccata minuta*, frente al enorme éxito de la consolidación de la democracia que tuvo lugar durante su período en el poder. El gran prestigio internacional del que goza Felipe González está plenamente justificado.

El punto clave de esta contribución arranca en la desintegración de la UCD y la desaparición de Adolfo Suárez. Felipe González y el PSOE supieron ocupar en las elecciones de 1982 un espacio político de vital importancia porque representaba un amplio consenso social que había quedado vacío. La UCD, y en particular Suárez,

1. Edward Malefakis, *Southern Europe in the 19th and 20th centuries: an historical overview*, Estudio/working paper 1992/35, Centro de Estudios Avanzados en Ciencias Sociales, Instituto Juan March, p. 80.

pasado el trienio, 1976-1979, de la transición, no estuvo a la altura de las circunstancias, no dio la medida. Suárez, para Malefakis, constituye un «gran misterio político» y el único paralelismo que se le ocurre es el de Mijaíl Gorbachov, siendo la caída de Suárez la más dramática de las dos.

Felipe González pudo resistir la campaña de desgaste a la que fue sometido, como, pasado 1979, no pudo Suárez, porque tenía en el PSOE un partido que se mantuvo siempre unido y sobre el cual, en un doble proceso, él supo en todo momento ejercer un indiscutido liderazgo. El Partido Socialista ocupó con seguridad y con eficacia el lugar que había abandonado la UCD, constituyéndose en el partido de la mayoría natural en España, porque se había subido al carro de la moderación y de la modernización con una encomiable habilidad que era infrecuente en otros partidos socialdemócratas europeos.

Las mayorías parlamentarias que gana el PSOE en las legislativas de 1982, 1986 y 1989 fueron, sin embargo, perjudiciales porque dieron lugar a aquella prepotencia que Malefakis califica como «la gran debilidad, el punto flaco» del Partido Socialista. Los perjuicios son mayores cuando se une, como en el caso de Andreas Papandreu y el PASOK en Grecia que puede ofrecer paralelismo con Felipe González y el PSOE, un fuerte liderazgo a la ausencia de oposición.

Malefakis reflexiona sobre la contradicción entre el poder que se concentra en torno a una persona y el poder que se reúne en un partido político y en su proyecto político (una contradicción que algunos países resuelven imponiendo límites al mandato del líder político de turno) y se pregunta si existe alguna vía para acabar con el predominio de Felipe González sobre su partido. En Grecia el problema se solucionó cuando enfermó Papandreu pero, dice Malefakis, «cualquiera sabe cómo se sale del *felipismo*».

Tom Burns Marañón: Una de las cosas de la cual estoy muy seguro después de varias de estas conversaciones es de que de no haberse renovado el PSOE bajo el liderazgo de Felipe González, y de no haber puesto los destinos del partido en sus manos, el Partido Socialista no hubiera conseguido una aplastante victoria electoral en el ochenta y dos, ni hubiera resistido casi catorce años en el poder.

Edward Malefakis: Sí. Yo creo que la renovación del PSOE

tiene una importancia fundamental. De haber continuado el liderazgo histórico, con Llopis y los suyos al frente del partido, no hubiéramos visto un socialismo mayoritario. Hubiéramos tenido, a buen seguro, varios partidos socialistas y supongo que entre ellos el partido más atractivo para muchos hubiera sido el de Enrique Tierno Galván.[2]

T.B.M. — ¿No crees que el fracaso electoral del Partido Comunista, habiendo sido éste el principal adversario del franquismo, tiene tintes de injusticia histórica? Fue incapaz de capitalizar el trabajo de tantos años.

E.M. — Lo que pasa es que uno de los grandes elementos de fuerza que tienen los comunistas es la manera en que cambian de política según las conveniencias de un momento dado. Tienen una capacidad maquiavélica de salir a flote y ponerse delante de la manifestación. De una y de otra manera hicieron esto en los años veinte, en los treinta y en los cuarenta. Pero esto tiene un altísimo precio porque van creando enemistades por doquier, no sólo con el capitalismo y los partidos burgueses, lo cual no importa mucho, sino con los socialistas y otras fuerzas progresistas y esto es más importante. El hecho es que los partidos socialistas en Europa son mayores que los comunistas...

T.B.M. — No es el caso de Italia...

E.M. — Claro, hay excepciones y la italiana es la más significativa. También hubo una época en Francia en que los comunistas competían seriamente con los socialistas. Creo que la gran diferencia entre el Partido Comunista de España y otros partidos comunistas europeos es que en España el partido significaba la resisten-

2. Enrique Tierno Galván, intuyendo que los «aciertos o desaciertos» de Felipe González «incidirían en la vida de la nación», ensaya una interpretación de la personalidad del joven dirigente socialista después de tratarle por primera vez con algo de sosiego en enero de 1977. Tierno explica que sólo los dictadores absolutos están dispuestos a admitir que lo que quieren es lo que ocurre. Otros, «por razones de educación, por experiencia o por motivos hondos que pocas veces salen a la luz», tienen la conciencia profunda de que lo que se hace va a estar siempre determinado, de manera ineludible, por lo que ocurre. Tierno pone a González en este segundo grupo: «Lo que hiciera, por muy fuerte y eficaz que fuera, siempre lo vería más o menos impuesto por los acontecimientos.» El tener la conciencia y la voluntad teñidas por la permanente visión del destino, es la raíz de cualquier pesimismo. Tierno percibió en González: «Un optimismo ocasional que encubría un pesimismo profundo.» Tierno Galván, *Cabos sueltos,* p. 616.

cia y esto le dio vida y ayudó, por decirlo de alguna manera, a olvidar errores anteriores.

T.B.M. — Pero esto no fue suficiente para permitir la transformación del PCE en un gran partido, electoralmente fuerte, en la transición política.

E.M. — No, esto no ocurre. Yo, personalmente, estoy de acuerdo con la mayoría de las decisiones políticas que toma el Partido Comunista durante la guerra civil española y creo que tuvo la habilidad de organizarse bien y de evitar las divisiones que plagaron a otras fuerzas en la República. Los comunistas tenían muy claro que había que concentrarse en ganar la guerra frente a quienes querían hacer la revolución. Los éxitos militares que tuvo la República fueron, en una gran medida, éxitos suyos.

T.B.M. — Y después de la guerra los comunistas son los que luchan más y con mayor eficacia contra el franquismo vencedor. Hay dos explicaciones que se suelen utilizar para comprender su posterior hundimiento electoral. La primera viene a decir que con la restauración de la democracia en España los electores votaron en contra de todo el período anterior, en contra del franquismo, que en las elecciones de 1977 representaba Manuel Fraga y Alianza Popular, y en contra del principal adversario al régimen, que fue el PCE. La segunda explicación se refiere a la memoria histórica que persiste en España y que agrupa votos de la izquierda en torno al PSOE.

E.M. — No hay duda de que la memoria histórica funcionó en determinadas áreas del electorado y que favoreció al PSOE. Lo que creo, sin embargo, es que todavía fue más importante una memoria histórica en la izquierda que era contraria al Partido Comunista. No debemos olvidar que el PCE acaba la guerra civil como el blanco de todos los odios de todo el mundo. Yo recuerdo los artículos que aquel importante socialista Luis Araquistáin publicó en *The New York Times*, a finales de mayo de 1939, es decir, a las pocas semanas de la victoria franquista.[3] Llama la atención que en aquel momento, cuando se acercaba el comienzo de la Segunda Guerra Mundial, estaba clarísimo para Araquistáin que el principal enemigo político a batir era el Partido Comunista. También ten en cuenta que la guerra fría había hecho mella y que la legitimidad de los partidos comunistas estaba cuestionada. El comunismo inspiraba mie-

3. Para Araquistáin, véase Simón, p. 76, nota 1.

*Los comunistas tenían muy claro que había que ganar, concentrarse en ganar la guerra frente a quienes querían hacer la revolución.*

do y desconfianza y el socialismo no. El Partido Socialista tenía una imagen moderada.

T.B.M. — La estrategia de eurocomunismo que adoptó Santiago Carrillo tenía precisamente el fin de ganar legitimidad democrática, pero no pudo superar el miedo y la desconfianza que apuntas.[4]

E.M. — No. La verdad es que el eurocomunismo fracasó en lo que se propuso y esto fue en parte por las acciones de la Unión Soviética y en parte porque donde estaba el comunismo más próximo al poder en Europa era en Portugal donde el Partido Comunista de Alvaro Cunhal se había aliado con la facción revolucionaria del Movimiento de las Fuerzas Armadas. Cunhal, por ejemplo, ponía en duda la utilidad de celebrar elecciones generales. Ten en cuenta también que el PCE era muy pequeño y sólo estaba presente en círculos muy concretos de la intelectualidad, de una juventud de elite y de una reducida militancia obrera. Grandes capas de la sociedad española ignoraban el papel de oposición al franquismo que habían desarrollado los comunistas.

T.B.M. — Hablabas de la imagen moderada de los socialistas. Hay bastante literatura dedicada a la ausencia de ideología en el PSOE, cosa que no era el caso en el PCE donde al menos se pretendía una mayor preparación teórica. Esto puede que favorezca a los socialistas.

E.M. — Bueno, se lleva ya bastante tiempo diciendo que el PSOE ha tenido muy poca teórica marxista. Los historiadores ingleses, sobre todo, han dedicado atención a esta cuestión.[5] Yo, francamente, creo que el hecho de que el PSOE tuviese poca ideología es un factor positivo. La verdad es que ningún partido socialista ha fomentado la ideología desde los años veinte. La gran época de ideología socialista fue anterior a la Primera Guerra Mundial con Karl

4. Santiago Carrillo explicó la autonomía del PCE frente a la Unión Soviética y su creencia en el pluripartidismo y la vía parlamentaria en *Eurocomunismo y Estado*, publicado en Madrid en 1977. Muchísimo más leído fue la *Autobiografía de Federico Sánchez* de Jorge Semprún, que ganó el premio Planeta aquel año. La «novela» de Semprún, dirigente clandestino del PCE en España que fue expulsado del partido en 1964 y que sería nombrado ministro de Cultura por Felipe González en 1988, fue un alegato extremadamente crítico contra el estalinismo del PCE.

5. Por ejemplo, Paul Heywood, *Marxism and the failure of organised socialism in Spain 1879-1936,* Cambridge, 1990, p. IX: «El socialismo español no ha producido teóricos marxistas de rango internacional e incluso ha tenido pocos que podrían ser vistos como particularmente importantes en un contexto local.»

*La UCD se desintegra porque Alfonso Suárez ya no ofrece liderazgo.*

*Pablo Iglesias fue en gran modo responsable del lento crecimiento del PSOE.*

*Antes de que el PSOE ganase las elecciones de 1982, el programa socialista de los franceses había fracasado. (En la foto, François Mitterrand.)*

*Malefakis con Santiago Carrillo, Madrid, junio de 1996.*

Kautsky y Rosa Luxemburg.[6] Después los ideólogos ya pertenecen al área comunista. En España el Partido Socialista se desarrolló mucho más despacio que en cualquier otro de los grandes países europeos. No empezó a tener una presencia de cierta importancia hasta ya comenzada la segunda década del siglo. Tenía veinte años de retraso frente al Partido Socialista Italiano y quizá cincuenta frente al Partido Socialdemócrata de Alemania.

T.B.M. — La ausencia de ideología permitiría al PSOE en los ochenta ocupar una gran parte del centro del espacio político. Pero antes tuvo que enterrar definitivamente lo que a los socialistas les gusta llamar la «sobrecarga ideológica» de marxismo que se apodera de la progresía española en el tardofranquismo.

E.M. — Claro. Si bien es verdad que el PSOE no tiene una gran tradición teórica a lo largo de su historia, esto no es tan cierto durante los años setenta. Los socialistas estaban fomentando la ideología hasta el final de esa década y su congreso de 1979.[7]

T.B.M. — Que es cuando Felipe González fuerza la renuncia al marxismo.

E.M. — Sí, pero no desaparece del todo la ideología. Yo creo que la discusión que tuvo el partido en torno a la OTAN fue básicamente una discusión ideológica. Y en cuanto a los años setenta piensa en el contraste entre los comunistas y los socialistas. Los comunistas estaban actuando un poco como actuaron en la guerra civil, es decir, se esforzaban por ser los más unidos, los menos conflictivos, los más reconciliadores.

T.B.M. — Yo pienso que el marxismo del PSOE fue más demagógico y táctico que otra cosa. En cuanto los líderes del partido, y concretamente Felipe González, se dieron cuenta de que ya tenían una hegemonía en la izquierda, se quitaron la carga ideológica de encima.

E.M. — No lo discuto. Es que esa carga les empezaba a pesar electoralmente, les perjudicaba. Y además el PSOE estaba siguiendo el ejemplo de los demás partidos socialistas occidentales, sobre

6. Karl Kautsky, marxista alemán desilusionado con el experimento bolchevique, influenció a Julián Besteiro (véase Lamo, *Filosofía y política de Julián Besteiro,* p. 154s). Las ideas y la figura de Rosa Luxemburg fueron «rescatadas» en las revueltas estudiantiles de finales de los sesenta (véase Guerra, p. 128, nota 10).

7. Para la «sobrecarga ideológica» y la polémica sobre el marxismo en el XXVIII Congreso del PSOE de mayo de 1979, véase en especial, Arango, p. 101, y Bustelo, p. 257.

todo el ejemplo de los socialdemócratas alemanes.[8] La verdad es que prácticamente todos los partidos socialistas se deshacen del marxismo en el período entre las dos guerras mundiales; quizá no se deshacen del todo pero sí en el sentido de que el marxismo deja de ser un principio operativo.

T.B.M. — El enorme voto que consigue el PSOE en las elecciones de 1982 con su eslogan «Por el cambio» incluyó tanto a los que realmente querían un cambio, es decir, a los votantes de izquierda, como a los votantes que lo que querían era un gobierno seguro y unido que hiciese funcionar el país y que consolidase la democracia. En una gran medida, lo que antes era un partido socialista, con retórica marxista, se convirtió en un partido de centro.

E.M. — Claro. Una de las explicaciones clave de lo que ocurre en las elecciones de 1982 es el derrumbamiento de la Unión de Centro Democrático. Si hubiera habido elecciones en febrero de 1981 en vez de un intento de golpe de Estado, los socialistas probablemente hubieran conseguido ser el partido mayoritario pero estoy seguro de que no hubieran conseguido la mayoría absoluta. El PSOE debe su triunfo de octubre de 1982 a la desintegración de la UCD y a la desaparición de Adolfo Suárez de la escena política. Para mí el Suárez de la transición política, tan lleno de aciertos y tan decidido, y el Suárez posterior, después de haber ganado sus segundas elecciones generales en 1979, constituye un gran misterio político. El único paralelismo que se me ocurre es la carrera política de Mijaíl Gorbachov porque éste, al igual que Suárez, marca el ritmo de la historia en un momento dado y luego, pasado un momento histórico determinado, pierde toda efectividad. Creo, incluso, que la caída de Suárez es todavía más dramática que la de Gorbachov. Es evidente que la UCD se desintegra porque Suárez ya no ofrece liderazgo; los barones se rebelan cuando el rey deja de ser fuerte.

T.B.M. — Suárez sufrió una tremenda campaña de desgaste en la prensa...

E.M. — Sí, y Felipe González también ha tenido que lidiar unos medios muy hostiles en los últimos años de su mandato. Sin embargo en este segundo caso los resultados son muy diferentes. Felipe González pudo hacer frente a la campaña.

8. El XXVIII Congreso del PSOE fue conocido como el «*Bad Godesberg*» del socialismo español en referencia a la renuncia del marxismo por la socialdemocracia alemana en el congreso que celebró en esa ciudad en 1959.

T.B.M. — Eso fue porque tenía el partido unido detrás de él.

E.M. — Bueno, lo tuvo unido en parte porque pudo responder a los ataques. Lo que quiero decir es que lo uno y lo otro, la capacidad de respuesta y el apoyo del partido, se refuerzan mutuamente. Felipe González siempre ejerció el liderazgo mientras que Suárez desaparecía del escenario durante largos períodos.

T.B.M. — Es que no se fiaba de los suyos.

E.M. — O no se fiaba de sí mismo. Es un proceso doble. Pero también es verdad que era muy difícil mantener unida una coalición tan amplia como la UCD.

T.B.M. — En la UCD primaban los intereses sobre los principios.

E.M. — Sin duda, pero al principio, en el período 1977-1979, lo hizo todo muy bien.

T.B.M. — Es que entonces tenía una agenda muy concreta que era culminar la restauración del pluralismo político con una constitución democrática. Una vez que finaliza esa etapa excepcional y tiene simplemente que gobernar buscando acuerdos parlamentarios porque no tiene mayoría, la UCD hace agua por todos lados. En cambio el PSOE toma el relevo y gobierna sin problemas.

E.M. — Es que tiene una abrumadora mayoría.

T.B.M. — Por supuesto, pero creo que hay otro factor y es el del liderazgo al cual te referías antes. El antecedente sería el fuerte liderazgo que ejerce sobre al partido Pablo Iglesias y me pregunto si se pueden establecer paralelismos en cuanto a un mando indiscutido entre el *pablismo* y el *felipismo*. Hay todas las diferencias del mundo —distintas épocas, el uno es presidente del Gobierno y el otro no, etcétera— y hay, además, un contraste evidente que es la diferencia entre el legado del *pablismo*, es decir la honestidad, la austeridad, casi el puritanismo que Pablo Iglesias imprime al PSOE, y el legado del *felipismo* que se percibe de una manera muy distinta.

E.M. — Bueno, eso no se percibe en el *felipismo* que recibe apoyos mayoritarios en las elecciones de 1982, 1986 y 1989. La corrupción del PSOE no se descubre, digamos, hasta entrados los noventa. Es un fenómeno, un tema electoral de los noventa, no de los ochenta. Pero estoy de acuerdo en que el monopolio en el mando que ejerce Felipe González está hecho a la imagen y semejanza del que hizo gala Pablo Iglesias. Pero yo no haría tanto hincapié en el legado como tú. Yo no soy un gran admirador de Pablo Iglesias.

Hubo mucho culto a la personalidad, potencialmente al menos, en torno a él y se crearon muchos mitos. Desde luego creo que Pablo Iglesias fue en gran modo responsable del lento crecimiento del PSOE. Hubo otras razones también, pero durante cuarenta años el líder del partido es Pablo Iglesias y durante todo este período el socialismo no consigue implantarse con fuerza en el gran centro industrial del país que era Barcelona y en muchos frentes pierde la batalla ante los anarquistas. El liderazgo de Pablo Iglesias, su monopolio del mando, es, al menos en parte, la explicación de estos fallos.

T.B.M. — Pablo Iglesias desconfiaba mucho y durante años de los intelectuales burgueses que querían acercarse al partido. Cuando comienza, a partir del diez, a dar entrada a personas como Julián Besteiro y Fernando de los Ríos el PSOE comienza a crecer.

E.M. — Sí, eso es así, aunque también en la década del diez, que es uno de los períodos de fuerte industrialización de España, crecen todas las formaciones de base obrera. Es éste un período de grandes conflictos ideológicos y los intelectuales son parte de este proceso. Hay que tener en cuenta la desesperación que sentían muchos intelectuales ante los partidos dinásticos de la Restauración.

T.B.M. — Y cuando se hunden los partidos dinásticos, son personas como Azaña quienes ofrecen un cauce político para profesionales de las clases medias, laicos y progresistas.

E.M. — Pero Azaña no entra seriamente en la política hasta la dictadura de Primo de Rivera.

T.B.M. — Ya. Lo decía porque, cuando tantos intelectuales y profesionales liberales encuentran nuevos cauces políticos para enfrentarse a la Monarquía y deslegitimarla por su apoyo a la dictadura, resulta que la Unión General de Trabajadores colabora con Primo de Rivera.[9] Yo no creo que esta colaboración le haya hecho mucho daño al socialismo.

E.M. — Pues no. Le permite al sindicato seguir funcionando y poder mantener su organización intacta, aunque creo que se exagera cuando se sostiene que esta colaboración hace posible un fuerte crecimiento del sindicato. Pero desde luego no le hace daño.

T.B.M. — Volviendo a los posibles paralelismos entre el *pablismo* y el *felipismo*, quería de nuevo dar el salto adelante a los seten-

9. Para la colaboración de la UGT con el llamado Consejo de Trabajo que creó la dictadura de Primo de Rivera, véase el testimonio de Pablo Castellano, p. 223, nota 1.

ta. ¿Cómo explicas tú la forma en que un grupo de compañeros sevillanos se hacen cargo, de una manera casi monopolizadora, del partido? El aparato que apoya a Felipe González, según la crítica desde la izquierda, excluye o aparca a profesionales ilustrados y progresistas, sobre todo en Madrid, de una generación anterior a la suya y elimina la tradición obrerista que fundamentalmente se encuentra en Asturias y en Vizcaya. La principal crítica, aparte de la pérdida de una identidad socialista, es que se elimina el pluralismo dentro del partido.[10]

E.M. — Bueno, no hay duda de que los sevillanos crean el Partido Socialista más centralizado que haya existido en España, salvando lo que comentábamos sobre la primera época de Pablo Iglesias. Es un control centralizado que contrasta con la tradición del partido. Ahora bien, me pregunto por otro lado si esto no refleja una tendencia que se manifiesta en todos los partidos políticos en Europa durante los últimos veinte o treinta años. Durante este período se refuerzan las burocracias de los partidos y las burocracias asumen un control mucho mayor que en el pasado sobre el reparto de los escaños parlamentarios. La televisión, a la vez, acentúa el liderazgo individual.

T.B.M. — Eso no se ve en Italia donde el liderazgo tiende a ser colegial.

E.M. — No, en Italia esto no es cierto pero sí lo es en Francia donde Mitterrand controló el partido y también en el Reino Unido mientras Thatcher ejercía el poder.

T.B.M. — Y es muy cierto en Grecia.

E.M. — Sí, claro. Es tremendamente cierto en Grecia. El caso del PASOK y de Andreas Papandreu es un caso exagerado de control.[11]

T.B.M. — En España el liderazgo que ejerce Felipe González le permite imponer una serie de prioridades, una agenda para la acción del gobierno, que se centraba en la modernización del país y su ingreso en la Comunidad Europea y en la consolidación de la de-

10. Véanse las conversaciones con Francisco Bustelo, Pablo Castellano y Nicolás Redondo.

11. El PASOK, Movimiento Panhelénico Socialista, fue creado por Andreas Papandreu en 1974, el mismo año que se celebra el congreso renovador del PSOE en Suresnes. Papandreu llegó al poder en 1981, un año antes que Felipe González, cuando el PASOK ganó el 48 por ciento de los votos, igual que el PSOE en 1982, prometiendo modernización bajo el eslogan «*Allaghi*», el equivalente griego al «Por el cambio» del PSOE y al «*Changer la vie*» que utilizó Mitterrand en Francia.

mocracia. Es una agenda más bien regeneracionista que no tiene mucho que ver con el socialismo.

E.M. — Ocurre que el socialismo llega al poder en España a los dieciocho meses del triunfo electoral de Mitterrand y de los socialistas en Francia. Éstos sí que tenían una agenda socialista, pero era obvio, antes de que el PSOE ganase las elecciones, que el programa socialista de los franceses había fracasado. Me pregunto hasta qué punto esta experiencia ayudó a evitar un experimento similar en España, hasta qué punto, por ejemplo, reforzó la política económica, mucho más ortodoxa, de Boyer.[12]

T.B.M. — Es que el PSOE llega al poder sabiendo de antemano que la política es la práctica de lo posible.

E.M. — Bien. Es que la mayoría de los partidos socialistas no son ya socialistas. Los que han intentado seguir siendo socialistas han cosechado resultados desastrosos. En el caso de los franceses tuvieron que dar marcha atrás. En el caso inglés el Partido Laborista perdió autoridad y la socialdemocracia alemana parece incapaz de alcanzar de nuevo el poder.

T.B.M. — Felipe González ha dicho muchas veces que él es un «socialista heterodoxo». Como tú decías hace un momento, se enfrenta la izquierda del PSOE en 1979 y de nuevo en el referéndum sobre la OTAN de 1986.

E.M. — El lío que metió el PSOE con la OTAN fue absolutamente estúpido, y si el voto en el referéndum hubiera sido contrario, cosa que era muy posible, toda la historia de España hubiera, de cierta manera, cambiado.[13] Hay que tener en cuenta el papel que juega la suerte en los asuntos de la humanidad. El tema de la OTAN despertó un antiamericanismo que está latente en la sociedad española.

T.B.M. — Es un sentimiento que se encuentra tanto en la derecha como en la izquierda.

E.M. — Desde luego.

T.B.M. — Felipe González saca el referéndum adelante pero corre peor suerte con los sindicatos. Apoya a Carlos Solchaga que quería, dentro de la más pura lógica de política económica ortodo-

12. La experiencia francesa reforzó mucho la política económica ortodoxa de Boyer. Véanse conversaciones con Joaquín Almunia, Carlos Solchaga y el mismo Miguel Boyer.

13. El gobierno, ante la sorpresa general, ganó el referéndum sobre la OTAN con cierta holgura. El 52,5 por ciento votó a favor de la permanencia en la Alianza, el 39,9 por ciento votó en contra. La abstención fue del 40,3 por ciento.

xa, atajar el déficit conteniendo gastos sociales y fomentar la competitividad reformando la legislación laboral. La clientela obrera del PSOE, representada por la UGT, tenía otras prioridades, le frenó en seco con el 14-D, la huelga general de diciembre de 1988.

E.M. — En cuanto a la huelga general tengo la impresión que exageras. Puede ser verdad que aumentaran los gastos sociales como consecuencia de la huelga, y también puede ser cierto que se dejara de hablar con insistencia de la necesidad de flexibilizar el mercado laboral. Pero el gobierno no se convierte, de ninguna manera, al populismo.[14]

T.B.M. — No digo que hubo un vuelco a la izquierda. Sin embargo cuando el PSOE aprieta las tuercas de una determinada política económica, se enfrenta a lo que es su clientela clásica, al movimiento obrero, y pierde el pulso. Tiene que abandonar una serie de proyectos que formaban parte de su programa para modernizar el país a través del fomento de la competitividad.

E.M. — Estoy de acuerdo en que en ese caso el gobierno elige ralentizar el proceso de modernización. Pero no olvides que esto les ocurre a todos los gobiernos de Europa occidental, que dan un paso hacia adelante y otro hacia atrás.

T.B.M. — El otro punto principal del programa del PSOE cuando llega al gobierno es la consolidación de la democracia y aquí puede haber otra contradicción. Es evidente que a lo largo de la transición los españoles valoran altísimamente la libertad, el pluralismo, en suma, la democracia, y que esta valoración forma parte de la cultura política en los ochenta y lo sigue siendo ahora. Sin embargo fuera de los períodos electorales, cuando efectivamente hay una grandísima participación, los españoles muestran un escaso interés por los mecanismos de la democracia. Los niveles de militancia en los partidos son bajos, el debate interno en los partidos es mínimo y el papel del Parlamento no es, en términos generales, muy relevante. A lo largo de los años parece crecer un sentimiento de desencanto con la política y, desde luego, con la clase política. Todo esto podría cuestionar la consolidación de la democracia.

E.M. — Bueno, de entrada creo que en gran medida la democracia sí ha sido consolidada. Creo que está fuertemente arraigada

14. Nicolás Redondo (p. 216) sostiene que después de la huelga «el gobierno no retira nada de su política» porque recibe presiones de la patronal, la CEOE. El análisis de Boix (*Building a socialdemocratic strategy in Southern Europe...*, p. 40), sugiere que la política de gastos cambió de manera significativa a partir del 14-D.

en España como lo está en los demás países europeos. De eso no tengo dudas. No sé si sirve de mucho fijarse en los niveles de militancia en los partidos porque pienso que en Francia, por ejemplo, son similares a lo que pueden ser en España. En los países germánicos y anglosajones hay una mayor tendencia hacia el asociacionismo en todos los planos, no sólo el político. En Italia, es cierto que el Partido Comunista consiguió una enorme militancia y creo que eso se debe a la brillantísima manera en que consiguen socializar la vida del partido. En cierto modo ése fue un objetivo de la Casa del Pueblo del PSOE antes de la guerra y los comunistas en Italia lo consiguieron de una manera sorprendente. He observado en Italia cómo la participación política es arropada por un asociacionismo social organizado a través de una multitud de actividades, como el senderismo, que poco tienen que ver aparentemente con la política.

T.B.M. — Algo parecido ocurre en Cataluña y en el País Vasco donde los partidos nacionalistas también socializan la vida diaria porque controlan de algún modo muchas asociaciones.

E.M. — Pero no lo vemos en el PSOE.

T.B.M. — No. Lo que puede occurir es que personas se afilien al partido para escalar puestos en las administraciones públicas.

E.M. — Sí, pero eso no es una vía para conseguir una amplia militancia. A mí francamente lo que me sorprende es que el PSOE no haya fomentado más la participación en el partido. No sé por qué no hizo mayor esfuerzo por poner en marcha prácticas, como las Casas del Pueblo, que fueron exitosas antes de la guerra. Los comunistas en Italia lo hicieron muy bien y eso explica en buena parte cómo han podido sobrevivir el final del comunismo y seguir ejerciendo un papel político relevante.

T.B.M. — ¿Y la ausencia de debate interno? Creo que lo que ocurre es que el debate interno, el cuestionamiento y la crítica al liderazgo y a la burocracia, o el aparato, del partido, no tenía demasiada razón de ser cuando el PSOE cosechaba cómodas mayorías parlamentarias durante los ochenta. Pienso que no le favorecieron nada al PSOE esas mayorías, ese poder absoluto que tuvo, en el sentido de que le mermó de reflejos para poner orden en su casa. Decías que la corrupción no es un problema hasta entrados los noventa y lo que pasa es que la ropa sucia empezó a salir cuando el PSOE perdió la mayoría absoluta.

E.M. — Sí. Las mayorías fueron muy perjudiciales. La gran debilidad, el punto flaco, del Partido Socialista fue su prepotencia.

Y eso que no faltaron voces dentro del partido, aunque alejadas del aparato, que advertían los peligros de la prepotencia.

T.B.M. — Al PSOE le ocurrió lo que le pasó a la DCI, a la Democracia Cristiana Italiana, y al PASOK, a los socialistas en Grecia. Le pasó lo que sucede en tantos partidos que gobiernan durante un largo período sin una oposición fuerte que controle su actuación de gobierno.

E.M. — Yo creo que ocurre aún más cuando se tiene un liderazgo muy fuerte. De los dos ejemplos que citas el caso más claro es el del PASOK donde el partido estaba sometido a un liderazgo muy dominante. En la DCI siempre existieron facciones que se peleaban entre sí y además los democristianos perdieron la mayoría absoluta en los cincuenta y tuvieron que pactar a partir de los sesenta. Lo que consigue la DCI es involucrar a los partidos aliados en el sistema de reparto de favores y en la corrupción.

T.B.M. — ¿La corrupción es algo endémico en los sistemas políticos del sur de Europa? Puede que existan factores propios del sur de Europa como, por ejemplo, la fragilidad de la democracia o la endeblez de la sociedad civil.

E.M. — Antes de nada no creo que la corrupción sea endémica en el sur de Europa. Supongo que existe un temperamento distinto frente al del norte de Europa y que en el sur no se valora el cumplimiento de la ley al pie de la letra porque es el espíritu de la ley lo que es realmente importante. En el sur puede haber un sentimiento más extendido de que no todo es blanco o negro. También hay una mayor lealtad hacia la familia en el sur y por lo tanto una mayor práctica del nepotismo. Todo esto puede crear una mayor propensión hacia la corrupción de la que pueda haber en sociedades más impersonales del norte de Europa. En este sentido sí que puede haber una mayor tendencia en lo que tú apuntas en el sur. Pero yo no tengo ninguna constancia de que la política en el sur de Europa sea significativamente más corrupta de lo que lo es en el norte.

T.B.M. — Centrémonos en el PSOE.

E.M. — Bueno, es evidente que ha habido mucha corrupción en el partido, pero yo creo, sin embargo, que el PSOE es básicamente, mayoritariamente, un partido honesto. No es un partido, como lo fue el partido de Lerroux,[15] que se asienta sobre la corrupción. Lo

15. El Partido Radical Republicano de Alejandro Lerroux (1864-1949) quedó para la historia indefectiblemente unido al escándalo del estraperlo.

que a mí me resulta difícil de explicar es por qué demonios no pudieron los honestos dentro del partido, los no corruptos, Felipe mismo, reaccionar con más contundencia. Por qué se empeñaron en justificar, en buscar excusas cuando empezó a salir la ropa sucia.

T.B.M. — Por su propio interés tenían que haber reaccionado desde el principio. De no haber sido por los escándalos hubieran ganado las últimas elecciones.

E.M. — Estoy de acuerdo. De entrada no se hubieran anticipado las elecciones.

T.B.M. — Quienes mayoritariamente siguieron fieles al voto socialista fueron las capas más ancianas, las más rurales y las menos escolarizadas.

E.M. — Claro. El gasto social de los gobiernos socialistas estaba dirigido hacia esas capas y es lógico que éstas pensasen que un nuevo gobierno comprometido con un saneamiento económico recortaría este gasto.

T.B.M. — Pues entonces si el nuevo gobierno de centro derecha mantiene el gasto social de los socialistas estas capas votarán al centro derecha.

E.M. — Eso puede muy bien pasar. Yo creo que el nuevo gobierno puede durar si es coherente y eficaz, si sus miembros son competentes y si no se ataca el gasto social.

T.B.M. — En cuanto a lo último es importante para el Partido Popular que se deje de identificar el Estado de bienestar exclusivamente con el socialismo.

E.M. — Exacto. Lo normal sería que en cuanto se perciba esto, el PSOE perderá una proporción de votos.

T.B.M. — Yo estoy seguro de que el gran activo del Partido Socialista seguirá siendo Felipe González si es que él desea y decide seguir siéndolo. Él no permite rivales y sólo él, tal es su autoridad sobre el partido, puede decidir su sucesor. ¿Cómo se ha de medir su impacto sobre el socialismo en España después de haber sido Felipe González líder del partido a lo largo de más de veinte años? ¿Y cómo emerge el PSOE de un liderazgo tan largo, tan exitoso y tan carismático? En cierto modo es una coyuntura que puede manchar el partido.

E.M. — Obviamente hay una contradicción entre el poder que se concentra en torno a una persona y el poder que se reúne en un partido y en su proyecto político. Esto ayuda a entender por qué en algunos países se ha limitado el mandato de los líderes políticos.

Ocurre que cuando tienes individuos extraordinarios que emergen para hacerse cargo de un partido determinado luego es extremadamente difícil prescindir de ellos si no ocurre algo drástico que elimine su prestigio. Hay muchos ejemplos de esto. En cuanto al *felipismo,* ¿existe alguna vía para acabar con el predominio de Felipe González sobre el partido? Resulta que es muy difícil encontrar paralelismos de este fenómeno en otros partidos contemporáneos. En Grecia el problema se solucionó cuando enfermó Papandreu. Si Papandreu no hubiera perdido la salud de una manera irremediable, el problema del liderazgo del PASOK no se hubiera solucionado porque él hubiese seguido manteniendo el control del partido. La única persona comparable a Felipe González en la política francesa es De Gaulle que también estaba achacado por la vejez y que además cometió muchísimos errores en 1968 y 1969. En Inglaterra el partido conservador acabó con Thatcher...

T.B.M. — Fue una emboscada y no creo que el PSOE esté por ese tipo de labor.

E.M. — Estoy de acuerdo. Cualquiera sabe cómo se sale del *felipismo.*

# VI

# EN EL GOBIERNO (II)

12. Miguel Boyer

*Ministro de Economía y Hacienda (1982-1985), abandonó el PSOE en 1996.*

**Cualquier persona que no sea un funcionario del aparato, el que ve las cosas que se han visto con Filesa, con Roldán y con los fondos del Ministerio del Interior, diría que no se cree lo que está viendo.**

Desde hace muchos años he mantenido un trato con Miguel Boyer que si no era muy frecuente era bueno y que reforzaba siempre mi respeto por su inteligencia y mi aprecio por su educación y su encanto personal. La conversación que sigue a continuación —Boyer habló de una manera muy distendida de su entrada en el PSOE, hace más de treinta años, de su paso por el gobierno y de su desencanto actual con el socialismo— me causó una especial satisfacción por la sinceridad de sus reflexiones. Razonó con rigor cada cambio de una trayectoria política e intelectual que es singular, en el doble sentido de que es la suya y de que él ha incidido mucho en la vida pública, pero que es también universal porque es una travesía, tan natural al hacerse mayor, hacia los terrenos de una saludable, por escéptica, moderación.

Me resultó muy interesante seguir los pasos del joven Boyer, a finales de los cincuenta y comienzos de los sesenta, con seis meses de cárcel por medio, que van desde un rechazo frontal de *enragé* a la política que se hizo en la República y particularmente la que hizo el PSOE —«la República fue un fracaso, y el socialismo en particular... fue un caos»— a un reconocimiento que la dirección del PSOE en su exilio de Toulouse era la opción «seria» y que no se debería romper con la legitimidad republicana. Es llegado a este alto en su trayectoria cuando aparece en escena Felipe González y se produce lo que Francisco Bustelo, amigo universitario de Boyer, llama un *coup de foudre* entre el exquisito economista de la alta burguesía madrileña, nieto de un ministro de Alfonso XIII, y el fogoso abogado laboralista, hijo de un vaquero cántabro que había emigrado a Sevilla.

Es de suponer que cada uno admira en el otro las cualidades y los conocimientos de los que carece. Boyer ve inmediatamente que Felipe González, además de tener energía, capacidad de trabajo e ideas razonables, tiene «un tirón personal», que es una persona «muy simpática que atrae». Juzga que es este tirón, esta simpatía, «lo que ha colocado a González y al PSOE donde están». Lo que distingue a Felipe González como dirigente político que sobresale a todos los demás es «su capacidad de sumar» voluntades e inquietudes; la tendencia de los demás es de disgregarlas. Para Boyer la personalidad de Felipe González es «una de las más extraordinarias que ha dado la política española».

La admiración fue mutua y es en casa de Boyer, residencia habitual de Felipe González en sus primeras visitas a Madrid, donde el joven dirigente socialista recibe sus primeras lecciones de la economía real y comienza a conocer un mundo empresarial y financiero que hasta entonces había ignorado cuando no despreciado.

Sería absurdo mantener que Boyer, que para entonces había abandonado hacía tiempo su radicalismo juvenil, ejerce una influencia determinante sobre Felipe González y le inicia por la senda del pragmatismo y la moderación. El futuro presidente de Gobierno se apoya en Boyer porque, consciente o inconscientemente, había de antemano elegido la vía socialdemócrata; Boyer dio argumentos y seguridad a una convicción que ya tenía. Pero si creo que de no haber conocido a Boyer la maduración política de González, lo cual equivale a decir la maduración del socialismo renovado, hubiera sido un proceso mucho más lento.

Ya en el gobierno, Boyer pudo contar en todo momento con la confianza plena de Felipe González a lo largo de dos años y medio de política dura de ajuste. Boyer afirma que salió del gobierno porque a Felipe González se le «pudrió» la crisis del verano de 1985 y Alfonso Guerra pudo vetar su aspiración de ocupar una vicepresidencia económica. Es un episodio curioso de encuentros y desencuentros en el cual dos personalidades ciclotímicas, Guerra y Boyer, que se demuestran mutuamente una mal disimulada animadversión, luchan por los afectos de un tercero que tiene una personalidad de parecidas características y debe mucho a ambos.

La crítica política que hace Boyer de Felipe González es en el fondo una crítica a la autonomía que el presidente de Gobierno permite a Guerra. A Boyer le pareció «inaudito» y «absurdo» la separación entre el partido y el gobierno sobre todo porque, en el resultante doble discurso, el primero tenía «un vocabulario arcaico» y el segundo «un vocabulario modernizador».

Lo que ocurre es que Felipe González mide los tiempos. Los midió, ante la impaciencia de Boyer, en el debate sobre el marxismo —Boyer reconoce que fue entonces cuando Felipe González mostró una «vocación política» muy superior a la suya— y los volvió a medir cuando, cinco años después de salir Boyer del gobierno, comenzó a poner fin a la separación entre el gobierno y el partido.

Boyer afirma ahora que «el socialismo está acabado» y que el Partido Socialista ha llegado a «la parálisis de ideas». Dice que tiene que evolucionar a un modelo parecido al del Partido Demócrata en Estados Unidos. Es muy posible que Boyer esté de nuevo en sintonía con Felipe González.

Tom Burns Marañón: ¿Por qué le atrae, cuando era estudiante, el socialismo? Lo pregunto porque el Partido Comunista fue el gran seductor de los universitarios progresistas de su generación.

Miguel Boyer: Una razón es que me influenció mucho Bertrand Russell. Yo estudiaba física y leí a Russell porque me interesaba mucho la filosofía de la ciencia y, de paso, asimilé su filosofía política y su socialismo no marxista. Él tenía corrientes liberales que le hacían rechazar el comunismo. En esa época uno se dejaba llevar un poco por la moda progresista y en mi caso yo absorbo de mis padres una orientación liberal con un componente de simpatía por el socialismo. Mi familia era de Izquierda Republicana, era *azañista,* si bien mi padre tenía una admiración muy grande por Indalecio Prieto, cosa que no era nada extraño porque los *prietistas* e Izquierda Republicana vivieron un matrimonio bastante largo. Para mí no tenía sentido ser ni comunista ni democristiano porque he sido ateo casi desde que tengo uso de razón. No iba a ser monárquico de don Juan puesto que mi familia era republicana, y entonces el lugar que me quedaba era las organizaciones socialistas. Pero el Partido Socialista, de entrada, no estaba presente en Madrid y Antonio Amat, que había intentado reconstruirlo, estaba en la carcel.[1]

T.B.M. — ¿Cuándo conoció a Amat?

M.B. — Cuando estaba en la cárcel y después de salir de ella.

T.B.M. — Le conoce entonces cuando ya estaba muy quemado y desengañado.

M.B. — En el sesenta y uno todavía se sentía optimista, pero después enseguida entró en conflicto con Llopis y con el exilio y se desmoralizó. Luego, los últimos tiempos, estuvo en prisión atenuada, es decir en su casa con policía armada en la puerta, y fue ahí cuando le conocí a través de Josefina Arrillaga.[2]

1. Antonio Amat (1919-1979), natural de Vitoria y conocido como «Guridi», jugó un papel clave en el PSOE de la posguerra como enlace en el interior de Rodolfo Llopis y de la dirección exiliada del partido. Incansable y atractivo animador de nuevas promociones de socialistas, sobre todo en Madrid, su agitada vida está excelentemente contada en la obra de Fernando Jáuregui y Manuel Ángel Menéndez *El hombre que pudo ser FG,* Madrid, 1994. Véase también el recuerdo que tiene Pablo Castellano de Amat en p. 226.

2. Josefina Arrillaga, abogada madrileña y enlace de Amat, le brindó a éste su piso cercano al estadio Santiago Bernabeu cuando salió de la cárcel de Carabanchel en mayo de 1961 bajo arresto domiciliario.

T.B.M. — Su militancia socialista comienza en la universidad, ¿no?, donde los del Liceo Francés formaban un clan progresista.[3]

M.B. — El Liceo facilitó mi entrada en la ASU [Asociación Socialista Universitaria]. Es decir no había un Partido Socialista operativo, o al menos uno que conociéramos de manera directa mis amigos y yo, y en cambio en la ASU estaban, por ejemplo, Francisco Bustelo y Víctor Pradera emparentados con la familia Gómez Orbaneja cuyas hijas habían estudiado conmigo en el Liceo Francés.[4] Ese contacto por un lado funcionó y luego también había algunas otras personas como Luis Gómez Llorente, que tenían relaciones con lo que había quedado de la ASU cuando algunos fueron encarcelados y otros desterrados. En los niveles en que nosotros nos movíamos, la ASU era el único contacto con el socialismo.[5]

T.B.M. — ¿Las figuras del exilio socialista ejercían algún atractivo sobre su generación?

M.B. — No. Al principio Toulouse aparecía como algo completamente envejecido con una serie de elementos que entonces nos parecían indeseables. Por ejemplo un rechazo total a cualquier acción conjunta con los comunistas. Los jóvenes de entonces, sobre todo en la línea ASU, necesitaban hacer acciones conjuntas con todos los que se pudiera.

T.B.M. — Comprendo que en la ASU, como en todo grupo de estudiantes, se dedicaba mucho a discutir la acción y las alianzas con distintos frentes, pero ¿no discutíais también un socialismo demo-

3. La importancia del Liceo Francés, uno de los contados colegios laicos en Madrid, como cantera de futuros dirigentes del Partido Socialista y, en general, de la transición democrática merece un estudio sociológico según Julio Feo, ex alumno del Liceo y ex secretario general de la Moncloa. Véase Feo, p. 365.

4. Francisco Bustelo y Víctor Pradera, fundadores de la Asociación Socialista Universitaria (ASU), estaban casados con dos hermanas gemelas, María y Ana, hijas del ilustre catedrático de derecho procesal Emilio Gómez Orbaneja, de raigambre liberal y depurado después de la guerra civil. Víctor Pradera y su mujer Ana morirían en un accidente de coche en 1969.

5. Una infiltración policial en la ASU en mayo de 1958 propició la detención de varios de sus dirigentes y militantes y la huida al exilio de otros. Entre los detenidos estaban Carlos Zayas, futuro diputado del PSOE y actualmente en Izquierda Unida, y Gabriel Tortella, prestigioso catedrático de economía. Entre los huidos, que cruzaron la frontera a Francia a pie ayudados por Antonio Amat, estaban Francisco Bustelo y Mariano Rubio, futuro gobernador del Banco de España. Amat sería detenido en noviembre de ese mismo año. Véanse Jáuregui, *El hombre que pudo ser FG,* p. 132s, y Francisco Bustelo, *La izquierda imperfecta,* p. 40s.

*Enrique Tierno Galván nos dio la sensación de que mantenía una cierta relación ambivalente con el* establishment *político del franquismo.*

*Vista retrospectivamente, la personalidad de González es una de las más extraordinarias que ha dado la política española.*

crático y gradualista, quizá influido por la Institución Libre de Enseñanza y por figuras como Fernando de los Ríos?

M.B. — No. Con veintiún años éramos bastante más radicales. No atraía el socialismo tradicional ni figuras como Prieto, Largo Caballero o Pablo Iglesias. Históricamente eso había fracasado.

T.B.M. — Una reflexión recurrente en estas conversaciones es hasta qué punto se considera el PSOE heredero del PSOE de antes de la guerra o si, por el contrario, lo que hizo el PSOE al renovarse fue empezar, digamos, de cero, desbancando un liderazgo que emanaba precisamente de la guerra y del exilio.

M.B. — Es que hay que pensar que de todas formas la República fue un fracaso y el socialismo en particular. El Partido Socialista se inutilizó con sus batallas entre *prietistas* y *caballeristas* y acabó desecho. Y la República acabó en una guerra interna contra los comunistas, es decir, en el caos. Entonces para las personas que lo veían con cierta perspectiva como nosotros, el volver a reconstruir el Partido Socialista o sentirse próximo a Caballero o a Prieto o a Besteiro pues, hombre, era decir «qué bien lo hicieron los fracasados».

T.B.M. — A pesar de no tener un vínculo con, y mucho menos una admiración por, un socialismo fracasado de otra época, lo que consiguen ustedes ya a comienzos de los setenta es hacerse con esa misma marca socialista, hacerse con las siglas PSOE. En algún momento ustedes se dan cuenta que pudo haber fracasos y caos pero que la marca vendía.

M.B. — Lo que pasó fue que la ASU, que quiso ser renovadora, llegó a un callejón sin salida. Desaparecieron los jefes, dejándonos tirados a los que habíamos entrado hacía poco tiempo, y vimos que nos habían engañado sobre la importancia y la extensión de la organización de la ASU. No teníamos ayuda de ningún tipo, no teníamos relación con obreros. Entonces nos dimos cuenta al cabo de un año o dos, sobre todo Luis Gómez Llorente, Miguel Ángel Martínez y yo, de que aquello era insostenible y no llegaba a ninguna parte.[6] Y nos dimos cuenta, también, que no había más remedio que entrar en relación con el antiguo partido y refundar las Juventudes

6. Miguel Ángel Martínez, al igual que Boyer y Gómez Llorente, sería diputado del PSOE. Su padre, también llamado Miguel Ángel, fue secretario general del PSOE en el interior entre 1946 y 1948 y fue acusado de ser confidente de la policía y culpable de importantes caídas durante esa época. Martínez, padre, que era muy admirado por Amat, fue posteriormente rehabilitado por el PSOE. Véase Jáuregui, *El hombre que pudo ser FG*, p. 47.

*El grupo Rumasa estaba quebrado, aunque no sabíamos la magnitud de la quiebra, y cuando intentamos pactar su salvamento con Ruiz Mateos, su principal accionista, él decía que no tenía problemas.*

*Alfonso Guerra es una de las personas que más han mandado en los aparatos, al que más le ha gustado mover los hilos.*

*Para mí el Partido Socialista ha llegado ya a la parálisis de las ideas.*

Socialistas que eran inexistentes en Madrid. Y así entramos en contacto con Toulouse, con Llopis. Esto fue un paso decisivo. Era reconocer que no había manera de renovar más que a través de y dentro del viejo partido.[7]

T.B.M. — También existía la alternativa de Tierno Galván.

M.B. — Te estoy hablando del período sesenta, sesenta y dos, y Tierno Galván no existía entonces. Estaba en Salamanca, o no sé dónde, con un grupo que se llamaba funcionalista.

T.B.M. — Y había otra alternativa que era el Frente de Liberación Popular, el FLP o «Felipe».

M.B. — Sí. Pensamos que el camino más fácil podía ser meternos ahí, pero después de hablarlo nos pareció también una cosa de broma.[8] La idea decisiva fue dejar de andarse por las ramas e ingresar en el PSOE. Nos reunimos en Madrid todos los que pudimos para disolver la ASU y constituir las Juventudes Socialistas. Amat nos apoyó con entusiasmo. Pero al cabo de poco tiempo, cuando empezamos a trabajar ya dentro del partido y a mantener contactos con el exilio, acabamos en la cárcel.

T.B.M. — Ingresar en las Juventudes Socialistas y ser detenidos, en el caso de ustedes, fue una cosa después de otra. En su caso ¿la cárcel reforzó su militancia y sus convicciones políticas?

M.B. — En realidad no, porque cuando Gómez Llorente, Miguel Ángel Martínez y yo ingresamos en Carabanchel en el año sesenta y dos, no había en la séptima galería, donde estaban los presos políticos, más que unos anarquistas que llevaban desde el treinta y nueve entrando y saliendo de diversos penales. Eran unos personajes arqueológicos, divertidos y simpáticos pero muy del pasado. Era un ambiente desolador porque estábamos tres jóvenes de veintiún años con unos señores ancianísimos de la CNT que hablaban de nudismo y que andaban descalzos por el patio de la cárcel porque decían que los zapatos cortan el fluido entre la tierra y el hom-

7. Alfonso Guerra, que llegaría a ser el gran rival de Boyer en el primer gobierno de Felipe González, hace una reflexión muy similar (véase Guerra, p. 127-128).

8. El grupo «funcionalista» de Tierno Galván era la Asociación por la Unidad Funcional de Europa, precursora del Partido Socialista del Interior (PSI) que fue rebautizado Partido Socialista Popular (PSP) en 1974. Uno de los participantes en el acta fundacional de la asociación de Tierno Galván en 1956 fue Fernando Morán, futuro compañero de gobierno de Boyer. En aquel primer gobierno de González había, además, al menos tres ministros que habían militado en el FLP: Julián Campos, Carlos Romero y Narcís Serra.

bre. Era todo un poco deprimente y yo creo que ni reforzó ni dejó de reforzar mis posiciones. Yo salí como entré cuando nos soltaron en julio, pero, para mí, Luis Gómez Llorente, que leyó mucha literatura cristiana y mística, san Juan de la Cruz, santa Teresa y Unamuno, en la cárcel y que entonces creía en Dios, salió de Carabanchel un tanto democristiano.

T.B.M. — ¿Tan despoblada estaba la séptima galería?

M.B. — Pues nos pasamos solos desde principios de febrero, que fue cuando entramos, hasta ya finales de mayo cuando hubo una caída de gente del FLP, entre ellos Nicolás Sartorius. También llegó Carlos Zayas que cayó enganchado por otras cosas y el comunista Jaime Ballesteros que cayó despistado no por comunista sino por un asunto de un sindicato de estudiantes.[9]

T.B.M. — Una vez en libertad, recupera el contacto con el PSOE aunque pasa los trastos de las Juventudes a otros que no estaban «quemados». Me interesaban sus relaciones con el grupo de Tierno Galván que ya empezaba a moverse.

M.B. — Pues entramos enseguida en conflicto. Apareció de pronto Tierno Galván en Madrid instalándose en un despacho en la calle Marqués de Cubas y fundó una especie de partido socialdemócrata, el Partido Socialista del Interior (PSI), rompiendo claramente con el exilio. Nos dio la sensación de que mantenía una cierta relación ambivalente con el *establishment* político del franquismo. El problema, a nuestro modo de ver, era que al romper con el socialismo de la República, representada por la dirección en Toulouse, y con la legitimidad republicana, reflejaba la actitud de sectores del Movimiento más o menos evolucionados que pretendían que había que partir de Franco, había que reconstruir la política *ex novo*. A pesar de la degeneración del exilio y del PSOE tradicional, mantenerse fiel a Toulouse era una garantía contra el régimen. Era una garantía contra el riesgo de ser asimilados o manipulados por los evolucionistas del régimen y de hacer favores al Movimiento.[10]

T.B.M. — Pero a la vez que necesitaban ustedes ese vínculo con

9. A la muerte de Franco, Sartorius estaba de nuevo en Carabanchel, encausado en el proceso 1001 contra los líderes de Comisiones Obreras, y Ballesteros era un señalado dirigente del PCE.

10. Las desavenencias del PSOE con Tierno Galván y el PSI/PSP están plagadas de ironías. Cuando los renovadores escinden el partido en el congreso de 1972, enfrentándose a Rodolfo Llopis y creando una dirección colegiada para sustituirle,

el exilio por todo lo que ello representaba, también querían traer la dirección del PSOE al interior o al menos tener más autonomía.

M.B. — Claro, era una batalla doble. En Madrid intentando apoyar un exilio y en Toulouse intentando explicar que había que estar con los comunistas en algunas cosas.

T.B.M. — Y Llopis se pasaba el tiempo diciéndoles que de eso nada y que bastaba, una vez muerto Franco, abrir la tienda del PSOE para que la gente llegase en masa pidiendo afiliarse.

M.B. — Llopis sabía de la importancia del PSOE, cosa que entonces nosotros sólo intuíamos. Lo veíamos anquilosado y paralizado, pero de todas maneras la marca PSOE tenía en España una enorme importancia y eso cuenta mucho sobre todo cuando ha habido una interrupción brutal de la historia. Mucha afiliación política venía por lazos familiares y desde luego Llopis apostaba por eso. Sabía que las siglas PSOE eran importantes y al final lo fuimos aprendiendo todos.

T.B.M. — Si damos un salto a los años setenta y a la refundación o renovación del partido, llegamos a una reflexión que me interesa mucho. Cualquiera que siga sus pasos y los de otros jóvenes ilustrados madrileños que por una serie de razones apuestan por el socialismo llega a la conclusión de que son precisamente ustedes, que han viajado y que hablan idiomas, que tienen buena formación y buenas salidas profesionales, y en algunos casos buena posición social, los llamados a precipitar, a encauzar y a dirigir esa renovación-refundación. Y sin embargo todo esto lo hace un grupo de sevillanos cuyos miembros son bastante desconocidos y desde luego aparentemente carecen de todas esas ventajas que tienen los madrileños.

M.B. — Bueno, en Madrid a finales de los sesenta empiezan a aparecer por un lado Felipe y luego más esporádicamente Alfonso Guerra y algún otro del núcleo de Sevilla. En esa época dominaba

Llopis organiza su propio congreso e invita a Tierno Galván que acude inmediatamente a la llamada del veterano dirigente. Es así como el usurpador de la legitimidad republicana, según el análisis de Boyer, acaba alineado en el socialismo histórico de Toulouse frente a quienes Llopis consideraba los verdaderos usurpadores —los renovadores entre los cuales se contaba Boyer—. Si Boyer acusaba veladamente al PSI de colaboracionista con el régimen a comienzos de los sesenta, Tierno Galván devuelve la pelota diez años más tarde. «El temor permanente en el PSI y en el PSP —escribiría Tierno Galván sobre la renovación del PSOE— se refería a que el Partido Socialista dejase de ser un partido revolucionario y se convirtiese en uno de los muchos partidos colaborantes con lo establecido.» Véase Enrique Tierno Galván, *Cabos sueltos*, Barcelona, 1981, p. 430s.

en Madrid un grupo en torno a Pablo Castellano que estaba en relación con Enrique Múgica en el norte, y Múgica se había pegado a Ramón Rubial que era el hombre de confianza del exilio. En el grupo de Pablo Castellano estaba Gregorio Peces-Barba, estaba Javier Solana, estaba Bustelo y Luis Gómez Llorente entre otros. Y como a todo núcleo no le hacía ninguna gracia que lo quitaran de en medio.[11]

T.B.M. — Los sevillanos reconocieron desde el principio en Felipe González un liderazgo natural. ¿Era esto tan obvio para los madrileños en los primeros contactos que tuvieron con él? ¿Se le notaban grandes ambiciones políticas?

M.B. — Es que todo dirigente político que he conocido, de alto, de bajo o de medio nivel, tiene ambición política. Pero lo que notas en alguna gente es una energía, una capacidad de trabajo y unas ideas razonables. Y además un tirón personal. Yo creo que esto último sobre todo es lo que ha colocado a González donde está y ha colocado también al PSOE donde está.

T.B.M. — No lo dudo.

M.B. — Es que Felipe González es una persona muy simpática, es una persona que atrae. En vez de rechazar o de irritarte, no inspira más que simpatía. Y además los andaluces trabajaban. Estaban dedicados, lo cual es muy importante, y querían hacer cosas. No estaban perdidos, a pesar de que estaban en una línea radical, en las conversaciones de café, que era el lugar donde estaba perdido el grupo de Madrid.

T.B.M. — A partir de Suresnes, ya en el setenta y cinco, Felipe González encuentra bastante rechazo cuando se traslada a Madrid por parte de este grupo que dice se dedicaba a conversaciones de café. En quien se apoya es en usted.

M.B. — Desde luego en mí se apoyó todo lo que quiso, pero de todas maneras tiene su apoyo importante en Sevilla y con Múgica mantiene la conexión con el norte. Pero le rechaza el grupo de Madrid que se ha convertido en una camarilla de café donde están Pablo Castellano, Bustelo y Peces-Barba, por dar nombres.[12]

11. Castellano (p. 230) ironiza sobre la pasividad política de Boyer durante este período.

12. Según Bustelo, «la gran inteligencia de Boyer fue convencer a González desde el principio mismo de que él era una persona competente en materia económica que estaba dispuesta a ser un incondicional. González quedó entusiasmado y se produjo un *coup de foudre* entre ambos que duró hasta 1985....». (Bustelo, *La izquierda imperfecta*, p. 99.)

T.B.M. — Hace un momento decía que los sevillanos eran muy dedicados y que trabajaban mucho. Acertaron sin duda en dedicarle mucho tiempo a la organización de encuestas y de técnicas electorales. En esto tengo la impresión de que eran muy profesionales y tenían ya entonces un gran sentido de aparato.

M.B. — Tenían el sentido de aparato y además tenían el sentido de entrega y eso se nota en todo. Ellos, en esas escuelas de verano, pues decían «tú en el caso de una huelga en estas condiciones, tú te pones en la puerta de la fábrica, o en el patio de la fábrica, y a ver cómo explicas, cómo cuentas el conflicto». Es decir estaban intentando hacer un aparato operativo y esto no tenía nada que ver con los que andaban por los salones de Madrid. Esto ha sido siempre un problema de Madrid donde han proliferado hasta el infinito los grupos políticos, de esos que se reúnen de dos en dos.

T.B.M. — El liderazgo de Felipe González y su gente estaba por lo tanto asegurado.

M.B. — Es que eran mucho más serios y de hecho cuando empezaron a funcionar e hicieron el puente con el norte yo creo que estaba clarísimo que acabarían mandando sobre todo a través de la persona de González. Yo creo que visto retrospectivamente la personalidad de González es una de las más extraordinarias que ha dado la política española. Lo es desde el punto de vista no solamente de esa simpatía, sino por su capacidad de sumar. Ha sumado probablemente hasta en exceso, porque ha reunido gentes que no tenían nada que ver unas con otras, pero ha sumado mientras que la tendencia de casi todos los dirigentes españoles ha sido la de disgregar.

T.B.M. — Suma a los que estaban con Tierno Galván, a los que estaban en el FLP, a los catalanes...

M.B. — Ha sumado a casi todo el que ha pasado y hasta en los momentos difíciles de los últimos años ha seguido con una fidelidad de gentes y de grupos muy importante. Yo creo que esto es básico para distinguir quien es un dirigente político y quien no lo es.

T.B.M. — Ha hecho bastante hincapié en el discurso radical del grupo dirigente de Felipe González. Es un discurso que a usted le causa problemas cuando en el congreso de 1976 se distancia del partido. Posteriormente, en sucesivas elecciones, el PSOE demuestra ser el partido hegemónico de la izquierda y a partir de ahí Felipe González da un giro, abandonando el marxismo, y se lanza a la captura de un voto más moderado sabiendo que esto le llevaría al poder. En el fondo lo que ocurre en la segunda mitad de los setenta es que el

PSOE se viene a su terreno. ¿Fue táctico ese discurso radical inicial?

M.B. — No, yo creo que no. En todo movimiento político hay tácticas y estrategias, pero yo creo que el PSOE salió de la catacumbas con una acumulación ideológica, con una olla a presión donde se había ido cociendo en su propia salsa sin ninguna experiencia electoral. Yo creo que González pensaba que eso era algo natural y que iría desinflándose. Pienso que él no estaba en esa actitud, pero que creía que la crispación tenía sus tiempos y que se curaría con un contacto con la realidad a través de elecciones. Reconozco que yo sentí la crispación con mucha más impaciencia que González, entre otras cosas porque yo tengo menos vocación política. Por llamarlo de alguna manera yo tengo mucha más vocación intelectual y me cuesta mucho suscribir algo si he llegado a la conclusión de que ese algo no es acertado. Cuando el PSOE se definió en el congreso del setenta y seis como un partido marxista, de clase y revolucionario no lo suscribí. Me habían elegido para la Ejecutiva en ese congreso y yo en enero dije que me iba.

T.B.M. — Sin embargo a usted no se le escapaba que esto era un sarampión y que el partido se curaría en salud.

M.B. — Sí, eso era verosímil, pero de todas maneras a mí me había producido mucha irritación todo el proceso. Por ejemplo, dos meses antes del congreso federal de diciembre, la federación de Madrid tuvo el suyo en la iglesia de los padres capuchinos de Alcobendas, y veo que el congreso elige a Gregorio Peces-Barba quien en un momento llega a decir: «Nosotros naturalmente no suscribimos la concepción de la dictadura del proletariado de Lenin, pero suscribimos la concepción de la dictadura del proletariado de Marx.» Reconozco que cuando oí a Gregorio Peces-Barba, a quien había visto de monárquico, y de Ruiz-Giménez y de esas cosas, decir que estaba por la dictadura marxista, si bien no estaba por la leninista, me dije «pero, bueno, ¿éstos adónde van?».[13]

13. Gregorio Peces-Barba, miembro de la ponencia constitucional y presidente del Congreso de Diputados de 1982 a 1986, fue con Joaquín Ruiz-Giménez uno de los fundadores de la revista *Cuadernos para el Diálogo* e ingresó en el PSOE en 1972, volviendo a sus orígenes familiares (su padre fue condenado a muerte después de la guerra civil) después de haber militado en la democracia cristiana a comienzos de los sesenta. Al contrario de Boyer, Peces-Barba, también ex alumno del Liceo Francés de Madrid, se ha radicalizado con el paso de los años. «Quizá el brusco cambio en pocos años de la ideología del PSOE, y el alejamiento de este postulado de distanciamiento crítico del capitalismo por parte del gobierno, sea una clave para enten-

T.B.M. — Y usted esperó a que aflorase el radicalismo en el congreso federal para marcharse.

M.B. — Sí, sencillamente me marché. Felipe González quiso disuadirme...

T.B.M. — ¿Cómo lo intentaba?

M.B. — Diciéndome que me equivocaba, que eran cosas que ya se irían centrando, que no tenía tanta trascendencia.

T.B.M. — Pero no le dijo: «Déjame un poco de tiempo que esto lo arreglo yo en su debido momento.»

M.B. — No, eso tampoco. Pero el hecho es que todo eso se reconduce. A su vuelta de Barcelona, donde había planteado el tema de marxismo sí, marxismo no diciendo que había que ser socialista antes que marxista, me vi con González en la sede del partido y me dijo: «Bueno, te sientes más cómodo», y yo le dije: «Hombre, sí, mucho más cómodo».[14]

T.B.M. — Demos un salto ahora a cuando el PSOE empieza a perfilarse como el partido que iba a formar el próximo gobierno y acentúa su línea de moderación con vistas a las responsabilidades que sabía que iba a asumir. Creo que le vino muy bien al aprendizaje del PSOE el batacazo que se dio François Mitterrand cuando intentó un programa de izquierdas en Francia y fracasó. Supongo que esto le permite a Felipe González reivindicar la moderación con mayor autoridad.[15]

M.B. — Yo creo que la experiencia francesa facilitó el debate interno porque cuando ganaron los franceses en el ochenta y uno yo le

der la actual situación española», escribe el actual rector de la Universidad Carlos III de Madrid. «Cuando un gobierno socialista se siente a gusto con el capitalismo, es que ha empezado a abandonar el socialismo.» (Gregorio Peces-Barba, *La democracia en España, experiencias y reflexiones*, Madrid, 1996, p. 155.)

14. Felipe González anunció su postura a favor de abandonar el marxismo en una rueda de prensa celebrada en Barcelona en mayo de 1978, años antes del polémico XXVIII Congreso que debatió el tema. Boyer, que había regresado al PSOE en 1977 después de una corta etapa en un efímero partido socialdemócrata liderado por Francisco Fernández Ordóñez, fue de los muy pocos en el partido que se sintieron cómodos con las sorpresivas palabras de Felipe González. La Ejecutiva del PSOE distribuyó una circular a todas las agrupaciones desmintiendo que el secretario general quisiese abandonar el marxismo. La circular está reproducida por Pablo Castellano, en *Yo sí me acuerdo,* p. 441.

15. Véase Solchaga (p. 150, nota 1) para la política económica del primer gobierno de la presidencia de Mitterrand. Joaquín Almunia dice que la Ejecutiva estuvo puntualmente informada y de forma exhaustiva del experimento francés (Almunia, p. 325).

decía a González que se iban a dar una bofetada de manual. Le decía que había que tener cuidado y no mostrar un entusiasmo delirante por los franceses porque si éstos fracasaban con ese sistema el siguiente batacazo sería el nuestro.

T.B.M. — ¿Por qué cree que Mitterrand cometió ese error de manual al intentar socializar la economía?

M.B. — Yo creo que él calculó los riesgos y decidió que era mejor darse un batacazo y cambiar el rumbo habiendo hecho la demostración de que no se podía hacer un programa de izquierdas. Pensó que el coste político de no haber intentado ese programa hubiera sido muy grande. Mitterrand era un táctico y un estratega genial, en su propio beneficio desde luego. Para cualquier economista el fracaso de esa política era de manual.

T.B.M. — ¿También era tan obvio para el PSOE?

M.B. — Pues una cosa era que González, Solchaga y yo lo tuviésemos claro y otra cosa era que había que argumentar este experimento de laboratorio con el conjunto del partido.

T.B.M. — Lo pregunto porque al prometer ochocientos mil puestos de trabajo en el programa electoral del partido en el ochenta y dos me parece que las lecciones de Francia no estaban del todo asumidas.[16]

M.B. — Mira, el programa reflejó esa división entre el partido y el gobierno que González ha llevado siempre y que yo creo que es mala. De hecho, ninguno, salvo Almunia, de los que tuvimos responsabilidades de gobierno estuvo en la confección por el partido del programa. De hecho, ese programa del ochenta y dos tuvo tantos problemas que González descafeinó por completo el de las siguientes elecciones. No quería hipotecas, ni promesas de leyes que se iban a hacer.[17]

T.B.M. — Lo que le tocó al gobierno en el ochenta y dos fue vender la idea de que para repartir riqueza, que se repartiría porque por algo era un gobierno del PSOE, primero había que crearla. Yo creo que la necesidad de un saneamiento no fue una mensaje difícil

16. Véase Solchaga (p. 154, nota 4) que habla sobre la inclusión de los ochocientos mil puestos de trabajo en el programa electoral.

17. Resulta sorprendente que Felipe González, que siempre tuvo muy claro que el gobierno jamás debía tener las manos atadas por el partido, dejara la confección del programa electoral, es decir la oferta de lo que se haría si el partido resultara elegido, en manos de miembros del partido que no serían llamados a ejercer cargos de responsabilidad en el gobierno. La promesa de crear ochocientos mil puestos de trabajo fue introducida a última hora y sin ninguna «elaboración teórica previa» según Joaquín Almunia (véase p. 325).

de lanzar y que además fue mayoritariamente entendido por la confianza que inspiraba al gobierno en esos años.

M.B. — Mira, la orientación de la política económica fue más fácil de presentar de lo que podía parecer porque, en el fondo, el ejemplo francés, la situación delicada de la economía española, su balanza de pagos, la inflación y lo demás crearon un convencimiento en la gente de que había que hacer un ajuste. Esto no quiere decir que no tuviésemos encontronazos fuertes en temas concretos como la reconversión industrial. Eso fue tremendo en Gijón y en El Ferrol, con las barricadas, y fue tremendo cuando hubo que cerrar la cabecera de los altos hornos de Sagunto. Para hacerlo hubo que cortar el suministro de fueloil porque los trabajadores querían mantener los hornos encendidos.[18]

T.B.M. — Puede que la sociedad en su conjunto entendiese el enfoque de la política económica, pero los que estaban directamente afectados no podían comulgar con ella.

M.B. — Hombre, había temas como los llamados fondos de empleo. La gente que sacabas con la reconversión se quedaba en el fondo cuatro años con su salario y esto se hizo para sacarlos de la fábrica. La UGT se empeñó en decir que a los cuatro años vuelven a la empresa. Y entonces no busca trabajo ninguno de ellos. La batalla por la rescisión de contratos fue tremenda y no se consiguió hasta el ochenta y seis.[19]

T.B.M. — El saneamiento industrial y el ajuste económico fueron buenas muestras de las intenciones del gobierno en materia de polítítica económica. Otra fue la decisión de no nacionalizar Rumasa.

M.B. — Rumasa fue un problema que nos encontramos, que nos encontramos de pronto, y tomamos la medida que tomamos por miedo a que se hundiese el grupo. Estaba quebrado, aunque no sabíamos la magnitud de la quiebra, y cuando intentamos pactar su salvamiento con Ruiz Mateos, su principal accionista, él decía que no tenía problemas. En anteriores crisis, en las crisis bancarias o en el pulso que tuvimos con Explosivos Río Tinto, siempre los

18. El cierre en 1985 de Altos Hornos del Mediterráneo en Sagunto, ejemplo paradigmático de los «logros» del desarrollismo franquista que no encajaban con la política industrial de la Europa comunitaria, fue seguido por la reconversión de Altos Hornos de Vizcaya y de Ensidesa, centros neurálgicos de la industria pesada, y obsoleta, nacional.

19. Solchaga (p. 156 y nota 8) hace unas reflexiones similares sobre la reconversión industrial.

gestores se habían dejado ayudar por el Estado. Pero en esta ocasión el gestor desafió al gobierno.[20]

T.B.M. — Entiendo por qué tomáis la decisión, pero quería saber por qué teníais tanta prisa en revender las empresas del grupo.

M.B. — Primero porque generaba unas pérdidas de treinta mil millones de pesetas al año.

T.B.M. — Lo decía por si hubo algún debate en el gobierno o en el partido en el sentido de aprovechar una nacionalización que le llegaba al PSOE en bandeja.

M.B. — Pues a los sindicatos, más que al partido, le hubiera gustado quedarse con toda la banca de Rumasa. También se discutía si se debían repartir ciertas fincas del grupo a los trabajadores que estaban empleados en ellas. Tuvimos alguna discusión con Romero.[21] Pero nadie de verdad, fuera de los sindicatos, se opuso a la reprivatización.

T.B.M. — ¿No le vino bien al gobierno toda la crisis de Rumasa en el sentido de que pudo demostrar que mandaba? La nacionalización fue una prueba de fuerza y al demostrar el gobierno su fuerza, el mundo financiero ya lo miraba con otros ojos.

M.B. — No, en ese sentido no creo que Rumasa tuviera trascendencia. Fue un acontecimiento que no tuvo una significación importante, a pesar de su dimensión, en la política del gobierno. No fue una demostración de fuerza.

T.B.M. — No digo que el gobierno tomase la decisión de intervenir Rumasa para demostrar su fuerza, sino que la demostración de fuerza fue una consecuencia añadida de la decisión.

M.B. — Tampoco eso. Con la autoridad de González y los doscientos dos diputados que teníamos no había ninguna necesidad de hacer algo para meter en cintura a determinados sectores. Desde ese punto de vista la intervención de Rumasa no sirvió para nada,

20. El 22 de febrero de 1983, la víspera de la expropiación, el Banco de España envió dos requerimientos a Rumasa. El primero pedía información sobre ochenta y tres sociedades, presumiblemente del grupo, que mantenían créditos de 45.000 millones de pesetas con bancos de Rumasa. El segundo requerimiento trataba de supuestas irregularidades cometidas por estos bancos en el cobro de intereses a sociedades vinculadas al grupo Rumasa. La nacionalización de Rumasa fue «una nacionalización de pérdidas» según Ernesto Ekaizer. «El coste total para los contribuyentes, distribuido a lo largo de diez años, no bajó de los seiscientos mil millones de pesetar. Véase Santos Juliá y otros, *Memoria de la transición,* Madrid, 1996, p. 557s.)

21. Carlos Romero, ministro de Agricultura.

fue absolutamente cero. En el fondo más que una medida de fuerza fue paradójicamente lo contrario. Fue una medida de sensación de debilidad dada la coyuntura que había y del miedo a que se viniese abajo el grupo. Nosotros todavía no habíamos demostrado que éramos capaces de reorganizar la economía y de pronto tuvimos la responsabilidad de evitar que se cayera un grupo de cuarenta y cinco mil personas.

T.B.M. — La decisión de reprivatizar Rumasa, sin embargo, sí tuvo un mensaje muy claro. Tranquilizó mucho a los mercados porque fue una inequívoca señal de que el gobierno socialista no estaba por las nacionalizaciones y que contaba con la empresa privada.

M.B. — En ese sentido sí. El gobierno se podía haber quedado con diecinueve bancos y con muchas cosas más. Pero anunció inmediatamente que todo sería reprivatizado. Y así fue.

T.B.M. — Quería ya dar el salto a su salida del gobierno. De esos días, cuando estaba abierta la crisis del gobierno, recuerdo que se comentaba mucho que se estaba desarrollando un pulso entre usted y Alfonso Guerra puesto que éste se oponía a que usted reforzase su posición en el gobierno como vicepresidente económico. ¿Por qué creía usted necesaria una vicepresidencia económica?

M.B. — Creí que había que cambiar las reglas en el ámbito económico porque el juego de los demás ministros era enfrentarse con el ministro de Hacienda, que naturalmente intentaba apretarles siempre, e ir al arbitraje siempre del presidente del Gobierno. Esto tenía un desgaste tremendo y se llegaba a situaciones completamente absurdas. Decidí que había que dejar sentado que había que entenderse con el ministro de Economía y Hacienda y la manera simbólica de demostrar que este ministro tenía la última palabra en temas económicos era elevando el cargo al rango de vicepresidencia.

T.B.M. — Y evidentemente no obtuvo de la crisis lo que esparaba.

M.B. — Bueno, yo creo que esa crisis se le pudrió a González porque no sabía hacer bien las crisis. Se hizo muy larga y durante los quince o veinte días que duró la crisis el gobierno estaba paralizado y esperando a ver cómo González la resolvía.

T.B.M. — ¿Qué ocurre cuando se abre una crisis? ¿Qué ocurre para que se paralice todo y todos los ministerios se pongan a esperar acontecimientos?

M.B. — Pues que se empieza a hablar y se sabe que se están preparando cambios, en este caso mucho antes de que se produzcan. A González se le pudrió porque al hacer esa crisis naturalmente contaba con que yo iba a seguir. Por lo tanto empezamos a hablar de cómo hacer el nuevo gobierno ya que dentro del área económica me interesaba saber qué personas iban en cada sitio y yo entendí que el esquema de la vicepresidencia económica le pareció razonable a González.

T.B.M. — Pero no fue así.

M.B. — Yo creo que ahí es donde intervino el pudrimiento de la crisis, porque si a los dos días González me hubiera dicho que no era el momento de crear esa vicepresidencia, yo hubiera dicho, aunque me pareciese un error no dar ese paso, «qué le vamos a hacer». Lo que pasó es que como quedó esa posibilidad abierta y como además su realización era, creía yo, bastante probable, empezó a moverse Alfonso Guerra. La consecuencia fue que *El País* comenzó a filtrar de «fuentes informadas de Ferraz» que era imposible tener dos vicepresidencias.[22] Guerra debió creer que yo no podía tener un papel equivalente al suyo. Y eso es lo que me hizo cerrarme en banda, porque una cosa es que Felipe González hubiera dicho al principio, sin más, que no se podía hacer la vicepresidencia y otra cosa es que diga que no porque Guerra interviene. Eso me pareció intolerable.

T.B.M. — ¿Cómo debemos de entender la influencia que tenía entonces Alfonso Guerra sobre Felipe González?

M.B. — Bueno, yo creo que González quería tener el partido tranquilo y en aquel tiempo Guerra se lo tenía tranquilo porque controlaba completamente el aparato. Cuando Guerra hablaba, era la voz del partido y además tenía el grupo parlamentario controlado. A mí esa situación me parecía absurda. Resultó que algo razonable, que a González le pareció razonable, no pudo ser porque lo vetó Guerra. Y además a mí me parece que Guerra no me vetó por razones de partido, sino para proteger su poder personal.

T.B.M. — ¿Se enfrentó usted mucho a Guerra cuando estaba en el gobierno?

M.B. — No. Más que enfretamientos hubo fuertes discusiones en el Consejo de Ministros entre ministros que seguían una línea *guerrista* como Julián Campo y como Enrique Barón y ministros que no eran *guerristas*.

22. Cuartel General del PSOE en la calle Ferraz de Madrid y feudo del vicesecretario del partido, Alfonso Guerra. Según Guerra (p. 137), el sector que representaba Boyer en el gobierno quería «liquidar los sindicatos».

T.B.M. — Por *guerristas* entiendo que usted les consideraba fieles a cualquier postura de Guerra.

M.B. — Sí. Eran gente del aparato, gente que buscaban el apoyo de Guerra, que se apoyaban en él para contrarrestar a otros.

T.B.M. — Lo que quiero comprender mejor es si había diferencias declaradas a la hora de hacer política, de elegir entre varias decisiones. Se dice una y otra vez que los *guerristas* son gente del aparato y quiero saber si por ello tenían una sensibilidad política distinta. Es decir, si ellos decían que no se podía introducir tal impuesto o hacer una reconversión en tal zona porque penalizaría los votos del partido.

M.B. — Bueno, de vez en cuando efectivamente el sector *guerrista* quería demostrar que era el verdadero representante de la izquierda. Y entonces había discusiones para demostrar dónde estaban los más a la izquierda y dónde estaba el ala derecha. Luego estaba sencillamente el que unos jugaban a ser hombres del aparato del PSOE y otros jugábamos a nuestro trabajo de ministros.

T.B.M. — Guerra decía que él estaba en el gobierno de oyente. ¿Eso era una *boutade* suya o reflejaba la realidad?

M.B. — Yo creo que intentaba con esa historia de que estaba de oyente marcar distancias frente a medidas impopulares o duras ya que era difícil dárselas de izquierdista y estar en un gobierno moderado. La historia esa le permitía decir que la reconversión o lo que fuese lo habían hecho otros y que a él, que era un mero oyente, no le habían hecho caso cuando dio su opinión contraria. Por otra parte, estaba la coquetería de decir que no le importaba el poder, que no mandaba. Y esto es curioso porque Guerra es una de las personas que más ha mandado en los aparatos y que más le ha gustado mover hilos.

T.B.M. — Ya. Pero la política económica del gobierno y la política general no fue *guerrista* por así decirlo.

M.B. — No, no lo fue. Guerra salía en general derrotado en el gobierno. Decía sus cosas para demostrar que él estaba a la izquierda de todos los demás, pero al final lo que salía era lo que tenía que salir y no solamente en mi caso sino en el de todos.

T.B.M. — Ya sé que usted estaba fuera del gobierno y alejado del partido cuando se produce el distanciamiento entre Guerra y González, pero supongo que no le sorprendió; sabiendo que eran personajes tan distintos, el divorcio era bastante inevitable.

M.B. — Bueno, yo siempre pensaba que si se planteaba un conflicto entre los dos, perdería Guerra, como así fue. González se había desinteresado del partido pero era el principal activo del PSOE. A mí lo que me preocupaba más entonces de esa dualidad tremenda era que se mantenía un doble discurso en el partido. Eso me ha parecido siempre uno de los elementos más absurdos del Partido Socialista y de su acción.

T.B.M. — Estamos hablando de la dualidad González-gobierno y Guerra-partido.

M.B. — Es que la separación entre el gobierno y el partido es algo inaudito. La tesis de González de dejar que el partido vaya por un lado mientras el gobierno va por otro me parece absurda. El partido estaba con un vocabulario arcaico y el gobierno con un vocabulario modernizador. Y al final lo que ocurre es que unos paralizan a otros, que hay conflictos continuos y, lo que es más grave, que la población no comprende cómo, si se hace un discurso izquierdista desde el partido, se hacen cosas desde el gobierno que no son izquierdistas.

T.B.M. — Siguiendo su razonamiento, usted sale del gobierno porque a González se le pudre la crisis de 1985. Usted percibe que Guerra le está vetando, cosa que puede hacer porque gracias a la separación de poderes él es el amo del partido, y usted no lo tolera y por lo tanto se marcha. Pero cuando sale del partido diez años más tarde, cuando se da de baja en el PSOE, ya el problema tiene que ver con las ideas, no con el poder que tenga uno u otro. Y tiene que ver también con la corrupción.

M.B. — Bueno, en el curso de los años yo me siento cada vez más distanciado del partido sobre todo en el aspecto de las ideas. No he insistido en los otros aspectos porque no he querido hacer demasiada sangre, aunque cualquier persona que no sea un funcionario del aparato, al ver las cosas que se han visto con Filesa, con Roldán y con los fondos del Ministerio del Interior, diría que no se cree lo que está viendo. Yo he estado muchos años de compañero de mucha gente socialista y no quiero tirar a matar. Pero han ocurrido cosas en mi partido que nunca hubiera creído posibles.

T.B.M. — ¿Nunca sospechó que podrían ocurrir?

M.B. — Yo me marché en el ochenta y cinco y cuando tuve un caso de corrupción acabó inmediatamente en el juzgado. Se trataba de dos funcionarios de la Casa de la Moneda que habían empezado a cobrar comisiones, y además eran funcionarios que había nombrado yo. En mi época no existía lo que vino después.

T.B.M. — He conversado sobre la corrupción con varios que usted conoce y unos hablan del aluvión de gente que llegó al partido y de la necesidad de hacer de repente muchos nombramientos. Otros señalan las dificultades para financiar la vida interna del partido. También se habla de la cultura del «todo vale».

M.B. — Yo creo que es un fenómeno europeo de las últimas décadas. Cualquier máquina de poder tiende a abusar. La única garantía es que la opinión pública ya no tolera prácticas abusivas como en el pasado.

T.B.M. — Hablemos de las ideas que le llevan a darse de baja en el partido.

M.B. — Pues supongo que ha sido por una evolución personal. El tema es que yo ya no creo en las fórmulas intervencionistas a las que todavía sigue apegado el PSOE. Es decir, en el arbitrismo permanente de creer que el gobierno mejora el mercado y todo ese tipo de ilusiones. Y además el PSOE es incapaz de reformar un sistema fiscal que está hecho ya unos zorros. Para mí el Partido Socialista ha llegado ya a la parálisis de las ideas.

T.B.M. — Usted evidentemente cree que el socialismo ya no tiene ningún discurso para el futuro.

M.B. — Eso. El socialismo está acabado. Tuvo su papel y ahora tiene que evolucionar hacia algo que sea más parecido, pongamos, al Partido Demócrata en Estados Unidos. Cualquier socialismo que aboga por la intervención continua del Estado, creyendo que mejora el mercado en todo, pues está acabado. Está terminado. Ha fracasado históricamente si bien ha conseguido una serie de cosas. El hecho es que ya no se justifica esa orientación anticapitalista que tuvo el socialismo.

## 13. Joaquín Almunia

*Miembro de la Ejecutiva del PSOE, diputado y portavoz del grupo parlamentario socialista en el Congreso, fue ministro de Trabajo (1982-1986) y de Administraciones Públicas (1986-1991).*

**Cada vez se empieza a confundir más lo que va al partido y lo que va al bolsillo particular de quien ayuda al partido a financiarse.**

A lo largo de los años de gobierno del PSOE y desde los distintos puestos de responsabilidad que ha ocupado, Joaquín Almunia ha sido con diferencia el dirigente socialista más asequible y más abierto, en el sentido de compartir sus preocupaciones por el gobierno y por el partido, que he conocido. Nunca eludió ningún tema en los diálogos que mantuvimos *off the record* y habló con la misma naturalidad y honestidad del PSOE de ayer y del PSOE de hoy y de mañana en la conversación que celebramos para este libro. Al principio y al final de ella surgieron reflexiones sobre el liderazgo de Felipe González que creo que son importantes.

La primera se remonta al crepúsculo del franquismo cuando el Partido Comunista, la organización puntera en la oposición a la dictadura, comienza a agrupar a partidos, grupos y personalidades en la llamada Junta Democrática. Felipe González, como Alfonso Guerra y los demás jóvenes dirigentes socialistas que han protagonizado la renovación del partido, no compartía el feroz anticomunismo del PSOE histórico. Sin embargo, el entonces primer secretario del PSOE con «gran éxito, acierto e intuición» consiguió distanciarse de la Junta Democrática y establecer la autonomía del Partido Socialista frente al abrazo de oso comunista. Bien es verdad, como reconoce Almunia, que Felipe González, al diseñar esta estrategia, se sabía respaldado «por el peso histórico de las siglas, por la confianza de estar en el PSOE y no en un grupito recién nacido».

La segunda reflexión trata de la actuación de Felipe González algo después en el tiempo, comenzada ya la transición política, «en momentos de falta de madurez» del PSOE cuando el partido tenía que hacer grandes giros para acoplarse a la realidad, como fueron, por ejemplo, el abandono del marxismo y la aceptación de la OTAN. Almunia reconoce que la capacidad de liderazgo y de arrastre de Felipe González «nos ha servido para girar cuando había que girar en la dirección que había que tomar».

Estos juicios no obstan, sin embargo, para que Almunia crea ahora que aquel modelo de liderazgo, además de irrepetible, comienza a ser «ineficaz» e «indeseable». Cuando Almunia afirma que la ausencia de Felipe González en períodos vacacionales produce «una sensación de orfandad» en el partido, la situación ha llegado ya a límites tan ridículos como insostenibles. Almunia no se escurre ante la conclusión lógica de tales juicios sobre el liderazgo: «Hay que encontrar un modelo donde haya más participación en la toma de decisiones y donde la responsabilidad de las decisiones del partido no se deposite en una sola persona.»

La autocrítica que hace Almunia como dirigente conspicuo del PSOE en el paso del partido por el poder es sana, saludable e infrecuente. Admite, por ejemplo, que la promesa electoral en 1982 de crear ochocientos mil puestos de trabajo fue «una guinda» que se incluyó en el último momento y que no se basaba en ninguna elaboración teórica del curso previsible de la economía. Y reconoce que la promesa de convocar un referéndum sobre la permanencia de España en la OTAN mostraba el déficit del análisis socialista en torno a la política de seguridad y la política de exterior.

Ambas promesas ayudaron al PSOE de una manera decisiva a conseguir doscientos dos escaños en el Congreso. Resulta, sin embargo, que la primera fue «un malísimo eslogan electoral» y que la segunda fue «claramente un error».

El PSOE perdió el poder casi catorce años después no por el efecto bumerán de promesas incumplidas, sino principalmente por la corrupción. De nuevo Almunia es honesto al enfrentarse con la realidad de los hechos. Dice que la ética se pierde por «falta de tradición», y porque el partido sucumbe a la influencia del «modo en que se ejerce el poder en España», y lo imita. Por otro lado, había «una incapacidad para concebir que gente con carnet pueda ceder a la tentación».

Esta última ingenuidad fue, como Almunia reconoce, «irresponsable», pero la reflexión que sugiere su muy valioso testimonio tiene que ver con la arrogante obsesión del PSOE renovado de partir de cero. Si el partido que lidera Felipe González se carga a sus mayores y a la tradición que ellos representan en el Congreso de Suresnes, ¿cómo puede pensar que los miles de nuevos militantes sean decentes por el mero hecho de tener el carnet?

Y es así como, con la necesidades de financiación, el PSOE da entrada a los sinvergüenzas que harían a un siglo de honrados socialistas, desde Pablo Iglesias hasta Rodolfo Llopis, revolverse en sus tumbas. Afirma Almunia que en la financiación irregular del partido: «Cada vez se empieza a confundir más lo que va al partido y lo que va al bolsillo particular de quien ayuda al partido a financiarse, y esto a su vez genera una atracción hacia los partidos y hacia la financiación de los partidos de mucho golfo y de mucho pícaro.» Elemental.

Tom Burns Marañón: Me llama la atención la manera en que el PSOE, y especialmente Felipe González, después de concluir en el setenta y cuatro su proceso de renovación en el Congreso de Suresnes, se lanza a la tarea de agrupar a socialistas que andaban dispersos en diferentes grupos o pequeños partidos. Creo que este proceso de unificación, junto, obviamente, a su renovación, fue vital para su posterior éxito político.

Joaquín Almunia: Bueno, yo no soy el mejor testigo porque nunca he estado en otras siglas. Yo tengo la ventaja de encontrarme con el PSOE en el momento en que está preparándose el cambio de Suresnes, cuando ya los que han desbancado a Llopis en el setenta y dos han definido lo que será el partido en Suresnes. Yo en esa época trabajaba en Bruselas y me encontré con Curro López Real que aunque vivió la guerra estaba claramente trabajando para los jóvenes socialistas del interior.[1] En España era más difícil encontrarse a gente entonces porque estaba todo el mundo en la clandestinidad o en una semiclandestinidad, pero en Bruselas estaban a la luz del día. Curro es el que me cuenta lo que ha pasado en el PSOE a partir del setenta y dos, y eran cosas que yo no sabía.

T.B.M. — ¿Qué idea tenía tu generación del PSOE?

J.A. — Pues la generación del sesenta y ocho teníamos por un lado la idea del PSOE de la República, es decir, la de un gran partido de la izquierda, que representa a la clase trabajadora con líderes muy sugestivos pero con grandes errores y con grandes divisiones y por otro teníamos la idea de que el PSOE en el exilio se había echado a perder porque tenía una dirección absolutamente anquilosada. Yo recuerdo haber leído a finales de los sesenta un ejemplar de *El Socialista* y me parecía un lenguaje absolutamente antediluviano que no tenía nada que ver con la realidad política de España en esa época.[2]

1. Francisco (Curro) López Real, veterano dirigente de la diáspora socialista en el exilio, vivía en Bruselas donde tenía un cargo en la Confederación Internacional de Organizaciones Sindicales Libres (CIOSL), la internacional prooccidental del movimiento obrero a la cual estaba afiliada la UGT. Apoyo clave para los jóvenes socialistas del interior, trabajó denodadamente, junto con Pablo Castellano, para obtener el respaldo de la Internacional Socialista a la facción renovadora del PSOE frente a la histórica liderada por Rodolfo Llopis. Fue miembro de la Ejecutiva colegiada elegida en el congreso de la escisión (1972).

2. La situación no había variado en una década puesto que después de una entrevista en 1956 con el dirigente de la Asociación Socialista Universitaria (ASU), Víctor Pradera, que da cuenta sobre la lectura de *El Socialista* por las nuevas gene-

T.B.M. — Manuel Simón aprendió el castellano leyendo *El Socialista* y además en un tiempo en que el periódico era todavía más prehistórico.[3]

J.A. — Bueno, era hijo de exiliados. Yo vivía en España y mi familia no era de ámbito socialista. Descubrí que dentro de las siglas históricas del PSOE había un movimiento fuerte de renovación que tenía un discurso adaptado a lo que estaba pasando en la España de final del franquismo gracias a Curro López Real.

T.B.M. — Creo que la figura de López Real es muy interesante por ser representativa de los veteranos fuera de España que apoyan la renovación del partido por gente joven dentro de España. Es decir, la ruptura en el PSOE, la sustitución de Rodolfo Llopis por Felipe González, no era exactamente jóvenes contra viejos ni el interior contra el exilio.

J.A. — Claro, claro. En el setenta y cuatro el PSOE todavía tenía mucha más afiliación fuera que dentro de España, y fuera, en el exilio, hay una parte que se queda con Llopis, pero hay otra donde está Curro, donde están los hermanos Martínez Cobos y su padre, Martínez Parera, Arsenio Jimeno, en fin, una serie de gente que apoya a Felipe y al partido en el interior.[4]

T.B.M. — Pero el partido en el interior no estaba muy definido. Era raquítico numéricamente y se disputaban el protagonismo madrileños, andaluces y los del norte.

J.A. — Los de fuera tenían más contacto, o más confianza con los del PSOE vasco que con el PSOE andaluz aunque les atraía mucho la brillantez de los análisis de Felipe y la inteligencia de Alfonso Guerra. Ahora generacionalmente tenía un contacto más fácil y

---

raciones en España Rodolfo Llopis escribe: «Afirman que los artículos y discursos de Prieto más bien perjudican, pues no atraen a los jóvenes. Como se ve la ignorancia de nuestro partido es grande, ignorancia que hay que remediar rápida y enérgicamente.» (Citado por Jáuregui, *El hombre que pudo ser FG,* p. 88.)

3. Para Manuel Simón, dirigente de las Juventudes Socialistas en el exilio, la lectura de *El Socialista* fue una exigencia de su padre que recuerda con horror (véase Simón, p. 76).

4. Los hermanos Carlos y José Martínez Cobos son autores de numerosos trabajos sobre el PSOE en el exilio. Su padre, Carlos Martínez Parera, socialista histórico y prestigioso médico, «vivía en París en un cuchitril inmundo y su familia estaba toda en Toulouse», según Alfonso Guerra, porque el partido necesitaba tener a alguien en París. (Véase Guerra, p. 126.) Arsenio Jimeno, rival permanente de Llopis, también vivía en París donde tenía un cargo en el sindicato Force Ouvrière que le permitía obtener permisos de trabajo para emigrantes españoles.

*El Partido Comunista era la parte más activa en los conflictos universitarios y laborales a través de Comisiones Obreras.*

*Leopoldo Calvo-Sotelo se equivocó en la forma de hacer el ingreso en la OTAN porque debió haber hecho un esfuerzo mayor de buscar un consenso.*

también desde el punto de vista de cultura política, con Ramón Rubial, con Enrique Múgica y con Nicolás Redondo. Lo que pasa es que los socialistas vascos y asturianos están a su vez en contacto y trabajando cada vez más y mejor con los andaluces.

T.B.M. — Cuando se habla del PSOE de aquí y de allá parece que se está hablando de un partido nacional cuando en realidad erais poquísimos en cada lugar.

J.A. — Es verdad que mucha gente de nuestra generación, en vez de estar con las siglas del PSOE, o bien participa en el Partido Comunista, que era la parte más activa en los conflictos universitarios y laborales a través de Comisiones Obreras, o bien, en pequeños núcleos de intelectuales, de universitarios, de gente instruida entre comillas, juegan al socialismo periférico, al socialismo catalán, o al aragonés, al valenciano y así, y son estos los que se van agrupando en la Federación de Partidos Socialistas.[5]

T.B.M. — Ésa es la diáspora del interior a la cual me refería. Es la que recoge Felipe González.

J.A. — Entonces ¿qué pasa con todo eso? Ninguno de esos pequeños grupos tiene un liderazgo claro ni comparable al de Felipe González, no tiene la solidez que dan las siglas, la historia, la tradición y el arraigo en la memoria colectiva, y tienen una cierta atracción por los planteamientos estratégicos del PCE. También se sienten atraídos por la Junta Democrática, por la estrategia de reconciliación nacional, por el pacto que establece Carrillo con algunos sectores del *juanismo*.[6]

T.B.M. — Esto último que has dicho me parece importante porque quienes asumen las siglas del PSOE asumen a la vez un rechazo al PCE.

J.A. — Vamos a ver. En el Partido Socialista, no sólo en la gente que se queda con Llopis sino en la gente que está en Suresnes, hay sin duda una cultura anticomunista todavía dominante. Ésta no era la cultura de Felipe y de Alfonso, pero Felipe y Alfonso, sin caer en la cultura tradicional anticomunista que ha caracterizado

5. Joaquín Arango es un ejemplo típico de los jóvenes intelectuales que «pasan» del PSOE a comienzos de los setenta e intentan un nuevo socialismo con la Federación de Partidos Socialistas. (Véase Arango p. 98 y nota 5.)

6. Entre los independientes que ocupan destacados puestos en la Junta Democrática que organiza el PCE están Rafael Calvo Serer y Antonio García Trevijano, cercanos ambos a don Juan de Borbón, conde de Barcelona. (Véase Rafael Borràs Betriu, *El Rey de los rojos*, Barcelona, 1996, p. 261s.)

*Felipe González es consciente de que supone un tapón para el recambio generacional.*

toda la trayectoria del exilio del PSOE sí mantienen algo que un grupúsculo sin historia y sin tradición no sabe mantener y esto es la defensa de la autonomía estratégica del Partido Socialista.[7] Es decir, no son anticomunistas, pero, respaldados por el peso histórico de las siglas y por una confianza de estar en el PSOE y no en un grupito recién nacido, saben plantar cara a la estrategia del PCE. Y hacen esto aunque parten de una fragilidad orgánica y una fragilidad de afiliación muy grande.

T.B.M. — De hecho, el PSOE forma, digamos, una anti-Junta Democrática, un rival a lo que había organizado el PCE, cuando crea la Plataforma Democrática.[8]

J.A. — Es que definen una estrategia autónoma; éste es el gran éxito, el gran acierto y la gran intuición de Felipe González en los momentos últimos del franquismo e iniciales de la transición. No se dejan llevar por la Junta Democrática y polarizan la Plataforma en torno al Partido Socialista.

T.B.M. — ¿Cómo reciben los que siempre estuvieron con las siglas a los que llegan al partido, frecuentemente en oleadas, desde aquellos grupos de la diáspora?

J.A. — Bueno, ahí hay claramente una recepción muy, muy favorable por parte de los dirigentes del PSOE, de los nuevos dirigentes del PSOE, que claramente saben que ésa es la vía para ampliar el espacio del partido y para reforzarlo con cuadros políticos, y hay, en general, una actitud de rechazo, de desconfianza y de recelo por parte de los militantes tradicionales.

7. En un intento de frenar el avance renovador en el PSOE, Llopis decía que los jóvenes del interior no sabrían resistir la presión comunista (véase Simón, p. 86).

8. La Junta Democrática, que se presentó en público en septiembre de 1974 y publicó su «manifiesto de la reconciliación» en abril del año siguiente, fue organizada por el PCE siguiendo la estrategia tradicional comunista de «frentes amplios», y contaba con el apoyo de independientes, entre ellos monárquicos *juanistas*, y el PSP de Tierno Galván. La Plataforma de Convergencia Democrática, pilotada por el PSOE, publicó su primer manifiesto en junio de 1975, con el apoyo de Izquierda Democrática, partido democratacristiano de efímera vida a pesar del prestigio de su líder Joaquín Ruiz-Giménez, del Partido Nacionalista Vasco y de grupos de la ultraizquierda pro-China y trotskista como la Organización Revolucionaria de Trabajadores (ORT) y el Movimiento Comunista de España (MCE). Los programas de los distintos partidos, grupos y alianzas que competían por el espacio político del posfranquismo están bien resumidos en Ignacio Fernández de Castro y otros, *Lucha política por el poder,* Madrid, 1976. Para los llamados «pactos de la ruptura», la Junta y la Plataforma, véase p. 179s.

T.B.M. — Por cuadros, entiendo gente profesional y cualificada.

J.A. — Sí, gente con la capacidad de aportar conocimientos al ejercicio de la acción política.

T.B.M. — Debió ser duro para los tradicionales esa avalancha de gente cualificada, ¿no?

J.A. — Hombre, eran vistos como arribistas que llegaban al partido cuando empezaba a haber posibilidades de presentar candidaturas y la vida política pasaba de ser difícil y dura a ser algo interesante y amable. Y además como éstos tenían mejor formación temían, justificadamente, que les iban a pasar por delante. En Suresnes no creo que el PSOE pasara de cuatro mil afiliados entre el exterior y el interior, y en el siguiente congreso del setenta y seis en Madrid pues deberíamos ser del orden de dieciséis mil, de los cuales habría unos doscientos cincuenta de cuadros políticos y el resto era gente mayor y gente que estaba en el PSOE por tradición familiar.[9]

T.B.M. — Evidentemente la presencia de estos doscientos cincuenta tenía peso.

J.A. — Es que experiencia política no tiene nadie. En cuanto se legaliza el partido, la experiencia de la clandestinidad o del exilio vale relativamente poco para muchas de las tareas nuevas que había que emprender. Había que opinar sobre la economía, sobre la política exterior, sobre políticas educativas, sobre el Estado de bienestar y esas cosas, y durante cuarenta años lo único que se debatía en el partido era cómo echar a Franco.

T.B.M. — En el congreso del setenta y nueve, cuando se divide el partido en torno al marxismo, ¿el enfrentamiento es a todos los niveles o se ve a los recién llegados agrupándose detrás de Felipe González?

J.A. — No, yo creo que eso nos fractura a todos por la mitad, aunque la gente del PSP en buena medida está del lado marxista. La gente que viene de la Federación de Partidos Socialistas se divide, y lo mismo nos ocurre a los que entramos por nuestra cuenta en el PSOE. Yo ahí creo que es muy difícil encontrar una razón que explique por qué unos están a un lado y otros en otro, salvo quizá el factor de nuestra mayor identificación y nuestra mayor confianza personal en Felipe González. Es decir, Felipe González ahí es pionero. Tenía claro que el Partido Socialista, a las alturas en que nos encontrábamos en el setenta y nueve, después de haberse celebrado las segundas elecciones legislativas que habíamos perdido cuan-

9. Para cifras de afiliación véase Santos Juliá, p. 55, nota 11, y p. 57, nota 13.

do creíamos que las íbamos a ganar, tenía que despojarse rápidamente de la sobrecarga ideológica.[10]

T.B.M. — ¿Por qué no hizo esto en el setenta y seis?

J.A. — Pues porque yo creo que en el setenta y seis todavía no se intuía eso. No habíamos tenido elecciones y no sabíamos si íbamos a sacar sesenta o setenta diputados. Creíamos que tendríamos más del quince por ciento de los votos.

T.B.M. — Lo pregunto porque, al margen de cualquier sobrecarga ideológica, el PSOE en ese momento estaba compitiendo con el PCE por el mayor espacio posible en la izquierda, y por lo tanto el marxismo era entonces una cuestión táctica lo mismo que también fue una cuestión táctica el no marxismo en el congreso del setenta y nueve.

J.A. — Bueno, muchos de nosotros conocíamos muy poco la sociedad española de verdad. A la mayoría de los españoles los conocíamos poco en términos políticos y creíamos de verdad que teníamos que disputar ese espacio de la izquierda con el PCE a base de una subasta de declaraciones marxistas, ¿no? Carrillo mientras tanto estaba de vuelta, quizá porque era mayor y tenía más experiencia. Él estaba ya a punto de negociar la bandera nacional y la aceptación de la Monarquía. Eso a nosotros nos cuesta más.[11]

T.B.M. — Quería dar el salto a la formación del gobierno socialista en el ochenta y dos. Lo que me interesa es la reflexión interna que necesariamente se tiene que hacer el partido cuando asume la responsabilidad de gobernar. Tiene que transigir mucho en cuanto a señales de identidad, relaciones con la UGT, programas máximos, discursos asumidos en los congresos.

J.A. — Sí. Lo que pasa es que es una reflexión que se había iniciado en el setenta y nueve con el debate sobre el marxismo y el aterrizaje en las instituciones municipales. Por un lado, hay miles de socialistas que por primera vez se encuentran gestionando la cosa pública en grandes ciudades y en municipios de áreas metropolitanas y eso supone un encuentro muy importante del partido con la realidad. Y a la vez la cúpula dirigente del partido, en el congreso

10. A Joaquín Almunia le toco defender, ante el congreso, la tesis del abandono del marxismo. Lo hizo con notable poco entusiasmo según el sarcástico recuerdo de Alfonso Guerra (véase Guerra, p. 133).

11. Cuando el PSOE cambia de táctica en las legislativas de 1982 y opta por «la subasta de declaraciones moderadas», Santiago Carrillo es forzado a dimitir ante el hundimiento del voto del PCE.

de septiembre del setenta y nueve posterior al del marxismo, es una cúpula que ha recibido, digamos, un baño de realismo político. Y los que estamos en esa cúpula nos dedicamos claramente a preparar el partido para llegar al gobierno.[12]

T.B.M. — Uno de los temas cruciales, supongo, era el del orden público y la seguridad del Estado. Lo digo por el terrorismo, que había aumentado mucho, sobre todo en el año antes del 23-F, pero también por una reflexión necesaria que se tenía que hacer la izquierda sobre el mantenimiento del orden público. Creo que en el socialismo democrático está muy arraigada la idea de que fue la ausencia de orden público lo que principalmente desacreditó la República.

J.A. — No confundiría las dos cosas, aunque es verdad que recaen sobre el mismo aparato de Interior y el aparato policial. Es cierto lo de la reflexión sobre cómo la República se fue desangrando, se fue disolviendo y fue creando rechazo por la cuestión de la autoridad, por la quema de los conventos y esas cosas. Yo recuerdo a Felipe muchas veces advirtiendo de que ése sería uno de nuestros principales retos cuando llegásemos al gobierno. Teníamos que ser capaces de asegurar el orden, el cumplimiento de la ley y la tranquilidad en las calles, porque además éste era una terreno en el cual la gente no nos prestaba ninguna credibilidad.

T.B.M. — A donde quería llegar es a la decisión que toma el gobierno de no cambiar la cúpula policial.

J.A. — Es que sobre esa reflexión viene otra que es la que yo creo que explica el noventa y nueve por ciento de las razones por las cuales no se modifica el Ministerio del Interior y es la reflexión sobre el terrorismo. Nosotros, recuerda, somos recibidos con el asesinato del general Lago.[13] El hecho es que no tenemos capacidad para combatir el terrorismo y a la vez sustituir a la gente que lo viene combatien-

12. El congreso de septiembre de 1979, en el que Felipe González es reelegido secretario general tras haber dimitido en el polémico XXVIII Congreso de mayo, fue un congreso extraordinario y es conocido dentro del PSOE como el «congreso veintiocho y medio». Los dos congresos de 1979 son analizados por Francisco Bustelo (p. 255-258). En el XXIX Congreso del Partido, celebrado en octubre de 1981, el último antes de la aplastante victoria electoral del PSOE, hubo una importante renovación de delegados. Sólo el 29 por ciento de los que asisten al congreso de 1981 habían sido delegados en el XXVIII Congreso de 1979. (Véase Tezanos, *Sociología del socialismo español,* p. 140.)

13. En un claro intento de desestabilizar el traspaso de poderes al PSOE, ETA asesinó en Madrid el 4 de noviembre de 1982, a una semana de las elecciones, al general de división Víctor Lago Román, jefe de la División Acorazada Brunete, la unidad más importante del ejército español. El 8 de diciembre, seis días después de ju-

do desde el Ministerio del Interior. Lo que sí sabemos hacer y podemos hacer en Defensa es, a pesar de lo delicado que era el tema, ir paso a paso cambiando el Ministerio de Defensa; en el Ministerio del Interior no lo podemos hacer. No lo podemos hacer, uno, porque la lucha contra el terrorismo no admite una tregua para poder cambiar por otra gente a quienes tienen la información y la experiencia de lo que se viene haciendo, y tampoco sabíamos quién era esa otra gente, y, dos, porque al Ministerio de Interior no se le puede mandar con la misma capacidad jerárquica que al Ministerio de Defensa.[14]

T.B.M. — Y así ocurrió lo que ocurrió.

J.A. — Y así ocurrió que te quedas con unos lastres que además tratan de hacerse amigos tuyos y hacerte de los suyos. Y llevan a alguna gente a su terreno, ¿no?

T.B.M. — Bien. Dejando el tema GAL y admitiendo que el PSOE aprende mucho y muy rápido para prepararse para gobernar, la decisión del PSOE de oponerse a la entrada en la OTAN y de prometer un referéndum, que se entiende para salir de la Alianza, en su campaña electoral del ochenta y dos, parece indicar que no entiende muy bien aspectos muy importantes de la vida real. Y también la promesa de crear ochocientos mil puestos de trabajo en ese mismo manifiesto electoral sugiere que tampoco estaba muy puesto el PSOE en lo que es la economía real.

J.A. — Lo primero fue claramente un error. Teníamos un déficit de análisis de política de seguridad y de política exterior y nos equivocamos. También creo que Leopoldo Calvo-Sotelo se equivocó en la forma de hacer el ingreso en la OTAN porque debió haber hecho un esfuerzo mayor para buscar un consenso.

T.B.M. — Pero no había que hacer ningún análisis de política exterior y de seguridad. Teníais a gente como Joaquín Arango y su grupo de investigadores que recomendaban entrar corriendo en la OTAN a raíz del 23-F.[15]

---

rar su cargo como presidente del Gobierno, Felipe González asistió a una misa de campaña en la División Acorazada celebrada con motivo de la patrona del Arma, la Inmaculada Concepción.

14. Para la política de defensa, véase Serra, p. 190s. Juan Alberto Belloch sostiene que sí se pudo haber cambiado la cúpula policial (véase Belloch, p. 429).

15. Joaquín Arango y un grupo de colaboradores que reúne con el apoyo de Felipe González para estudiar el intento de golpe del 23-F recomienda la entrada en la OTAN cuando el tema todavía no había sido planteado públicamente por Calvo-Sotelo. (Véase Arango, p. 93s.)

J.A. — Pero eran muy pocas voces. Muy poca gente se atrevía a decir eso en voz alta, no ya en público, sino en reuniones internas del partido. En nuestro análisis de política de seguridad nos quedamos atrás, pero en otras cosas avanzamos más, adaptando nuestra reflexión a la realidad. Y también Leopoldo Calvo-Sotelo fue demasiado rápido. Si hubiese hecho un esfuerzo en el área de política de seguridad como, por ejemplo, hizo Fernando Abril Martorell en todo el área socioeconómica, un esfuerzo de explicación, de discusión, de búsqueda de terrenos de entendimiento, de tratar con incentivos de reducir las distancias entre el análisis que hacía el Partido Socialista y el sindicato y el análisis que hacía el gobierno, es posible que se hubiese conseguido un consenso.[16] Pero no se hizo.

T.B.M. — ¿Y los ochocientos mil puestos de trabajo?

J.A. — Eso es otra cosa. Eso fue una guinda que se introduce a última hora en el programa electoral. Los ochocientos mil puestos no forman parte de una elaboración teórica previa y yo puedo dar fe porque coordiné la elaboración del programa electoral. El tema entra muy al final y entra porque los socialistas franceses en su programa electoral del ochenta y uno habían introducido un compromiso, también cifrado, de creación de empleo.

T.B.M. — ¿Y no os habíais dado cuenta del batacazo que se pegó el programa económico del gobierno de Mitterrand?[17]

J.A. — Sí nos habíamos dado cuenta del batacazo y prueba de ello es que todos los análisis de política económica son muy distintos a los que había hecho el Partido Socialista francés un año antes. Incluso estábamos siguiendo muy de cerca lo que estaba pasando con la experiencia de gobierno en Francia. Cada mes teníamos un informe encima de la mesa hecho por un miembro de los servicios de la Ejecutiva del partido que seguía casi día a día la experiencia de los franceses. Pero los ochocientos mil se introducen como gancho electoral y fue un malísimo eslogan electoral, un eslogan bumerán porque se nos volvió en contra.

T.B.M. — Pero en el fondo, si bien ochocientos mil puestos, a doscientos mil por año, era disparatado, sí pensabais que ibais a crear empleo en esa primera legislatura, ¿no?, y luego ocurrió lo contrario.

16. Fernando Abril Martorell, vicepresidente del Gobierno con Adolfo Suárez, consiguió acuerdos cruciales para el consenso constitucional gracias a hábiles negociaciones con Alfonso Guerra.

17. Véase Solchaga, p. 149, nota 1, para el fracaso económico del programa de izquierdas elaborado por el primer gobierno de François Mitterrand.

J.A. — Lo que sí había en el análisis económico oficial del partido, aunque no, quizá, en el análisis de unas pocas personas que tenían mucha más información real, como Miguel Boyer o Carlos Solchaga, era una proyección menos pesimista sobre lo que era de verdad nuestra situación económica. Y además de estar mal en el año ochenta y dos, nuestra situación económica empeora en la segunda mitad de ese año, entre la disolución de las Cortes y la toma de posesión del nuevo gobierno. Empeora el déficit público, que acaba siendo muy superior a lo que se preveía a mitad de año cuando se estaba elaborando el programa, y empeora nuestra moneda, porque se retrasa el ajuste del tipo de cambio y esto a la vez provoca una salida de dinero muy fuerte porque todo el mundo sabe que habrá una devaluación.[18] Se retrasan decisiones económicas como la subida de la gasolina y, quizá por efecto de las expectativas creadas con la llegada de un gobierno socialista, se produce una avalancha de gente que se apunta a las oficinas de empleo. Entre octubre y diciembre de ese año, cada uno de esos tres meses aumenta la cifra de paro registrado en torno a las cien mil personas.

T.B.M. — Sé muy bien que para diciembre, cuando tomáis posesión del gobierno, el panorama económico era poco menos que desolador. La crisis de Rumasa estaba a la vuelta de la esquina. Como no teníais más alternativa que una política dura de ajuste, ¿preveíais ya que el choque frontal con los sindicatos, y un eventual divorcio entre el partido y la UGT, era inevitable?

J.A. — Bueno, yo creo que todos los que seguíamos la relación entre el partido y el sindicato, y también todo el mundo con sentido político, sabíamos que desde el momento en que estuviésemos en el gobierno la relación entre el PSOE y la UGT tenía que cambiar. Y el primero que se da cuenta de eso es Nicolás Redondo. Cuando Felipe González le ofrece a José Luis Corcuera ser ministro de Trabajo, Nicolás dice que no. La postura de la UGT es que no puede sentirse ligada a un gobierno, por muy socialista que sea, y que tiene que mantener una autonomía y su propio papel sindical.[19]

18. El rey firmó el decreto de disolución de las Cortes generales el 27 de agosto de 1982 y el gobierno socialista tomó posesión el 2 de diciembre. El 4 de diciembre Miguel Boyer, ministro de Economía y Hacienda, devaluó la peseta un 8 por ciento frente al dólar.

19. Según Nicolás Redondo, la Ejecutiva de la UGT acordó que sus miembros podían aceptar cualquier ministerio en el nuevo gobierno salvo el de Trabajo (véase Redondo, p. 209).

T.B.M. — Aunque lógicamente la UGT esperaba un trato especial, digamos, de sindicato más favorecido.

J.A. — Es que es curioso porque, por un lado, hay conciencia de que las relaciones tienen que cambiar y que es mucho mejor que ese cambio se produzca de forma dialogada y pactada, ubicándose cada cual en el papel que le corresponde, pero a la vez desde la UGT se trata de mantener una relación extremadamente estrecha con el gobierno para beneficiarse en términos políticos y recibir un trato mejor que el de su competidor, Comisiones Obreras. Es una relación contradictoria en la que por un lado la UGT quiere hacer sindicalismo, porque ve que el gobierno quiere gobernar y por lo tanto no le queda más remedio que hacer sindicalismo para mantener su propia personalidad de sindicato, pero a la vez quiere ser el interlocutor del gobierno. Y es difícil, por no decir imposible, mantener ambas cosas.

T.B.M. — Pero no crees que las relaciones se complican y se crispan aún más por una especie de agravio comparativo. La UGT, precisamente por haber mantenido una relación tan estrecha con el partido durante el exilio cuando ambos compartían todo, desde despachos hasta dirigentes, se siente menospreciada porque los compañeros PSOE, ya alcaldes o diputados, pisan moqueta y ellos no.[20]

J.A. — Sin duda. El equilibrio es imposible porque desde el gobierno se le pide por un lado a la UGT que se pliegue a sus decisiones porque para eso es el sindicato socialista y a la vez establece una relación prepotente. Hay otro efecto evidente también, probablemente inevitable, y es que cantidad de cuadros, de asesores, de gente con experiencia que habían estado ocupando puestos en la UGT o apoyando técnicamente al sindicato de repente pasan a ocupar puestos en el gobierno.[21]

T.B.M. — Cuando la UGT se siente minusvalorada y marginada por esa prepotencia del partido lo que está fallando, entre otras cosas, es la estética. ¿Cómo analizas tú la pérdida por parte del gobierno y del PSOE, o de determinados dirigentes, de esa estética socialista que proyecta austeridad, una manera de ser, una forma de comportarse, una ética...?

20. Este análisis lo hace Manuel Simón, en aquella época miembro de la Ejecutiva de la UGT. (Véase Simón, p. 90.)

21. El mismo Joaquín Almunia fue uno de los que «pasan» del trabajo sindical al político. Entre 1976 y 1979 fue asesor economista de la UGT y dejó el cargo cuando fue elegido diputado por Madrid en la segunda legislatura.

J.A. — Lo de la ética es otro cantar, ¿no? Y la estética es verdad que se pierde y se pierde, curiosamente, quizá por falta de tradición, por falta de años de experiencia de muchos que llegan a asumir responsabilidades en el poder ejecutivo. En vez de implantar unos comportamientos políticos en el gobierno y en la administración propios de un partido de izquierdas, lo que sucede en muchos casos, en más de los imaginables, es que nos influyen las características del modo en que se ejerce el poder en España. Es decir, estamos muy condicionados por la manera en que se ha ejercido el poder hasta el setenta y seis o el setenta y siete.

T.B.M. — Pasemos a la ética.

J.A. — Aquí hay por un lado una ingenuidad, un exceso de confianza que se puede calificar de ingenuidad irresponsable. Esto consiste en creer que el hecho de ser socialista supone una garantía absoluta de honestidad y de desprendimiento, que todo el mundo va a ser bueno y que nadie puede ceder a la tentación por mucho poder que se tenga en los diferentes niveles de la administración. Hay una incapacidad para concebir que gente con un carnet socialista puede ceder a la tentación. En segundo lugar, hay un sistema de ejercicio del poder en el partido, que luego se traslada a los distintos niveles, muy jerarquizado, muy piramidal y con muy pocos controles. Por último, hay una inexistencia clamorosa de mecanismos de control en el aparato del Estado, en la administración pública, que nadie había creado antes y que nosotros tampoco sabemos crear.[22]

T.B.M. — También hay un discurso en el interior del PSOE que dice que es lícito buscar fuentes de financiación, que puedan ser consideradas por algunos como irregulares, porque la financiación a través de cuotas y de los presupuestos generales no cubre las necesidades del partido y porque además todos los demás partidos hacen lo mismo, tanto en España como fuera de España.

J.A. — Sí. Ese discurso existe, entre otras cosas, porque cuando llegamos nosotros al gobierno los presupuestos para las campañas electorales daban muy poco. Y de las cuotas, que ya por sí son escasas, se nutren las organizaciones locales y arriba llega una cantidad simbólica. Había otra forma incipiente de financiación que consistía en las aportaciones de los altos cargos, y de los parlamen-

22. En esta reflexión Joaquín Almunia coincide en grandes líneas con las opiniones sobre el mismo tema de Joaquín Arango (p. 110s) y Santos Juliá (p. 63s).

tarios aunque tampoco daba para mucho. Y entonces había un estado de opinión, que por supuesto no es sólo español, según el cual es normal que la política se financie por vías espurias no contempladas en la ley y que hay que procurarse el dinero.

T.B.M. — Y de las palabras se pasan a los hechos con las consecuencias que son conocidas.

J.A. — Es que lo que se pone en práctica genera un sistema en el que lo legal y lo ilegal empiezan a confundirse peligrosamente y el sistema a su vez genera un foco de corrupción personal entre las gentes que están cercanas a la financiación irregular de la política. Cada vez se confunde más lo que va al partido y lo que va al bolsillo particular de quien ayuda al partido a financiarse, y esto a su vez genera una atracción hacia los partidos y hacia la financiación de los partidos de mucho golfo y de mucho pícaro. Es un sistema perverso.

T.B.M. — En el trasfondo del enfrentamiento entre los llamados *renovadores* y los llamados *guerristas* ¿hay una pelea por este sistema y por estas conductas?

J.A. — Quizá. La distinción entre *renovadores* y *guerristas* es muy difícil de establecer, ¿no? Vamos a ver. Hay un elemento que puede ser de reflexión ideológica pero que no es el mayor ni muchísimo menos. El *renovador*, se supone, es alguien que entiende la necesidad de adaptar la estrategia, las propuestas y la reflexión política a un entorno cambiante y que no admite que se le siga dirigiendo con el mismo discurso político. Eso puede ser un *renovador* y los hay que se identifican con esa definición. Pero también hay muchos a los que les da exactamente igual una propuesta política adaptada o renovada que una propuesta política no conveniente y tradicional.

T.B.M. — ¿Cuál es el discurso renovador?

J.A. — Pues, por ejemplo, que hay que saber articular mejor las propuestas de la socialdemocracia con el mercado, que hay que reducir el déficit, que hay que controlar la inflación, que hay que adaptar el Estado de bienestar. Se supone que ése es un discurso renovador. Ahora, ¿todos los *renovadores* piensan eso? No. ¿Todos los que no son *renovadores* rechazarían eso? Tampoco.[23] Por lo tan-

23. Las propuestas renovadoras que enumera Almunia son aceptadas, por ejemplo, por José Félix Tezanos, colaborador de Alfonso Guerra en la Fundación Sistema (véase Tezanos, p. 392).

to la reflexión ideológica es un factor que ayuda a clasificar a una parte pero no a todos. Yo creo que no es un factor principal porque en nuestro partido no hay un nivel de debate que llegue a toda la organización hasta el punto de que cada uno de los afiliados o cada una de las agrupaciones se pueda posicionar ante todas y cada una de las opciones a que pueda llevar una reflexión de ese tipo.

T.B.M. — Entonces ¿cuál es el factor principal del enfrentamiento?

J.A. — Pues quizá va más en muchos casos por el concepto que se tiene del modelo del partido. Unos defienden un modelo de partido más instrumental, más permeable, digamos, a las demandas de la sociedad, más abierto a las inquietudes de los ciudadanos y menos corporativista y endogámico.

T.B.M. — Ése es el modelo *renovador,* y el modelo llamado *guerrista* es obviamente una caricatura opuesta.

J.A. — Es que otros creen que el partido es un fin en sí mismo, que debe crear sus propias redes de solidaridad internas y que tiene unos intereses propios. Creen que el partido no debe abrirse, que no debe asistir a una evolución que vaya disolviendo los perfiles orgánicos tradicionales del partido de masas de principios de siglo. Eso puede ser quizá menos *renovador* y más *guerrista*. Ahora, ¿eso agota la discusión, la distinción? Pues tampoco.

T.B.M. — Te preguntaba si en el trasfondo del enfrentamiento había una pelea por el sistema de financiación irregular y por las conductas que éste provoca porque el sector aparato o *guerrista* es el que controla la tesorería del partido.

J.A. — Sí, lo ha tenido tradicionalmente. Pero, hombre, tampoco quiero ser injusto diciendo que los *guerristas* están en un lado respecto a la financiación y los *renovadores* en otro. Eso sería injusto.

T.B.M. — No te estoy pidiendo que lo seas.

J.A. — Es que si tú tienes un concepto más basado en la cultura organizativa del partido como una de las señas de identidad principal, si a ti te parece que el partido puede justificar muchas decisiones aunque quienes no forman parte de la organización política no puedan entender algunas de esas decisiones, si tú crees que el partido como organización debe establecer unos lazos internos de solidaridad entre sus miembros con independencia de qué es lo que sucede fuera de sus paredes, pues entonces, si crees todo eso, puedes tender, quizá, a justificar mejor determinadas prácticas de financiación.

T.B.M. — ¿Puedes explicarlo mejor?

J.A. — Pues dices que el partido es tan importante que incluso justifica que yo apriete la mano en un concurso de obras públicas y me lleve una comisión si es para el partido, ¿no? Porque los intereses del partido prevalecen sobre otro tipo de normas o porque la legitimidad del partido en cuanto a organización puede competir y disputar el terreno a la legitimidad derivada del cumplimiento de la ley.

T.B.M. — Ya. Y cuando antes decías que el debate ideológico o que el modelo del partido no agota la discusión sobre *guerristas* y *renovadores,* supongo que es porque también entra en ella el factor de personalismos.

J.A. — Sí. Es que muchas de las ubicaciones entre personas del partido, entre quienes se consideren hoy en día *guerristas* o *renovadores,* pues ya no tienen que ver con lazos eminentemente personales. Es decir, ¿dónde te ha pillado, por ejemplo, la discusión que había en Almería?, ¿del lado de uno o del lado de otro? Pues si estás con uno, como ese uno es a su vez amigo de otro que es *guerrista,* pues tú eres *guerrista*. Y si te ha pillado en otro lado, porque eres amigo de un amigo que tiene un amigo en Sevilla que es amigo de Manolo Chaves, pues tú eres *felipista.*[24]

T.B.M. — Dices *felipista* y no *renovador.*

J.A. — Llamo *felipista* a quien no es *guerrista.*

T.B.M. — ¿O es que *felipista* y *renovador* son sinónimos?

J.A. — Dentro de esta ambigüedad de los conceptos puede haber gente que te diga que no y gente que te diga que sí. Yo creo que al final son conceptos vacíos, todos, ¿no? Por decirlo de otro modo. El conflicto del *guerrismo* y del *no guerrismo* se empieza a fraguar a finales de los ochenta, sobre todo cuando Alfonso Guerra tiene un escándalo en su entorno familiar muy fuerte que le lleva un año después a la dimisión y a su salida del gobierno. Es ahí cuando comienzan las lealtades personales y también unas concepciones sobre lo que es la solidaridad entre los socialistas. Dicen: «¿Eso lo ha hecho un socialista, alguien que es de los nuestros? Pues hay que protegerle porque es de los nuestros.»

T.B.M. — Es decir, la bronca de «si no estás conmigo estás contra

24. Chaves, presidente de la Junta de Andalucía y hombre de total confianza de Felipe González, ha sido el principal protagonista de la lucha dura y sorda que se teledirigió desde la Moncloa contra el feudo andaluz del *guerrismo*.

mí» comienza con el escándalo Juan Guerra en el año ochenta y nueve, y en el XXXII Congreso del PSOE, a final del año noventa, os veis las caras. El partido parecía estar más dividido que nunca entre unos que se proclamaban *renovadores* y otros que se decían *guerristas.*

J.A. — Bien. Pues ese debate no se traduce en unas discrepancias políticas. En ese congreso no hay entre *guerristas* y *no guerristas* un debate político sobre pensiones, sobre educación, sobre política económica. No hay un debate sobre nada. Se debaten espacios de poder, espacios de influencia, lealtades personales, castigos a los desleales y premios a los leales.[25]

T.B.M. — Las espadas siguen en alto y cuatro años más tarde, en el año noventa y cuatro, os volvéis a reunir de nuevo en el XXXIII Congreso.

J.A. — Sí. Es el segundo congreso que se celebra en un ambiente de división interna aunque ya menos tensa. El hecho es que este congreso viene precedido de una reflexión y de una discusión de papeles y de posiciones más amplia que en el del noventa. Pero a la hora de la verdad, sabiendo, como sabe todo el mundo, que hay ahí divisiones y que los *renovadores* van ganando espacio y que los *guerristas* luchan por su supervivencia y por mantener puestos en la Ejecutiva, no hay una sola discusión que permita contar en términos de posicionamientos políticos sobre algún tema de relevancia hacia el exterior qué piensan los *guerristas* y qué piensan los *no guerristas.*[26]

T.B.M. — Me asombra la ausencia de debate político, no sé, sobre límites del Estado de bienestar, por ejemplo, porque el PSOE, como cualquier partido que se precie, no carece de dirigentes que se levantan y se acuestan pensando en política.

J.A. — No, sí que discutimos el Estado de bienestar. Lo que pasa es que no se llega hasta el punto final que es decir «ahora yo que discrepo planteo mi alternativa y a ver cuántos me siguen». Es decir,

25. Carlos Solchaga, el más osado de los *no guerristas*, diría que había «perdido» el XXXII Congreso celebrado en noviembre de 1990 puesto que el *guerrismo* había ganado la batalla por los espacios del poder al obtener todas las secretarías de la Ejecutiva Federal. En enero del año siguiente, habiéndose hecho fuerte en el partido, Alfonso Guerra por fin dimitió como vicepresidente del Gobierno.

26. A los pocos días del XXXIII Congreso Felipe González diría: «Es el único del que me he sentido único responsable, incluso de los que no me han gustado. Pero no puedo echar la culpa a nadie porque este congreso me lo he comido y guisado yo solo.» (Citado por Pilar Cernuda en *El presidente*, Madrid, 1994, p. 321.)

no lo plantea en ese congreso Carlos Solchaga que representa el socialismo más templado, el socialismo liberal, y no lo plantea Guerra o sus adláteres que cuando van a la Fundación Sistema u organizan jornadas en Jávea o no sé dónde pues dicen cosas muy radicalonas. Pero llegan al congreso y dicen: «A ver por dónde va la marea que yo me pongo detrás porque no quiero salirme de la mayoría.»

T.B.M. — ¿Por qué es esto así?

J.A. — Pues no lo sé, pero es un fallo tremendo que tiene el Partido Socialista. Hasta ahora no hemos sido capaces de reflexionar y de tratar de interpretar y de explicar políticamente lo que hemos estado haciendo en el gobierno. Es que ni siquiera nos atrevemos a reflejar en términos políticos qué es lo que nos parece bien de lo que hemos hecho, qué es lo que nos parece mal, qué haríamos ahora, qué queremos mantener y defender.

T.B.M. — Puede que no sea en términos políticos, pero sí contáis lo que habéis hecho bien.

J.A. — Es que defendemos la gestión del gobierno en términos contables, en kilómetros construidos de carretera y en porcentajes de gasto público sobre el producto interior bruto. Ahora, no lo hemos hecho todo bien. Y no tenemos una costumbre, un ejercicio, una experiencia de discutir en términos políticos.

T.B.M. — ¿El hecho de que perdierais, numéricamente, por muy poco las legislativas del noventa y seis impide que se celebre esa discusión que echas en falta?

J.A. — No. Al contrario. Debería facilitarlo. Si hubiésemos perdido por mucho el debate sería una corrida en pelo para tratar de encontrar a los responsables del desastre. Pero como hemos perdido por poco no hay un listado de culpables que tengan que pagar por la derrota. Todos salimos muy contentos porque el resultado superó por mucho la expectativa.

T.B.M. — Habrá superado vuestras expectivas porque sólo perdisteis las legislativas por trescientos y pico mil votos. Pero no es para estar contentos porque habéis perdido el poder en todos los niveles, en las ciudades y en los gobiernos autónomos, y también habéis perdido un sector importantísimo del cuerpo electoral.

J.A. — Es que incluso ese análisis sobre la pérdida de apoyos electorales en las áreas urbanas, en los sectores de más nivel educativo, entre la juventud, en capas dinámicas de la sociedad, que son las que nos habían dado el triunfo en el ochenta y dos, no lo hemos llevado hasta sus últimas consecuencias. En ocasiones anteriores no lo analizábamos porque a pesar de que esa pérdida de apoyos se venía manifestando desde el ochenta y seis todavía ganábamos, y ahora no lo hacemos porque, aunque hayamos perdido, hemos perdido por poco.

T.B.M. — Obviamente las últimas consecuencias son la renovación profunda del partido. Una reflexión bastante común en estas conversaciones es que esa necesaria renovación no se puede llevar a cabo porque la impide la propia estructura piramidal del partido y el peso que tienen los barones regionales.

J.A. — Sí. Ese esquema se ha ido fraguando a lo largo de los años ochenta como consecuencia de la federalización del partido. La federalización, que fue coherente con la descentralización derivada de las autonomías, una pérdida de peso y de densidad política en la dirección del partido durante todos los años del gobierno. Ocurrió que ese espacio político fue cubierto por los secretarios generales regionales que en muchos casos eran además presidentes de la comunidad autónoma. Durante todos estos años, al margen de las reuniones del gobierno que era donde de verdad se tomaban las grandes decisiones de orientación política, han sido mucho más interesantes las reuniones de Felipe González con los secretarios generales regionales que los encuentros de la Ejecutiva del partido.

T.B.M. — En cierto modo esto se corrigió en el congreso del noventa y cuatro cuando se reforzó la Ejecutiva, ¿no?

J.A. — Sí. Se hizo una Ejecutiva con muchos vocales, en este momento somos treinta y seis los miembros de la Ejecutiva, en la cual se integran muchos secretarios regionales del partido. De esta manera la Ejecutiva recuperó un peso por lo menos deliberante sobre temas generales gracias a la presencia de los líderes regionales.[27]

T.B.M. — Pero seguía, según tu análisis, habiendo un equilibrio entre el Consejo de Ministros, donde se toman las grandes decisiones de orientación política, y donde pueden estar los pesos políticos, y la Ejecutiva. El equilibrio, sin embargo, se rompe cuando el PSOE sale del gobierno.

J.A. — Es que ahora es cuando se produce la necesidad de una reflexión sobre cómo va a ser dirigido el partido. Lo que ha sucedido de momento es que buena parte de lo que había en el gobierno se

27. Los cambios introducidos por el congreso de 1994 buscaban ante todo diluir la presencia *guerrista* en la Ejecutiva Federal.

ha venido al grupo parlamentario y hasta que no se produzca una reformulación de la Ejecutiva en el próximo congreso del partido estamos en una situación de transición en la cual el grupo parlamentario tiene un peso político importante.

T.B.M. — Cuando Felipe González dice de sí mismo que es la solución y el problema del partido, ¿qué entiendes tú?

J.A. — Que él es consciente de que supone un tapón para el recambio generacional. Ha protagonizado un período muy largo de la vida del partido, con un enorme depósito de confianza en él por parte de los socialistas, que ninguna otra persona va a poder heredar, sea quien sea quien le vaya a sustituir como futuro candidato a la presidencia del Gobierno o, en su día, como líder del partido. Y por ello existe una gran incapacidad por parte del partido para tomar decisiones que no hayan sido previamente marcadas por Felipe González.

T.B.M. — Eso puede ser grave.

J.A. — Es que cuando Felipe González se va quince días de vacaciones se produce una sensación de orfandad que parece ridícula en un partido que cuenta con tanta experiencia, y sin embargo sucede. Digamos que ese modelo no sólo es irrepetible con otra persona que no sea Felipe, sino que empieza a ser ineficaz.

T.B.M. — ¿Y no deseable?

J.A. — Yo creo que no es deseable. Yo creo que hay que encontrar un modelo donde haya más participación en la toma de decisiones y donde la responsabilidad de las decisiones del partido no se depositen en una sola persona.

T.B.M. — En un momento dado esa responsabilidad total que ejerció Felipe González, ese liderazgo carismático, fue decisivo, y fue la solución.

J.A. — Podría tener sentido en el inicio de la transición, en momentos de falta de madurez, cuando había que tomar grandes decisiones y cuando había que hacer grandes giros como por ejemplo el realizado respecto al marxismo o a la OTAN. En esos momentos la capacidad de liderazgo y de arrastre de Felipe González nos ha servido para girar cuando había que girar en la dirección que había que tomar. Pero en estos momentos ni debe ser así ni puede ser así.

T.B.M. — ¿Felipe González lo ve de esta forma?

J.A. — Felipe no sólo es consciente de que el modelo de toma de decisiones hay que cambiarlo y que debe llegar gente a ocupar espacios que él ha estado ocupando durante todo este tiempo, sino de que ya tiene un desgaste importante como producto de todos estos años.

## 14. Fernando Morán

*Eurodiputado y miembro de la Ejecutiva Federal del PSOE, fue ministro de Asuntos Exteriores en el primer gobierno de Felipe González.*

**Sin renovación de plataforma y sin renovación de los mandatos, el de Felipe González incluido, es posible que no tengamos un porvenir muy risueño.**

A Fernando Morán le conocí, a través de mis padres, en Londres cuando él era cónsul general de España y yo estudiante. Ya de corresponsal extranjero en Madrid he tenido un trato bastante frecuente con él a lo largo de los años y siempre me ha interesado su independencia de criterio como socialista y como experto en asuntos exteriores. Quise hablar con él para este libro sobre el Partido Socialista Popular (PSP), que lideró Enrique Tierno Galván y en el cual Morán fue un activo de peso, sobre su presencia, como ministro de Asuntos Exteriores, en el primer gobierno de Felipe González, y sobre su posición crítica actual frente a la dirección del PSOE. Morán, como anticipaba, no escurrió bultos en la conversación que tuvimos y su testimonio es clarificador en muchos aspectos.

Uno de los éxitos políticos indudables del Felipe González de la primera época fue su capacidad de reunir a los socialistas de la generación universitaria de 1956-1968 que era la suya a veces de manera individual y a veces, por la absorción, como en el caso de la Federación de Partidos Socialistas (FPS), de los grupos donde militaban. El caso del PSP fue distinto por al menos tres razones: se trataba, no de una asociación de voluntades de última hora, sino de un partido hecho y derecho con veinte años de existencia bajo distintas siglas; en el PSP militaban altos cargos y catedráticos en vez de jóvenes funcionarios que tenían su oposición recién ganada y de *penenes* revoltosos; la absorción, que fue lo que los financieros llamarían una oferta pública de adquisición de acciones (OPA), en toda la regla, se produce en un tiempo distinto, celebradas ya las primeras elecciones democráticas en 1977, siendo Felipe González el indiscutido líder de la oposición y el PSOE el partido alternativo de gobierno.

Aunque el PSP sumó pocos votos a los del PSOE, como se vería en las elecciones de 1979, su absorción fue de una importancia clave para la consolidación del partido que dirigía Felipe González porque aportó la *gravitas*, el peso intelectual y social, del cual carecía el socialismo renovado al haber finiquitado a sus dirigentes históricos del exilio. Esto lo representarían fundamentalmente dos personas: Enrique Tierno Galván y el propio Fernando Morán.

Con Tierno Galván como candidato a la alcaldía de Madrid en las elecciones municipales de abril de 1979, el PSOE pudo hacerse fuerte en la capital de España y recuperarse del mal sabor de boca que le había dejado su derrota en las legislativas del mes anterior. La alcaldía de Tierno Galván, atípica, conciliadora y popular, le daría una enorme credibilidad al PSOE en los años en que ya se perfilaba como el partido que a corto plazo iba a asumir la responsabilidad de gobernar el país. Cuando el PSOE triunfa en las legislativas de 1982, Felipe González acude a Fernando Morán, un sólido y experimentado diplomático, para el puesto de Asuntos Exteriores. De nuevo es un hombre del PSP el que presta una credibilidad crucial al proyecto del PSOE. La presencia de Morán en el gobierno, con un cargo de suma responsabilidad, tranquiliza a las cancillerías extranjeras que estaban expectantes ante los «jóvenes nacionalistas», en general desconocidos, que habían ganado el poder de una manera tan arrasadora.

Como miembro de aquel primer gobierno, pero, sobre todo, por la independencia de sus ideas, Morán es un testigo de excepción del creciente liderazgo que ejerce Felipe González. Sus esperanzas de que el ejecutivo operase como un «gobierno de gabinete» se desvanecen rápidamente y él mismo sufre estoicamente el desarrollo de una «diplomacia paralela» que emana directamente desde la Moncloa. Morán reconoce, sin embargo, que Felipe González acierta cuando se entromete en el campo de exteriores. El presidente del Gobierno se adelantó a sus ministros cuando apoyó el despliegue de misiles americanos de medio alcance en Europa a comienzos de 1983 y también cuando decidió formalizar las relaciones con Israel por vía expeditiva.

Una de las características más llamativas de Felipe González es su capacidad de asumir con enorme rapidez planteamientos que antes despreciaba o simplemente desconocía. Lo comprueba Miguel Boyer en los asuntos económicos y lo comprueba Morán cuando Felipe González le sobrepasa en sus preferencias «atlantistas». Con las lecciones de estos dos ministros, baluartes ambos de su primer gobierno, bien aprendidas, Felipe González no tendría problemas en defenestrarle en la crisis de 1985. Les sustituyó por Carlos Solchaga y por Francisco Fernández Ordóñez respectivamente, por ministros que eran más de «su cuerda» y que, de entrada, no adoptarían tonos profesorales en el Consejo de Ministros.

Boyer, a quien Morán admira desde la discrepancia política, acabó abandonando el socialismo. Morán sigue en el mismo proyecto que le ilusionó cuando conoció a Tierno Galván. Lúcidamente explica ahora que Felipe González constituye un problema «porque la vida del partido está excesivamente condicionada por la sombra y el poder de una persona». Advierte que el futuro del PSOE puede «no ser risueño» si, desde la inercia, rehúsa a enfrentarse con una profunda renovación. Muchos dirigentes socialistas piensan lo mismo que Morán pero pocos se atreven a decirlo en voz alta.

Tom Burns Marañón: Quisiera saber por qué usted, que se siente socialista desde que tiene uso de razón, optó por militar en los grupos y partidos que forma Enrique Tierno Galván en vez de tomar contacto con la dirección socialista que estaba en el exilio e ingresar en el partido histórico.

Fernando Morán: Pues cada trayectoria personal es la consecuencia de una serie de circunstancias. En la universidad, en el cuarenta y ocho, yo tuve una cierta actividad de oposición, incluso problemas policíacos, pero me encaucé hacia la diplomacia y un preparador para la escuela diplomática era don Enrique Tierno Galván. Entro por lo tanto en contacto con Tierno y tengo por él una admiración creciente.

T.B.M. — No fue el único opositor al cuerpo diplomático que acaba intelectual y políticamente identificado con Tierno Galván.

F.M. — Eso era muy común. Había admiración por él en muchos alumnos, pero unos cuantos tuvimos una relación más especial. A través de él formamos en 1956 la Asociación de Salamanca que era ya prácticamente criptopolítica, y entramos en contacto con Raúl Morodo que era el auxiliar, el ayudante de cátedra, como se decía entonces, de Tierno en Salamanca. El grupo era europeísta pero tenía unas finalidades evidentes de política interior. Empieza así una trayectoria, primero el grupo de Salamanca, luego el Partido Socialista del Interior y después el Partido Socialista Popular, y yo participé en todas esas etapas. Fue una trayectoria distinta de la del PSOE reformado y del histórico, del PSOE en el exilio y del PSOE en el interior. Hubo una larga y complicada relación de Tierno con Toulouse.[1]

1. El título oficial de la Asociación de Salamanca fue Asociación para la Unidad Funcional de Europa y los seguidores de Tierno Galván eran llamados, con cierto desprecio, los «funcionalistas» por jóvenes socialistas de la época como Miguel Boyer (p. 296). Tierno Galván (1918-1986) ganó la oposición a la cátedra de derecho político en 1945, junto con Manuel Fraga Iribarne, y después de un tiempo en la Univer-

T.B.M. — ¿Por qué cree usted que fue tan problemática la relación entre Tierno Galván y Llopis? Hubo acercamientos y luego grandes desamores.

F.M. — Bueno, Llopis tenía una actitud muy negativa respecto a todo lo que se hacía en el interior. Él lo explicaba gráficamente cuando decía que había que conservar el sello del partido y la participación en la Internacional Socialista. En esa época, hacia finales de los cincuenta, Llopis no tenía mucha fe, como la mayoría del exilio, en una resolución inmediata del régimen franquista.

T.B.M. — En la segunda mitad de los cincuenta ya había alguna actividad socialista en Madrid donde se constituye la Asociación Socialista Universitaria varios de cuyos miembros serían después notables en el PSOE renovado. ¿Tuvo usted contacto con este grupo de Madrid?

F.M. — Tuve relaciones pero de menor orden y siempre dentro del grupo de Tierno.

T.B.M. — Lo comento porque una reflexión de Miguel Boyer es que a ellos ustedes les parecían socialistas domesticados del régimen. Ustedes les inspiraban muy poca confianza.[2]

F.M. — Sí. Hubo una historia cuando Tierno y algunos más se afiliaron al PSOE y Boyer se opuso porque consideraba que Tierno no era marxista. Es curioso porque en esa época Boyer era un marxista muy ortodoxo y radical. Lo que hubo fue avances y retrocesos y dificultades que se encarnaban más en Tierno que en otras personas.

T.B.M. — Tierno se afilia brevemente al PSOE pero usted no, ni tampoco Raúl Morodo. Algunos en esa época le daban mucho valor a las siglas por muy decrépita que estuviese la dirección en el

sidad de Murcia, se fue a Salamanca en 1953. Fue desposeído de su cátedra en 1965, junto con José Luis Aranguren y Agustín García Calvo, por apoyar los movimientos estudiantiles de aquel año. En 1967 Tierno Galván abrió un despacho de abogados en Madrid con Raúl Morodo (El Ferrol, 1935), dedicado exclusivamente a casos políticos y laboralistas. Formaría, en torno a este despacho, el Partido Socialista del Interior (PSI), después de un fracasado intento de representar al PSOE en España que causó serias divergencias con Rodolfo Llopis. El PSI pasó a llamarse Partido Socialista Popular (PSP), en 1974.

2. Según Miguel Boyer (p. 297), el PSI, al romper con el Partido Socialista dirigido desde Toulouse, daba «la sensación de que mantenía una cierta relación ambivalente con el *establishment* político del franquismo».

*Hacia finales de los cincuenta, Rodolfo Llopis no tenía mucha fe, como la mayoría del exilio, en una resolución inmediata del régimen franquista. (En la foto, Franco con el presidente Eisenhower, en Madrid, diciembre de 1959.)*

*Cuando Enrique Tierno y algunos más se afiliaron al PSOE, Miguel Boyer se opuso porque consideraba que Tierno no era marxista.*

exilio que conservaba, como decía Llopis, el sello. Apostaban por que en un futuro esas siglas tendrían valor.

F.M. — Sí, ésa fue la tesis del grupo de Madrid, y fundamentalmente la de Castellano. Entonces Pablo Castellano juega un papel mucho más importante incluso que el grupo de Sevilla. Es una tesis que después se verificó en las elecciones de 1977. También había la tesis de establecer un socialismo nuevo, renovado, y había no solamente el grupo de Tierno, el PSI y el PSP, porque la Federación de Partidos Socialistas partía también de esas lecturas. Sin embargo hubo un intento de integración en el PSOE y Tierno llegó a estar unos meses en el PSOE.[3]

T.B.M. — Cuando se funden el PSOE renovado y el PSP después de las elecciones del setenta y siete, o mejor dicho, cuando el PSOE les absorbe a ustedes, ¿a usted en concreto le resultó fácil el proceso integrador habiéndose mantenido distante del PSOE durante tantos años?

F.M. — Pues nosotros tuvimos, como es lógico, muchos debates en el PSP y yo en ese momento era partidario de integrarme en el PSOE. El resultado electoral nos había sobrecogido y hubo una cierta desmoralización.[4]

T.B.M. — Quisiera hacerme una idea de lo que aporta el PSP, el grupo de Tierno, al PSOE que lidera Felipe González. Tierno Galván insistía en que el voto del PSP era «un voto de calidad».

F.M. — Ésa fue una frase poco afortunada que fue explotada negativamente. Él, realmente, consideró que un grupo de gente más dinámica y más innovadora había votado al PSP, pero esto, probablemente, no se puede decir en público porque parece una declaración poco democrática.

T.B.M. — Sin embargo los que militaban en el PSP tenían sus

3. Según Pablo Castellano, Tierno Galván fue expulsado del PSOE por haber visitado a don Juan, conde de Barcelona, en Estoril (Castellano, *Yo sí me acuerdo*, p. 115). Años más tarde, cuando Rodolfo Llopis perdió el poder en el PSOE, se olvidó de la desconfianza que de siempre le había inspirado Tierno Galván y pidió su ayuda para hacer frente al empuje renovador (véase Boyer, p. 297, nota 10). El FPS se integró al PSOE antes de las elecciones de 1977 y el PSP, después de los pocos votos que obtuvo en esos comicios, fue absorbido por el partido que lideraba Felipe González en 1978.

4. En las elecciones de junio de 1977 el PSP consiguió 799.376 votos, el 4,4 por ciento, y seis escaños en el Congreso de Diputados frente a los 5.240.464 votos, 29,2 por ciento, y los 118 diputados que obtuvo el PSOE. Morán, que iba cuarto en la lista del PSP por Madrid, se quedó a las puertas del escaño.

*El peso de Felipe González en el Partido Socialista que sustenta al gobierno era total, era enorme.*

propias señas de identidad y supongo que la pérdida de éstas preocupaba en el momento de la integración. Usted estaría a favor de pasar al PSOE pero con algunas reservas.

F.M. — En el congreso que decidió el tema, que se celebró en Torremolinos, yo intervine recomendando mantener las esencias, y voté, con la gran mayoría, en favor del ingreso en el PSOE. Hubo un número pequeño de votos en contra y algunas abstenciones.

T.B.M. — A favor pero manteniendo las esencias, ¿no? ¿Qué entendía por las esencias?

F.M. — Pues entonces había mitos en la izquierda, la autogestión, por ejemplo, era un mito. Y también nosotros habíamos lanzado mucho la idea de hacer una política exterior que tuviese en cuenta el factor mediterráneo. Y luego el carácter, diríamos, de innovador en la vida política española, y aunque esto no era muy preciso era en cierto modo un concepto distinto al burocratismo de Toulouse.[5]

T.B.M. — Otros que entran en el PSOE a través de partidos rivales o competidores, estoy pensando en gente de la Federación de Partidos Socialistas, notan un recelo que bordea el rechazo entre sus nuevos compañeros. Su experiencia, me imagino, habrá sido parecida.

F.M. — Sí. Un recelo se ha notado siempre. La opinión de casi todos los que se integran de distintas corrientes es que había una resistencia del cuerpo originario, digamos del grupo de Sevilla y el grupo vasco, a las incorporaciones.

T.B.M. — Yo creo que las familias, los clanes, las corrientes y tendencias, que agrupan a unos y les separan de otros, están especialmente presentes en el socialismo español.

F.M. — Hasta ahora sí. Es que además el mito operativo del PSOE era el de «cien años de honradez», «cien años de resistencia», «cien años de partido», y eso crea una base de cultura tradicional muy fuerte. Yo fui después diputado por Asturias y ahí esa

5. El PSOE quiso absorber el PSP porque, según Alfonso Guerra, «tenía una importancia simbólica muy grande ofrecer un panorama de un socialismo único». Guerra tenía, sin embargo, poca estima por el PSP como partido y menos aún por sus esencias: «Como organización sabíamos muy bien lo que venía: una ideología de esas izquierdistas, galopantemente izquierdista.» (Guerra, *De Suresnes a la Moncloa*, p. 117). La fusión no aportó beneficios electorales al PSOE pues los casi 800.000 votos que obtuvo el PSP en 1977 se evaporaron en las elecciones de 1979. Con un total de votos válidos escasamente inferior a 1977, el PSOE obtuvo 5.477.485 votos en 1979 y 121 diputados, unos 120.000 votos y tres diputados más que en 1977.

cultura tan fuerte de partido se manifestaba en un gran rechazo hacia otros partidos de izquierdas, por ejemplo hacia los comunistas.

T.B.M. — ¿Tenían los socialistas asturianos preferencias familiares dentro de su cultura de partido? ¿Seguía presente la división entre *prietistas* y *caballeristas,* por ejemplo?

F.M. — Los mayores recordaban ese enfrentamiento como algo muy negativo. Pero yo creo que la tendencia de la Federación Socialista Asturiana antes de la guerra fue fundamentalmente *prietista*. En Asturias, antes de la guerra civil, la CNT era importante y había zonas, por ejemplo la zona de Langreo, donde notabas al tratar con los compañeros una mentalidad distinta que tenía elementos anarcosindicalistas.

T.B.M. — ¿Cómo definiría entonces la cultura del partido en Asturias?

F.M. — Era un partido muy tradicional con una cultura proletaria muy fuerte. Naturalmente los mayores tenían el mito de la revolución del treinta y cuatro, pero por otra parte ellos, en el momento de la restauración democrática, eran muy conciliadores y muy conscientes de los errores del radicalismo socialista de los años treinta. Esto era muy curioso.

T.B.M. — Mucho más conciliadores que los jóvenes sevillanos que habían sido los principales protagonistas de la renovación del partido.

F.M. — Mucho más. Los jóvenes, en ese momento de recrear el partido, tenían naturalmente una cultura de izquierdas casi radical y, sobre todo, se pretende cambiar la sociedad. Los mayores en cambio estaban muy satisfechos con la transición y de haber recuperado el *droit de cité,* que se diría en francés, dentro de la vida y la sociedad española.[6]

T.B.M. — Quería ya pasar al ochenta y dos y a la formación de gobierno socialista. Se decía, con bastante acierto creo, bueno, fue un comentario de *The New York Times*, que el gobierno de Felipe González era un gobierno de jóvenes nacionalistas. En cierto modo usted no era ni lo uno ni lo otro. Era mayor que la media del gobierno y desde luego no era nacionalista en el sentido que el periódico americano le daba al término.

F.M. — No, nosotros éramos muy europeístas.

6. Pablo Castellano (p. 228) considera que el obrerismo constituye el sector más moderado, más ponderado y más sensato del PSOE.

T.B.M. — En ese momento europeísta lo era usted. Sus compañeros de gobierno ya lo serían.

F.M. — Es que mi formación anterior era muy europeísta. Yo consideraba que era compatible la construcción europea y naturalmente una definición absolutamente occidental con el mantenimiento de un margen de autonomía para la política española. Efectivamente era un gobierno bastante nacionalista.

T.B.M. — Y al ser bastante nacionalista ya de entrada podría haber conflictos con planteamientos que mantenía usted.

F.M. — No. Pese a lo que se dijo en algún momento de manera superficial, no los hubo. El programa concreto que yo trabajé para la presentación de la plataforma electoral del ochenta y dos en el grupo de relaciones internacionales del PSOE obtuvo bastante consenso. No hubo dificultades para relanzar las negociaciones para la entrada en la Comunidad Europea.

T.B.M. — Más espinoso fue el tema OTAN, ¿no?[7]

7. Fernando Morán, en su extenso estudio de la política exterior, publicado en 1980, tomó una decidida postura en contra de la entrada de España en la OTAN por mayoría simple parlamentaria —lo cual ocurrió en octubre de 1981 bajo el gobierno de la UCD siendo presidente Leopoldo Calvo-Sotelo y ministro de Asuntos Exteriores José Pedro Pérez Llorca— y, basándose en el artículo 92 de la Constitución, que trata de plebiscitos consultivos para temas de importancia mayor, afirmó su apoyo a un referéndum. «La opinión pública debe vigilar para que el gobierno no pueda presentar —tras un debate que él mismo desea corto en el tiempo y sin la preparación adecuada por parte de la oposición— a la aprobación por mayoría simple de las Cámaras un texto (la entrada en la OTAN) que afecta a las competencias derivadas de la Constitución: nuestra colectividad debe exigir un referéndum por tratarse de una decisión de especial trascendencia y, en todo caso, su aprobación por ley orgánica [dos tercios de las cámaras].» (Fernando Morán, *Una política exterior para España*, Barcelona, 1980, p. 114.) La tesis de Morán, diputado por Asturias del PSOE, caló hondo en el Partido Socialista. En el debate sobre la entrada en la OTAN, Felipe González declaró: «Quiero terminar diciendo que la decisión que se adopta en esta Cámara por mayoría es una decisión sólo atribuible a los grupos que la sustentan. El Partido Socialista, ni en el presente, ni para las consecuencias futuras para España, se responsabiliza de esta decisión.» (Citado por Antxón Sarasqueta, *Después de Franco la OTAN*, Barcelona, 1985, p. 83.) Cuando se celebró el referéndum (marzo de 1986), Morán ya no estaba en el gobierno; Francisco Fernández Ordóñez, que como diputado de la UCD en octubre de 1981 ayudó a conseguir la mayoría simple que aprobó la entrada en la OTAN, fue nombrado ministro de Asuntos Exteriores en julio de 1985. Por otro lado, resulta chocante contrastar la afirmación de Morán de que Felipe González «coloca» el tema del referéndum en el programa electoral de 1982 con el testimonio de Narcís Serra (p. 190) respecto a que él fue nombrado ministro de Defensa porque estaba a favor de la OTAN.

F.M. — Se acordó la no pertenencia a la organización militar y eventualmente la celebración de un referéndum. Quien decidió colocar el tema de la OTAN en el programa electoral fue Felipe González. Yo tenía mis dudas respecto a ese tema, no tanto respecto a la posición en sí sino en convertirlo, diríamos, en un elemento esencial de la plataforma.

T.B.M. — Hay quien cree que Calvo-Sotelo les hizo un favor metiendo a España en la OTAN.

F.M. — No. Yo creo que no. Creo que no lo hizo bien porque rompió el consenso. La cultura internacional de la izquierda, por decirlo así, y de los jóvenes que nos votaban, estaba determinada por dos hechos importantes de reacción frente al último franquismo. Uno de ellos era el Sáhara. A mí me costó mucho trabajo el hacer que triunfase la racionalidad de que había que tener una relación con el norte de África pero fundamentalmente con Marruecos. El otro hecho era la relación de Estados Unidos con el franquismo y la existencia de una relación defensiva desigual para España a través de los tratados bilaterales. Tampoco se veía la OTAN como compensación de la relación bilateral. Se veía la integración en la OTAN como algo mecánico y automático que no tenía en cuenta los intereses españoles y escenarios eventuales de conflicto como Ceuta y Melilla, que quedaban fuera, y que no conseguía ningún avance en el tema de Gibraltar. La decisión de Calvo-Sotelo no nos hizo ningún favor porque puso más caliente lo que eran, diríamos, los elementos de rechazo a la evolución de un consenso por parte de la izquierda.[8]

T.B.M. — Volviendo a ese primer gobierno joven y nacionalista de Felipe González, a mí me dio la impresión de que usted estaba algo apartado de los demás miembros del Gabinete, por su edad, por su procedencia del PSP y su identificación con Tierno Galván, y por su trayectoria profesional y el haber sido un alto cargo de la administración.[9] No tendría, en un primer momento, desacuerdos en los planteamientos de política exterior, pero pronto tendría problemas sobre todo por lo que usted entendía debería ser una labor colectiva del gobierno.

8. Joaquín Almunia (p. 324) afirma que de haber hecho un esfuerzo por establecer un consenso, el gobierno de la UCD lo hubiera, posiblemente, obtenido.

9. Antes de conseguir su acta de diputado, Morán había sido cónsul general en Londres y director general de África.

F.M. — Sí, yo tuve dificultades de otro tipo. Por ejemplo, yo estaba más inclinado a un gobierno de gabinete. Sé que en la Constitución española se tiende hacia el presidencialismo, pero la tendencia que fue iniciada por Suárez y continuada por Felipe González siempre me pareció una exageración de lo que estaba en el texto.

T.B.M. — Un caso concreto que ilustra lo que dice fueron las manifestaciones de Felipe González en una visita a Bonn en favor del desplazamiento de misiles nucleares americanos en Europa a los pocos meses de formar gobierno. Concretamente, Felipe González dijo, en marzo de 1983, que comprendía el despliegue de las nuevas armas. Esto le causó un problema y un disgusto.

F.M. — Sí, porque realmente en ese momento la socialdemocracia alemana de Willy Brandt estaba en una posición distinta. La gente olvida esta época de guerra fría muy caliente, entre el ochenta y tres y el ochenta y cinco. Hacia el ochenta y uno los americanos hacen la lectura de que los soviéticos han roto el equilibrio nuclear con las armas de alcance intermedio y que naturalmente esa ruptura de equilibrio exige una respuesta. La respuesta fue la llamada doble decisión. Por una parte se ofrece el desarme a la Unión Soviética y, por otra, se hace un despliegue de armas nucleares de alcance intermedio que evite que la única cobertura occidental sean las armas de destrucción masiva, aunque está por ver si las armas de alcance intermedio no son de destrucción masiva. Fue una época de gran tensión. Hubo una campaña donde evidentemente actuaban los órganos de propaganda de la Unión Soviética, pero sin duda había un gran rechazo al despliegue en Europa, y Alemania estaba dividida en ese tema.

T.B.M. — Entonces están usted y Felipe González, en los primeros meses de 1983, de visita oficial en Alemania y tienen distintos pareceres sobre un tema crucial de política exterior y de seguridad. ¿Qué ocurre cuando un presidente de Gobierno sobrepasa a su ministro de Asuntos Exteriores, un ministro que en el caso de usted es un diplomático de carrera, muy estudioso del tema que está sobre la mesa y con un criterio muy formado sobre ello?

F.M. — Pues yo me venía de Bonn porque al día siguiente tenía presentación de credenciales con Su Majestad el Rey. Pero le dije al presidente del Gobierno que no hiciese esa declaración. Antes de salir para Madrid le pasé un papel diciéndole que no entrase en el tema de los cohetes. Sin embargo hizo la declaración. Yo creo que Miguel Boyer había recomendado en sentido contrario.[10]

T.B.M. — Y usted se entera de la declaración a su llegada a Madrid.

F.M. — Guerra me preguntó si pensaba dimitir y yo le dije que no se daba el caso porque además era a los cuatro meses de la formación del gobierno. Pero le dije que debía haber una coordinación más importante. Yo estaba dispuesto, como es lógico, a ejecutar toda la política exterior que dictara el jefe del Gobierno, pero tenía que haber una mayor coordinación. Esto luego se clarificó en una conversación con Felipe.

T.B.M. — Visto ahora con perspectiva, ¿qué le parecen esas declaraciones que hizo Felipe González?

F.M. — Pues a plazo, diríamos, medio puede parecer que fueron acertadas. Pero en aquel momento parecían calentar un poco la situación de guerra fría.

T.B.M. — ¿Había una reflexión en el gobierno sobre la necesidad de hacer gestos hacia Occidente? Es decir, había que transmitir a Estados Unidos, a la Comunidad Europea, al mercado de capitales y a los inversores extranjeros que si bien ése era un gobierno joven y socialista en una democracia joven, era sin embargo un gobierno serio y ponderado en el cual se podía confiar plenamente.

F.M. — Eso es verdad. Y además creo que en el plano interno nunca pagarán suficientemente ni el presidente del Gobierno ni el PSOE ni la sociedad la labor que hizo Miguel Boyer de acercamiento con los círculos financieros y económicos. Boyer fue importantísimo a la hora de establecer una confianza económica. Era importante marcar una posición occidental y una posición responsable. Quizá también era importante tener un ministro de Exteriores, dentro de lo inéditos que éramos, de mi edad y de mis características.

T.B.M. — ¿Y era, por todo ello, necesario que España siguiese siendo miembro de la OTAN?

F.M. — No. Yo partía de la tesis, y sigo creyendo en ella, de que durante todo el proceso de 1982-1985 no hubo una sola presión por parte de los occidentales. No hubo ningún condicionamiento. Cuando se estaba ratificando nuestro ingreso en la Comunidad por los demás miembros comunitarios, ya se había anunciado la decisión de celebrar el referéndum sobre la OTAN. Yo decía que el referén-

10. Para el equipo económico del gobierno, toda declaración atlantista ayudaba a fomentar la confianza en España de los mercados financieros.

dum sería consultivo, pero el presidente insistía en que sería vinculante. Y a pesar de que había la posibilidad de no permanecer en la OTAN, no hubo ningún gobierno que retrasase o condicionase el tratado de adhesión para la entrada de España en la Comunidad. Ése es un dato muy importante.[11]

T.B.M. — ¿Por qué cree que Felipe González insiste en que sea vinculante el referéndum?

F.M. — Yo creo que ahí había algo de jugada de póquer. A lo mejor tenía toda la razón a efectos políticos, pero a efectos diplomáticos y de cancillería el tema era importante, porque si bien la opinión pública tiene un enorme valor político, la última palabra la tiene un gobierno.

T.B.M. — Por lo que dice, el tema OTAN ni quita ni pone a la hora de ganarse la confianza del mundo occidental.

F.M. — Es que mi tesis esencial es que la confianza está asegurada en el momento en que el gobierno opta por entrar en la Comunidad, decide no hacer una política de tierra quemada respecto al pasado y hace una política económica no nacionalizadora. Se ve claramente que no hay un gobierno radical y tercermundista. A Europa lo que le interesaba era la integración de España por motivos políticos y económicos. Había políticos que esto lo vieron siempre. La señora Thatcher lo ve así, aunque no con mucha intensidad porque no dedica mucha atención a España salvo en el tema de Gibraltar, Alemania lo ve sin duda alguna y Mitterrand se convence de que la estabilidad del sur de Europa requiere la integración de España.

T.B.M. — En cuanto a la política no nacionalizadora, la decisión de reprivatizar Rumasa era, por lo tanto, importante.

F.M. — Muy importante. En el Consejo de Ministros de Rumasa se preguntó qué se hacía con los bienes de Rumasa y la respuesta fue que se privatizaban y no se nacionalizaban. Estuvimos comentando en términos no de nacionalización o de incautación, sino de intervención, de una intervención que no presuponía la titularidad de la propiedad. Pero los técnicos dijeron que la intervención, dada la dimensión bancaria, no bastaba para restablecer la confianza.[12]

11. Narcís Serra, por el contrario, sugiere (p. 189) que sí existía una vinculación entre la permanencia en la OTAN y la entrada en la Comunidad Europea.

12. Véanse las reflexiones de Miguel Boyer sobre la nacionalización de Rumasa (p. 305).

T.B.M. — Entonces se asume la titularidad pero dejando bien claro que era de modo transitorio porque todos los bienes volverían al sector privado.

»A partir del episodio de Rumasa, la orientación, digamos, ideológica del gobierno del PSOE no ofrecía dudas. Creo que hay una reflexión importante en torno al ajuste que tiene que hacer un Partido Socialista entre sus señas de identidad, su programa máximo, si se quiere, y las responsabilidades con las que se enfrenta cuando se convierte en el partido del gobierno.

F.M. — Yo creo que eso fue un proceso gradual. Primero estábamos todos con el entusiasmo de que el socialismo, la izquierda, estuviese gobernando. Era una especie de acumulación democrática porque se había producido una transición normal.

T.B.M. — Usted mismo le da mucho relieve al entusiasmo como motor esencial de la vida pública, pero llega un momento en que el entusiasmo se topa con las realidades.[13]

F.M. — Sí. En un momento dado empiezan a preocupar, por ejemplo, los planteamientos presupuestarios del ministro de Economía y Hacienda, apoyado por varios y en concreto por Solchaga, el ministro de Industria. Pero había mucha conciencia, imperaba en casi todos, aunque podían tener otras posiciones, la idea de que había que administrar y que realmente no nos podíamos permitir un exceso de ideologismo que corriese el riesgo de provocar una crisis económica importante.

T.B.M. — ¿Alfonso Guerra se destacaba por querer mantener las esencias socialistas?

F.M. — Yo creo que él se atribuía esa posición y probablemente en el partido pesaron mucho sus planteamientos. Pero en la vida del gobierno no tuvo un papel esencial y no intervino demasiado.[14]

T.B.M. — Quería volver al tema de la política exterior porque creo que uno de los aspectos que define el liderazgo de Felipe González es su creciente interés por los asuntos extranjeros.

F.M. — Felipe González tenía una dedicación importante a lo

13. «Los motores del entusiasmo pertinaz fueron el postulado —mitificado— de la democracia, no como forma de organización y conjunto de valores, sino también como causa vivificadora social; y el mito de Europa como ámbito paradigmático de la democracia.» (Fernando Morán, *Carta abierta a un joven sobre la Europa que viene*, Barcelona, 1996, p. 35.)

14. Miguel Boyer (p. 308) y Carlos Solchaga (p. 168) coinciden con Morán acerca del poco peso que tenía Alfonso Guerra en el gobierno.

exterior como tienen todos los presidentes de Gobierno porque estamos en una época de diplomacia muy directa, de mucho contacto. Pero no es verdad que él hiciese una política exterior distinta o que tuviese un aparato en la Moncloa que le permitiese trabajar paralelamente a Santa Cruz. Yo en cualquier caso le expliqué que Exteriores, buenos o malos, eran seiscientos o setecientos funcionarios entrenados y que él no tendría la capacidad de seguir el día a día. Y el hecho es que no tenía discrepancias con lo que yo pensaba. Yo ejecutaba lo que él decía, pero creo que en aquel momento, que éramos muy nuevos, por decirlo así, en política, lo que yo pensaba, lo que yo había escrito, realmente tenía peso.

T.B.M. — Hubo observadores de la política exterior española que daban por hecho una competencia entre la Presidencia del Gobierno y el Ministerio de Asuntos Exteriores.

F.M. — Bueno, más adelante pudo haber tentaciones de diplomacia paralela. Quien, por ejemplo, alentaba esas acciones que muchas veces fueron poco afortunadas y otras siempre se encauzaron por Exteriores era Feo. Ése no fue el caso de Juan Antonio Yáñez, que fue un colaborador intimísimo del presidente y a la vez muy leal y muy constructivo con Exteriores.[15]

T.B.M. — El reconocimiento diplomático de Israel fue un asunto concreto que llevó la Moncloa y en el que tuvo bastante protagonismo Julio Feo. Ya sé que se acordó después de su salida del gobierno, pero ¿estaba usted al corriente de los pasos que se iban dando?

F.M. — Bueno, en un momento determinado, a finales del ochenta y cuatro, le dije al presidente del Gobierno que teníamos que planificar Israel y él era más partidario de poner fechas al reconocimiento que yo y lo quería formalizar en el curso de esa legislatura que acababa en el ochenta y seis.[16] Entonces yo le pedí que el

15. Julio Feo fue secretario general de la Moncloa (1982-1988). El diplomático Juan Antonio Yáñez, hermano de Luis Yáñez (miembro fundacional del clan de renovadores sevillanos y perteneciente a la Ejecutiva del Partido Socialista desde 1975), fue asesor de la Presidencia de Gobierno para asuntos extranjeros y posteriormente embajador en la ONU.

16. El no reconocimiento de Israel fue una herencia de la política proárabe del franquismo. Esta política fue reforzada por Adolfo Suárez que sorprendió al bloque occidental cuando recibió en Madrid, como jefe del Gobierno, al entonces presidente de la Organización para la Liberación de Palestina (OLP) en 1979 y autorizó la apertura de una oficina de representación palestina, la primera en Europa occidental.

tema se recondujera por Exteriores porque era una operación que tendría repercusiones en todo el mundo árabe.

T.B.M. — ¿Y qué respondió?

F.M. — Que sí.

T.B.M. — Pero luego no se hizo así.

F.M. — Bueno, yo tuve contactos con el gobierno de Israel en Madrid, en Bruselas y en Buenos Aires. La diferencia entre Felipe González y yo era que yo quería obtener contrapartidas por el reconocimiento porque creía que esto nos iba a favorecer ante el mundo árabe. Yo insistía en eso y Felipe González, probablemente con mayor sentido común, creía que no había contrapartidas y que era inútil pedirlas. El caso es que ahí hubo una política exterior paralela.

T.B.M. — ¿Fue la única?

F.M. — Pudo haber otras en Iberoamérica. Felipe González tenía en aquel momento un prestigio creciente en Europa pero un prestigio muy consolidado en Iberoamérica. Ahí tenía él, evidentemente, contactos de un nivel muy superior.

T.B.M. — Quizá la característica más definidora de los catorce años de gobierno socialista haya sido la elevación de Felipe González a un total dominio de la política del Estado. Sé que el sistema no tiende hacia un gobierno de decisiones colectivas y que la figura del presidente no es de un *primus inter pares,* pero, aun así, creo que el liderazgo carismático emerge de una manera sorprendente y no sé si particularmente sana para el quehacer de un gobierno y del partido que apoya al gobierno. ¿Usted, cuando empezó a tratar a Felipe González, veía que el futuro iba a tomar esos derroteros?

F.M. — Sí. Bueno, naturalmente hay un crecimiento con el ejercicio del poder. Era un gobierno presidencialista. Además el peso de Felipe González en el Partido Socialista que sustenta al gobierno era total, era enorme. Eso se ve desde el principio y se acepta desde el principio. En parte, considerábamos que eso le daba solidez al gobierno y también creíamos que estaba en la naturaleza de la democracia parlamentaria moderna.

---

La rapidez y la visión que Felipe González empleó en reconducir esta política —las relaciones diplomáticas con Israel fueron establecidas en enero 1986— mostró la ascendencia de las tesis atlantistas en el gobierno socialista. Para llevar a cabo este giro, el presidente del Gobierno prefirió, dadas la reticencias y/o cautelas de Morán, emplear personas de su entorno inmediato en la Moncloa como Julio Feo.

T.B.M. — Comentaba yo sobre el liderazgo para pedir su reflexión, como se la pido a otros, sobre Felipe González como solución y, a la vez, como problema.

F.M. — Eso no se planteaba todavía. Yo tenía una relación buena con Felipe González, nunca tuve una relación íntima porque siempre hubo resistencias aunque creo que éstas se han manifestado más después.

T.B.M. — ¿Resistencias por parte de quién?

F.M. — Un poco mutuas, ¿no? Pero yo creo que más de él que mías porque yo en aquel momento entraba con mucho entusiasmo en el gobierno y no tenía ninguna rivalidad de liderazgo respecto a él.

T.B.M. — Volviendo al tema del liderazgo. Si bien la pregunta un tanto existencialista de solución y problema no se planteaba entonces, sí está en boca de todos ahora y cada vez más. Hablemos de la sucesión en la dirección del partido y del futuro del socialismo.

F.M. — Es que es ahora cuando Felipe González se convierte en solución y en problema. Puede ser solución evidentemente porque ha tenido un resultado electoral bueno en 1996, pero creo que es un problema porque la vida del partido está excesivamente condicionada por la sombra y el poder de una persona. Yo soy de los que consideran que ha llegado el momento de cambios eventuales en la dirección del partido y sobre todo en la candidatura a la presidencia del Gobierno. Yo creo que el partido está paralizado en parte por la dirección. Creo que nos podemos equivocar, si en la dirección del partido y del grupo parlamentario creemos que, sin hacer una renovación y una nueva plataforma electoral, se va a volver al poder automáticamente por errores inevitables del Partido Popular y porque hay una mayoría sociológica de centro izquierda en este país.

T.B.M. — ¿Cómo se pueden llevar a cabo esos cambios que pide?

F.M. — Bueno, yo creo que hay que decir estas cosas que estoy diciendo en todos los niveles y yo lo digo en el Comité Federal donde tengo la impresión de que se me escucha con un cierto respeto. Pero los que hemos dicho estas cosas somos una minoría pequeña.

T.B.M. — ¿No cree usted que tal y como está organizado el Comité Federal, las federaciones del partido, el aparato, en una palabra, es muy difícil conseguir esos cambios a no ser que provengan de la voluntad propia de Felipe González?

F.M. — Muy difícil. Y además no hay candidatos aunque lo que no se puede decir es que no hay nadie. Hay una serie de personas que podrían ir configurándose como alternativas. Pero, repito, sin renovación de plataforma y sin renovación de los mandatos, el de Felipe González incluido, es posible que no tengamos un porvenir muy risueño.

# VII

# VIVENCIAS SOCIALISTAS (II)

# 15. Julio Feo

*Director de las primeras campañas electorales del PSOE, fue secretario general de la Moncloa (1982-1987).*

**El mundo del *guerrismo* es un mundo de secretismo, donde los que no están conmigo están contra mí.**

La conversación con Julio Feo, con quien he tenido bastante contacto a través de los años, me ayudó mucho a entender lo que es y lo que no es el Partido Socialista que se renueva, se refunda o se reinventa —los tres términos se utilizan en este libro— en Suresnes y que ocho años más tarde, en 1982, llega al poder. Experto en relaciones públicas y comunicación, ejecutivo *yuppy* en una multinacional a finales de los sesenta cuando ese adjetivo estaba todavía por inventar, fue igualmente representante de una nueva clase política que segura de sí misma, con conocimientos novedosos aprendidos fuera de España, pisa fuerte en la transición posfranquista a la democracia.

Conversando con Feo se comprende también cómo se «fabricó» un líder en la persona de Felipe González y cómo, cuando el líder triunfa, el «márketing político» muestra sus límites: el producto diseñado acaba adquiriendo su propia autonomía y es así que Felipe González, un «tímido profundo», según Feo, se distancia del guión establecido marcando sus propias pautas. Feo es una persona leal donde las haya a Felipe González, a quien, evidentemente, quiere y admira. Pero se lamenta de los errores cometidos en el campo profesional que él domina: la Moncloa nunca supo establecer una buena relación con los medios de comunicación.

Feo no es una persona «ideológica» y no presumiría nunca de serlo ni de haberlo sido. Tampoco lo fue, como partido, el PSOE. En esto Feo fue un precursor del Partido Socialista. El PSOE, al cual se afilió poco antes de su definitiva renovación en el Congreso de 1974 de Suresnes, acabó muy pronto abandonando su carga ideológica. El futuro secretario general de la Presidencia de Gobierno respiraría hondo y aplaudiría frenéticamente cuando el partido rompió con el marxismo. A otros esta ruptura les supuso un trauma que después olvidarían. A Feo, que pilotó las campañas electorales del PSOE con el entusiasmo y la sangre fría de un *campaign manager* americano, no le planteó ningún problema; el partido vino a su terreno.

Hombre eminentemente desenfadado y pragmático, Feo traza sus metas profesionales —su paso por la política fue una de ellas— y camina con destreza hacia su consecución. Encajó con el proyecto modernizador del PSOE renovado a la perfección y contribuyó decisivamente a hacer posible su venta al gran público utilizando las técnicas del mundo de las relaciones públicas que descubrió en Estados Unidos.

Llegó a la altas esferas políticas de la mano de Alfonso Guerra que había reunido un equipo, fundamentalmente de sociólogos, en lo que se llamó el Instituto de Técnicas Electorales (ITE), para preparar la legalización del PSOE y la búsqueda del voto en la libertad. Pero Feo no era un sociólogo más de laboratorio de facultad.

Por sus antecedentes —padre republicano, criado en Madrid y educado en el Liceo Francés, adscrito a la Asociación Socialista Universitaria (ASU) en la Universidad Complutense— Feo estaba llamado a ser un socialista más de salón y de conspiración de café como lo fueron tantos de su círculo en la capital. Pero Feo es una persona práctica, un hombre de acción que salió de España a buscar nuevos horizontes en cuanto pudo, y de organización que se puso a trabajar en empresas en cuanto tuvo la oportunidad.

El flechazo con «los sevillanos», Felipe González y Alfonso Guerra, estaba predestinado. Feo admiraba en ellos «un sentido de aparato y un sentido de trabajo». Los sevillanos se dedicaban «a trabajar en serio para montar una estructura de partido». Fue un flechazo mutuo.

La aportación de Feo al equipo que reunió Guerra fue importante porque estaba curtido en la técnica de enterarse, primero, de qué es lo que quiere el público, qué es lo que está dispuesto a comprar, y, segundo, de fabricarle ese producto a medida y vendérselo. El ITE descubrió, por ejemplo, que la sociedad española del posfranquismo pasaba de ideologías y de los símbolos que las representaban: «La gente tenía tanto rechazo al saludo fascista del brazo en alto como lo tenía al puño en alto.» El equipo se dio pronto cuenta de que en Felipe González, «un hombre joven» que rompe «con el pasado», tenía algo muy vendible.

Lo que pasa después es más complicado, mucho menos lineal. Feo, un gran aficionado del baloncesto, se enfrenta con el problema de que Felipe González no va por la vida de Magic Johnson o de Michael Jordan, aunque indudablemente, en el campo de la política, el presidente del Gobierno tenía talento sobrado para emularlos. Según Feo, «había que hacerle jugar de Magic Johnson o de Michael Jordan».

Tengo la impresión de que Feo se marcha de la Moncloa perplejo y, en el fondo, frustrado. La explicación, a mi modo de ver, es que una vez alcanzado el poder, una vez alcanzadas ciertas metas modernizadoras como el ingreso en la Comunidad Europea y resuelto el entuerto de la OTAN, no quedaba nada por hacer. Feo, que podía retomar una vida empresarial, pudo al menos marcharse a tiempo.

Tom Burns Marañón: Creo que el PSOE para ti es una opción generacional mezclada con antecedentes familiares. Tu padre, que no era socialista pero sí republicano y sufrió represalias por ello, te envía a un colegio laico y muy señalado como es el Liceo Francés en Madrid. Conoces el socialismo a través de la Asociación Socialista Universitaria de la Complutense donde hay varios ex alumnos del Liceo y luego te vas de España a estudiar y a trabajar en Estados Unidos. Pienso que tu compromiso con el socialismo democrático y con la renovación que protagoniza Felipe González tiene bastante que ver con tu alejamiento de España porque formas parte de una diáspora de progres que cuando vuelven entienden muy bien un discurso que propone la modernización política del país a través de un partido histórico que ha sido refundado por gente de su propia generación.

Julio Feo: Yo creo que tienes razón. Creo que mi caso es generacional. Mi padre, que fue republicano de Azaña, estuvo en la cárcel y en casa se vive un sentimiento antifranquista desde siempre. Cuando a mi padre le desterraron a Madrid, nos mandó al Liceo porque no transigía con los colegios de curas. Yo, la verdad, no sé cuándo me doy cuenta de que soy socialista, pero el hecho es que la mayor parte de los niños que estábamos en el Liceo, al menos los de mi clase, éramos hijos de republicanos y luego en la facultad, en Políticas, entro en contacto con gente socialista que había estado en el Liceo.

T.B.M. — Los progres de tu generación tuvisteis, digamos, poco sentido reverencial con los viejos exiliados de la República, a pesar de los antecedentes que teníais muchos de vosotros. La ASU, por ejemplo, no tenía mucha estima, por no decir ninguna, por los dirigentes del PSOE en Toulouse.[1]

J.F. — Ésa es otra historia. En mi caso yo era de los pocos que

1. Por ejemplo, Miguel Boyer, también hijo de *azañistas,* educado en el Liceo de Madrid y miembro de la Asociación Socialista Universitaria (ASU), afirma (p. 292) que «Toulouse aparecía como algo completamente envejecido con una serie de elementos que entonces nos parecían indeseables».

empezaron a salir de España siendo muy jóvenes. Me monto, muy pronto, campos de trabajo durante los veranos para salir fuera y empiezo a ir en el año cincuenta y cuatro, cuando tenía dieciocho años, lo cual en esa época era prontísimo. Y entonces contacto, o saludo más bien porque contacto parece una palabra más política, con viejos amigos de mi padre que a su vez me presentan a gente del gobierno de la República en el exilio, y a mí se me cae el alma a los pies cuando veo a esos señores porque pensaban que estaban en el año treinta y seis. Yo era muy antifranquista, muy antirrégimen y todo eso, pero, vamos, una cosa era ser antifranquista y otra cosa era seguir pensando como en el treinta y seis. Me di cuenta de que a aquellos viejecitos, muy amables y muy buenas personas todos ellos, el tiempo se les había parado y no habían pasado veinte años.

T.B.M. — Eso es lo que muchos jóvenes que se acercaban al socialismo pensaban de Rodolfo Llopis.

J.F. — Yo a Rodolfo Llopis no le he conocido nunca, pero sin duda entra dentro de eso mismo. Y si damos un salto en el tiempo, a los años sesenta cuando recomienzan los trabajos de la ASU y cuando yo ya me voy a Estados Unidos, pues entonces ya está en el ambiente la historia de que hay una dirección del partido en el exilio que no se entera de qué va la película dentro de España.[2]

T.B.M. — ¿Por qué no militaste en el Partido Comunista?

J.F. — Pues es que yo en la facultad tenía complejo de torpe porque ni los comunistas ni los del Opus Dei me hicieron ninguna oferta. Seguramente los del PCE vieron que por mi talante no era uno de ellos.

T.B.M. — ¿El talante de la gente de la ASU era muy distinto?

J.F. — Yo creo que sí. Era gente mucho más liberal. Éramos, como decía Prieto, socialistas de cintura para arriba y de cintura para abajo éramos liberales.

T.B.M. — Erais también miembros de una elite. Vuestras familias eran ilustradas y frecuentemente acomodadas, veníais de bue-

2. La historia de la ASU es una historia de «caídas» y de relanzamientos. A comienzos de los sesenta ya entra en una descomposición terminal y las nuevas generaciones universitarias con inquietudes políticas —Joaquín Arango (p. 96) sería un ejemplo— intentarían reinventar el socialismo, ignorando ya completamente a los históricos del PSOE en Toulouse, y siendo, algunos, atraídos por el llamado «Felipe», el Frente de Liberación Popular (FLP). El pequeño grupo de universitarios y jóvenes profesionales socialistas que reúnen Felipe González y Alfonso Guerra en Sevilla fue bastante excepcional.

*El liderazgo de Felipe se potencia a través de distintas campañas y vemos que muy rápidamente el liderazgo de Felipe supera a la opción PSOE.*

*Si Felipe se quiere ir habrá un problema, y si no se quiere ir es suficientemente joven como para poder tirar del carro muchos años más.*

nos colegios, estudiabais buenas carreras y todos acabaríais ejerciendo como excelentes profesionales.

J.F. — Pues yo creo que sí.

T.B.M. — Lo digo como contraste a los socialistas de vuestra generación en el exilio, que son obreros, o como los socialistas de Asturias o Vizcaya, que también lo son.

J.F. — Es cierto, pero yo te lo pondría de otra manera. Yo, que soy sociólogo de profesión, me he quedado con las ganas de hacer un estudio de los que están entre los años cincuenta y sesenta en cuatro colegios de Madrid —Areneros, El Pilar, Estudio y el Liceo— y los altos cargos desde el año setenta y cinco y el noventa.[3]

T.B.M. — ¿Qué mostraría ese estudio?

J.F. — Pues que Eton no sería nada en comparación con la colección de altos cargos que salen de esos cuatro.[4] Yo creo que éramos diez los antiguos alumnos del Liceo que teníamos altos cargos en el gobierno socialista en el ochenta y dos. Tengo la convicción que de esos cuatro colegios de Madrid sale la clase política de la democracia.

T.B.M. — Sin embargo, la dirección del Partido Socialista no tiene nada que ver con esos cuatro colegios. Ni siquiera era de Madrid.

J.F. — Sí, pero eso es otra historia.

T.B.M. — Tú en todo caso no estabas en ella.

J.F. — De entrada yo estoy desde el sesenta hasta el sesenta y seis fuera de España y del sesenta y seis al setenta y cuatro ando por Madrid, pero soy un *yuppy,* un ejecutivo de una multinacional americana. En esa época coqueteo con grupitos socialistas, pero no me integro en el partido hasta el setenta y cuatro, un poco antes de Suresnes.[5]

3. José María Maravall, ministro de Educación, Javier Solana, ministro de Cultura, y Miguel Boyer, ministro de Economía, tres de los ministros con más peso político en el primer gobierno de Felipe González, estudiaron respectivamente en el Colegio Estudio, El Pilar y el Liceo. El único socialista destacado salido de Areneros, la institución de los jesuitas, fue Javier Gómez Navarro, ministro de Comercio y Turismo en el último gobierno de Felipe González.

4. Eton, uno de los colegios más caros de Inglaterra, fue hasta hace poco la cantera principal de los dirigentes del Partido Conservador británico. Sir Harold Macmillan, primer ministro (1957-1963), nombró ministros a seis ex alumnos de Eton al formar uno de sus gobiernos. Macmillan estuvo en Eton como también lo estuvo su sucesor, sir Alex Douglas-Home. Anthony Sampson, *A new Anatomy of Britain*, Londres, 1971, p. 106.

5. Feo coquetea de manera solidaria. En el Estado de excepción decretado en 1969 escondió en su casa a Joaquín Arango (véase p. 96).

T.B.M. — Y cuando te integras te das cuenta de que la dirección del partido está en manos de sevillanos que no tienen nada que ver con esa elite de que hablábamos. Ni tampoco con los de Asturias ni con los vascos.

J.F. — Bueno, efectivamente la gente de Madrid es gente conocida; son buenos profesionales, han viajado, han estudiado en el extranjero, hablan idiomas, mientras en el norte está la tradición ugetista más algunos como Enrique Múgica que venían del Partido Comunista, y luego están los del sur....

T.B.M. — Los sevillanos, que eran unos desconocidos.

J.F. — Lo eran pero hay unas cuantas cosas más. Los sevillanos tenían un sentido de aparato y un sentido de trabajo. Ellos son los primeros que se dedican a trabajar en serio para montar una estructura de partido. Y creo que es eso lo que les permite llevarse el gato al agua. La verdad es que ellos trabajan como enanos.

T.B.M. — Después de Suresnes, a comienzos del setenta y cinco cuando Felipe González se traslada a Madrid, hay bastante rechazo por parte de los de Madrid hacia los sevillanos, ¿no?

J.F. — Yo creo que sí lo hubo aunque nadie hablaba de rechazo, no era algo explícito. El rechazo se sentía porque desde luego no hubo una acogida cálida. Una de las pocas casas, si no la única, donde duerme Alfonso Guerra en Madrid durante esa época es la mía.

T.B.M. — Y es a raíz de ese talante que tú demuestras acogiendo a Alfonso Guerra y de la amistad que se desarrolla entre vosotros dos que tú te incorporas en el Instituto de Técnicas Electorales.[6]

J.F. — Sí. Supongo que es a consecuencia de los ratos que paso con él. Hablábamos de la posibilidad de que hubiese elecciones una vez muerto Franco, de la necesidad de crear una imagen del Partido Socialista y todas esas cosas. Desde luego las primeras conversaciones que tengo sobre estas cosas son con él. Yo en aquel momento estaba trabajando en publicidad y en estudios de mercado y de alguna manera conecto o llevo mi preocupación profesional al tema político.

T.B.M. — Y ellos, los sevillanos, tenían clarísima, tal y como comentabas hace un momento, la idea del aparato.

J.F. — Yo creo que sí. Tenían muy clara la idea de la estructura del partido.

6. Véase el testimonio de Alfonso Guerra, p. 130 y nota 14.

T.B.M. — ¿Era Alfonso Guerra quien llevaba la batuta en esto?

J.F. — Yo a quien conozco en aquel momento es a Alfonso y en efecto es él quien más claro ha tenido esto siempre. Supongo que tenía una buena comunión de ideas con Felipe sobre ello.

T.B.M. — A donde quiero llegar es a la reconversión del ITE, al año setenta y siete cuando, convocadas las elecciones, vuestro instituto se convierte en el comité de campaña del PSOE. Antes vosotros os habíais dedicado a estudiar tendencias entre un posible electorado y a organizar el congreso del PSOE. A mí lo que me parece es que cuando ya sois un comité electoral os dedicáis a vender a Felipe González. Tú mismo lo cuentas en tus memorias.[7] Luego explicas cómo tú arreglas su llegada a los mítines durante la campaña de tal manera que él siempre hacía una entrada triunfal cuando el mitin ya había comenzado. Estabas creando lo que *Cambio 16* llamó el «Huracán Felipe». Me interesa mucho este énfasis que desde el principio se pone en vender, de una manera presidencialista, a Felipe González.

J.F. — Yo honradamente creo que en ningún momento estábamos intentando crear un superlíder. Estábamos intentando aprovechar las cartas que teníamos para tener una mejor opción, y las cartas con que contamos en ese momento son ésas, es decir, Felipe González. En alguna medida Felipe González era lo que rompía el Partido Socialista con la guerra civil.

T.B.M. — Claro, y es por eso, porque queréis romper con la dureza de una imagen histórica, que presentáis en los pósters electorales a un Felipe González risueño que representa la promesa de un futuro, no el recuerdo del pasado.

J.F. — Es que habíamos hecho encuestas y habían salido cosas muy significativas. Descubrimos que la gente tenía tanto rechazo al saludo fascista del brazo en alto como lo tenía al puño en alto. Y tenían tanto rechazo al franquismo como a la guerra civil. Y entonces había que romper con eso. En alguna medida esto nos devuelve a cuando me preguntabas por Llopis y los republicanos. Yo recuerdo una conversación con mi padre en el setenta y tantos en la que él me criticaba que no éramos suficientemente radicales en cuanto

7. Según Feo, el comité de campaña se dio perfecta cuenta de que el principal activo del PSOE era el poder de comunicación de su secretario general —«Partíamos del supuesto de que la gran atracción era Felipe González»— y decide jugarlo todo a esa carta. Feo, *Aquellos años,* p. 61. Alfonso Guerra (p. 139) asume la responsabilidad de haber centrado la campaña en la persona de Felipe González.

a la ruptura con el franquismo y que no asumíamos suficientemente la República. Y yo le pregunté si él cuando tenía treinta y tantos años en la República tenía a la guerra de Cuba como referente de sus planteamientos y tema de sus conversaciones. Cuando me dijo que no, le dije que ellos en esa época tenían más cerca la guerra de Cuba que nosotros en ese momento teníamos la guerra civil. El pobre viejo se quedó un poquillo jorobado con esto.

T.B.M. — Sin embargo, el PSOE sí apela a la memoria histórica y además se beneficia de ella.

J.F. — Evidentemente utilizamos el recuerdo histórico pero lo utilizamos de una manera subliminal y se intenta incidir en el nuevo PSOE. Si hubiéramos hecho una campaña de recuerdo de la guerra civil, yo creo que nos hubiera ido muy mal.

T.B.M. — Y esto os ayuda a sacarle una considerable ventaja al Partido Comunista que también evita referencias a la guerra civil, pero que está dirigido por personas de aquella época.

J.F. — Exactamente. Nos habíamos renovado y no teníamos a ningún personaje de quien se pudiera decir que estuvo en...

T.B.M. — Paracuellos...[8]

J.F. — Eso, aunque, en fin, yo creo que se lo decían injustamente a Santiago. Pero el hecho es que nosotros no teníamos nada de eso.

T.B.M. — La campaña del PSOE está vendiendo a Felipe González, que es una imagen que rompe con la guerra civil, y tú dices que no estabais intentando crear un superlíder. Pero es que no está muy claro lo que estabais vendiendo aparte de Felipe González y esa imagen suya.

J.F. — Pues el retorno a la democracia.

T.B.M. — Bueno, eso se da por supuesto. También lo vendía Adolfo Suárez que había hecho la Ley de la Reforma Política que hizo posibles las elecciones. Yo me refería a qué tipo de socialismo iba a abanderar el PSOE en la democracia y esto no estaba claro.

8. En la primera semana de noviembre de 1936 unos dos mil prisioneros del bando nacional encarcelados en Madrid fueron asesinados cerca del pueblo de Paracuellos del Jarama a las afueras de la capital cuando estaban siendo supuestamente transferidos, ante el avance de Franco sobre Madrid, a cárceles más seguras en Valencia. El consejero de Orden Público en la Junta de Defensa y teórico responsable de la seguridad de los traslados era Santiago Carrillo, líder del Partido Comunista en la transición y, en aquella época, secretario general de las Juventudes Socialistas Unificadas.

Antes de las elecciones tú te estabas peleando públicamente con dirigentes socialistas porque te declarabas socialdemócrata.[9] Todavía no había tenido lugar el debate clarificador en torno al marxismo y tú eras algo precursor con tus planteamientos. ¿Qué entendías por socialdemocracia en aquel momento?

J.F. — Yo entendía que había que renunciar al marxismo, y sí fui en cierto modo precursor cuando argumentaba que no había que ser marxista para estar en el partido.

T.B.M. — Tu ex compañero del Liceo Miguel Boyer abandona el partido durante un tiempo porque cree que se ha vuelto alocadamente marxista y sin embargo tú sigues en él.[10]

J.F. — Yo no estoy absolutamente seguro de que Miguel se marchara por lo del marxismo, aunque puede que fuera ésa la razón inmediata. Miguel no es un hombre de aparato, al menos tengo esa impresión, y más que el marxismo lo que le constriñe es el aparato.

T.B.M. — Es que yo creo que tenéis mucho éxito con el marketing que hacéis de Felipe González, con la venta del líder, tanto éxito que os situáis como alternativa del poder, pero que no se habían hecho los deberes en cuanto al posicionamiento ideólogico del PSOE. Lo sorprendente es que tenéis el gran debate, la gran bronca, sobre el marxismo en el XXVIII Congreso de 1979 habiendo hecho ya lo más difícil que era situaros como fuerza hegemónica en la izquierda. Cuando Francisco Bustelo triunfa con la ponencia marxista, tú te pones furioso.[11] ¿Te enrabietaba el hecho de que el partido asumía el marxismo cuando tú sabías que desfilando como marxista el PSOE no llegaría nunca al poder, o llorabas porque se marchaba Felipe González, el líder que para ti era la llave para triunfar en las elecciones?

9. Julio Feo polemizó en las páginas de *Cambio 16* con, entre otros, el entonces muy marxista Virgilio Zapatero, ministro de Relaciones con las Cortes (1988-1993).

10. Boyer se sintió aislado en el XXVII Congreso del PSOE (diciembre de 1976), el primero que se celebra de vuelta del exilio. «Me cuesta mucho suscribir algo si he llegado a la conclusión de que ese algo no es acertado. Cuando el PSOE se definió en el congreso del setenta y seis como un partido marxista, de clase y revolucionario, no lo suscribí. Me habían elegido para la Ejecutiva en ese congreso y yo en enero dije que me iba.» (Véase p. 301).

11. «Lloraba de rabia e impotencia; me parecía una insensatez que se estuviera tirando por la borda la posibilidad de llegar a tocar el poder algún día.» Feo añade que con el rechazo de las tesis no marxistas de Felipe González «se había matado al padre». (Feo, *Aquellos años*, p. 93.) Para el debate sobre el marxismo en el XXVIII Congreso, véase especialmente el testimonio de Francisco Bustelo, p. 255s.

J.F. — Las dos cosas a la vez, y una cosa era la consecuencia de la otra. Manteniendo el marxismo no se podía nunca llegar al poder y yéndose Felipe menos aún.

T.B.M. — ¿Cuál de las dos eventualidades te preocupaba más?

J.F. — ¿En aquel momento? Probablemente el mantenimiento del marxismo. Si en aquel momento no se mantiene el marxismo pero Felipe no sigue, se hubiera conseguido otro líder que nos hubiera permitido tocar poder eventualmente, aunque no sé si en el ochenta y dos. Ahí de lo que se trataba era de subirse al carro de los partidos socialistas homologados del mundo o, siguiendo con el marxismo, quedarte con los partidos que tenían el diez por ciento de los votos.

T.B.M. — Yo pensaba que lo que pesaba era Felipe González. Repasando los testimonios de esa época, incluyendo el tuyo, una y otra vez lo que explica todo lo que ocurre es «Felipe, Felipe, Felipe».

J.F. — Lo que pasa, Tom, es que no se puede separar realmente una cosa de la otra. Evidentemente utilizamos a Felipe en la campaña del setenta y siete, o mejor dicho, porque no le utilizamos, se conforma la campaña en torno a Felipe y la «Libertad está en tu mano».[12] Felipe, un hombre joven, aparece en los carteles con una camisa de cuadros, sin corbata, rompiendo con el pasado como hemos dicho y entonces, de nuevo evidentemente, se crea un liderazgo. Pero en aquel momento nadie estaba pensando que era un superlíder.

T.B.M. — A mí me interesa la manera en que la suerte del PSOE siempre acaba estando ligada a la de Felipe González.

J.F. — Es que este país es un país muy de líderes.

T.B.M. — Lo sé, pero aun así en el caso del PSOE hay cosas sorprendentes. Esta observación tuya cuando escribes sobre la campaña electoral del setenta y nueve me parece interesantísima. Según tú: «Queríamos ganar, pero creo que al mismo tiempo teníamos pánico a que realmente pudiera ocurrir y tener que asumir la responsabilidad de gobernar. Supongo que en parte era por ello por lo que Felipe no estaba bien anímicamente; no tenía ganas de hacer campaña, se quejaba con frecuencia y protestaba por el ritmo de la campaña.»[13] Es decir, el éxito del partido parecía estar íntimamente

12. Eslogan del PSOE en las elecciones de 1977.
13. Feo, *Aquellos años*, p. 85.

ligado al estado de ánimo de su líder. ¿En el setenta y nueve, en todo caso, no os considerabais preparados para gobernar?

J.F. — Yo creo que no. Mira, si a mí me dicen en el setenta y nueve que iba a ser el secretario general de la Presidencia, pues me hubiera pasado varias noches sin dormir, y sin embargo eso no me ocurrió en el ochenta y dos.

T.B.M. — Y en los tres años que van de una convocatoria electoral a otra sucedieron muchas cosas. Sin ir más lejos, el XXVIII Congreso vuestro, la dimisión de Adolfo Suárez y el 23-F, y la descomposición de la UCD.

J.F. — Es que fueron tres años que se vivieron intensamente. Son tres años que son catorce. Maduramos todos mucho.

T.B.M. — Y los vientos están a favor del PSOE. Al resolver la bronca sobre el marxismo Felipe González establece una incuestionable autoridad sobre el partido y se proyecta hacia la sociedad en general. La combinación del golpe y de la crisis de la UCD deja el campo abierto para que el PSOE aparezca como un partido unido, vertebrador, con ideas claras, las que fuesen, y más que dispuesto anímicamente a tomar las riendas del poder. Eso es lo que ocurre en esos tres años, ¿no?

J.F. — Como tú bien acabas de decir es un problema anímico, o de coco en términos más castizos. En efecto, en 1982 yo creo que estamos anímicamente preparados para entrar en el gobierno.

T.B.M. — Es que leyéndote y escuchándote, siguiendo tus razonamientos, el tema anímico aparece una y otra vez. Cuando tú te preocupas muchísimo, y con razón, en la campaña del ochenta y seis del referéndum sobre la OTAN, dices que Felipe González es el único que puede meter canastas de tres puntos. Tu preocupación era que Felipe González estaba en ese momento «cansado, harto, sin ganas de hacer campaña» y que, según tú, hubo que convencerle para que se emplease a fondo con sus canastas.[14] ¿Puedes explicar estos altibajos de Felipe González?

J.F. — Bueno, Felipe es muy ciclotímico. Hay veces que se encuentra cansado y harto y que lo que le gustaría es leer e irse a la playa como a todo el mundo. Es un tipo que ha entrado muy joven en esto y ha pasado la juventud y la madurez haciendo política y vida pública. Ahora, en cada momento las razones son diferentes. Yo creo que el tema de la OTAN en el ochenta y seis desgasta a Fe-

14. Feo, *Aquellos años*, p. 467.

lipe porque él cree que se está haciendo una cosa que hay que hacer, guste más o menos, porque es absolutamente necesario para que este país no pierda el tren europeo.

T.B.M. — Y lo que le fastidia es que no se le entienda.

J.F. — Peor aún. Él cree que lo entienden pero que por mezquindad política están jugando a la contra y eso le desquicia.

T.B.M. — Realmente es un líder complejo. Es un indudable comunicador, pero en el fondo lo que le gusta es quedarse en su casa con sus papeles, su billar, sus bonsais o lo que sea. No es que sufra el síndrome de la Moncloa, es que realmente no le gusta mucho salir, y si donde está es en la Moncloa, pues no sale de la Moncloa. Lo raro es que se lanza de la manera en que se lanza en las campañas electorales, sobre todo si vive ciclos anímicamente buenos.

J.F. — Bueno, ten en cuenta que en campaña se tiene que cambiar continuamente de camisa por lo que suda. Suda por la tensión que le crea la campaña. Parece inconcebible a estas alturas pero es así. Mira, yo creo que Felipe González es un tímido profundo. La de años que yo quería que fuéramos, por ejemplo, a los toros, que conste que le gustan. Pero le aterra eso de sacar entradas para tres policías delante y otros tres detrás. Lo que le aterra es molestar al vecino.

T.B.M. — La timidez no está reñida con el ejercicio de mucho mando. Incluso puede ser consustancial al caudillismo. En Felipe González ejercen influencia socialdemócratas europeos como Olof Palme y Willy Brandt, pero también personajes políticos latinoamericanos como Omar Torrijos, en Panamá, o como Carlos Andrés Pérez, en Venezuela, que encajan con el tipo caudillo. De éstos, quizá, se deben los brotes caudillistas que se pueden apreciar en Felipe González.[15]

J.F. — Yo, de verdad, no estoy de acuerdo en esto que dices de

15. Felipe González fue retratado como un caudillo en un polémico libro de José Luis Gutiérrez y Amando de Miguel. «No estamos ante un gobernante al estilo europeo. González se asienta en una tradición caudillista y las raíces de ésta se hunden en la fragua hispanoamericana.... Fue Omar Torrijos, uno de los hombres que más influencia ejerció sobre Felipe González, en unos años en los que el joven dirigente español —se conocieron en 1977, cuando Felipe tenía treinta y cinco años, y permanecerían en contacto frecuente hasta la muerte de Torrijos en 1981— absorbía como un secante conocimientos, experiencias o simples consejos, dada su escasa trayectoria política.» (José Luis Gutiérrez y Amando de Miguel, *La ambición del César, un retrato político y humano de Felipe González*, Madrid, 1989, p. 219s.)

brotes caudillistas. Puede que eso se lo haya puesto el entorno. Yo te aseguro que él para nada es caudillista. Cuando hablábamos antes de los tres puntos, él no es consciente de que en determinados momentos, como cuando el referéndum de la OTAN, él es el único que puede movilizar a la gente. En ningún momento dice Felipe «yo soy el único que sabe tirar a tres puntos». Él no va de Magic Johnson o de Michael Jordan. Le tienes que hacer jugar de Magic Johnson o de Michael Jordan, y eso es diferente.

T.B.M. — Pues más a mi favor porque la reflexión que me interesa es la del liderazgo que parece que fabricáis tú y otros porque os dais cuenta de que tenéis entre vosotros un Magic Johnson de la política y que entonces de lo que se trata es de mantenerle en forma, anímicamente bien, para que consiga los tres puntos cuando se necesitan. Me interesa ese liderazgo que creasteis...

J.F. — Que potenciamos...

T.B.M. — Como quieras. Que potenciasteis. Pero al final de cuentas lo que hay es un liderazgo que aceptáis con sumo agrado...

J.F. — Sí. El liderazgo de Felipe se potencia a través de distintas campañas y vemos que muy rápidamente el liderazgo de Felipe supera la opción PSOE.

T.B.M. — Ésa es exactamente la cuestión. En un momento dado, en los setenta, en las primeras elecciones en libertad, Felipe González es la solución porque es él, él más que nadie, quien va a vender un PSOE renovado, sin reminiscencias de la guerra civil, al electorado. Y también es Felipe González el que va a dar la vuelta al partido como un calcetín, apartar a los marxistas utópicos y presentar un PSOE sin carga ideológica ante los votantes de centro. Y por supuesto Felipe González es la solución para un problema que se crea en 1986, mejor dicho que se creó el PSOE y muy principalmente el propio Felipe González, cuando hay que sacar a la gente para que apoye la permanencia de España en la OTAN. Una y otra vez...

J.F. — Hay que tirar de él. Cierto. Esas soluciones acrecientan cada vez más su liderazgo.

T.B.M. — Pero al final esa solución se convierte en problema. Acabas sin saber muy bien si estás hablando del PSOE o de Felipe González, del *felipismo* o del socialismo; hay tal grado de identificación entre el líder y el partido que de entrada te crea un problema de sucesión, y luego un problema de rechazo en el cual no se está muy seguro de si lo que se está rechazando es el partido o es al líder del partido.

J.F. — Sí. Puede ser. No niego la mayor. Pero problemas de sucesión, al menos que él quiera irse, creo que no hay. El tema es que es muy joven y por lo tanto ese problema depende de él. Si se quiere ir habrá un problema y si no se quiere ir es suficientemente joven como para poder tirar del carro muchos años más. Eso depende de él. Yo desde luego defendí su derecho a irse en el noventa y dos, que es cuando la gente decía que no se podía ir, y pienso que le hubiera ido mejor yéndose entonces. Desde luego el momento mejor para irse hubiera sido en el otoño del noventa y dos después de los fastos.

T.B.M. — Tú te fuiste de la Moncloa mucho antes de los fastos y ya desde la barrera, como los demás, viste el irremediable descenso del PSOE después del noventa y dos. A mí lo que me asombra es cómo no fue el Partido Socialista capaz de guardar las formas cuando llega al poder. Me asombra la manera en que despilfarra el patrimonio precioso que tiene de austeridad, de honestidad, de ética. ¿Por qué no fuisteis capaces de mantener todo eso como oro en paño, de darle nuevo brillo, de venderlo?

J.F. — Yo de entrada te voy a decir que desde que entramos en el gobierno no se intenta vender nada. O sea, el fallo tremendo desde el año ochenta y dos es la comunicación. No se intenta vender nada.

T.B.M. — Cuando estáis algunos de vosotros en el ITE, que es donde empezamos, tenéis muy claro los pasos que hay que dar para ganar campañas y por lo tanto el poder, pero una vez que alcanzáis el poder....

J.F. — La comunicación se olvida. ¿Qué pasa? En gran parte es el tipo de relación que se adopta con la prensa, en parte es porque no se entiende bien cómo hay que comunicar desde el gobierno, pero, desde mi punto de vista, y soy de los pocos que ha estado ahí y que se ha ganado las lentejas toda la vida con la comunicación, el hecho concreto es que todo eso se hace muy mal.

T.B.M. — ¿Y la imagen ética?

J.F. — Yo creo que es consecuencia de lo mal que se hace la comunicación. Yo quería haber hecho una oficina del portavoz tipo la Casa Blanca porque lo que pasaba es que a los viajes del presidente venían los curritos de la prensa. El tema es que no se comunicaba bien lo que se estaba haciendo.

T.B.M. — Yo creo que la pérdida de credibilidad ética del partido tiene que ver más con el partido que con el gobierno. Vuelvo a citar de tu libro, y dices: «Mi relación personal con Alfonso Guerra siempre ha sido buena, pero una persona es el Alfonso íntimo y otra el Alfonso rodeado de los llamados *guerristas*.»[16] ¿Qué quieres decir con eso?

J.F. — Que son más papistas que el Papa. Que el mundo del *guerrismo* es un mundo de secretismo donde los que no están conmigo están contra mí. Son absolutamente sectarios y están siempre en piña. Alfonso personalmente no es así, pero evidentemente su *entourage* sí lo es. Yo diría que son muy estalinistas.

16. Feo, *Aquellos años*, p. 91.

## 16. José Félix Tezanos

*Miembro de la Ejecutiva Federal del PSOE, es director de la Fundación Sistema.*

**Casi el 50 por ciento de los votos que recibe el PSOE son votos, digamos, de resignación o de resistencia a la otra alternativa, a la alternativa del Partido Popular.**

Conocía a José Félix Tezanos por sus libros y sus artículos que son referencia obligada para cualquier estudioso del socialismo y de la política contemporánea española. Al conocerle ahora en persona, pidiendo bibliografías, orientaciones, presentaciones y, además, mucho de su tiempo para conversar sin prisas, me encontré con una persona sumamente amable, ejemplarmente entregada a la labor pedagógica y nada fácil de conducir una fundación dedicada a las ciencias políticas y sociales. La Fundación Sistema, como casi todas las que se dedican a estos menesteres, opera con apreturas económicas desde unos modestos despachos. El diálogo que mantuve ahí sobre el socialismo con Tezanos me resultó muy enriquecedor porque se plantearon con nitidez los fallos y las deficiencias que han aquejado al proyecto político que asumió Felipe González.

Han sido fallos y deficiencias que eran ya inevitables desde el mismo momento en que el PSOE ganó por goleada las legislativas de 1982. El Partido Socialista obtuvo más de diez millones de votos, más del 48 por ciento de los emitidos, con un discurso modernizador que contenía contradicciones insalvables porque, en las circunstancias excepcionales del derrumbamiento del centrismo político en aquellas elecciones, Felipe González consigue el apoyo de sectores tan amplios como antagónicos de la sociedad.

Un Partido Socialista con un programa socialdemócrata puede contentar a su clientela tradicional que está fundamentada en la clase trabajadora. Un partido político que predica el «cambio hacia la seguridad», consolidando la democracia en una sociedad eficaz y moderna, puede satisfacer a amplias capas de profesionales, de votantes urbanos y de la clase media. Pero el doble discurso, modernizador y socialdemócrata, que emplea el PSOE en 1982, y que nunca abandona, corre el riesgo de la incoherencia.

Tezanos, que es muy coherente, explica que una vez que se alcanzan los objetivos modernizadores —básicamente la primacía del poder civil sobre el militar y el fin definitivo del aislamiento con la integración de España en las organizaciones europeas— la clase media, que nunca fue ni será socialdemócrata, ya no tiene necesidad de un Partido Socialista. Y desde luego no tiene ninguna ilusión por pagar impuestos punitivos para financiar una política socialdemócrata o un gasto despilfarrador, según se mire.

La desgracia del PSOE es que tampoco contenta a su clientela tradicional. Ésta, una vez conseguida la meta de consolidar la democracia quiere, lógicamente, la puesta en práctica de una socialdemocracia audaz y redistributiva que lleva esperando desde 1982 con respiración contenida y con expectativas crecientes. Las clases medias comenzarían a dar la espalda al PSOE en las triples elecciones, europeas, autonómicas y municipales de junio de 1987. En diciembre del año siguiente la clase trabajadora se enfrenta con el gobierno socialista en la huelga general del 14-D.

La Fundación Sistema vio con cierta clarividencia la contradicción que estaba en el origen mismo de la llegada del PSOE al poder y comenzó a organizar las llamadas Reuniones de Jávea que a su vez fueron la simiente del Programa 2000. Esta iniciativa, que protagonizan muy directamente Tezanos y Alfonso Guerra, el presidente de la Fundación Sistema, fue para unos, para los que estaban incluidos en ella, un sincero intento de renovar el discurso del PSOE, y para otros, los que nunca fueron convocados a Jávea, no fue más que un intento descarado por parte del *guerrismo* de afianzar su poder en el PSOE.

El hecho es que el Programa 2000, cualquiera que fuera su mérito real, tuvo un impacto nulo en la política del PSOE. Para Tezanos el gran problema del PSOE es que «no ha habido ninguna renovación». Curiosamente Joaquín Almunia, desde las antípodas políticas del mismo Partido Socialista, vino a decir prácticamente lo mismo en la conversación que tuve con él. A un observador, lo que más le llama la atención es la incoherencia a la que había llegado el proyecto socialista: el manifiesto del Programa 2000 fue aprobado por unanimidad por el Partido Socialista en su XXXII Congreso de noviembre de 1990 y nunca fue puesto en práctica por el gobierno socialista.

Según el sector *guerrista*, Felipe González metió los papeles de Jávea y del Programa 2000 en un cajón y se dedicó, a partir de 1991 cuando Guerra ya había salido del gobierno, a apoyar con mayor entusiasmo si cabe lo que Tezanos llama la «política neoliberal» de Carlos Solchaga. Al hacerlo el *felipismo* se distancia de su clientela tradicional, es decir, los sindicatos y el progresismo que se había refugiado en Izquierda Unida, pero no consigue reconstruir puentes con las clases medias urbanas. La apelación directa a éstas que hace Felipe González en las legislativas de 1993, al incluir a profesionales prestigiosos e independientes en las candidaturas socialistas, no deja de ser una operación de «maquillaje».

Si el PSOE llegó al poder con un doble discurso que era contradictorio, sale del poder con un partido dividido y enfrentado. La reflexión de Tezanos sobre el *neo-bonapartismo* que encierra el liderazgo de Felipe González es un aviso para navegantes. Al teórico del *guerrismo* afirma que el PSOE tiene «una enfermedad que no acaba de dar la cara».

Tom Burns Marañón: Sería útil precisar qué es lo que le ocurre al PSOE en su proceso de renovación. Se opina que se refunde el partido en Suresnes incluso que se reinventa.[1] Quisiera examinar cuánta continuidad puede haber entre el PSOE histórico y el renovado.

José Félix Tezanos: Yo creo que hay elementos de continuidad y elementos de cambio. Eso no se puede negar. Pero si analizamos la realidad del PSOE desde el punto de vista sociológico y de su contextura social, lo que tenemos que entender es que el PSOE que empieza a actuar más libremente a partir de los años setenta, y sobre todo después de la muerte de Franco, en la sociedad española, es el heredero directo del PSOE en la historia de España. Es el mismo partido pero ha experimentado procesos muy importantes de cambio en este período.

T.B.M. — Tú utilizas la metáfora del Guadiana.

J.F.T. — Sí. Un río que parece sumergido a lo largo de una serie de kilómetros y luego emerge nuevamente. Es un río distinto pero el agua es la misma. Lo que hay que tener en cuenta es que en España hay un larguísimo paréntesis de la dictadura y que la realidad sociológica e internacional en la que actuaba el PSOE en la República y al final de la guerra civil se modifica radicalmente durante esos años.

T.B.M. — Y lo mismo que el Guadiana emerge en unos parajes muy cambiados, el PSOE sale a la luz pública de nuevo en una sociedad diferente.

J.F.T. — Es una sociedad muy cambiada, renovada.

T.B.M. — Cuando tú y otros sociólogos os ponéis a estudiar, a cuantificar y a clasificar quiénes apoyan al PSOE a partir de los se-

1. Pablo Castellano (p. 223) considera que el partido que fundó Pablo Iglesias murió con la renovación socialista de Suresnes, barrio de París donde se celebró el XXVI Congreso del PSOE, XIII y último del exilio.

tenta, quiénes se afilian al partido y quiénes le votan, supongo que os salen elementos nuevos que, al no haber estado con el partido cuarenta años antes, reflejan tanto el cambio de la sociedad como el del partido mismo. Se me ocurren clases medias y católicos.

J.F.T. — Ésas son, creo, las dos grandes novedades. La incorporación de las clases medias al PSOE, incluso en sectores como, por ejemplo, el de profesores de universidad, había sido muy incipiente hasta el año treinta y seis. Aparte de figuras como la de Besteiro, la de Fernando de los Ríos y la de algunos otros, no fue un movimiento muy importante.[2] Y sobre todo el catolicismo era muy beligerante contra el socialismo.

T.B.M. — Ahora bien, no son novedades específicas de la sociedad española y del socialismo español.

J.F.T. — No, claro. Hay que tener en cuenta el impacto del Concilio Vaticano II y también la evolución socialdemócrata. En Alemania el SPD de los años sesenta también es un partido refundado respecto a lo que había sido antes del régimen hitleriano.[3] La realidad de la socialdemocracia hace, digamos, más permeable las relaciones del socialismo con las clases medias y con los católicos. Yo creo que este cambio en la realidad impregna también a todas las clases trabajadoras.

T.B.M. — ¿Dónde encontramos la continuidad? Hablando, en términos sociológicos estrictos, de si es un partido nuevo, refundado o no refundado, ¿se pueden establecer continuidades sociológicas?

J.F.T. — Hay dos elementos de continuidad. Uno es el elemento familiar porque gran parte de los militantes del PSOE son hijos o nietos de quienes fueron militantes en el período de la República. Otro es que el voto sigue siendo el mismo. Si nosotros hacemos el mapa electoral de España en las últimas elecciones del treinta y seis y las del setenta y siete, vemos que los mapas electorales coinciden, son enormemente coincidentes.

T.B.M. — Pero los que militan en el PSOE igual que lo hicieron sus abuelos son sociológicamente muy distintos y las ciudades del setenta y siete no son las mismas que las del treinta y seis.

2. Para Besteiro, véase Santos Juliá, p. 52, nota 5; para De los Ríos, véase p. 52, nota 5.

3. El SPD, partido socialdemócrata alemán, renunció al marxismo en su congreso de Bad Godesberg en 1959.

*La sombra del 23-F se proyectó muy fuertemente sobre las clases medias.*

*Los que estábamos en el PSOE éramos conscientes desde antes de la muerte de Franco que el PSOE llegaría a ser la fuerza hegemónica del país.*

*Cuando un líder es más grande o tiende a hacerse más grande que el partido, lo que ocurre es que el partido acaba haciéndose más pequeño y pierde la capacidad de cambio y de innovación. (Felipe González con Alfonso Guerra.)*

J.F.T. — Claro. La realidad y la cultura han cambiado. Todos esos cambios son cambios lógicos que se han producido también en todos los partidos socialistas europeos. En España se producen con ese efecto Guadiana. Y entonces aquel que no quiera profundizar no se da cuenta de que ese río ha estado transcurriendo, es decir las fuerzas sociales que dan contextura al socialismo han estado, digamos, enterradas durante una serie de años y cuando emergen tienen un perfil diferente.

T.B.M. — ¿Por qué no tiene más fuerza electoral el PCE?

J.F.T. — Yo creo que eso obedece a esa misma razón histórica. El PCE en la República forma parte de unos procesos políticos, o participa en unos procesos políticos, que le enajenan simpatías en el ámbito de la cultura de la izquierda, de la cultura de los trabajadores. Entonces muchos de esos conflictos se reflejan también en el mapa electoral que se produce en el año setenta y siete en los siguientes años que se celebran elecciones. Por otro lado, el fenómeno del eurocomunismo no había impactado. Había una falta de simpatía y de aceptación incluso entre los trabajadores.[4]

T.B.M. — Pero el PCE consigue apoyos en ambientes universitarios y también aceptación obrera a través de Comisiones Obreras.

J.F.T. — Yo creo que se han hecho estudios sociológicos endebles para argumentar eso. Yo siempre sostuve que la fuerza del PCE no iba a ser tal como algunos pensaban, sobre todo los que hacían comparaciones entre Italia y España. Ésa no es una comparación adecuada y nosotros, en nuestros estudios, comprobamos que había un rechazo hacia al PCE y que no conseguiría más del 10 por ciento de los votos. El PCE no es el partido que vertebra una opción de izquierda.[5]

T.B.M. — En las elecciones del setenta y siete queda claro que el PSOE es la fuerza hegemónica de la izquierda, y en las elecciones del setenta y nueve ocupa prácticamente el mismo espacio electoral, lo que hace suponer que si bien su espacio es amplio el partido ya ha tocado techo. Luego se produce el gran salto del PSOE, cuando dobla su número de votos en las elecciones del ochenta y dos. Hay varios factores que explican este avance y el harakiri de

4. Edward Malefakis (p. 270) hace una reflexión parecida.

5. Las proyecciones de Tezanos no eran compartidas por otros socialistas. Joaquín Almunia (p. 322) creía que el PSOE conseguiría el 15 por ciento de los votos en las elecciones de 1977.

la UCD es el más importante de ellos, pero lo que es evidente es que al PSOE ya no lo votan sólo, ni siquiera mayoritariamente, los nietos de antiguos socialistas y los que residen en áreas tradicionalmente socialistas.

J.F.T. — Sin duda. Hay un fenómeno nuevo. Aquí sí que hay un cambio, un nuevo cambio, un cambio sociológico además de un cambio programático de orientación. Yo creo que nosotros, al menos los que estábamos en el PSOE, éramos conscientes desde antes de la muerte de Franco de que el PSOE llegaría a ser la fuerza hegemónica del país. Teníamos encuestas y datos sobre la realidad sociológica que nos permitían ya pronosticar aquello con conocimiento. Pero lo que también veíamos es que la estructura social española, la correlación de fuerzas, impedía que pudiese emerger esa fuerza hegemónica capaz de consolidar el proceso de democratización y de modernización social, jurídica, económica y demás que era necesaria en España.[6] Entonces es cuando el PSOE, después del setenta y nueve hace una inflexión muy importante hacía una propuesta de cambio, de modernización de la sociedad española.

T.B.M. — Y esta inflexión es el mar de fondo de la revuelta sobre el marxismo en el XXVIII Congreso del año setenta y nueve.

J.F.T. — Sí. Fue a raíz de ese congreso y también muy vinculado al resultado de las elecciones de ese mismo año. Ya se abandona cualquier pretensión marxista y el PSOE se sitúa plenamente, y con plena conciencia, en la segunda parte del siglo XX. Hace una propuesta de cambio y de modernización que muchos sectores de las clases medias y profesionales entienden que es la única vía para asentar ese proceso. Hay que tener en cuenta que la sombra del 23-F se proyectó muy fuertemente sobre las clases medias. Éstas querían el asentamiento de la democracia, un sistema moderno, un sistema educativo solvente, etcétera.

T.B.M. — A estas clases, que serían gran parte de los nuevos votantes del Partido Socialista, creo que les atraía más lo que la propuesta del PSOE ofrecía de seguridad que no el cambio en sí.[7]

J.F.T. — Sin duda. Pero eran las dos cosas. Es decir, un cambio hacia la seguridad. Un cambio, por ejemplo, hacia un ejército supedi-

6. Para llegar a ser hegemónico el PSOE tenía que atraer los votos de centro y de centro izquierda que en las elecciones de 1977 y 1979 se alinearon a la UCD.

7. Joaquín Arango desarrolla esta reflexión (p. 102).

tado al poder civil y hacia la incorporación de España a las estructuras políticas, económicas y de defensa de Occidente.

T.B.M. — Aunque no a la OTAN.

J.F.T. — A la OTAN no, pero luego el PSOE tuvo que afrontarlo. Yo creo que hay que interpretar la llegada del PSOE al gobierno en el ochenta y dos no solamente como la llegada de los socialdemócratas con un programa socialdemócrata. El programa del PSOE tenía un componente social, pero sobre todo tenía una propuesta de modernización y de asentamiento de seguridad para la sociedad española. Y entonces eso da lugar a un resultado que va más allá incluso de lo que son los apoyos electorales lógicos de un partido socialdemócrata que representa unos sectores determinados de la sociedad.

T.B.M. — La correlación de fuerzas y las estructuras que impiden que emerga una propuesta modernizadora, según comentabas hace un momento, ya estaban en retroceso en las elecciones municipales del setenta y compensan el resultado de las legislativas de aquel año.[8]

J.F.T. — Sí. El pacto del socialismo con el comunismo permitió ganar los ayuntamientos de las grandes ciudades. Ya el socialismo se veía como una fuerza constructiva. Yo creo que la izquierda en general se veía así y que se habían vencido recelos.

T.B.M. — Siguiendo tu análisis, el PSOE llega al poder arrasando con sus diez millones de votos porque lo que querían millones de esos votantes era la modernización en su sentido amplio y la consolidación de la democracia. Siendo esto así, se puede decir que el PSOE recibe en el ochenta y dos muchísimos votos prestados que no son socialistas y la consecuencia de esto es que el partido no tenía realmente un mandato claro para implementar un programa socialdemócrata.

J.F.T. — Es que lógicamente es muy difícil mantener esos votos a partir del momento en que se consolida el proceso de modernización. Una vez que esto se consigue, ciertos sectores de las clases medias ya no necesitan al PSOE.

T.B.M. — Pero el problema no es solamente que el PSOE pierde

8. En las elecciones municipales de abril de 1979, un mes después de las legislativas, el PSOE con el 28 por ciento de los votos emitidos (frente al 30,5 por ciento que obtuvo en las generales de marzo) se hace con el control de la mayoría de las grandes ciudades gracias a pactos con el Partido Comunista. En las siguientes elecciones municipales (mayo de 1983), el voto del PSOE sería del 43 por ciento.

esos votos que nunca fueron, ni serían, votos socialistas. También peligra lo que es su voto tradicional, porque el PSOE, al lanzarse a una política de consolidación de la democracia, que era prioritaria, y modernizadora, que era imprescindible, deja necesariamente de lado, o aparca, lo que es un programa socialdemócrata.[9]

J.F.T. — Bueno, es un programa mixto y hay que tener en cuenta que tiene varios elementos. Están las políticas de modernización y las de consolidar definitivamente la Constitución, el sistema de partidos y el principio de la primacía del poder civil, etcétera. Luego el programa tiene elementos de vertebración jurídica que tienen que ver con el Estado de las autonomías y con el ingreso de España en todas las instituciones europeas. Y luego elementos tan importantes como acabar con una legislación que penaliza el aborto, que consideraba a la mujer como menor de edad y sobre todo el desarrollar un aparato hacendístico moderno y eficaz puesto que en España prácticamente no se pagaban impuestos hasta que llega el PSOE al poder.

T.B.M. — Nada de todo eso es exclusivo a un programa socialdemócrata.

J.F.T. — Pero es que eso es sólo una faceta. El PSOE también tiene que universalizar la educación y la enseñanza gratuita, y desarrollar las pensiones y la sanidad.

T.B.M. — De acuerdo. Fortalece el Estado de bienestar, que es la seña de identidad de la socialdemocracia por encima de todas las demás, aunque también es cierto que esto es asumido por todas las fuerzas políticas aquí y en todas partes.

J.F.T. — Sí. La red básica del Estado de bienestar forma parte del consenso social moderno, de la ciudadanía moderna en cualquier país europeo. Lo que ocurre en el ochenta y dos es que aquellos aspectos más audaces, más redistributivos de un programa socialdemócrata clásico se abandonan. La política económica es muy prudente y se adapta plenamente a lo que son los criterios predominantes en ese momento.

T.B.M. — Es que la política socialdemócrata audaz había sufri-

9. De hecho, el PSOE no pierde el voto de su clientela tradicional, es decir la clase trabajadora. Ésta lo mantiene, junto con un creciente voto de clases pasivas, fundamentalmente jubilados, en las legislativas del noventa y seis cuando pierde el poder. Los votos que abandonan progresivamente el PSOE son, como indica Tezanos, los de la clase media. Boix en *Building a socialdemocratic strategy in Southern Europe...* hace un interesante análisis de la composición del voto del PSOE y de Alianza Popular/Partido Popular en las elecciones de 1982 y las de 1993 (p. 37s).

do un serio descrédito en Francia y Miguel Boyer, en concreto, tomó buena nota.[10]

J.F.T. — Sin duda. El modelo programático y sociológico que predominaba en el PSOE era el modelo francés y entonces la experiencia francesa que va a contrapelo de la tendencia internacional pues influye mucho en España.

T.B.M. — Entonces, para entendernos, el PSOE aplica una socialdemocracia *light* porque tiene esas otras prioridades que comentábamos, y lo que ocurre es que la prudencia salta por los aires en el ochenta y ocho cuando el Partido Socialista se encuentra enfrentado nada menos que con su propio sindicato fraterno.

J.F.T. — Claro. Hay un argumento que todos aceptamos y que compartimos y es que primero había que asentar lo que había que asentar y que primaba la modernización. Y esto los sindicatos, y los sectores que apoyan al PSOE, lo entienden.[11]

T.B.M. — Pero el problema que se plantea a partir del ochenta y siete y ochenta y ocho y claramente en el ochenta y nueve es: una vez que hemos cumplido ese programa, ¿qué?

J.F.T. — Claro. Poco a poco las clases medias no se encuentran con un programa alternativo. Las clases medias que empiezan a ser más prósperas no ven con simpatía las políticas fiscales del PSOE y, al reorientarse este voto, se van perdiendo las ciudades.

T.B.M. — Es el discurso de «impuestos europeos y servicios africanos».

J.F.T. — Es que lógicamente hay un desfase. Ahora ya las clases medias no dirían que tenemos carreteras africanas. Lo importante es que las clases medias empiezan a ver que ya se ha cumplido el programa modernizador y que por lo tanto el PSOE no es necesario. Así se pierde el voto en las ciudades.

T.B.M. — De cierta manera en *sensu contrario,* el problema de ¿ahora qué? se plantea también entre los votantes tradicionales socialistas.

J.F.T. — Bueno, las clases trabajadoras sí notan que han mejorado sus barrios, el colegio de sus hijos y la sanidad y las pensiones

10. Miguel Boyer (p. 303) y Carlos Solchaga (p. 150) explican el impacto de la política económica francesa. Ambos siempre habían predicado prudencia. Tuvieron cierta suerte, dadas las ansias expansivas y redistributivas en el PSOE, de que el experimento fallido de Mitterrand ocurriera a tiempo para darles la razón.

11. Nicolás Redondo (p. 203) lo explica bien. La UGT quería una «dirección» en la política económica y no ponía plazos para conseguir las metas socialdemócratas.

de sus padres y abuelos. Pero empiezan a decir, y sobre todo lo dicen los sindicatos, que una vez que se ha cumplido todo eso que se había dicho que era lo prioritario hay que dar otros pasos y profundizar en determinadas direcciones. Y hay un tercer elemento importante y éste es que los jóvenes empiezan a encontrar dificultades para encontrar un puesto de trabajo. La gente joven ya no encuentra un elemento de ilusión. Lo que está ocurriendo es que el PSOE comienza a difuminar su programa ideológico y no entra en una nueva etapa.

T.B.M. — Creo que es, llegado a este cruce, o viendo que se va a llegar a él, cuando un sector del PSOE, capitaneado por Alfonso Guerra, se dedica a analizar dónde se está y adónde se quiere, o se debe, ir. Me refiero al Programa 2000 y a las reuniones de Jávea.[12] ¿Qué es exactamente lo que os proponéis?

J.F.T. — Pues en todo el movimiento de Jávea y del Programa 2000 yo creo que hay dos vectores. Uno tiene que ver con el cambio profundo de cara al siglo XXI, porque el socialismo del próximo siglo tiene que ser distinto al del siglo XX.

T.B.M. — Lo mismo que dentro de unos años la sociedad, empezando por sus sistemas productivos y su manera de organizar el trabajo, no va a tener nada que ver con la actual.

J.F.T. — Es que parte de la reflexión es ésa, como también se reflexiona sobre el socialismo y su relación con los sindicatos que tiene que entenderse desde la autonomía.

T.B.M. — ¿Y el segundo vector?

J.F.T. — Éste fue el más inmediato. Trataba del neokeynesianismo y la necesidad de hacer una reflexión político-económica distinta.

12. A partir de septiembre de 1985 Alfonso Guerra comenzó a organizar jornadas anuales en Jávea (Valencia) que reunían a unos cuarenta políticos e intelectuales socialistas. De estas reuniones salió una propuesta para iniciar un proceso renovador en el PSOE que fue autorizada por la Ejecutiva del partido en octubre de 1986. Una comisión, formada-controlada por Guerra y con el apoyo de unos doscientos colaboradores, terminó de redactar las bases del Programa 2000 —quince volúmenes que contenían ciento veinte estudios económicos, sociológicos y políticos— en diciembre de 1987. La ambición era involucrar a «un millón de españoles progresistas» en debates sobre estas bases que a su vez producirían «10.000 propuestas» sobre el Programa. Para agosto de 1988 se habían contabilizado 10.600 debates, un total de 593.500 participantes y casi 60.000 propuestas. Las propuestas fueron tomadas en cuenta en el manifiesto del Programa 2000, que fue hecho público en enero de 1990 y aprobado unánimemente en el XXXII Congreso del PSOE en noviembre de ese año. (Véase el testimonio de Guerra [p. 138] sobre el Programa 2000.) Según el promotor de la iniciativa, hubo un pacto de mediatización para silenciarlo.

T.B.M. — En esta reflexión neokeynesiana supongo que se revisa la idea de que el Estado sea el primer y principal proveedor de la demanda.

J.F.T. — Claro. El neokeynesianismo no es estatista, pero sí hay que definir el papel de lo público y dar una prioridad al saneamiento del consumo y del crecimiento económico.

T.B.M. — Pero ya no estamos hablando, en ese proyecto de socialismo de futuro, del dirigismo y del intervencionismo por parte del Estado.

J.F.T. — ¡Ah, no! El modelo de economía de futuro, al menos eso pienso yo, tiene que estar basado en las leyes del mercado y no en las prioridades del sector público. Pero yo creo que el dinamismo de la economía se tiene que estimular desde la iniciativa pública y que ésta tiene que poner a disposición de la iniciativa privada capacidad de innovación tecnológica, aplicada al sistema productivo, y también tiene que crear mecanismos que animen la demanda. Creo que las fórmulas que hay son las de inversiones públicas en infraestructuras y en un modelo inteligente, novedoso y original, de financiar la modernización de todo el equipaje tecnológico en la industria y en el consumo. Son fórmulas que creo que ya están planteadas a nivel europeo tanto en la izquierda como en el centro y habrá que avanzar con ellas con el consenso social. Jávea y el Programa 2000 apuntaban en esa dirección.

T.B.M. — No dudo que lo que estabais haciendo supuso mucho trabajo y mucha ilusión, pero tuvo bastante poco impacto en el partido y pasó prácticamente inadvertido en la sociedad salvo, claro está, para los muchos participantes que sin duda tuvo.[13]

13. El PSOE aprobaría el Programa 2000 en su siguiente congreso pero no lo asumiría. El problema de origen de toda la iniciativa fue, sin duda, el monopolio que ejerció sobre ella el sector *guerrista* del partido. Intelectuales de peso y sinceros pensadores acerca del futuro del socialismo, por ejemplo, José María Maravall y Antonio García Santesmases, dirigente de la corriente Izquierda Socialista, fueron excluidos de las reuniones de Jávea y de las ponencias del Programa. Jávea, adonde se decía que acudía «la joven guardia de Guerra», y el Programa 2000 fueron vistos en clave de una lucha por el poder en el PSOE de un sector del partido. El juicio de Richard Gillepsie, por neutral y distante, merece ser tenido en cuenta: «Como ejercicio de renovación programática el Programa 2000 debe ser considerado decepcionante. En su mayor parte el manifiesto reafirmaba valores tradicionales de la socialdemocracia e hizo sólo referencias muy vagas acerca de nuevas preocupaciones. Prácticamente ninguna de las propuestas concretas era nueva.». Richard Gillespie y William E. Paterson, *Rethinking social democracy in western Europe*, Londres, 1991, p. 78s.

J.F.T. — Es que no estaban maduras las condiciones y, sobre todo, probablemente el sector, digamos, *felipista* del PSOE no estaba convencido de que había que hacer esa apuesta neokeynesiana.

T.B.M. — ¿Dónde pensabais que estaban los *felipistas*?

J.F.T. — Ellos estaban más bien en un modelo clásico de economía, dominados por la influencia de Solchaga, y sin duda también de Felipe, en el que creían que lo importante era mantener las conquistas alcanzadas y generar, por decirlo de alguna manera, pasividades públicas de incentivar el mercado y la producción y el consumo, pensando que eso daba lugar a un dinamismo de la economía. Ellos tenían más fe en algunos principios neoliberales, no en el liberalismo duro pero sí neoliberales, sin duda, por su matiz social.

T.B.M. — De hecho, mucho de Jávea y del Programa 2000 es asumido por el congreso del PSOE.[14]

J.F.T. — Pero la paradoja es que no se lleva a la práctica. No hay ninguna novedad en la apuesta programática, no hay ninguna novedad importante en el gobierno y no hay ninguna renovación. Es que el problema del PSOE en los últimos años es que no ha habido realmente ninguna renovación.

T.B.M. — Entiendo que estás hablando de dos renovaciones. De discurso y de personas.

J.F.T. — Sin duda. De gente y de discurso. Es que el discurso también tiene que tener caras nuevas, pero sobre todo lo importante es el discurso y que la gente se identifique con ese discurso. Tiene que dirigirse a sectores muy amplios de la sociedad pero pactando con ellos. Es que hay un planteamiento en algunos sectores del PSOE que, a pesar de que a éstos se les ha tildado de liberales y demás, en el fondo es bastante rígido. Hay personas que actuaban desde el convencimiento de que estaban en la verdad de las cosas, de las fórmulas o de las recetas económicas y el problema es que esas recetas no han funcionado.

T.B.M. — Ellos, supongo que te estás refiriendo al ala social liberal del partido, a Solchaga y sus herederos, dirían que no es

14. El Programa 2000 fue aprobado por unanimidad en el XXXII Congreso del PSOE en noviembre de 1990, congreso que refuerza significativamente el poder de Alfonso Guerra en el partido dos meses antes de su dimisión (enero de 1991), como vicepresidente del Gobierno. Según Joaquín Almunia (p. 332), en vez de debatir propuestas programáticas, como por ejemplo el Programa 2000, en ese congreso se debatieron: «Espacios de poder, espacios de influencia, lealtades personales, castigos a los desleales y premios a los leales.»

que las recetas no funcionasen, sino que no pudieron aplicarlas como hubieran querido precisamente porque levantaban ampollas en otros sectores del partido. Por supuesto, hay otro discurso pero no creo que sea el del PSOE, ni siquiera el de su ala *solchaguista*. Es el discurso de reducir lo público, de fomentar el ahorro privado, de actualizar los balances para ayudar a las pequeñas y medianas empresas, de reducir subsidios para estimular la búsqueda de empleo, etcétera. En fin es un discurso que conoces muy bien.

J.F.T. — Sí. Son cosas que forman parte del final del siglo XX y de la llegada del siglo XXI, ¿no?

T.B.M. — Yo creo que sí. Y lo que también creo es que los elementos liberalizadores de ese discurso no estaban contemplados en las reuniones de Jávea y en el Programa 2000.

J.F.T. — Bueno, liberalizadores con comillas. Es decir, el hilo conductor de esa reflexión es entender que el socialismo del futuro es la profundización de la democracia y que esto supone una economía de pacto social y una mayor flexibilidad en los modelos de funcionamiento económico que la que ha sido propia de las economías de principios de siglo. Pero, insisto, ese debate cayó en tierra seca, en momentos de sequía, y no germinó.

T.B.M. — Es que más o menos coincide el lanzamiento del programa con la caída en desgracia por temas de corrupción de su máximo valedor Alfonso Guerra y de personas afines a él. En ese ambiente no se podía esperar ninguna cosecha de las ideas que se iban sembrando.

J.F.T. — Yo creo que todo eso son cosas que se instrumentalizan, sin duda. Creo que empieza una pelea política en la que algunos poderes de la sociedad española no hacen un análisis muy inteligente y apuestan en dirección equivocada como se está viendo hoy en día. Quiero decir que el problema no es un problema de personas sino de direcciones. Pienso que hay direcciones que han conducido a vías muertas y ahí estamos en esas vías muertas con todos los problemas que generan para la sociedad española.

T.B.M. — Puede que generen más problemas para el PSOE que para la sociedad en sí. ¿A qué problemas concretos te refieres?

J.F.T. — El elemento más importante subyacente es el distanciamiento con los sindicatos. Las diferencias con los sindicatos no tenían que haber sido tan grandes porque los sindicatos no han sido tan voraces. No pedían tanto en el ochenta y nueve. Probablemente con un mínimo de cordialidad y capacidad de sintonía se hubiera evitado ese distanciamiento.[15]

T.B.M. — El problema es entonces la política que apoya Felipe González, digamos el *felipismo*, ¿no?

J.F.T. — Es que el *felipismo* se distancia de sectores muy amplios. Se distancia ya por completo de Izquierda Socialista, de los sectores que van quedando fuera del PSOE.[16] Es que se atrinchera en unas posiciones muy inerciales, muy poco innovadoras.

T.B.M. — Yo creo que a su manera, según sus propios criterios, Felipe González sí innova. En las elecciones del noventa y tres incorporó a independientes a las candidaturas del PSOE, y si bien el tiro le salió por la culata en algunos casos, al menos, hizo una apuesta para llegar, por vía de personas profesionales solventes, a las capas medias urbanas. En las últimas legislativas puso a ministros y a personas de su confianza a la cabeza de las listas electorales socialistas y me parece que el grupo parlamentario, que es muy mayoritariamente adicto a él, se ha convertido en el centro neurálgico del PSOE. Lo que ocurre es que es una estrategia innovadora que arrincona al aparato del partido y a sus órganos tradicionales de gestión y decisión.

J.F.T. — Es curioso porque ese fenómeno no es el resultado de un debate en el partido. Segundo, no es un proceso coherente. Es decir, no obedece a una propuesta programática ni tiene profundidad en el número de personas que se incorporan a las responsabilidades. Hay muchos analistas que lo interpretan como una operación de maquillaje.[17]

T.B.M. — En el fondo aquí lo que hay es un enfrentamiento entre Felipe González y Alfonso Guerra. Cualquiera que haya seguido la política de estos últimos años recuerda bien esa sintonía apa-

15. Carlos Solchaga (p. 162) cree que si se hubiese accedido a lo que pedían los sindicatos se hubiera disparado el déficit y la convergencia con la Unión Europea hubiera sido del todo imposible.

16. Un ejemplo interesante, por paradigmático de los profesionales que se apuntaron con entusiasmo al «cambio», es Luis de Velasco, secretario de Comercio (1982-1986) y diputado socialista (1986-1989). Al darse de baja en el PSOE en 1994, después de dieciocho años de militancia, se lamenta de: «Una sociedad desmovilizada, escéptica y crecientemente hostil respecto de la "cosa pública" y del bien común, con unos valores cada vez más opuestos a los que uno creía como inherentes a una opción como la del PSOE.... No era esto para lo que me apunté al PSOE hace años.» (Luis de Velasco, *Políticas del PSOE 1982-1995, del «cambio» a la decepción*, Barcelona, 1996, p. 180s.)

17. Alfonso Guerra (p. 140-141) dice prácticamente lo mismo.

rentemente perfecta cuando Alfonso Guerra estaba en la cocina preparando los platos y Felipe González les daba un último aliño y los servía en la mesa.[18] ¿Por qué crees tú que se ha llegado a la presente situación?

J.F.T. — Yo creo que hay factores muy complejos y cada punto de vista probablemente tiene su parte de razón si hacemos un análisis objetivo. Creo que el elemento subyacente es la propuesta programática. Yo no sé si el reparto es que uno está en la cocina y el otro sirviendo mesas, pero el problema es que desde el año ochenta y nueve, y sobre todo desde el noventa y tres, ¿qué platos se están sirviendo? ¿Se está sirviendo algún plato? Yo creo que hay muchos sectores de la sociedad que entienden que no.

T.B.M. — Los resultados de las elecciones del noventa y seis no fueron tan malos para el PSOE.

J.F.T. — Pues yo creo que sería erróneo interpretar esos resultados como un refrendo a una forma de hacer política. Yo creo que casi el cincuenta por ciento de los votos que recibe el PSOE son votos, digamos, de resignación o de resistencia a la otra alternativa, a la alternativa del Partido Popular que se cree puede amenazar la modernización y las conquistas sociales del Estado de bienestar. Pero no es un voto de convicción positiva.

T.B.M. — Bueno, hay la convicción de querer defender esas conquistas.

J.F.T. — Claro, por los beneficiarios directos de ellas. Son los pensionistas, las familias más humildes que reciben prestaciones y que lógicamente defienden sus intereses. Ahora el problema es que si la derecha tiene la inteligencia de no poner esas prestaciones en cuestión, esos votos pueden ser volátiles. Por lo tanto el PSOE tiene que trabajar a medio plazo para la captación de los votos dinámicos, tiene que restablecer la sintonía con los sindicatos y tiene que ofrecer un proyecto de futuro para los jóvenes.

T.B.M. — Lo que estás diciendo es que ante la ausencia de propuestas programáticas, cuando no se están sirviendo platos, para entendernos, y cuando tampoco hay comensales porque el PSOE se ha distanciado de sectores que antes lo apoyaban, uno no se queda con otra cosa más que con las referencias personales.

18. La metáfora del cocinero y el camarero la utilizó Alfonso Guerra en una cena con la Peña Henry Buckley de corresponsales extranjeros en Madrid en la primavera de 1983.

J.F.T. — Bueno, el riesgo que hay, habiéndose producido divisiones personales, es que el liderazgo se quede un poco fosilizado, un poco encasillado.

T.B.M. — Tú tienes una reflexión mucho más dura sobre el liderazgo en la que analizas el fenómeno del neo-bonapartismo.[19]

J.F.T. — Bueno, es una reflexión muy antigua. Ya estaba en los griegos. Platón decía que las instituciones, las sociedades son solventes, son sanas cuando no hay ninguna institución o poder personal que sea excesivamente fuerte o excesivamente poderoso. Entonces cuando lo personal se hace excesivamente poderoso, excesivamente fuerte, cuando lo llena todo, lo social, lo organizativo, se hace mucho más débil.

T.B.M. — La reflexión está plenamente vigente.

J.F.T. — Es que ese fenómeno que ahora se llama el neo-bonapartismo se alimenta en las sociedades modernas con la proyección de los líderes en los medios de comunicación.

T.B.M. — ¿Y su consecuencia?

J.F.T. — Pues que cuando un líder es más grande o tiende a hacerse más grande que el partido, lo que ocurre es que el partido acaba haciéndose pequeño y pierde la capacidad de cambio y de innovación.

T.B.M. — Que es precisamente lo que gente como tú dice que tiene que recuperar el PSOE para que siga habiendo aquí un proyecto socialista el siglo que viene.

J.F.T. — Es que los partidos de izquierda, los partidos de masa, eran, en un momento determinado, la máxima vanguardia en la conquista de la democracia. Eran vistos por la sociedad como algo muy avanzado y muy dinámico. Lo preocupante es que hoy mucha gente lo que ve es una cosa muy oficialista y como algo viejo. Entonces el gran cambio, la gran apuesta que tiene que hacer el PSOE es ponerse ahí en la vanguardia por donde avanza la democracia. La filosofía por la que tiene que trabajar la izquierda tiene que ser una filosofía que explore y que potencie todas las posibilidades de perfeccionamiento de la democracia consiguiendo que los partidos

19. «La posibilidad de que una cierta evolución del *felipismo* pueda ser considerada próxima al modelo neo-bonapartista no deja de presentar aspectos controvertidos conectados a futuribles difíciles de prever. Sin embargo, algunas tendencias apuntan a una perspectiva que no deja de ser inquietante.» (José Félix Tezanos, «Populismo, corporativismo, neo-bonapartismo», *Revista Sistema*, noviembre de 1995, p. 22.)

sean fuertes y respetados y que el Parlamento funcione bien. Lo de las personas es secundario, y creo incluso que hacer liderazgos demasiado fuertes es un contrasentido respecto a esa democracia madura del futuro.

T.B.M. — Lo que pasa es que el PSOE se ha creado su propio problema al alimentar el liderazgo de Felipe González y también al crear una estructura de partido muy piramidal, muy jerarquizada.

J.F.T. — Sí. Y el mismo modelo que ves por arriba lo ves por abajo, porque se reproduce a todos los niveles. Es una especie de pirámide de pirámides. Lo que pasa es que la gente dice que esto ha funcionado bien y que ha conseguido muchos votos. También en el PSOE existe una cultura de cerrar filas, de evitar divisiones, porque siguen muy presentes en la mentalidad de muchos, transmitidos por sus abuelos, los conflictos del treinta y cuatro. Ese argumento, por lo tanto, es un argumento que habla de la eficacia. El otro día alguien decía «cómo íbamos a prescindir del delantero que mete más goles». Y, claro, entender la política como un partido de fútbol pues puede conducir a esas reflexiones.

T.B.M. — Felipe González metió prácticamente solo todos los goles que se anotó el PSOE en las elecciones del noventa y seis.

J.F.T. — Me lo dices a mí que estuve en un comité federal en el cual se hacían lecturas bastante triunfalistas de los votos que se habían conseguido. Y yo tuve que recordar a la gente que habíamos perdido todo el poder. El problema del PSOE es que tiene una de esas enfermedades que dicen los médicos que no acaban de dar la cara, esas gripes que no acaban de curarse y que se arrastran durante muchísimo tiempo. Lo mejor es que la gripe se manifieste con fuerza, que uno sepa lo que tiene que tomar, tome el tiempo de descanso que necesite, y se cure de una vez.

T.B.M. — ¿Qué debe hacer Felipe González?

J.F.T. — Es que cuando el poder de una persona ha sido tan grande y por lo tanto condiciona la solución hacia un futuro, esa persona tiene que entender que él es el que tiene que dar el primer paso para una solución. Realmente no se puede utilizar el argumento de que los demás te hacen imprescindible, porque el que acaba creyéndose imprescindible es uno mismo. Si tú quieres acabar con eso, eres tú quien debe ponerle fin.

# VIII

# EL «CAMBIO DEL CAMBIO»

17. Cristina Alberdi

*Diputada del PSOE, fue ministra de Asuntos Sociales (1993-1996).*

**Felipe González es un líder excepcional, con esa concepción de saberse llevar con la izquierda radical y a la vez entenderse con los empresarios, con los banqueros y con todo el mundo del capital.**

No conocía personalmente a Cristina Alberdi y después de conversar con ella comprendí por qué Felipe González, que tampoco la conocía muy bien, decidió que fuese ministra. Alberdi cree entusiastamente en el «cambio del cambio» que prometió Felipe González al formar lo que sería su último gobierno; cree que fue un acierto prometerlo, que la promesa se cumplió y que la estrategia es válida ahora y, sobre todo, válida como proyecto de futuro.

Si el PSOE y su familia extendida de afines y de simpatizantes estuviese poblado de Cristinas Alberdis, es posible que Felipe González no tuviera ningún problema en darle la vuelta al partido como un calcetín y conseguir de nuevo el poder.

La cuestión es de máxima relevancia para el socialismo de los próximos años según el diseño de Felipe González. A comienzos de los años noventa, después del embarazoso XXXII Congreso federal que celebra el PSOE en noviembre de 1990 y de la salida de Alfonso Guerra del gobierno en enero del año siguiente, Felipe González decide, por fin según sus sufridos ministros *renovadores*, plantar cara al partido. Cuando se da cuenta, gracias a la bronca que le brindan unos estudiantes de la Universidad Autónoma de Madrid, del grado de repulsa que inspira el PSOE en ciertos sectores de la población, Felipe González decide que la mejor manera de plantar cara al partido es sencillamente, y hasta donde sea posible, reinventándolo.

En vísperas de las elecciones de 1993 comienza la operación de los independientes y a efectos de la opinión pública la operación se concreta en cinco personalidades con prestigio profesional reconocido: Cristina Alberdi, Juan Alberto Belloch, Victoria Camps, Baltasar Garzón y Ventura Pérez Mariño. De los cinco, tres le fallan a Felipe González: Camps, Garzón y Perez Mariño no se acoplan al grupo parlamentario socialista y dejan de creer en el discurso del «cambio del cambio» y el «impulso ético».

La culpa de los fallos fueron las prisas de última hora. Resulta absolutamente chocante que se aúpen a candidaturas del partido a personas recomendadas por terceros que se conocen más bien poco. Alberdi y Belloch, ambos ministros, son, sin embargo, leales y eficaces colaboradores de Felipe González; ingresan en el PSOE al acabar la legislatura, son cabezas de lista en elecciones de 1996 y pasan a ser miembros destacados del reducido grupo parlamentario socialista.

Si Felipe González hubiera tenido no cinco sino cincuenta candidatos independientes, bien elegidos, bien contrastados, en 1993, y si todos, gracias a un proceso eficaz, pausado y meditado, de selección, le llegan a responder como Alberdi y Belloch, es probable que hubiese agotado aquella legislatura y que hubiese tenido grandes posibilidades de renovar su mandato. Esta reflexión forma la base esencial del diseño de Felipe González para darle nuevas alas al socialismo y volver a la Moncloa.

¿Existen muchas Alberdis? La conversación permite, al menos, pensar en algunas claves para saber dónde encontrarlas/los, para confeccionar un retrato robot. Dos me parecen bastante obvias.

La primera es que hayan estado al margen del partido aunque suficientemente próximos para creer en su letanía de autojustificaciones y poder decir, con total sinceridad, que los problemas del PSOE han sido culpa de «cuatro sinvergüenzas». Tienen, sin embargo, como lo afirma repetidamente Alberdi, que saber estar por encima del bien y del mal en cuanto a las rivalidades internas del partido; asumir que *guerristas* y *renovadores* son «todos compañeros».

La segunda es que representen intereses sectoriales o sociales concretos; que hayan destacado en sus presiones o que dirijan, por ejemplo, una organización no gubernamental. Alberdi, que es feminista antes que socialista, es un buen ejemplo. La habilidad de Felipe González hace veinte años fue la de sumar grupos socialistas dispersos integrándolos en un partido disciplinado con el discurso de que juntos bajo las siglas históricas llegarían al poder; su reto ahora es aunar las corrientes de una sociedad que está en un proceso de vertiginoso cambio para construir una oferta política totalmente nueva.

Tom Burns Marañón: Cuando Felipe González le nombra a usted ministra venía de perder la mayoría parlamentaria en las elecciones de 1993; decía que había escuchado el mensaje de las urnas y que haría el «cambio del cambio». Si desde el ochenta y dos hasta el noventa y tres el «cambio» fue la idea fuerza de los gobiernos socialistas, parecía, según ese juego de palabras, que Felipe González, a partir de esas elecciones, quería gobernar de otra manera y que por eso llamaba a independientes como usted a su gobierno. Me imagino que así lo entienden también los nuevos ministros.

Cristina Alberdi: Bueno, yo creo que efectivamente había un contexto en el primer trimestre de 1993 de cierta situación de sorpresa por parte de un electorado muy fiel al Partido Socialista, de un electorado de progreso, de capas medias urbanas y de gente profesional. Era la sorpresa ante el conocimiento de determinadas actuaciones que podían haberse llevado a cabo por un par de personas corruptas del Partido Socialista que tenían que ver con la corrupción. De hecho, el detonante para Felipe González fue cuando acude a la universidad y dice que investigará la corrupción y que luchará contra ella.

T.B.M. — Se quedó completamente confuso porque fue a dar una conferencia y tuvo que improvisar sobre la marcha al ser recibido con una fenomenal bronca.[1]

C.A. — Es que lo que se ve es a un hombre dedicado por completo a la tarea de gobierno, dedicado a esa responsabilidad que había asumido durante años, y que se lleva una sorpresa.

T.B.M. — A mí lo que me sorprendió fue que se llevase una sorpresa. Se diría que vivía en un vacío y no se daba cuenta de cómo respiraba la ciudadanía.

C.A. — La verdad es que eso puede ocurrir cuando estás muy entregado a la tarea de gobierno, a un trabajo muy intenso, y cuando todo el filtro que recibes consiste en medios de comunicación. Hay medios de comunicación más afines que otros y siempre hay un sesgo en los medios.

T.B.M. — Bueno, pero se supone que un presidente de Gobierno no puede no enterarse de lo que está pasando. Dispone de cuanta gente necesita para que le sirvan de oídos y de ojos.

C.A. — Quizá a partir de ese momento él se informó mucho más en el sentido de que se le abrieron más los ojos. Pero en fin yo creo que se vio ese sentimiento de sorpresa. Toda la ciudadanía lo percibió en todos los medios de difusión. Y fue entonces cuando él dijo que iba a luchar contra la corrupción porque eso no podía permitirse en un partido centenario, sobre todo en un partido que ha luchado por unos determinados valores. Y la gente le creyó, absolutamente.

1. En marzo de 1993 Felipe González fue recibido con gritos de «chorizo» y «corrupto» en la Universidad Autónoma de Madrid. Prometió hacer frente a la corrupción y, según Pilar Cernuda (*El presidente,* p. 318), quedó tan afectado por el abucheo que planteó la posibilidad de que dimitiese la Ejecutiva del PSOE en su totalidad, él incluido.

T.B.M. — Evidentemente usted sí cree que se iniciaba un cambio porque se presta a formar parte de ello.

C.A. — Es que aquel mensaje del cambio del cambio iba unido a que determinadas personas encarnaran ese cambio del cambio. Hacía falta renovar. Todo esto estaba encadenado al discurso de la renovación del propio Partido Socialista.

T.B.M. — El hecho es que para renovar busca a gente que está fuera del Partido Socialista.

C.A. — Sí, pero eran las dos cosas a la vez. Era la renovación interna utilizando la capacidad de las personas que ya estaban en el partido de renovarse, de no quedarse ancladas en el aparato, ni en las normas tradicionales ni en los dogmas y las ideas ya anticuadas. Y a la vez era la incorporación de gente nueva que en alguna medida podía ser independiente y que en cierta manera representaba a ese votante generalizado que estaba en contra de este tipo de conductas.

T.B.M. — ¿Felipe González tuvo mucho contacto con usted antes de nombrarla ministra?

C.A. — Pues no. La verdad es que yo tuve ocasión de conocerle en dos o tres ocasiones cuando era consejera del Poder Judicial —alguna comida, algún encuentro en la Moncloa—, pero era un conocimiento muy superficial. Cuando sí hubo contacto fue en la campaña.

T.B.M. — Aunque usted no era candidata, ni siquiera era miembro del partido.

C.A. — No, no. Pero cuando ya se inicia la campaña Felipe González recibe a un grupo de mujeres que habíamos organizado aquí en Madrid. Era un seminario de mujeres profesionales independientes, mujeres conocidas y con bastante nivel. Este grupo fuimos a verle a la Moncloa y le ofrecimos nuestro apoyo. Ofrecimos apoyo a una persona que se veía que quería seguir luchando, y el hecho de que él recibiera nuestro ofrecimiento con tanto entusiasmo nos llevó a organizar un acto con el partido.

T.B.M. — No militaban en el partido, pero para el caso daba igual. Ustedes estaban fuertemente vinculadas al PSOE.

C.A. — Éramos mujeres profesionales independientes, pero sí muy vinculadas durante años al Partido Socialista, porque éste ha extendido su preocupación por la problemática de la mujer fuera de él. Yo llevaba diez años o más, desde antes de estar en el Consejo del Poder Judicial, trabajando con el Partido Socialista, pero no es-

*Entró Baltasar Garzón en las listas del PSOE y esto indicaba un compromiso frente a la corrupción. Pero tú no puedes a un país ponerlo al revés.*

*Por no abrirse el debate, el mismo Javier Solana no sabía si era el sucesor o no era el sucesor.*

*Alfonso Guerra es una persona con una enorme sensibilidad y yo le tengo admiración como político.*

taba afiliada y como yo había muchas mujeres. Las mujeres hemos tenido una cierta reticencia a afiliarnos, pero sí que hemos estado muy cercanas al Partido Socialista.[2]

T.B.M. — ¿Por qué estaban tan cercanas al Partido Socialista? ¿Porque el PSOE incorporaba una serie de planteamientos propios de la problemática de las mujeres?

C.A. — La verdad es que ha jugado un papel importante, al menos en mi caso y en el de muchas mujeres, el compromiso del Partido Socialista con las políticas de promoción de las mujeres y de igualdad de oportunidades. Eso ha sido clave para mí tanto en mi apoyo al partido durante la campaña electoral como en mi decisión de afiliarme. Es decir, en tanto y en cuanto el Partido Socialista asume los postulados del feminismo, del avance de las mujeres y de la lucha por la igualdad, nos vamos incorporando a él mujeres independientes que éramos, desde el punto de vista político, feministas.

T.B.M. — En una ocasión que era clave en la renovación ideológica del PSOE, Felipe González dijo que él era socialista antes que marxista.[3] Me da la impresión que usted y sus compañeras son feministas antes que socialistas.

C.A. — La verdad, me parece, es que, si hay que decir que eres una cosa antes que la otra, tengo que decir que mi prioridad política es el feminismo. Mi entrada en la política es por el feminismo. Desde 1975, todos los grupos que organizo son grupos feministas y para mí el Partido Socialista ha incorporado el feminismo. Si quieres, hay muchas formas de feminismo y hay quien discute que el feminismo es un «ismo» superado, pero todo eso son para mí discusiones nominalistas; para mí el feminismo es la lucha de las mujeres por la igualdad y la transformación social que eso implica.

T.B.M. — Si ése es el planteamiento, está claro que la cuota del veinticinco por ciento que asume el PSOE para todos los cargos del partido representa un hito importante.[4]

2. El voto de mujeres al PSOE se ha mostrado tradicionalmente más alto que el de los hombres aunque la afiliación de mujeres al Partido Socialista es irrisoria. En 1979 las mujeres representaban un 9 por ciento de la afiliación total del PSOE y un 16 por ciento en 1988.

3. La frase la utilizó Felipe González al anunciar su decisión de no presentarse al cargo de secretario general del PSOE en el XXVIII Congreso de mayo de 1979.

4. La cuota fue aprobada por el XXXII Congreso del PSOE, en noviembre de 1990. En un estudio comparativo de las políticas de promoción de la mujer llevadas a cabo

C.A. — Por supuesto. Yo no era afiliada entonces pero trabajé recogiendo firmas, desplegando, yo y un grupo de mujeres, una actividad inmensa.

T.B.M. — Con estos antecedentes Felipe González la llama a usted para que forme parte del gobierno del «cambio del cambio». Me interesa saber cómo Felipe González reúne a independientes, a personas de la vida pública que no tenían una relación especialmente estrecha con él, y les encarga puestos de responsabilidad. Supongo que tuvo una serie de entrevistas con usted para conocer su parecer sobre determinados temas y para explicar su propio proyecto para el nuevo gobierno.

C.A. — Sí, sí. Hubo una conversación bastante larga. Él me llamó por teléfono para pedirme que formara parte del gobierno y me citó en la Moncloa.

T.B.M. — Lo que quería saber es si había habido encuentros previos para conocerla mejor.

C.A. — Bueno, ya nos conocimos durante la campaña cuando fuimos a verle yo y otras tres muy significativas del grupo y estuvimos casi tres horas con él. Estuvimos explicándole qué había que hacer en el tema de la mujer y luego hicimos un acto muy bonito de apoyo público a su candidatura.

T.B.M. — ¿Qué grado de preocupación notaron en Felipe González por la pérdida de apoyo de las capas urbanas y profesionales y por la pérdida, también, del voto de los jóvenes?

C.A. — Es que yo creo que no los había perdido el presidente sino el partido. Y tampoco se habían perdido exactamente; lo que había era una sensación de que ése no era el camino y existía, por lo tanto, un sentimiento de decepción. Pero los votos no se perdieron porque no había otra opción política. De hecho, esas capas han seguido votando, en su mayoría, al Partido Socialista.

T.B.M. — Los análisis electorales de las elecciones a partir de

---

por los partidos socialistas en España, Grecia y Portugal, la investigadora británica Monica Threlfall se muestra crítica con los logros feministas del PSOE, que considera que son menores a los conseguidos por el PASOK aunque superiores que los del PS portugués. «El PSOE se ha mostrado mucho menos dispuesto y mucho más reticente [que el PASOK] a la hora de asumir la temática de la mujer... y [para hacerlo] ha requerido mucha persuasión y persistencia por parte de organizaciones de mujeres.» Monica Threlfall, «Social Policy towards women in Spain, Greece and Portugal», en Gallagher, *Southern European socialism, parties, elections and the challenges of government*, p. 242.

1989, y desde luego de las elecciones generales de 1993, demuestran lo contrario. El PSOE contaba con votos en grandes ciudades y empieza a perderlos. El trasvase de votos hacia el centro derecha en Madrid es especialmente importante.

C.A. — Sí. Empieza a perder votos pero no está tan clara la opción. Nuestra gente no es ni de Izquierda Unida ni del Partido Popular y de hecho los votos se están recuperando. Y, vamos, las posibilidades de recuperarlos totalmente son infinitas.

T.B.M. — No quiero entrar a discutir estas proyecciones. Prefiero centrarme en lo que parece ser una decisión muy meditada de Felipe González de incorporar a independientes notables a su gobierno para así dar mayor credibilidad al «cambio del cambio» que anunciaba.

C.A. — Bueno, yo creo que la incorporación de independientes forma parte de un contexto; no ocurre solamente en España sino también en Europa. Había ya un debate en el socialismo democrático europeo sobre la incorporación de independientes y ahora hay unas relaciones mucho más estrechas y hay reuniones periódicas para debatir cómo los partidos, que estaban demasiado cerrados, deberían abrirse más.

T.B.M. — Me llama la atención lo que parece ser una incapacidad del Partido Socialista aquí, y por lo que usted dice en Europa también, de renovarse internamente a través de su propia cantera promocionando a quienes hayan ido adquiriendo experiencia política y demostrando su buen hacer. Hay una tendencia de fichar figuras y esto indicaría que algo no funciona en el partido.

C.A. — Es que hay mucha tendencia a mantener los privilegios que puedan generarse de la pertenencia de un grupo tan pequeño. La afiliación es muy reducida aunque los que están cerca del partido son muchos y los votantes son muchos más. En España es muy pequeña la afiliación. Esto significa que los cuadros crean una situación muy cerrada y esto no es bueno.

T.B.M. — Si eso es así, lo normal es que existan tensiones entre los cuadros que disfrutan de privilegios y los independientes que llegan desde fuera del aparato con un mandato para abrir las puertas del partido. Usted, que es en cierto modo emblemática de éstos, sustituye en el ministerio a Matilde Fernández, que es igualmente representativa de aquéllos.

C.A. — Pues la verdad es que nuestra relación fue excelente. No ha podido ser mejor. Yo la llamaba para una gran cantidad de cosas, hemos estado comiendo juntas periódicamente. Ella es una persona muy valiosa y muy maltratada por los medios de comunicación. Yo he impulsado temas en esta última legislatura, pero muchos venían organizados por ella.

T.B.M. — Matilde Fernández, sin embargo, era y es una militante socialista que ocupa cargos directivos dentro del partido, mientras que usted, cuando era ministra, no lo era. Por lo tanto, ella, al contrario de usted, tenía una doble lealtad. Esto me parece importante porque Felipe González ha subrayado una y otra vez lo que podría llamar la separación de poderes, que una cosa es la política que discute el Partido Socialista y que adopta en las resoluciones de sus congresos y otra es la política que asume el gobierno socialista. El gobierno, en definitiva, no se siente vinculado, por lo que determina el partido.

C.A. — Sí. Yo recuerdo cómo en el XXXII Congreso, cuando se generó una Ejecutiva muy de aparato, él reclamaba la autonomía del gobierno.[5] Y es lógico porque para gobernar no basta con contar con gente de tu partido. Tienes que llevarte bien con esa gente y además de objetivos de partido tiene que haber una relación de confianza y de comodidad para poder trabajar bien.

T.B.M. — Entiendo que uno quiera rodearse de gente con quien se siente identificado y a gusto, y uno supone que un partido es el proveedor de tales gentes. Si resulta que no es así, ¿de qué sirve el partido?

C.A. — Bueno, un partido es fundamental. Es el instrumento fundamental. Otra cosa es que para gobernar una persona tenga que tener gente afín con la que se entienda. Pero desde luego había gente del partido también en el gobierno. Eran la mayoría. Desde luego no ha lugar a mantener tesis, a estas alturas, de que los partidos no sirven. A mí los partidos me parecen fundamentales en una democracia porque son la base de ella.

T.B.M. — Y a mí también. Y es por eso que me interesa la decisión de Felipe González de acudir a independientes para formar parte de su gobierno. Una conclusión sería que la relación entre él y el partido no funcionaba y que se habían, de alguna manera, separado. Si eso era así, cabe preguntarse de qué servía el partido.

C.A. — Yo sé que existe ese problema, para qué nos vamos a engañar, pero a mí, por lo que sea, no me ha pillado. Y no he querido que me pillara. Fíjate que yo llevo un área, el área que fue mi ministerio,

5. El XXXII Congreso del PSOE (noviembre de 1990) consistió, según Joaquín Almunia (p. 332), en un descarado pulso por ocupar puestos en la Ejecutiva que ganó el sector *guerrista* del partido.

que es el eje de todas las campañas, las municipales, las autonómicas, las generales, porque es un área que abarca mayores, mujeres y jóvenes. Y no he tenido ningún tipo de problema con la Ejecutiva del partido. Al revés, puedo contar con todos ellos, con Matilde [Fernández], con Alejandro Cercas, con Txiki Benegas.[6] También he tenido yo la voluntad de no querer entrar en ese problema. Y entonces he tenido una buenísima relación, de lealtad, de honradez, de trabajo conjunto, con la gente del partido y, todo hay que decirlo, ellos conmigo.

T.B.M. — No dudo que pueda en determinados casos existir una relación muy fluida con dirigentes del partido, pero cuando Felipe González llama a independientes a lo que sería su último gobierno, lo hace porque se da perfectamente cuenta, y hablábamos hace un momento de la bronca en la Universidad Autónoma antes de las elecciones de 1993, de que parte de la opinión pública identifica el aparato del PSOE con la corrupción. Decide hacer frente a tales críticas e ir hasta el fondo para limpiar cualesquiera manchas que puedan existir. Por lo tanto se distancia del partido.

C.A. — Hombre, es que tras la sorpresa que se llevó Felipe González, su reacción fue muy humana. Pero es que tampoco era la cuestión como para armar ese follón. Bien, pues entró Baltasar Garzón en las listas del PSOE y esto indicaba un compromiso frente a la corrupción.[7] Pero tú no puedes poner al revés a un país. Habrá

6. Alejandro Cercas y José María Benegas fueron reelegidos en el XXXII Congreso de noviembre de 1990 para los cargos, respectivamente, de secretario de Participación Ciudadana y secretario de Organización que venían ocupando desde el XXX Congreso de diciembre de 1984. Matilde Fernández fue reelegida vocal de la Ejecutiva en el XXX Congreso, cargo que también desempeñaba desde 1984. Los tres pertenecen al sector *guerrista* del partido.

7. Felipe González conoció a Baltasar Garzón dos meses antes de las elecciones de junio de 1993 en un almuerzo que organizó José Bono, presidente de Castilla-La Mancha, en Toledo. El célebre juez, ocupando el puesto número dos de la lista del PSOE por Madrid, inmediatamente detrás de Felipe González y por delante del ministro de Asuntos Exteriores, Javier Solana, que había sido el segundo de la lista madrileña desde las primeras elecciones en 1977, fue la indiscutible «estrella» de la campaña electoral del PSOE. Cuando, en marzo de 1994, estalló el escándalo de Luis Roldán y Juan Alberto Belloch, ministro de Justicia, asumió la responsabilidad de la cartera de Interior, Garzón renunció a su escaño diciendo: «Felipe González me ha utilizado como un muñeco.» (Véase Cernuda, *El presidente*, p. 403s.) La candidatura de Garzón fue sugerida a Bono, que transmitió la idea a Felipe González, por el jurídico Ventura Pérez Mariño, otro de los independientes que fueron fichados para las listas del PSOE. Victoria Camps, también candidata independiente en esas elecciones, comenta (p. 448s) la posterior renuncia de Pérez Mariño a seguir ocupando un escaño del PSOE.

que ver lo que se ha hecho mal, pero no te pueden emborronar cuatro casos de corrupción que haya habido, porque han sido cuatro en total. Y entonces yo creo que todo esto se recondujo a su lugar.

T.B.M. — Sé que la tesis oficial es que «con cuatro sinvergüenzas que se cuelan...». Pero otros dirían que el verdadero problema es muchísimo más amplio. La financiación del partido, sin ir más lejos, estaba montada sobre la corrupción.

C.A. — Eso está en los tribunales y yo no creo que sea así. Ya dirán los tribunales lo que tengan que decir. No creo, en absoluto, que se trate de una corrupción generalizada. No comparto eso.

T.B.M. — Sea como sea, a mí me parece que lo que tenía claro Felipe González era que él tenía la responsabilidad de afrontar la situación y limpiar cuantas manchas hubiese.

C.A. — Sí, pero era más la responsabilidad de hacer que el trabajo fuese transparente y no diese lugar a que hubiese gente corrupta. No se trata tanto de darle la vuelta a todo y ponerlo todo al revés. Es que en la vida no se pueden, ni se deben, hacer así las cosas. Yo creo que a lo largo de la última legislatura ese tema se recondujo y luego pasó al trámite judicial, que es donde debe estar y donde, tranquilamente, lo resolverán los juzgados.

T.B.M. — Mientras reconduce el tema hay muchos indicios de que Felipe González asume en algún momento del verano de 1995 que ésta será su última legislatura y propone, al menos a algunos, que Javier Solana le sustituya como candidato a la presidencia del Gobierno en las siguientes elecciones. Esta alternativa desaparece cuando Solana es nombrado secretario general de la OTAN. ¿Explicaba Felipe González a su gobierno por qué debía haber una sustitución y quién debía sustituirle?

C.A. — No. Es curioso, pero es que no llega a haber esas explicaciones. Así como el «cambio del cambio»... ¿cómo se explicaba? Pues él hablaba del «impulso democrático», lo explicaba y hubo debates muy interesantes; pero nunca ha llegado a explicar el tema de la sucesión. Él a veces decía: «Soy la solución y soy el problema», pero no nos sentamos para abrir un debate sobre ello. Entonces ¿qué ocurre? Pues precisamente, por no abrirse el debate, el mismo Javier Solana no sabía si era el sucesor o no era el sucesor. En realidad no lo era. Era como una cosa hipotética, futurible, que estaba ahí.

T.B.M. — No sé si usted comparte lo que dicen algunos que han sido ministros con Felipe González sobre su manera, digamos, parcelaria, de conducir el gobierno. Es decir, a cada ministro solía explicarle sólo parte de la jugada.

C.A. — No sé. Había temas que eran generales, pero había otros, como es lógico, en los cuales trataba con ministros individualmente porque no hacía falta meter a todos en todos los líos.

T.B.M. — Cuando ya deja de ser ministra porque el PSOE pierde las elecciones de 1996, usted decide dejar de ser independiente, afiliarse al partido y presentarse como cabeza de lista por Málaga. Ya sé que lleva muchos años colaborando con el PSOE, pero a partir de ahora se puede suponer que usted forma parte de su proyecto de futuro.

C.A. — Hombre, yo entro en el PSOE debido a que el PSOE asume el tema de la mujer y por todo lo que significa un proyecto de valores, una lucha por la justicia y la igualdad. Yo siempre he luchado por esos temas. Para mí es que llega un momento clave cuando este partido se renueva, y eso es lo que está liderando Felipe González. Lo que él quiere es la renovación del partido y la renovación implica desde luego la entrada de mujeres. Pero implica también un cambio en las formas de hacer política e implica una ruptura con ese sistema de aparato o con ese sistema de ocultamiento, en fin con una serie de formas de hacer política que no han sido positivas.

T.B.M. — Supongo que usted está refiriéndose a una ruptura y a una segunda renovación que comienza en 1993.

C.A. — Sí. Empieza todo en 1993. Ahora tenemos un grupo parlamentario en el que todos participan, en el que se habla todo, en el que se da la palabra a todo el mundo.[8]

T.B.M. — Y esto contrasta con lo que ocurría cuando los *guerristas* mandaban en el grupo parlamentario.

C.A. — Pues parece ser que sí por lo que a mí me dicen. Era muy distinto y funcionaba muy bien, pero también teníamos mayo-

8. Después de las elecciones de 1993, Felipe González planta cara al control *guerrista* del grupo parlamentario y consigue, tras una reñida votación, que sea elegido portavoz Carlos Solchaga, ex ministro de Economía y Hacienda y señalado adversario del aparato del partido. Cuando a los nueve meses Solchaga renuncia a su escaño como consecuencia del escándalo de Mariano Rubio, gobernador del Banco de España, es sustituido como portavoz por el también ex ministro Joaquín Almunia, miembro conspicuo del sector *renovador* del partido. Los cambios en la dirección del grupo parlamentario no impresionaron a Victoria Camps que afirma (p. 449) que en el grupo «no se discutía nada».

ría absoluta y teniendo mayoría política es muy distinta la forma de hacer política.

T.B.M. — ¿Cómo se ha de entender el *guerrismo*?

C.A. — La verdad es que hay de todo. Hay personalidades, hay individualidades. Yo admiro mucho a Alfonso Guerra. Es una persona muy valiosa, muy inteligente, que ha significado mucho para este país. Es una persona con una enorme sensibilidad y yo le tengo admiración como político. Ahora sé que como político pues tiene ya una serie de trabas y una serie de problemas.

T.B.M. — Lo preguntaba porque desde hace tiempo existe una fuerte rivalidad, caracterizada por acusaciones cruzadas, entre quienes se autotitulan *renovadores* y quienes son llamados *guerristas*.[9]

C.A. — Puede que sea cierto, pero yo miro a Andalucía, y concretamente a Málaga, que es donde mayores problemas y más tensiones hemos tenido, y luego veo que la gente se quiere y que se lleva bien. Aquí mismo, en el grupo parlamentario, pues yo no sé quiénes son *guerristas* y quiénes son *renovadores*.[10] Sé quiénes hemos estado en el gobierno y quiénes hemos estado más cerca de Felipe González. Pero a partir de ahí ni lo sé ni me interesa. No me interesa saber si fulanito o menganito son *guerristas* o son *renovadores*. Sólo sé que son compañeros míos, que estamos juntos para llevar adelante un proyecto y eso es lo que me interesa.

T.B.M. — ¿Cree que el proyecto se puede llevar adelante con Felipe González a la cabeza?

C.A. — Eso depende de las circunstancias. Felipe González, que es una persona que ha sido líder, que ha sido presidente de Gobierno casi catorce años y que ya ha hecho las bodas de plata como secretario general, a veces dice que quiere cambiar, aunque ya apren-

9. La rivalidad estaba muy patente en los meses antes de las elecciones generales de 1993 —que por otro lado Alfonso Guerra hace a su aire y por su cuenta— cuando José María Benegas, molesto por insinuaciones de que estaba implicado en la financiación irregular del partido, hizo pública en marzo una carta de dimisión (dimisión que luego reconsideró) como miembro de la Ejecutiva del PSOE a Felipe González: «No puedo admitir que mi limpieza en la vida pública sea puesta en tela de juicio por algunos miembros del gobierno que se amparan en el anonimato o por renovadores de la nada.» La frase «renovadores de la nada» resumía todo el desprecio del aparato hacia quienes querían hacerse con el poder dentro del partido.

10. La provincia de Málaga fue una de las últimas plazas fuertes del *guerrismo*. Joaquín Almunia (p. 329) hace una extensa reflexión sobre las tendencias encontradas del PSOE.

dió que no debería decirlo porque se arma un follón tremendo.[11] Ahora dice que está dispuesto a seguir. Yo creo que es bueno que haya una rotación. Pero él es un líder excepcional y no es fácil que salga en una generación una persona de esas características, con esa capacidad de saberse llevar con esa izquierda radical y a la vez entenderse con los empresarios, con los banqueros y con todo el mundo del capital. Para mí ha logrado aunar lo que es necesario en nuestra sociedad. No nos podemos parar en un plano obrerista y no tener la vista puesta en el crecimiento económico y la convergencia europea.

T.B.M. — No discuto los méritos de Felipe González ni mucho menos la apuesta por una política económica ortodoxa que quiera situar a España en la unión monetaria europea. Lo que me interesa es cómo se puede plantear su relevo, y entiendo que esto es complicado.

C.A. — Mira, personas con formación hay muchas, muchísimas, y con más formación que él. Pero Felipe González ha tenido la capacidad de aunar a unos y a otros y eso es difícil. Ha ejercido el liderazgo y ha tenido la simpatía y el cariño de la gente. ¿Que tendrá que salir otra persona? Naturalmente que sí. Pero es muy difícil. Un liderazgo tan fuerte hace que otros posibles liderazgos estén hoy latentes en vez de floreciendo.

11. Felipe González no cumplirá sus bodas de plata al frente del PSOE hasta el 12 de octubre 1999. Alfonso Guerra (p. 140) es especialmente crítico con la ambigüedad que ha mostrado Felipe González en el pasado sobre seguir, o no seguir, siendo candidato a la presidencia del Gobierno.

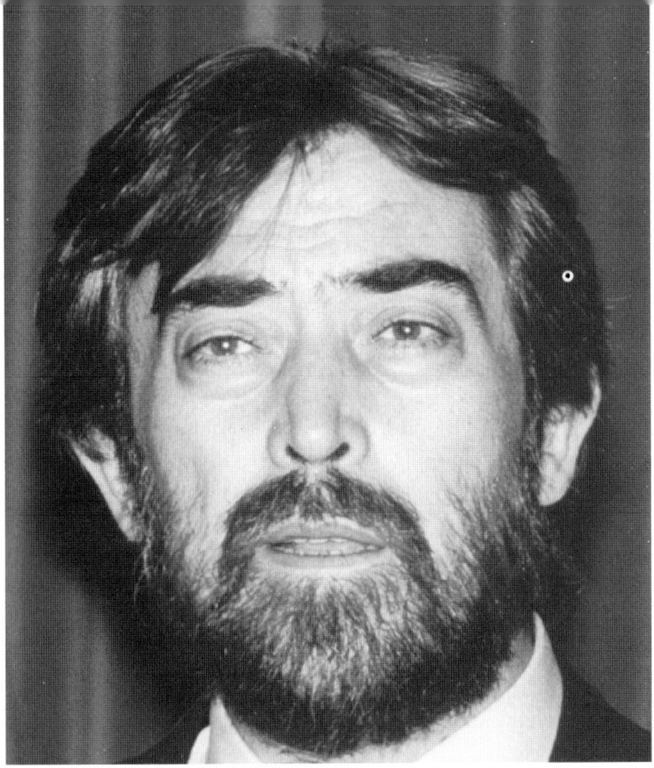

## 18. Juan Alberto Belloch

*Diputado del PSOE, fue ministro del Interior y de Justicia en el último gobierno de Felipe González.*

**Luis Roldán y Mario Conde son los agujeros más horrorosos, más evidentes, y sin duda sobre los dos tenemos responsabilidades.**

La conversación con Juan Alberto Belloch, a quien conocía poco, confirmó la idea que tenía de él, de dónde viene y hacia dónde quiere ir. No tiene nada que ver con el socialismo del tardofranquismo y del exilio y tiene muy poco que ver con el de la transición. Con los entusiamos propios de todo converso, cree que el futuro socialista le pertenece y no le falta el bagaje esencial de un político: autoestima, ambición e ideas claras.

Está orgulloso de su paso por el gobierno donde, recibiendo una «autonomía extraordinaria» de Felipe González, se dedicó enérgicamente, como independiente y representante emblemático del «cambio del cambio» que González prometió al perder la mayoría parlamentaria en las legislativas de 1993, a «atacar la raíz de las irregularidades» que manchaban la hoja de servicios del PSOE. Miembro ahora del PSOE e integrante destacado de su grupo parlamentario, Belloch está seguro de que él será uno de los principales arquitectos de una nueva mansión socialista que sustituirá al viejo caserón que él mismo participó tan eficazmente en dinamitar.

Como ministro de Interior y de Justicia, Belloch desacreditó el proyecto socialista de casi catorce años de gobierno: su decisión de negar indultos a José Amedo y a Michel Domínguez y de cerrar el grifo de los dineros que recibían los únicos funcionarios declarados culpables por haber colaborado con el GAL, destapó el tema de la guerra sucia contra ETA, del terrorismo de Estado, que, al ser hecho público, hundió los comienzos de González como gobernante en la más abyecta miseria moral.

Como diputado del PSOE, Belloch se siente llamado a reconstruir el proyecto que al socialismo renovado de Suresnes se le escapó de las manos: se dispone a establecer una «alianza no conyuntural», asentada sobre la «herencia *pablista* de la honestidad», entre el partido y las «clases medias urbanas».

Lo más clarificador de la conversación fue la tesis que Belloch mantiene, contra viento y marea, de que el gobierno del PSOE pudo haber cambiado la cúpula policial cuando llegó al poder en 1982 y que debió haberlo hecho. Al exponerla, Belloch establece una línea divisoria entre su trayectoria, limpia e impoluta, y la de quienes le antecedieron en cargos de responsabilidad. Éstos dicen que Belloch actuó como un «elefante en una cacharrería»; él los llama, mezclando la ironía con la displicencia, los «enterados», los «sabios», los «listos».

Ningún socialista importante en activo hace uso de tales lindezas para hablar del «aparato», pero el escucharlas en boca de Belloch no debe sorprender porque ninguno de los dirigentes socialistas en los comienzos de la era post-González tiene una seguridad tan aplastante en sí mismo.

El ser un recién llegado tiene sus ventajas. Las viejas batallas del partido no le interesan a Belloch porque, como juez que estuvo dedicado a sus juzgados, no se batió en ellas granjeándose amigos y adversarios por partes iguales. Y además no es un recién llegado cualquiera: ha entrado directamente en las altas esferas socialistas por la puerta grande de un doble ministerio que le tuvo en la primera plana de la política nacional.

Según Belloch, de no haber sido por su dedicación a la hercúlea tarea de rescatar la poca credibilidad que le restaba al PSOE, sacando, de paso, todos los esqueletos que tenía el partido en su armario más secreto, el socialismo hubiera ganado seis millones de votos en las elecciones del 1996 en vez de los nueve millones y pico que obtuvo.

Narcís Serra, en la conversación que tuve con él, afirmó que es fácil hablar a «pelota pasada» como lo hace Belloch cuando critica la ausencia en el pasado de renovaciones de cúpulas policiales. Eso es evidente; las circunstancias de la primavera de 1994, cuando Belloch añade las responsabilidades de Interior a las que ya ejercía como ministro de Justicia, no eran las del invierno de 1982 cuando el PSOE llegó al poder. Pero también es innegable que Belloch, que sí pilotó profundos cambios en la seguridad del Estado, representa una posible nueva etapa para el PSOE mientras que el ex ministro de Defensa y ex vicepresidente del Gobierno pertenece indefectiblemente al pasado.

Lo que es interesante es que tanto Serra como Belloch tienen una semejante visión de futuro para el socialismo y una parecida estrategia de sobrepasar el aparato del PSOE para conseguir que el electorado se interese de nuevo por el socialismo democrático. Serra habla de un proyecto político abierto que no pida carnet de militante y dice que el partido pertenece a quienes defienden las ideas que representa, sean afiliados o no. Belloch habla de un proyecto que «no necesariamente, o no sólo, coincide con el Partido Socialista».

Sin embargo, la diferencia es abismal entre el uno y el otro. Podrán compartir la ambición de recuperar para el socialismo las clases medias que le han dado la espalda, pero Belloch podrá, porque es un político de relevo, ensayar esa nebulosa «alianza no coyuntural» con los votantes y Serra no.

Dicte lo que dicte la Justicia, Serra es prisionero de su pasado: el juez Baltasar Garzón, que investigó el secuestro del desdichado anciano Segundo Marey a partir de la «memoria recuperada» de Amedo y de Domínguez, consideró, al acabar su instrucción, que había indicios suficientes para incriminar a Serra, junto a los también aforados Felipe González, José Barrionuevo, ex ministro de Interior, y Txiki Benegas, ex secretario general del PSOE en Guipúzcoa.

El que tantos dirigentes socialistas sean prisioneros de su pasado se debe en no pequeña medida a la labor que emprendió Belloch para «atacar la raíz de la ilegalidad». Y es más. De alguna manera Belloch estimuló la vuelta a los juzgados de Garzón y las posteriores declaraciones de los ex policías.

Tom Burns Marañón: ¿Cómo le explica a usted Felipe González aquella frase suya del «cambio del cambio»?[1]

Juan Alberto Belloch: Bueno, hay una fase previa en la que Felipe quiere que diez o doce independientes conocidos nos incorporemos a las listas. A mí me llegó la oferta, no directamente de Felipe sino por otras vías, y en este proceso se incorporan también Baltasar Garzón, Ventura Pérez Mariño y Victoria Camps, que asimismo recibieron ofertas por diversas vías. Lo comento más que nada porque antes de formar gobierno ése era el marco que él quería. Felipe quería incorporar al Partido Socialista personalidades independientes.

T.B.M. — Quería someter al partido, o al menos a su grupo parlamentario, a una especie de transfusión de sangre.

J.A.B. — Yo creo que sí. Claramente ve en ese momento que el problema de fondo de un partido, por lo menos de un partido socialdemócrata y no sé si también para los partidos liberales conservadores, es que no había una alianza estable con las clases medias urbanas.[2]

1. Al ganar las elecciones de junio de 1993, perdiendo la mayoría absoluta, Felipe González dice que ha entendido el «mensaje de los electores» y promete el «cambio del cambio».

2. Según el análisis de José Félix Tezanos (p. 387), las clases medias y las capas urbanas votaron al PSOE en 1982 atraídos por el programa modernizador y vertebrador que representaba Felipe González. A partir de 1989 «empiezan a ver que ya se ha cumplido el programa modernizador y que por lo tanto el PSOE no es necesario. Así se pierde el voto en las ciudades». Además, al ser más prósperos, estos votantes se resienten de las políticas fiscales del Partido Socialista.

T.B.M. — Esa alianza existió en el ochenta y dos, pero al paso de los años el PSOE pierde el apoyo de las clases medias urbanas.

J.A.B. — Claro, coyunturalmente los partidos socialdemócratas han tenido ese pacto, pero generalmente lo han tenido más bien debido a las deficiencias del modelo liberal conservador y no a méritos propios.

T.B.M. — Entonces Felipe González ficha a usted y a otros con el fin de atraer ese voto urbano que se va perdiendo.

J.A.B. — Efectivamente. Y lo que hay en todo esto es un proyecto que no necesariamente, o no sólo, coincide con el Partido Socialista. Una cosa es el proyecto progresista que merece y necesita el país, en el esquema de Felipe, y otra cosa es el Partido Socialista, que tiene su papel pero que no puede pretender ser el proyecto. El proyecto es algo diferente.

T.B.M. — A mí me parece, antes de entrar en lo que es el proyecto, que lo normal es que un partido se renueve internamente, promocionando a las generaciones sucesivas que han trabajado para el partido y que van ocupando cargos públicos. Un partido debería cuidar su cantera. Si Felipe González se ve obligado a fichar talentos fuera del partido, es porque algo no funciona en el partido.

J.A.B. — Digamos que él lo concibe como procesos diferentes y además en aquel momento él está más preocupado por el gobierno que por el partido. Él está pensando en varias cosas. El partido tendrá sus propios procesos de cantera y de renovación o no renovación, y la verdad es que éste es un tema que yo no conozco demasiado porque como es obvio no tengo mucha experiencia dentro del partido.[3] Pero lo que a mi modo de ver piensa Felipe González es que el partido solo no es suficiente para reconstruir un proyecto socialista capaz de tener doce millones de votos. Está convencido de eso.

T.B.M. — ¿Esto se lo explica a todos ustedes en el primer Consejo de Ministros?

J.A.B. — No, no. Yo con él he tenido conversaciones, pero no le he escuchado expresar tales ideas de una manera global y pública. Además Felipe claramente te cuenta una historia incompleta, al menos en la relación que yo he tenido con él. Él te da unas cuantas piezas, pero luego hay que irlas juntando como si fuese un mosaico. Y eso lo tienes que hacer tú. Muchas de las versiones diferentes de

3. Belloch se afilió al PSOE poco antes de las legislativas de 1996 en las que encabezó la lista socialista por Zaragoza.

*Un Estado no puede permitir que ocurra lo que ocurrió en Banesto. (En la foto, Mario Conde.)*

*Yo personalmente creo que Roldán se enriqueció de verdad no con los fondos reservados sino con las comisiones.*

lo que cuenta Felipe González se deben a que nunca da el cuadro entero a nadie. Solamente da trozos.

T.B.M. — ¿Y además delega?

J.A.B. — Otra de sus características es dejar un margen de autonomía extraordinariamente amplio a las personas en las que confía.

T.B.M. — Bien, pero aunque ni a usted ni a ninguna persona le cuente toda la historia, a usted en concreto, por el cargo que tiene en Justicia, y sobre todo cuando asume también la responsabilidad del Ministerio de Interior, Felipe González le hace un encargo específico, un encargo que podría resumir diciendo «límpieme usted esto». Él habla del «cambio del cambio» porque la opinión pública empieza a estar muy sensibilizada respecto al tema de la corrupción.

J.A.B. — Eso sí. Pero no es un encargo fuera de un contexto. Y el contexto es que él pretende incorporar a la vida pública personalidades representativas de esas clases medias urbanas, porque cree que el problema está en no haber mantenido la alianza del ochenta y dos. Él diagnostica que la alianza entre esas clases y el proyecto socialista se ha roto y quiere restablecerla. En ese marco uno de los que reciben responsabilidades determinadas fui yo, pero podía haber sido otro. El hecho de que fuera yo es una pura casualidad porque creo saber que el principal candidato para la cartera de Justicia era Tomás y Valiente, y si él hubiese aceptado ser ministro yo no hubiera entrado en el gobierno, al menos en aquel momento.[4]

T.B.M. — Pero el encargo hubiera sido el mismo de ser usted el ministro o de serlo Tomás y Valiente.

J.A.B. — Hubiera sido el mismo. Eso es a lo que voy. Y el encargo es que no hay más remedio que atacar las raíces de toda ilegalidad e irregularidad acumuladas durante muchos años de gobierno, acumuladas en muchos casos por la propia longitud del gobierno. Ese trabajo había que hacerlo. Y él desde el primer momento sabe que el trabajo tiene costes y que nadie se lo va a agradecer. Cuando yo, por mi parte, mostraba mucho más optimismo en el objetivo...

T.B.M. — ¿Optimismo porque el trabajo iba a ser fácil?

J.A.B. — No. Optimista porque nos lo iban a agradecer más. Fácil de hacerlo no tanto. Eso ya lo conocía yo porque llevaba veinte años en el oficio y seis de ellos en el País Vasco. Tenía mucha infor-

4. Francisco Tomás y Valiente, ex presidente del Tribunal Constitucional, fue asesinado por ETA en febrero de 1996.

*Se puede hacer magníficamente el tonto desde la oposición como desde el gobierno. Pero es verdad que estar en la oposición puede tener algunas ventajas.*

*Los militantes socialistas normales y corrientes pensaban que Garzón les había abandonado.*

mación, muchos datos y muchos conocimientos y no podía, digamos, presumir de ingenuo. Sabía que el trabajo era muy complicado, muy difícil. Lo único que no conocía era lo de los papeles del Cesid.[5]

T.B.M. — Lo que ocurre es que nadie agradece que irrumpa un fontanero en su casa y diga que toda la tubería está mal.

J.A.B. — Pues desde mi punto de vista lo que a mí se me había encomendado era la única fórmula para que ese electorado que nos había dejado de apoyar pudiese volvernos a votar. Claro que implicaba problemas lo que yo tenía entre manos, pero si nuestro electorado se movía por algo era por la herencia *pablista* de la honestidad.[6] O recuperábamos eso o no había, de ninguna manera, posibilidad de volver a ganar las elecciones. Y es ahí, cuando explicaba lo que quería hacer, cuando Felipe me dijo que nadie nos iba a agradecer la labor.

T.B.M. — ¿Felipe González le da todo el apoyo que requiere y que necesita?

J.A.B. — Lo tuve absolutamente al ciento por ciento. Gran parte de las indignaciones que despierto en sectores variados es que no pueden entender por qué Felipe me apoya de esa manera.

T.B.M. — Donde usted despierta muchos recelos es precisamente en el partido. Usted no venía de la cantera, era un independiente, no sabía, según el entender del aparato, de qué iba el tema y frecuentemente metía sus dedos en llagas que el partido tenía abiertas y quería cicatrizar.

J.A.B. — Pero es que yo sigo pensando que si no llegamos a hacer como gobierno lo que hicimos en vez de obtener nueve millones y medio de votos en el noventa y seis hubiéramos tenido seis millo-

5. Belloch se refiere a los documentos sustraídos del Cesid por el antiguo número dos de los servicios secretos, el coronel Juan Alberto Perote, y publicados por diversos medios, principalmente por *El Mundo,* a lo largo de 1995. Los papeles, que supuestamente involucran al gobierno de Felipe González en la guerra sucia del GAL contra ETA, fueron declarados secreto de Estado por el gobierno del Partido Popular en julio de 1996. Antes de llegar al poder, el Partido Popular había exigido reiteradamente la entrega de estos papeles a los jueces para facilitar las diversas investigaciones abiertas sobre los crímenes del GAL.

6. La referencia *pablista* de Belloch es curiosa en este contexto. La utopía de Pablo Iglesias se resume en la introducción del programa máximo aprobado por el congreso fundacional del PSOE en 1880: «La completa emancipación de la clase trabajadora, es decir, la abolición de todas las clases y su conversión en una sola de trabajadores dueños del fruto de su trabajo, libres, iguales, honrados e inteligentes.» La honestidad es un legado de Pablo Iglesias, pero no lo es la búsqueda del voto de las clases medias.

nes. A todos esos listos les digo que yo me podré haber pasado en mi optimismo de que la limpieza era un medio para ganar, pero de lo que estoy convencido es de que, si Felipe no me ordena a mí y a otros este tipo concreto de política, los sabios que me veían como un elefante en una cacharrería, que no querían esa política, hubieran obtenido, pues eso, seis millones de votos.

T.B.M. — Cuando se le pide, en ese encargo, que haga una labor de limpieza ¿sabía usted cuánta porquería había? ¿Le sorprende, quizá, un grado de corrupción mayor de lo que se había imaginado? Y cuando constata el problema que tiene entre manos ¿reflexiona sobre cómo se había podido hacer tanta vista gorda? Y si lo hace, ¿a qué conclusiones llega?

J.A.B. — No es nada fácil. Vamos a ver. Yo creo que desde luego uno de los factores es sin duda el terrorismo.

T.B.M. — Pero ¿cuál es la situación que usted constata? ¿Que había alguna o mucha malversación de fondos? ¿Cree que fue labor de una reducida pandilla o que era algo mucho más extensivo?

J.A.B. — Lo que quiero decir es que gran parte de las irregularidades de todo tipo giraban en torno al terrorismo. Y luego estaba el descontrol del mundo financiero donde había, sin duda, personajes como Javier de la Rosa o como Mario Conde con una capacidad impresionante de generar corrupción. ¿Cómo es posible que el sistema haya sido incapaz de impedir el crecimiento de esos personajes?

T.B.M. — Es que no fue capaz de vigilar a los que sí debía controlar porque los había nombrado. Es decir a Roldán.

J.A.B. — Sí. Dentro de la administración el caso paradigmático es Roldán y fuera de la administración es Conde. Son los dos extremos que muestran hasta dónde se podía llegar desde la vida pública y desde el sector privado. Son los agujeros más horrorosos, más evidentes, y sin duda sobre los dos tenemos responsabilidades. Un Estado no puede permitir que ocurra lo que ocurrió en Banesto.

T.B.M. — Ha habido pufos gordos en la banca de otros países. Donde el Estado y, sobre todo, el gobierno que lo representa, tiene responsabilidades clarísimas es en el caso de un director de la Guardia Civil que resulta ser corrupto.

J.A.B. — El caso de Roldán es el que más conozco y te diré que la clave, para mí, se basa sobre todo en el clima emocional, moral, intelectual que genera el terrorismo. Este clima es de tal calibre que como consecuencia de ello, de ese clima emocional, llegas a un relativismo moral que tienes que autocontrolar. Es tal el clima emocional que tienes que tener constantemente control moral.

T.B.M. — Porque la inclinación es mirar para otro lado cuando no ponerte delante de la manifestación de degradación moral.

J.A.B. — Es que eso es muy fácil. Si no hay controles externos es extraordinariamente sencillo traspasar, en ese clima, la barrera de la ilegalidad. Mi época fue la de menos atentados terroristas de toda la historia de ETA, y a poco que haga un esfuerzo de traslación de lo que eran los atentados cuando eran cien por año, pues me imagino el efecto multiplicador, geométrico, de ese clima que te decía y entonces me imagino perfectamente lo que pudo ocurrir.

T.B.M. — Una de las cosas que parece ser que ocurrieron fue que algunos cuantos altos cargos, en vez de emplear el dinero de los fondos reservados para luchar contra el terrorismo, se llevaron los millones disponibles a sus casas y a sus cuentas bancarias.

J.A.B. — Claro es que hay cosas que facilitan todo este clima y entre ellas está toda la estrategia de los fondos reservados. No hay que hacer demagogia con estos fondos porque son necesarios y existen en todos lados, pero aquí no existían los controles que hubieran evitado tantos disparates. Yo personalmente creo que Roldán se enriqueció de verdad no con los fondos reservados sino con las comisiones. Pero en cualquier caso toda clase de pequeñas basuras eran posibles en un clima determinado de inhibición moral.

T.B.M. — Supongo que usted preguntaba cómo había sido posible llegar a acumular tanta basura, no pequeña basura sino enorme basura. Dice que el terrorismo lo corrompe todo, pero lo normal es que un partido como el socialista, sólido, con una gran hegemonía de poder y, demos por hecho, imbuido de valores éticos que vienen de un pasado limpio y honroso, pueda hacer frente a cualquier vicio corruptor y frenarlo en seco.

J.A.B. — Es que nadie controlaba porque todo el mundo estaba obsesionado por otras cosas.

T.B.M. — Eso es lo que pensaba. Creo que una de las obsesiones del PSOE cuando llega al poder es no perder el control de la calle, para entendernos, no dejar que se diga que un gobierno socialista no sabe imponer y mantener el orden público. Y esta idea obsesiva viene de una reflexión que se hacen muchos socialistas, no sé si usted también, en torno al fracaso de la República. Analizando aquella experiencia, llegan a la conclusión de que la República queda desautorizada ante sectores importantes de la sociedad desde el momento en que se queman conventos y que ocurren hechos dramáticos como el de Casas Viejas.[7] Al gobierno en el ochenta y dos le preocupa, lógicamente, el terrorismo y su propia inexperiencia en la lucha antiterrorista. Por lo tanto ni se plantea cambiar cúpulas de mando en las fuerzas de seguridad, aunque sospeche que utilizan métodos ilegales en la lucha antiterrorista, y prefiere hacer la vista gorda. Tampoco quiso controlar los fondos reservados. El gobierno optó por confiar en quienes combatían el terrorismo, mirando al otro lado si fuese necesario.

J.A.B. — Sí, pero todo eso está sin demostrar. Eso simplemente no es cierto, tal como yo lo creo. Y no es cierto ahora cuando ha habido cambios policiales. El hecho es que los cuadros policiales renovados hicieron el mismo trabajo que los anteriores, ni mejor, ni peor. Un análisis frío te dice que el tener unos u otros cuadros al frente de los servicios, con tal de que los elijas con cuidado, no empeora ni mejora sensiblemente la operatividad antiterrorista.[8]

T.B.M. — Lo que está usted diciendo es que el gobierno en el ochenta y dos sí pudo haber cambiado los mandos policiales en la cúpula de la seguridad del Estado.

J.A.B. — Exactamente. Yo creo que sí.

T.B.M. — ¿Y por qué no lo hizo?

J.A.B. — Precisamente por lo que tú estás diciendo. Porque efectivamente si había una cosa clara en la tradición socialista, no ya en la de izquierdas porque los comunistas no lo tenían tan claro, pero sí en la tradición socialista, es que la República se perdió por el orden público. Esto la tradición socialista lo tenía claro, claro, claro. Y es una reflexión que la hacía el propio Felipe González. La mano dura en España está en la tradición socialista, no sólo en la tradición conservadora.

T.B.M. — ¿Por qué cree que se espera hasta el noventa y tres para hacer esos cambios que usted dice que se podían haber hecho desde el primer momento?

7. La represión de un grupo de jornaleros hambrientos que, en enero de 1933, habían proclamado el comunismo libertario en el pueblo gaditano de Casas Viejas causó veintiocho víctimas e hirió de muerte al gobierno de coalición presidido por Manuel Azaña en el cual participaban tres ministros socialistas. Las derechas triunfarían en las elecciones celebradas en noviembre de ese año.

8. Las opiniones de Belloch sobre la posibilidad de cambiar la cúpula policial en el ochenta y dos son rechazadas por Narcís Serra (p. 194) y por Joaquín Almunia (p. 323-324), miembros ambos de aquel primer gobierno de Felipe González.

J.A.B. — Bueno, empieza no conmigo sino con Antonio Asunción, y lo que pasó es que habíamos entrado un equipo nuevo de verdad y hasta ese momento eran todos continuistas de un modo u otro.[9]

T.B.M. — Es que el continuismo, la duración de un gobierno, crea una gran inercia.

J.A.B. — El tema es que nunca se ve un momento oportuno para introducir cambios. Mira, puestos a pensar, para mí no se representaba ninguna dificultad hacer cambios porque no tenía responsabilidades anteriores. Pero si en vez de elegirme a mí, el presidente del Gobierno hubiera elegido a Vera, por ejemplo...

T.B.M. — O a Roldán...[10]

J.A.B. — Pues no digamos si hubiese elegido a Roldán. El hecho es que si se llega a nombrar a quienes ya habían tenido responsabilidades concretas, los relevos en el ministerio y los cambios en la cúpula policial hubieran sido pequeños. Yo no tenía ningún compromiso y pude hacer los cambios que quise. Hice cambios al margen de la estrategia corrupción sí, corrupción no, y los hice desde la convicción de que no se podían perpetuar indefinidamente personas concretas y determinadas en cargos de esa naturaleza. No hacer cambios acarrea costes.

T.B.M. — Felipe González también intentó hacer cambios en 1993, fue su «cambio del cambio». Y luego resulta que Baltasar Garzón, su fichaje más espectacular, el que está llamado a dar toda una nueva imagen a la nueva etapa, dice que no hay tal cambio, que le han engañado y que se marcha.[11] ¿Cómo encaja el gobierno este golpe?

J.A.B. — Vamos a ver, este tema de Garzón no es un tema del que me guste hablar. No me gusta simplemente porque yo tengo lo que se llama falta de imparcialidad objetiva.[12] Pero creo que se produce una enorme desilusión entre todos los que habían apostado por los independientes.

9. Antonio Asunción, que había sustituido a José Luis Corcuera en noviembre de 1993, dimitió como ministro de Interior en marzo de 1994 al fugarse Luis Roldán, el ex director general de la Guardia Civil. Le sucedió Belloch que añadió el cargo de Interior a sus responsabilidades de ministro de Justicia.

10. Roldán se perfilaba como sucesor de Corcuera y su candidatura fue abortada por las denuncias, publicadas en esas fechas por *Diario 16*, de su abultado patrimonio personal.

11. Para la llegada de Garzón a las listas electorales del PSOE y su posterior salida de la política véase Cristina Alberdi, p. 412, nota 7.

12. Al ser nombrado ministro de Interior, Belloch dijo públicamente que no contaba con Garzón. A continuación Garzón renunció a su escaño.

T.B.M. — Y luego llovería sobre mojado cuando se marcha Ventura Pérez Mariño.[13]

J.A.B. — Sí. Aunque no tenían nada que ver la marcha de uno con la del otro, ciertamente se incluye dentro de esta reflexión general. El hecho es que lo pagamos todos los demás independientes. Lo que produce es una desilusión de los socialistas frente a los independientes, y yo creo que eso es un hecho objetivo. La desilusión se produce no entre los socialistas «enterados», entre aquellos con actitudes mezquinas que decían «yo ya lo decía»; esos «enterados» me interesan muy poco. La desilusión se produce entre la gente normal de las agrupaciones y que te encontrabas en los mítines. A mí me decían una cosa que fue de las cosas que más me influyeron en la decisión de ser diputado. Me decían «tú ahora no nos harás lo que nos ha hecho Garzón». Los militantes normales y corrientes pensaban que Garzón les había abandonado. Ten en cuenta que estos militantes normales y corrientes se habían ilusionado, se creían el discurso de «todos contra la corrupción».

T.B.M. — No entiendo a esos militantes porque Garzón dice que se marcha precisamente porque el discurso de «todos contra la corrupción» no se ponía en práctica. ¿No será más cierto que a los socialistas lo que les molesta es que se esté lavando la ropa sucia en público?

J.A.B. — No, no, no. Lo que le reprochan es su abandono. Si hubiera seguido, con sus peleas y haciendo sus críticas, dentro del Congreso, enfrentándose a decisiones eventuales mías o de cualquier otro miembro del gobierno o incluso con el mismo Felipe, hubiera tenido muchísimos partidarios. Lo que yo percibí que realmente dolió fue su abandono.

T.B.M. — El que debió estar tremendamente dolido debió de ser usted. La marcha de Garzón y luego la de Pérez Mariño le deja en mal lugar frente al partido, cuando usted entonces también era independiente.

J.A.B. — Pues sí. A todos los independientes nos creó bastantes meses de dificultades.

T.B.M. — El aparato del partido, los «enterados» como decía usted hace un momento, ¿qué pensaba que tenía que ocurrir? ¿Pensaba que no había necesidad de hacer una limpieza? ¿O que de ha-

13. Véanse las reflexiones (p. 448s) de Victoria Camps, que después de la renuncia de Pérez Mariño sería la única independiente que se quedó en el Parlamento.

berla, debía ser mínima? ¿Pensaba que había que enterrar todo y no decir nada?

J.A.B. — Pues puedo parecer un poco sectario y a lo mejor tengo todavía los asuntos muy calientes y me cuesta ser imparcial, pero sinceramente creo que mientras nuestro equipo y Felipe teníamos las ideas absolutamente claras —y Felipe más claras que yo en cuanto al coste, como te he dicho antes—, mientras nosotros sabíamos exactamente lo que queríamos hacer, los que criticaban esas políticas no tenían nunca ningún esquema alternativo. Ellos decían varias cosas y según con quien hablabas pues te decían una cosa u otra, pero cuando escarbabas no se atrevían a mantener ninguno de los argumentos. Es decir, yo creo que no había discurso alternativo al del «cambio del cambio». No lo hubo nunca.

T.B.M. — Yo creo que era muy difícil, por no decir imposible, hacer un discurso alternativo. No se podían negar irregularidades, ni tampoco impedir que se rectificasen.

J.A.B. — ¿Es que qué había ahí debajo cuando escarbabas? Pues, por parte de los críticos más duros, había un factor muy terrible pero muy claro. Y es que si los hechos podían haber sido evitados, y si los que se indignan son los que no lo evitaron, su juicio, necesariamente, tampoco es imparcial. Es mejor que las críticas a este tipo de procesos las hagan quienes bajo ningún concepto tuvieron la responsabilidad de haberlas evitado. Cuando determinadas críticas proceden de los sectores en los que están las personas que, por muy difíciles que fueron esos tiempos, estaban políticamente obligadas a evitar los hechos, pues sinceramente no creo que sean fundadas.

T.B.M. — Lo que pasa es que el choque entre independientes como usted que representan el «cambio del cambio» y los de toda la vida en el partido era inevitable. Más aún cuando estos últimos pueden tener un concepto muy patrimonialista del socialismo y usted se dedica a poner su casa patas arriba.

J.A.B. — Yo no he vivido la época patrimonialista que dices, aunque he oído hablar. La época que me toca a mí, a nosotros, es una en la que la política del gobierno tiene un protagonismo claro y en la que no hay alternativa a la política del presidente y a la que gestionamos sus ministros. Desde el partido se podían formular críticas parciales, a algunos más que a otros, pero no hay un modelo alternativo.

T.B.M. — Usted entra en el gobierno como independiente, y

cuando el gobierno está a punto de pasar a la oposición, usted entra en el partido. Supongo que si antes jugó un papel en el «cambio del cambio» que se proponía el gobierno ahora, como militante socialista, jugará un papel en el cambio que requiere todo partido cuando pasa a la oposición. Si el PSOE se enfrenta con el reto de una nueva refundación, el hecho de estar en la oposición tiene grandes ventajas.

J.A.B. — Yo no creo que por estar en la oposición se va a ser necesariamente más lúcido, menos sectario y todas esas cosas. Se puede hacer magníficamente el tonto desde la oposición como desde el gobierno. Pero es verdad que el estar en la oposición puede tener algunas ventajas. Yo creo que en nuestro caso la ventaja más importante está en la línea que hablábamos al comienzo de la conversación. En principio debemos intentar encontrar formas de establecer una relación o alianza estable, no coyuntural, con las clases medias urbanas. Ése es un problema que afecta a la socialdemocracia en España y en toda Europa y ése es el trabajo que hay que hacer en los próximos diez años.

19. Victoria Camps

*Catedrática de Ética en la Universidad Autónoma de Barcelona, fue senadora por Barcelona (1993-1996).*

**Yo lo del «cambio del cambio» me lo creí. Yo pensé que ahí había una voluntad de cambiar el partido, de cambiar la política, de limpiar a fondo la corrupción que se conocía en aquel momento.**

En las elecciones legislativas de 1993 Victoria Camps aceptó ir de «reclamo» como candidata independiente al Senado por Barcelona en la lista del Partido Socialista porque el presidente del Partit Socialista de Catalunya (PSC), Joan Reventós, le explicó que se la necesitaba: el proyecto de izquierdas estaba «agotado» y, junto con un nuevo discurso, el PSOE requería gentes de prestigio en su grupo parlamentario para sanearse de tanta corrupción.

Aceptó «halagada» y con el entusiasmo lógico de alguien que sufría ante el descrédito del partido al que llevaba años votando y, en su caso, apoyando desde su ámbito universitario. Había colaborado en los trabajos de la Fundación Sistema sobre el *Socialismo de futuro* y pensaba que podía contribuir a levantar de nuevo el PSOE.

Su desengaño fue profundo y de esto me habló con la sinceridad y la elocuencia que la caracterizan en la conversación que tuve con ella. Su sorpresa mayúscula fue que en un grupo socialista «no se discutía nada». Ante la evidencia de la corrupción, la reacción inicial del partido a que había prestado sus servicios, su prestigio, su tiempo y su ilusión fue «negarlo, defenderse, no dar explicaciones».

No dio un plantón aireado a los cuatro vientos como lo dio Baltasar Garzón o como, en menor medida, lo dio Ventura Pérez Mariño. Pero al igual que estos dos otros reclamos independientes de las listas socialistas, Camps llegó a entender que ni había «impulso ético», ni había un «cambio del cambio». Se marchó con elegancia, sin estridencias, al acabar la legislatura, diciendo a sus compañeros socialistas que no volviesen a contar con ella para tales menesteres.

Camps no es una doctrinaria que va por la vida exigiendo la pureza de los principios en la política; entiende perfectamente que la política es el arte de lo posible. Pero su campo es la ética y razonó con finura que en la política la ética de la responsabilidad es, por un lado, la exigencia de que el político sea responsable de las consecuencias de sus acciones; por otro, consiste en que el político sea leal a un ideario que puede cambiar pero que tiene que ser fiel al ideario original.

Como intelectual le causa perplejidad la falta de pedagogía que comprueba en el PSOE y, sobre todo, su obcecación en negar siempre el haber cometido errores, su insistencia en decir «nosotros no nos equivocamos». Esta arrogante pedantería es una de las causas principales de la creciente pérdida de autoridad moral del PSOE. En el fondo el Partido Socialista no ejerce autoridad moral «porque no se plantea nunca que ésa es su función y que debe ejercerla». El comentario es demoledor para los herederos políticos de un Pablo Iglesias, de un Fernando de los Ríos y de un Julián Besteiro.

Me interesó mucho la reflexión de Camps sobre una mentalidad de izquierdas que se dice continuamente «los de izquierdas somos los buenos». Lo peligroso de esta mentalidad, que está muy presente en la doctrina marxista, es que cree que simplemente con cambiar de estructuras y de política económica al ocupar el poder, todo el resto, la moralización de la vida pública incluida, va necesariamente a tener lugar. No se requiere, por lo tanto, un discurso moral.

Si esto es así, se entiende muy bien que al PSOE se le escape de las manos un proyecto ilusionador por decente y ejemplarizante. No pudo reaccionar a la primera de cambio cuando aparecieron sospechas fundadas de corrupción porque no se le pasa por su cabeza colectiva que eso pueda ocurrir. Cuando ya la evidencia es flagrante, se cierra en banda por carecer de cualquier recurso ético.

Camps se volvió a sus aulas porque «la corrupción no cesaba». Dejó atrás un partido político «muy desorientado» en parte porque tiene un líder «tan potente» y en parte porque nunca ha practicado «el debate interno constante». La ausencia de esto último fue para ella poco menos que inteligible.

Tom Burns Marañón: Pensaba que tú estabas ya hace más de veinte años, como tantos otros de tu generación y de tu ambiente, en el proyecto de un socialismo refundado o reinventado y encabezado por Felipe González. Y resulta que no.

Victoria Camps: En principio yo era votante comunista. Mi afinidad ideológica estaba con la izquierda y con el partido que jugó un importante papel contra la dictadura.

T.B.M. — ¿Tenías vínculos familiares con el comunismo?

V.C. — No, no. Pero sí los tuve de trayectoria más bien intelectual por mi paso por la Facultad de Filosofía aquí en Barcelona. No milité nunca en el PSUC, pero sí tuve una relación intelectual buena con mucha gente del PSUC y por lo tanto mi primera tendencia fue votar al Partido Comunista.[1]

T.B.M. — ¿Cuándo cambias el voto?

V.C. — En el ochenta y dos. Me pasó lo que le pasó a mucha gente. Cuando vimos que el Partido Socialista era el partido de izquierda con más posibilidades, pues nos pasamos, o al menos me pasé yo.[2]

T.B.M. — El gran salto electoral que da el PSOE en el ochenta y dos tiene varias lecturas. Muchos votan socialista no porque sean socialistas, sino porque el PSOE es un partido fuerte, unido y coherente; es decir, era todo lo que no era la UCD. Conscientemente o no, votan por la seguridad y la vertebración, no tanto por el cambio que prometía el PSOE.

V.C. — En mi caso es la apuesta por la izquierda, por una izquierda que puede llegar al poder.

T.B.M. — Es la postura del voto útil.

V.C. — Claro. En mi caso era el voto útil.

T.B.M. — Y ya te quedas con los socialistas.

V.C. — Sí. No he dejado de votar al PSOE desde entonces.

T.B.M. — Una reflexión constante en estas conversaciones es que el PSOE en el ochenta y dos tuvo que optar entre, por un lado, llevar a cabo un programa socialdemócrata y, por otro, modernizar el país. La crítica desde la izquierda es que Felipe González, simplificando, hace política de Estado, no política socialista.

V.C. — Yo creo que hace las dos cosas. Por una parte, opta por la modernización y, supongo, que no sólo opta por la modernización sino que se deslumbra con una serie de valores como el de la eficacia que son más bien de carácter económico, de resultados inmediatos, de hacer cosas muy concretas que se vean. Ésa es la apuesta por la modernización.

T.B.M. — Sin duda era imprescindible rebajar el déficit, sanear la balanza de pagos y hacer que España fuera más competitiva

1. Narcís Serra, por ejemplo (p. 178), compartía una expectativa general en Barcelona antes de las elecciones de 1977, era que el PSUC, por su historia y trayectoria, sería el primer partido de la izquierda en Cataluña.

2. En las legislativas de 1982, de las cuales la participación electoral subió del 67 por ciento en las de 1979 al 78,4 por ciento, el PCE obtuvo 844.553 votos, el 4,1 por ciento de los votos emitidos, frente a 1.939.364, el 10,8 por ciento, que obtuvo en las elecciones anteriores. Más de un millón de votantes comunistas pasaron al electorado del PSOE.

cuando estaba llamando a las puertas de Europa y preparándose para encajar el desarme arancelario.

V.C. — Pero no abandona un proyecto socialdemócrata aunque resulta que la socialdemocracia era vista, pocos años antes, como un giro a la derecha peligroso.

T.B.M. — ¿Eso lo creías tú?

V.C. — Yo no tanto. Ésa era la postura de la izquierda más radicalizada. La apuesta que hace el PSOE es una apuesta clara por un Estado de bienestar en el cual había que partir prácticamente de cero. Yo creo que eso hay que reconocérselo. La justicia social en este país no existía y el tipo de política que hace el PSOE es una política económica que se puede calificar de derechas, pero va acompañada por una política de redistribución que es propia de un partido de izquierdas. Quizá esa política económica era la única que se podía hacer.

T.B.M. — La redistribución tiene lugar a través del aumento del presupuesto de educación....

V.C. — Y el de sanidad y en las pensiones. Entonces lo que a mí no me pasa es lo que le ocurre al sector intelectual progresista, los puros, digamos, que enseguida hablan de desencanto y de desilusión. El discurso que decía que esto no era lo que esperábamos y que era una política de derechas es inmediato. Gana el PSOE y al muy poco tiempo la clase progresista ya está haciendo este discurso.

T.B.M. — Lo que fue un jarro de agua fría fue la decisión de permanecer en la OTAN. La plataforma del «no» a la OTAN reúne a todos los desencantados.

V.C. — Exacto. La OTAN marca una línea divisoria y clara. Ya se empezaban a notar algunas cosas en el PSOE, que el PSOE nunca sabría hacer. Nunca sabría decir «me he equivocado». Yo voté en contra de la OTAN y creo que ahora puedo decir que me equivoqué.

T.B.M. — Y aunque votaste en contra de la OTAN meses más tarde volviste a dar el voto al PSOE en las elecciones generales.[3]

V.C. — Sí, sí.

T.B.M. — ¿Eso cómo se explica?

V.C. — Bueno, yo creo que hay contradicciones en la vida de todo el mundo y tampoco se le puede pedir a nadie que sea absolu-

3. El gobierno ganó el referéndum de la OTAN en marzo de 1986 con cierta holgura (véase Malefakis, p. 278, nota 11). Tres meses más tarde, en las legislativas de junio, el PSOE renovó su mayoría absoluta con el 44,8 por ciento de los votos emitidos.

*El caso de Juan Guerra comparado con lo que ha venido después fue algo mínimo y fue absurdo porque el Partido Socialista no supo afrontarlo bien.*

*Mientras el Partido Socialista esté gobernando, yo no veo que tenga voluntad real de cambiar, de reformarse, de hacer una autocrítica real.*

tamente coherente. A mí me parece que donde se equivocó el PSOE no fue tanto en proponer en un momento determinado el mantener a España en la OTAN, sino en dar un mensaje excesivamente ingenuo antes —el de la «OTAN de entrada no»— que demostró falta de experiencia política, desconocimiento de lo que se iba a encontrar y de lo que finalmente tendría que hacer. Por otra parte, no supo ser un poco más sincero cuando pidió el voto a favor de la permanencia en la OTAN. Tenía que haber dicho que aunque antes dijeron que «no» ahora veían las cosas de otra manera. Yo creo que al PSOE le ha faltado siempre esta pedagogía.

T.B.M. — Dentro de la reflexión sobre el desencanto, creo que hay una segunda línea divisoria, y ésta es la huelga general del 14 de diciembre de 1988. Aquí no es cuestión de la desilusión de intelectuales progresistas. Lo que pasa el 14-D es que amplias capas de la sociedad, encabezadas por los sindicatos, demandan a un gobierno socialista una política redistributiva que éste no puede o no quiere dar. Supongo que tú también hiciste huelga ese día.

V.C. — Sí, por supuesto. Fue una huelga totalmente general y la recuerdo muy bien.

T.B.M. — A donde quiero llegar es a explicarme la fidelidad a Felipe González y a sus sucesivos gobiernos de personas como tú que votan al PSOE en el ochenta y dos en una apuesta por la izquierda y que siguen votando al Partido Socialista a pesar de que Felipe González y sus gobiernos dan un giro de ciento ochenta grados en el tema de la OTAN y que se distancian tanto de los sindicatos que provocan una huelga general masiva como fue la del 14-D.

V.C. — La explicación, desde mi punto de vista, es porque en cualquier caso el proyecto político del PSOE es el mejor que existe en aquel momento. Lo prefiero, por exclusión, a cualquier otro. Y, por otra parte, porque yo creo que la política tiene que ser posibilista y tiene que saber mantener un equilibrio que es difícil y, sobre todo, complicado de explicar. Es un equilibrio entre principios, que siempre van más lejos de lo que se puede hacer, y unas instancias programáticas que te obligan a veces a pactar determinadas cosas. Esto no significa renunciar radicalmente a los principios. Quiero decir que yo, en el momento que vea que al Partido Socialista renuncia radicalmente a sus principios, quizá deje de apostar por él. Pero mientras vea que mantiene un núcleo que lo hace creíble o esperanzador no me resulta forzado creer en la apuesta socialista.

T.B.M. — Felipe González hablaba, o al menos hablaba en sus primeros años en el poder, de la aparente contradicción entre la ética de la responsabilidad y la ética de convicción.

V.C. — Sí. Pero yo siempre he apoyado, y esto está en mis libros, la ética de la responsabilidad como la ética del político. Lo que pasa es que hay que saber entenderla y el político debe ser responsable de las consecuencias de lo que hace.[4] Debe saber dar cuentas de lo que hace. Ahora, esa responsabilidad puede significar muchas cosas. Las consecuencias no son sólo ganar o perder unas elecciones. Las consecuencias son precisamente, y también, el mantenerse fiel a un ideario que va cambiando pero que tiene una identidad con el ideario original.

T.B.M. — Antes, hablando de la decisión de seguir en la OTAN, decías que el PSOE no había tenido una capacidad pedagógica. Es decir, no supo explicar cómo cambios determinados de política no alteraban su identidad esencial. ¿Es eso lo que echas en falta?

V.C. — Ahora muchísimo, mucho más que antes. Viéndolo ahora yo me doy cuenta de que ha habido como una especie de obcecación del PSOE de decir «nosotros no nos equivocamos».[5] Es algo que está muy dentro de lo que piensa el político. Cree que no puede decir nunca que se ha equivocado, que no puede dar nunca marcha atrás y que tiene que intentar que todo cuadre. Y esto se vio después, cuando al cabo del tiempo no solamente hubo lo de la OTAN y una huelga general o una ruptura con el sindicalismo, sino todos los casos de corrupción. La falta de pedagogía es evidente.

T.B.M. — Creo que el PSOE sí pudo explicar en sus primeros años de gobierno las razones por las cuales introdujo una política de ajuste. Al menos los que sufren las consecuencias de esa política, que son en mayor parte la clase trabajadora y por lo tanto su propia base electoral, aceptan bien que mal el ajuste. La dificultad viene después cuando ya a partir del ochenta y seis y el ochenta y siete la economía entra en un ciclo expansivo. Es verdad que hay redistribución, aunque en algunos casos el aumento de gastos sociales se hace a regañadientes, forzado por acontecimientos como,

4. La reflexión de Felipe González sobre las dos éticas fue formulada por Max Weber (1864-1929). Victoria Camps también está citando al sociólogo alemán. Weber afirmaba que el político no puede tener sólo principios; debe ser responsable de las consecuencias de lo que hace.

5. Joaquín Arango (p. 105) y Santos Juliá (p. 63) observan la misma obcecación.

precisamente, la huelga general del 14-D. Pero, con la época de vacas gordas, surge a la vez lo que se ha dado en llamar la cultura del pelotazo. Y es ahí donde me parece que la pedagogía brilla por su ausencia. El PSOE parece perder su norte, pierde al menos mucha autoridad moral.

V.C. — Es que no ejerce esa autoridad porque no se plantea nunca que ésa es su función y que debe ejercerla. Yo creo que hay ahí una especie de inconsciencia que yo veo muy vinculada a la mentalidad de izquierdas. Se dice, por ejemplo, «los de la izquierda somos los buenos, ¿no?, y en nuestro caso más, ¿no?, porque venimos de una época de dictadura, de resistencia de la izquierda frente a la falta de libertades, de resistencia a un régimen totalmente jerarquizador de la sociedad donde había pobres y ricos y desigualdades brutales». Y entonces parece que se hubiera pensado que simplemente con el cambio de la estructura política y con el cambio hacia una política económica redistributiva este cambio y todo va a funcionar. Se piensa que incluso también va a funcionar ese aspecto moral, ¿no?, de moralización de la vida, porque eso sigue necesariamente. Eso yo creo que está muy presente en la doctrina marxista. Es la doctrina que dice que las culpables de que haya desigualdades, de que haya una falta de libertades, son una estructura económica y una estructura política y una estructura jurídica que no son las correctas. Pero si eso cambia no hace falta insistir en un discurso moral porque no será necesario.

T.B.M. — Lo que ocurre es que no se cambia la estructura.

V.C. — En parte sí, porque la política ya es democrática.

T.B.M. — Ya era democrática a partir de las elecciones del setenta y siete y de la Constitución del año siguiente.

V.C. — Eso es verdad, pero estaba en fase de consolidación, en fase de desarrollo.

T.B.M. — Pero no se cambia la ley electoral, no se intenta impulsar una democracia más participativa. Luego hay una serie de decisiones muy concretas que tenían que ver con dejar ciertas cosas como estaban. No se cambia la cúpula policial....

V.C. — No se cambia de golpe pero está en proceso una reforma. Ahora, al cabo de veinte años, podemos ver que ha habido una evolución muy sostenida. Llegamos a un momento en el cual ya no peligra la democracia.

T.B.M. — La democracia seguramente estaba ya robustecida y fuera de peligro en el ochenta y seis y desde luego en el ochenta y nueve. Para entonces Felipe González ya había alcanzado la meta de modernizar el país, de vertebrarlo. Y es entonces cuando comienza la cultura del pelotazo, cuando el PSOE parece perder su discurso, o mejor dicho no encuentra otro habiendo ya consumido el discurso de la modernización. Puede ser que Alfonso Guerra intente formular un nuevo discurso con las reuniones que organiza en Jávea y con el llamado Programa 2000. Pero de hecho no hay una renovación del discurso.[6]

V.C. — Es que se vive hasta estas últimas elecciones del capital acumulado durante estos años. Es el capital de «hemos hecho muchas escuelas, hemos hecho muchos hospitales, muchas autopistas», es decir que España ha cambiado. Y es verdad que ha cambiado materialmente y que hay un bienestar que no había, que la gente vive mejor y que está más satisfecha. Pero una vez realizado todo esto ya no sabemos qué hacer.

T.B.M. — Una cosa que ha ocurrido es que la sociedad se ha hecho tremendamente dependiente del Estado.

V.C. — Sí. Esto ocurre.

T.B.M. — Ésta puede ser una consecuencia de una sociedad del bienestar, de una sociedad intervenida, dirigida y protegida desde la maternidad hasta el tanatorio. Creo que esta sociedad dependiente empieza a preocupar incluso a los que están en la izquierda o vienen de ella. La socialdemocracia se lo está repensando y eso que es una de sus grandes señas de identidad.

V.C. — Yo creo que esto ha sido una evolución del Estado de bienestar que era insospechada y que ahora se está tomando conciencia de que ha sido así. El concepto del ciudadano es hoy de los más difíciles de definir. La gente no se siente ciudadana, o no sabemos lo que quiere decir ser ciudadano. ¿Por qué? Porque la ciudadanía es pasiva, no se siente comprometida.

T.B.M. — Un ciudadano consciente debería ser todo menos pasivo.

V.C. — Debería. Pero hoy las democracias liberales han hecho sociedades individualistas, atomizadas, donde hay intereses privados pero no hay intereses públicos comunes o que se sientan como comunes. Esto es en parte porque el Estado de bienestar es un Estado paternalista que ha acostumbrado a la gente a que los proble-

6. Para las reuniones de Jávea y el Programa 2000, véase Tezanos (p. 391, nota 12, y p. 392, nota 13).

mas comunes los resuelve la administración, el Estado, el gobierno, y no los resuelven los propios individuos.[7]

T.B.M. — No crees que en España llueve sobre mojado porque el franquismo ya crea un Estado paternalista que interviene en todo porque desconfía del individuo.

V.C. — Sí. Cuando se hunde una empresa, pues entonces se nacionaliza, se salva al hacerla pública.

T.B.M. — Eso también, pero estaba pensando en la creación de un sistema de previsión, de la Seguridad Social. Desde luego el franquismo construye hospitales inmensos y predica el bienestar social. Lo que hace el PSOE en este sentido es continuar...

V.C. — Sí, lo extiende. Yo no me atrevería a afirmar mucho si esto es, digamos, una cuestión de nuestra cultura, de nuestra tradición o quizá de la rapidez con que se ha impuesto un modelo. Aunque había ese Estado de providencia antes, también es verdad que no le llegaba a todo el mundo. Hoy la gente es consciente de que le llega a todo el mundo. Llegará insuficientemente pero llega a todo el mundo.

T.B.M. — Lo que es evidente es que es una sociedad que demanda más.

V.C. — Es que en cuanto aumenta el bienestar las necesidades crecen y las demandas son cada vez mayores.

T.B.M. — Bien. Quisiera ahora abordar tu entrada en la primera línea de la política en las elecciones de 1993. Felipe González no solamente decide volver a presentarse, sino que lo hace desvinculándose en lo posible del partido, o mejor dicho, del aparato del partido. Se da cuenta de que los escándalos de la corrupción han calado mucho en la opinión pública, como no podía ser de otra manera, y quiere, por lo tanto, arroparse con independientes de prestigio, a los que el votante identifique con «manos limpias». ¿Supongo que tú, como persona emblemática de esos fichajes para las candidaturas socialistas, eres consciente de esa estrategia y de tu función de reclamo?

V.C. — Totalmente. Yo siempre he tenido ciertas reservas a que mi candidatura se presentara en nombre de la ética. Eso me pareció excesivo. Pero aparte de eso se buscaba a personas con cierto prestigio intelectual que podían atraer votos en un momento determinado y que además podían luego hacer una función parla-

7. Véase la reflexión sobre este mismo tema de Amando de Miguel (p. 470).

mentaria. Yo lo primero lo acepto totalmente. Me pareció lícito ser un reclamo electoral.

T.B.M. — ¿Qué pensabas en torno al PSOE en el momento de aceptar estar en sus listas?

V.C. — Que tenía dos problemas gordos. Uno era un proyecto de izquierdas agotado. Esto no era un problema sólo suyo. También lo tenía Izquierda Unida y la izquierda europea en general. La izquierda ya no sabe por dónde tiene que ir porque la situación ha cambiado, la gente es distinta, los problemas son otros y las teorías que tiene no sirven para hacer frente a nuevos problemas. La otra, más inmediata, era la cuestión de la corrupción. En aquel momento sólo era Filesa y Juan Guerra.

T.B.M. — Estaba por llegar a la opinión pública el escándalo de Roldán y de la malversación de fondos reservados en el Ministerio de Interior.

V.C. — Hombre, si yo hubiera sabido que había tanta cosa como la que empezó a salir casi inmediatamente, me hubiera pensado más mi incorporación a la candidatura. El caso de Juan Guerra comparado con lo que ha venido después fue algo mínimo y fue absurdo porque el Partido Socialista no supo afrontarlo bien. El partido reaccionó mal y eso se arrastró un año hasta que dimitió Alfonso Guerra.[8] Hubo esa especie de solidaridad interna, de complicidad, de negarlo todo. Fue eso lo que me molestó a mí y yo creo que a la sociedad en general.

T.B.M. — Tu reacción entonces fue la de decir «ha llegado el momento de mojarme en el proyecto de un partido al que he votado tantas veces y de intentar corregir y solucionar errores».

V.C. — No. Cuando el presidente del PSC, Joan Reventós, vino a pedirme que colaborara con ellos presentándome a las elecciones, él fue muy sincero. Me dijo que era posible que perdiésemos las elecciones y que aparte de necesitarme como reclamo me necesitaban también para una renovación interna porque venía de fuera,

8. Juan Guerra, el penúltimo de los trece hermanos de la familia de Alfonso Guerra, ocupó un despacho oficial en Sevilla mientras éste fue vicepresidente de Gobierno y se vio envuelto, a partir de 1989, en escándalos de tráfico de influencias. Carlos Solchaga afirma (p. 168) que Felipe González no se enfrentó al tema hasta que los hechos se pusieron del «color de la hormiga». Solchaga y otros ministros presionaron durante meses a Felipe González para que cesase a Alfonso Guerra «porque en ningún país de Europa un vicepresidente con una historia así permanece en su puesto». Guerra dimitió en enero de 1992.

porque tenía un discurso distinto, porque tenía un aire más nuevo. Me dijo que podía ayudarles no sólo a hacer frente a las corrupciones, sino también a que el partido tuviese un discurso más profundo en el Parlamento. En fin me querían para que ayudase a cambiar un poco todo eso que estaba entrando en una inercia que no era buena.

T.B.M. — Dicho así era una oferta irresistible.

V.C. — No digo que me entusiasmara, pero desde luego me pareció interesante y atractiva. En parte me halagó. Yo lo del «cambio del cambio» me lo creí.[9] Yo pensé que ahí había una voluntad de cambiar el partido, de cambiar la política, de limpiar a fondo la corrupción que se conocía en aquel momento.

T.B.M. — ¿No crees que te engañaron? Te engañan, primero, porque el patio estaba mucho más sucio de lo que te dan a entender. Y, segundo, porque tampoco había voluntad real, estando tanta gente implicada, de limpiarlo.

V.C. — Sobre eso no me atrevo a opinar. Yo no sé si ellos sabían que el patio estaba más sucio. Obviamente sabían que los GAL habían existido, pero quizá no sabían que iba a salir el tema con la fuerza con que salió. No sé si sabían lo de Roldán, lo de Mariano Rubio. No lo sé.

T.B.M. — Y en cuanto a lo segundo. ¿Se hizo frente a ello en su debido momento?

V.C. — Bueno, claro, en su debido momento, o sea después, cuando empiezan a salir todas estas cuestiones, yo creo que en principio se reacciona con la misma tónica que se empleó en el caso Guerra. Negarlo, defenderse, no dar explicaciones.

T.B.M. — Cuando Ventura Pérez Mariño abandona su escaño diciendo más o menos que él ya no se cree lo del impulso ético, tú te quedas.[10]

V.C. — Sí.

T.B.M. — ¿Por qué?

V.C. — Bueno, en principio porque los independientes no for-

9. Frase pronunciada por Felipe González después de ganar, sin mayoría absoluta, las elecciones de junio de 1993.

10. El jurista Ventura Pérez Mariño, que formó parte como independiente de las listas socialistas al igual que Victoria Camps y Baltasar Garzón, renunció a su escaño en diciembre de 1994 por considerar que el PSOE bloqueaba la investigación parlamentaria de la financiación irregular de los partidos y, en concreto, de la trama Filesa.

mábamos un minipartido. Hablábamos poco entre nosotros y cada cual iba por libre. Él estaba en el Congreso, yo estaba en el Senado, y la situación era muy distinta. Las comisiones de investigación estaban en el Congreso, y cuando se planteó la comisión sobre el asunto Filesa, Ventura se puso firme frente al partido. Tuvo por lo tanto un cierto rechazo por parte del grupo. Eso a mí no me ocurría. El Senado es una cámara que no sirve casi para nada y ésas cosas no llegaban al Senado.

T.B.M. — ¿Cómo os veían a los independientes, o a ti, la gente de toda la vida del partido? Al fin y al cabo ocupabais escaños que en la lógica del partido les pertenecían a ellos. El que estuvieseis vosotros era la constatación de que, a ojos de Felipe González y de los renovadores, ellos no servían.

V.C. — Bueno, al principio la acogida no fue mala. Yo no sé si fue porque había una mentalización de que igual que había que callar sobre ciertas cosas, también había que callar sobre la llegada de los independientes. Y además me sentí libre en todo momento para decir lo que quisiera.

T.B.M. — Pero tampoco había mucho interés por lo que tú podías aportar a la labor parlamentaria del partido.

V.C. — Vamos a ver. En el grupo socialista no se discutía nunca nada. Ninguno de los temas de corrupción, del GAL, etcétera, se discutieron en el grupo. Me refiero a discutir de verdad, a decir qué hacemos ante este tema.

T.B.M. — ¿Cómo que no se discute?

V.C. — Pues que no se discute. La única forma de discutirlo era cuando se reunía Felipe con el grupo para contarnos lo que estaba pasando. Entonces había unas intervenciones, pocas, pero no había una discusión, una discusión abierta y clara. No se discutía qué debíamos hacer nosotros como parlamentarios. Una cosa era lo que hacía el gobierno, pero otra lo que hacíamos, o debíamos hacer, los parlamentarios, y esto no lo discutíamos.

T.B.M. — Cuando empiezan a salir noticias sobre la investigación del GAL, debió ser un mazazo.

V.C. — Pues sí. Y además de otro tipo, ¿no? Esto era una cosa mucho más compleja y desde luego no era lo mismo que los casos de corrupción. Lo de los GAL no era nuevo y cabía preguntarse por qué aparece en ese momento y quién estaba detrás.

T.B.M. — Bueno, hay una lectura bastante lineal sobre lo que dices, y es que surge de nuevo el tema GAL porque otro independiente como usted, Juan Alberto Belloch, decide no indultar a los dos encausados, Amedo y Domínguez, y además no pagarles, y para mayor inri, decide embargarles sus cuentas en Suiza. Belloch dice que estas decisiones ya las tomó su antecesor en el Ministerio del Interior, Antonio Asunción,[11] pero, sea como fuese, me parece evidente que se rompe un pacto que existía entre los dos condenados por el tema GAL y el anterior equipo en el ministerio. Por lo tanto Amedo y Domínguez se ponen a contar cosas que antes se habían callado y otro independiente como usted, Baltasar Garzón, que en su momento también se había creído el discurso del «cambio del cambio» y del impulso ético, está en condiciones de reabrir el caso y de tomarles la declaración. Lo que quiero decir es que si a Amedo y a Domínguez se les indulta y se les dan muchos millones, lo más probable es que no estaría preguntándote si el tema GAL supuso un mazazo.

V.C. — Aunque realmente ocurre eso como lo dices, yo no sé si eso es lo único que desencadena el tema GAL. También *El Mundo* y compañía juegan un papel importante. Hay gente a quien le interesa que el tema adquiera volumen.

T.B.M. — La verdad es que en este caso me interesa más tu reacción ante el GAL y los demás escándalos que los escándalos en sí. Me interesa cómo interiorizas los temas que empiezan a surgir y a la vez la falta de discusión sobre ellos. Hace un momento hablábamos de que Ventura Pérez Mariño decide irse pero que tú te quedas.

V.C. — Bueno, yo en ningún momento vi una razón suficiente para decir aquí os dejo y me voy. Por una parte, yo me sentía comprometida con el electorado y además a mí, para el Senado, me habían votado directamente y fui el candidato más votado en Barcelona. Pensé que debía quedarme y hacer un poco de conciencia crítica. Quizá me equivoqué, pero pensé que en cada momento podía decir lo que desde mi independencia podía decir y que quizá era más interesante hacer eso que irme. Después de irse Ventura, yo era el punto de referencia frente a la postura que homogéneamente estaba tomando el grupo socialista.

T.B.M. — Pero tomas la decisión de no volverte a presentar con el PSOE.

V.C. — La opción de no seguir la tuve clara cuando vi que las cosas se complicaban y que la corrupción no cesaba. No sé cómo estaría el clima de crispado si llega a ganar el Partido Socialista las

11. Véase Belloch, p. 430.

últimas elecciones. El tema es que mientras el Partido Socialista esté gobernando, yo no veo que tenga voluntad real de cambiar, de reformarse, de hacer una autocrítica real.

T.B.M. — ¿Cuál es el problema de fondo que tiene el PSOE? ¿Es su liderazgo, su aparato? ¿Son los años que estuvo gobernando, la manera en que llegó tan triunfalmente al poder? ¿Qué es lo que frena una renovación con todas sus consecuencias?

V.C. — En parte el freno es tener a un líder tan potente. Y en parte es el no haber mantenido un debate interno constante. Quizá son las dos caras de la misma moneda. No se han aceptado discrepancias. Se ha exigido disciplina, obediencia, y la gente, por lo tanto, está pensando continuamente si puede decir esto o lo otro y en qué momento lo puede decir. Esto ocurre en el PSOE y en todos los partidos, en el Partido Popular igual. Es lo que se decía de que «el que se mueve no sale en la foto». Y esto es muy estéril para el pensamiento y para la capacidad de enfrentar situaciones.

T.B.M. — Yo creo que el partido está intentando explicarse un montón de cosas. Puede que lo que más duela sea el lastre de haber presidido la cultura del pelotazo que está tan unida a la corrupción.

V.C. — Ése es un tema muy importante. Yo creo que ahí hay un deslumbramiento, una pérdida de identidad del PSOE. Estaba la obsesión por un valor que era la eficacia para modernizar el país y ponerlo a la altura de Europa.

T.B.M. — Y ahí se pierden valores morales....

V.C. — Se pierde absolutamente todo lo demás. Toda esa historia de la *jet society* y de la *beautiful people* no importa. No importa dar el ejemplo del político que está al servicio de una sociedad. Ese modelo desaparece. Y en otros ámbitos ocurre lo mismo porque el banquero modelo resulta ser Mario Conde.

T.B.M. — ¿Estamos hablando de la sociedad o del partido?

V.C. — Hombre, yo no quiero responsabilizar totalmente a la política de esto. La política no es la única responsable de la cultura de una sociedad. En España somos muy pendulares y pasamos de unos extremos a otros. Ahora resulta que todo lo de la época franquista era malo y entonces se abandona todo eso, y para empezar nos convertimos en una sociedad laica que no tiene referentes religiosos. Y al perder los referentes religiosos, se pierden los referentes morales.

T.B.M. — Un problema específico español es que todo ocurre muy rápido. Esos referentes se pierden en sociedades comparables pero el proceso es más lento.

V.C. — Es que nosotros lo hacemos rápido. Somos poco conservadores en el buen sentido de la palabra, en el sentido de conservar lo bueno. En una sociedad como la inglesa las buenas tradiciones se conservan. Los valores importantes hay que conservarlos.[12]

T.B.M. — Porque si no se conservan acabas con una sociedad cursi y cutre.

V.C. — Sí. Hortera.

T.B.M. — ¿Hay que culpar al PSOE?

V.C. — Hombre, tampoco hay que decir que sólo es culpable el PSOE. ¿No?

T.B.M. — Lo decía porque del PSOE se esperaba mucho y tuvo una gran oportunidad para imprimir valores como la honestidad, el bien hacer, la austeridad que le son propios, para conservar, si quieres, su propia tradición, sus buenos valores.

V.C. — Ya. A mí lo que me preocupa es que, ahora que el PSOE tiene tiempo para abrir un debate interno, acabe perdiendo la oportunidad de hacerlo. Yo los veo muy desorientados.

12. Victoria Camps desarrolla esta reflexión en un trabajo reciente: «Las convicciones y las creencias son previas a la crítica de las mismas. La educación no puede ser, desde el principio o exclusivamente, autocrítica. Ha de empezar por inculcar una cultura y una tradición que no son totalmente despreciables. De lo contrario se incurre en el contradictorio empeño de tratar de formar para la crítica sin haber enseñado antes nada criticable. Muchos jóvenes de hoy, desilusionados, confusos y pasotas, son fruto de esos pseudoeducadores. Como lo son del fracaso de unas expectativas desproporcionadas con la realidad.» (Victoria Camps, *El malestar de la vida pública*, Barcelona, 1996, p. 105.)

# IX

# TESTIGOS DE LA HISTORIA (III)

20. Amando de Miguel

*Catedrático de Sociología en la Universidad Complutense de Madrid, es colaborador habitual de* ABC *y de la cadena* COPE.

**La gente no perdona que los casos del GAL estén unidos misteriosamente a casos de corrupción económica de meter la mano.**

Quise conversar con Amando de Miguel sobre la evolución de la sociedad española bajo el socialismo porque lo tiene muy estudiado y, sobre todo, porque es una persona que sabe escuchar a sus alumnos, a los que le leen y le escriben y a los oyentes que siguen las tertulias radiofónicas en las cuales participa. Siempre he tenido la seguridad de que toma el pulso de la sociedad como pocos. La conversación que tuve con él llenó de contenido una reflexión que había ido tomando cuerpo a lo largo de bastantes diálogos anteriores. La reflexión se centra en las tremendas dificultades de origen que tiene un proyecto que combina la socialdemocracia con la modernización, sobre todo cuando este doble discurso se aplica a España. El fracaso del proyecto es impepinable cuando se mancha de corrupción.

El PSOE intentó los dos discursos a la vez. Quiso crear, o mejor dicho, extender, un Estado de bienestar. También asumió la tarea de poner a España a nivel europeo y esto significaba, porque no podía ser de otra manera, hacer suyo el discurso de premiar la eficacia para crear una economía competitiva. El choque entre las dos políticas era inevitable, puesto que a no ser que un país tenga riquezas naturales fabulosas, que no era, ni es, el caso de España, la combinación de las dos políticas requiere un equilibrio prácticamente imposible.

La España que estudia De Miguel es una sociedad mediterránea de cultura católica receptiva a la socialdemocracia benefactora. Es una sociedad que demanda un Estado providencial porque es lo que ha entendido como el orden natural de las cosas al ser dirigida, a lo largo de los siglos, por poderes autoritarios con el acicate fugaz de períodos de despotismo ilustrado.

Ocurre, sin embargo, que los Estados de bienestar tienen su propio talón de Aquiles porque crean expectativas crecientes que, llegados a un determinado punto, ya no pueden satisfacer gobiernos benefactores. En España este problema es especialmente grave porque las expectativas crecen a una velocidad de vértigo y porque hay poca riqueza que repartir. Los españoles, a los cuales el PSOE aplica su manual socialdemócrata, «éramos preindustriales», según afirma De Miguel. «Una sociedad tradicional e hidalga, el genio antieconómico donde lo más a que se aspiraba era a ser funcionario.»

El discurso modernizador y de eficacia, el otro pie del programa socialista, era necesario precisamente para poder crear una economía que podría hacer sostenible el bienestar prometido y deseado. Pero al ser una sociedad mediterránea y providencial, la española tolera mal a esos ricos que serían primero los beneficiarios de este discurso y, después, los puntuales proveedores del bienestar.

La idea de lo que De Miguel llama «el juego de suma cero», que es típica de las sociedades tradicionales y campesinas, está muy enraizada en España. Según esta idea, el campesino entiende que si un campesino se enriquece es porque otro campesino se empobrece. Lo que se tolera menos aún es que exista enriquecimiento rápido bajo un gobierno socialista que ha sido elegido para nivelar las clases sociales, nunca para permitir el aumento de sus, ya por sí onerosas, diferencias. Los españoles, según las observaciones de De Miguel, «prefieren la igualdad que la libertad».

Me pareció muy interesante el testimonio de De Miguel sobre el «cambio silencioso» hacia el «hábito economicista», típico de una sociedad avanzada, que se produce en la sociedad española durante los años que gobierna el socialismo. Los españoles asumen, con naturalidad, llevar sus cuentas y sus facturas, hacer declaraciones de renta y pagar impuestos. Para De Miguel «esto corresponde a una sociedad comerciante que no existía en la sociedad española».

Se producen, al menos, dos actitudes, como consecuencia de este cambio, que tienen un impacto directo en las fortunas del gobierno socialista. La primera es que se exige más a la sociedad de bienestar. La segunda es que la sociedad no pasa por la corrupción. Ésta se convierte, según las encuestas que maneja De Miguel, en «el punto de máxima crítica».

Una sociedad que pone un muy alto valor al igualitarismo y que encaja mal los patrimonios lícitamente obtenidos no puede menos que rechazar de plano el enriquecimiento irregular e irritarse sobremanera ante su evidencia. Y esto, que no tiene nada que ver con el enorme problema de casar modernización y bienestar en la década de los ochenta, es, según la percepción de la sociedad, lo que ocurrió bajo el PSOE.

Tom Burns Marañón: Recordando los estudios sociológicos que se hicieron a finales de los años sesenta y a comienzos de los setenta, y estoy pensando particularmente en los informes FOESSA[1] en que tú participabas, me quedo con la idea de que la sociedad española en el tardofranquismo era mayoritariamente una sociedad joven que estaba deseosa de romper con un pasado que le causaba cierta vergüenza y quería que su país fuese tan europeo como el que más. Era una sociedad que quería relevos generacionales y caras nuevas para modernizar España y que también valoraba la solidaridad y la igualdad, situándose, por lo tanto, en el centro izquierda del espectro político. Si metes todo esto en una coctelera y la agitas, creo que te sale algo como el PSOE de Felipe González.

Amando de Miguel: Claro, ésa es la explicación de lo que llamamos la transición y haces bien en citar ese estudio. Mi tesis es que la transición era algo que se estaba haciendo antes de morir Franco por la sociedad española desde dentro. De no haberse hecho así, la transición no hubiera sido lo milagrosa que fue. Precisamente en ese informe FOESSA había, como tú sabes, un capítulo censurado, el capítulo político, en el cual preguntamos a los españoles qué le dirían a Franco.

T.B.M. — No sabía esto del capítulo censurado. ¿Qué se contestaba a esa pregunta?

A.M. — Pues había muy pocos que le dirían «es usted un gran general». La inmensa mayoría le hubiera dicho «por favor, traiga usted partidos políticos». Esto es revelador porque indica cómo se estaba ya produciendo el cambio desde dentro. Era un cambio tranquilo hacia las libertades y los partidos políticos.

T.B.M. — Y a la vez se quería romper con el aislamiento del resto de Europa y modernizar al país, entendiendo modernizar como ponerse a un nivel europeo.

A.M. — Clarísimo. Las actitudes eran ya muy modernas e, insisto, lo eran todavía en vida de Franco.

T.B.M. — Lo que lógicamente no pudo revelar un informe como el de FOESSA era la existencia de una memoria histórica de las siglas del PSOE.

A.M. — Es que eso no lo podíamos ni siquiera plantear puesto que ya nos censuraban preguntas indirectas sobre actitudes políti-

1. Fundación Fomento de Estudios Sociales y de Sociología Aplicada (FOESSA). En 1981 publicó un *Informe sociológico sobre el cambio político en España 1975-1981* y dos años más tarde un *Informe sobre el cambio social en España 1975-1983*.

cas. Pero lo que ha pasado con el PSOE es también consonante con esto que estoy diciendo. La transición se hace desde dentro, por los de dentro y con la evolución natural que se producía desde dentro. Es decir, la transición no la hace el PSOE histórico desde fuera. En el Congreso de Suresnes se enfrentan las dos generaciones, ¿no?, y una está dentro y otra está fuera.[2]

T.B.M. — Rodolfo Llopis confiaba mucho en la memoria histórica y creía que simplemente con abrir el quiosco del PSOE, una vez muerto Franco, las afiliaciones llegarían por decenas de miles. Los hechos demostraron que tenía mucha razón.

A.M. — Sí, pero se afiliaron no tanto a un viejo partido que estaba en el exilio en Francia o en México, sino a un socialismo de tipo centrista, no marxista y reformista, que luego hemos visto que tenía poco que ver con esa tradición histórica. Es más, el PSOE en realidad funciona como una federación que reúne a grupos de notables en cada sitio. Muchos de estos grupos de notables, sobre todo en Cataluña, tienen muy poco que ver con los socialistas históricos, y sin embargo tienen mucho que ver con una cosa muy interesante que no existía en el año treinta y seis, y esto es, con los grupos católicos progresistas.[3]

T.B.M. — Pero si estos notables se presentan llamándose Convergencia Socialista o Federación de Partidos de Socialistas no van a ninguna parte como tampoco fue a ninguna parte el Partido Socialista Popular de la mano de Enrique Tierno Galván. Llamándose PSOE la percepción del electorado cambia, el partido adquiere respeto y audiencia, y los votos llegan.

A.M. — Es que las siglas, naturalmente, han sido el gran acierto comercial. Las siglas tenían la trayectoria propia del partido más antiguo de la sociedad española. Además era el partido de la honradez y de la austeridad y esa imagen mítica vendía muy bien.

2. El enfrentamiento entre dos generaciones, una de las cuales está dentro de España y la otra en el exilio, es una cierta simplificación. Hubo históricos fuera de España como Francisco (Curro) López Real (véase Almunia, p. 315, nota 1) que apoyaron la renovación del PSOE. Véase la reflexión de Santos Juliá (p. 49) sobre esta cuestión.

3. José Félix Tezanos (p. 385) también destaca la novedosa presencia de católicos entre los votantes socialistas. Felipe González colaboró de joven con organizaciones de la Iglesia, la Juventud Obrera Católica (JOC) y la Hermandad Obrera de Acción Católica (HOAC), y gracias al arzobispado de Sevilla obtuvo una beca para estudiar en Lovaina, Bélgica, en 1965.

*La transición era algo que se estaba haciendo antes de morir Franco por la sociedad española desde dentro.*

*En la práctica el PSOE no ha sido un partido laico y muy inteligentemente ha respetado el hecho sociológico del catolicismo español que está ahí.*

Yo, en el año ochenta y dos, voté a ese partido porque creía que representaba muy bien esa evolución desde dentro.

T.B.M. — Desde luego lo que no representa es la revolución del treinta y cuatro, las disputas entre los *prietistas* y los *caballeristas*, Negrín con la Unión Soviética y Besteiro con la Junta del coronel Casado.

A.M. — No, todo eso queda muy olvidado. Es que personas como Narcís Serra o el mismo Felipe González, y no digamos algunos de los del PSP de Tierno, habían estado más bien ligadas a movimientos católicos o a movimientos de conciencia universitaria que tenían muy poca conexión con el socialismo histórico salvo en el tema de las siglas. Sin duda las siglas representaban algo mágico.

T.B.M. — Pero a pesar de algunos antecedentes católicos, el PSOE se presenta como laico, incluso agresivamente laico.

A.M. — Yo creo que agresivamente laico no. No ha habido ningún conflicto grave con la Iglesia, no ha habido ninguna ruptura laica, y el PSOE ha seguido dando subvenciones a la Iglesia. En la práctica, el PSOE no ha sido un partido laico y muy inteligentemente ha respetado el hecho sociológico del catolicismo español que esta ahí.[4]

T.B.M. — Tienes razón. También el PSOE tuvo la fortuna de haber sido precedido por la UCD.

A.M. — Sí, porque con la UCD ya comienza la separación de Iglesia y Estado y se hace la ley del divorcio. La UCD fue un colchón extraordinario en este sentido para el PSOE, porque si le hubiera tocado hacer estas cosas al PSOE hubiera sido un planteamiento rupturista como fue el de quitar los crucifijos de las escuelas antes de la guerra. Esto de los crucifijos lo hizo simbólicamente la UCD y el PSOE lo que hizo fue continuar una política de *modus vivendi* que había heredado.

T.B.M. — Un hecho significativo fue que no se empeñó, cuando tenía mayoría y lo pudo haber hecho, en añadir el cuarto supuesto a la ley del aborto.

A.M. — Exactamente. Eso hubiera sido rupturista pero no dio el salto.

T.B.M. — En el ochenta y dos el eslogan electoral era «Por el cambio», pero, visto con perspectiva, la conclusión general es que

4. José Félix Tezanos (p. 384) afirma que una de las novedades del voto socialista con el retorno de la democracia fue su alto componente de católicos.

*Si la UCD no llega a iniciar la transición, si no prepara el terreno, el PSOE no hubiera tenido la legitimidad que luego tuvo.*

*Alfonso Guerra, con su Mahler y su Machado, se autoproclamó poeta.*

gran parte de los millones que votan por primera vez al PSOE ven en Felipe González y su partido una garantía de seguridad.

A.M. — Bueno, pero la palabra «cambio» entusiasmaba a los españoles y recuérdese que *Cambio 16* fue la gran revista de la transición. Pero era todo un poco ambiguo porque no se decía hacia dónde se cambiaba y la gente parece que quería cambio sin saber muy bien adónde iba. Seguramente lo que entendió el electorado era que con el «cambio» al menos no se volvía hacia atrás. El éxito del eslogan fue que miraba hacia adelante y eso era lo que querían los votantes.

T.B.M. — Por supuesto no querían una vuelta al autoritarismo, pero tampoco querían la continuación en el poder de un partido como la UCD que parecía más dividido y más caótico cada día que pasaba. El PSOE era un partido muy unido y cohesionado en torno a un líder indiscutido.

A.M. — Es que la UCD no llegó a ser un partido. Llegó a ser un acuerdo de notables, ése sí que era un acuerdo de notables, sin engranaje con la sociedad y, claro, aquello se desmoronó. De todas formas la UCD cumplió su papel. Yo creo que si la UCD no llega a iniciar la transición, si no prepara el terreno, el PSOE no hubiera tenido la legitimidad que luego tuvo.

T.B.M. — En las elecciones del ochenta y seis el PSOE elige un eslogan, «Por el buen camino», que ya enfatiza claramente el concepto de seguridad y de estar en buenas manos y se olvida del «Cambio» como reclamo electoral.[5] Y es que el PSOE consigue darle al electorado en esa primera legislatura lo que mayoritariamente quiere: el fin del aislamiento con el ingreso en las instituciones europeas, la consolidación de la democracia y al menos un comienzo de política de reparto para reforzar el Estado de bienestar.

A.M. — Sí, eso último fue muy importante y lo sigue siendo, pero no olvides que la seguridad social fue iniciada por Franco y que hubo una continuidad por parte del PSOE. El Estado de bienestar es algo que cobra vigencia después de la Segunda Guerra Mundial y lo construyen los laboristas en Inglaterra, los democratacristianos en Italia y Perón en Argentina. A quien le toca estar en

5. «Por el buen camino» había sido utilizado tres años antes por el Partido Conservador británico, consiguiendo Margaret Thatcher renovar su mayoría de forma contundente. El eslogan «*On the right track*» contenía un juego de palabras al significar *right* también «derecha».

el poder en esa época le toca hacer el Estado de bienestar porque es el signo de los tiempos. El seguro obligatorio de enfermedad fue una idea franquista y lo que hay en España es una continuidad como la ha habido en otros lugares. El PSOE se apunta a esa trayectoria y a esa inercia con éxito y ahora el Partido Popular no puede deshacer los pasos andados aunque quisiera.

T.B.M. — En el ochenta y seis comienza una etapa de expansión económica en España y se entra de lleno en la cultura del pelotazo.

A.M. — Ésa es la crisis. En mi caso personal lo mismo que yo voté con entusiasmo al PSOE en el ochenta y dos, en el noventa y tres voté al Partido Popular y entre medias me abstuve de votar. Mi caso puede parecer que no indique mucho, pero yo creo que es el caso de muchos españoles. Primero le dimos un voto de confianza a un partido centrista y sin ideas de venganza como ha sido el PSOE moderno, a un partido que miraba hacia adelante, que era modernizador, que se esforzaba por el bienestar, que representaba la honradez y ¡ay! es ahí donde falla, ¿no? Yo creo que el tema de la honradez es lo que hace pensar a muchos españoles que se necesita un recambio.

T.B.M. — Pero fijándonos por ahora en lo que era esa «cultura del pelotazo». Lo que ocurre en la segunda mitad de los ochenta es que la sociedad en su conjunto comienza a enriquecerse ...

A.M. — Sí, sí; evidentemente...

T.B.M. — Unos se enriquecen mucho, pero más o menos todos ganan, hay más gente trabajando y la mayoría dice que las cosas le van mejor. Y si eso fue así, ¿por qué molesta tanto ahora el recuerdo de esos años y se habla de ellos utilizando términos peyorativos como pelotazo?

A.M. — Bueno, no molesta lo del enriquecimiento. Lo que molesta es el enriquecimiento ilegítimo. El famoso «pelotazo» es que la gente ve que unos se enriquecen de forma ilegítima.

T.B.M. — Eso se sabe después...

A.M. — No, no; se iba sabiendo.

T.B.M. — Pero a un Mario Conde no se le ve en esos años como ilegítimamente rico.

A.M. — Al principio no. Pero poquito a poco, ¿no?, se empiezan a ver casos de corrupción. Esto ya comienza en el ochenta y siete, se ve con mayor claridad en el ochenta y ocho y va a más. Desde entonces ha ido *in crescendo.*

T.B.M. — Y la corrupción resulta absolutamente hiriente para la sociedad española.

A.M. — Absolutamente. Todos los datos que tenemos indican que es el punto flaco por encima de todos los demás, que es el punto de máxima crítica. La gente no deja de votar al PSOE porque quiere menos Estado o menos impuestos. No va por ahí la cosa. La gente lo que dice es que es mejor un recambio, porque si no hay recambio estos señores, cuanto más tiempo estén en el poder, más se van a enriquecer a costa del erario público.

T.B.M. — Estoy completamente de acuerdo en que el pelotazo indigna a la sociedad porque se identifica con el enriquecimiento ilegítimo. Pero creo que hay algo más que no sé si acierto a explicar. La cuestión es que en la segunda mitad de los años ochenta hay un enriquecimiento global, al menos en el mundo desarrollado, y en Inglaterra, por poner un ejemplo, son los años gloriosos de Thatcher, y hay también mucho enriquecimiento y tampoco todo fue legítimo. Lo que ocurre bajo Thatcher es que también hubo recortes sociales durante esos años y hubo mucha gente que lo pasó francamente muy mal. En cambio aquí, durante esos años de vacas gordas, hubo una política socialdemócrata típica de aumento de impuestos y de inversión pública, aunque los sindicatos dirían que ésta no fue suficiente. El pelotazo aquí, con todos los abusos que se quiera, fue positivo en términos generales, sin embargo no es visto así. Yo creo que en España, a pesar de que sea ya una sociedad muy consumidora, sigue vigente el desprecio ancestral por el dinero y sigue en pie esa cultura que dice que si hay uno que es rico es porque hay otro que es pobre. Se echa en falta, para entendernos, algo del protestantismo del norte de Europa y del capitalismo bien entendido.

A.M. — Sí, hay algo de eso. Es la idea del juego de suma cero que es muy típica de las sociedades tradicionales y campesinas. El campesino entiende que si un campesino se enriquece es porque otro se empobrece. Esto es el peso que tenemos de sociedad mediterránea y católica. Aquí no ha habido darwinismo social y no se entiende que el enriquecimiento de uno es producto de las virtudes de uno.

T.B.M. — Creo que toda esta reflexión es útil porque se podría argumentar que el socialismo moderno de Felipe González se acopla bien a esa sociedad mediterránea cuando predica solidaridad, igualitarismo y reparto. Pero pierde los papeles cuando comienza un ciclo de enriquecimiento porque la gente se pregunta por qué hay tantos nuevos ricos que ostentan tener bastante más que los demás cuando están gobernando los socialistas. La gente se pone inmediatamente a pensar que hay gato encerrado y cuando efectivamente se dan casos de corrupción y aparecen en escena una serie de sinvergüenzas ya está servida la crisis política.

A.M. — Claro. Si se demuestra que unos se han enriquecido a costa de otros, se hace un flaco servicio a esa idea de que todos nos podemos enriquecer y no tienen por qué empobrecerse algunos. Por eso la corrupción es un hecho tan extraordinariamente importante en España. La cuestión es que la corrupción da precisamente la razón a una concepción tradicional del enriquecimiento.

T.B.M. — El tema GAL revela una corrupción de otro orden al transgredir las reglas de juego de un Estado democrático. ¿Qué fibras de la sociedad española toca esta guerra sucia?

A.M. — Pues durante muchos años se toleró en la práctica, pero al extremo que hemos llegado yo creo que la gente ya ni entiende, ni justifica, ni tolera el GAL. La actitud general, mira qué cosa más curiosa, ha cambiado con la aparición de todo el caso de los fondos reservados.

»Esto ha sido la guinda. Parece cínico, pero la gente podía entender que a veces unos señores encargados de luchar contra el terrorismo emplearan la tortura. La gente podía entender que se trataba de una guerra y que en las guerras se hacen barbaridades. Pero la gente ya no toleró que esos mismos señores, que torturaban y eran parte de la guerra, se llevaran los dineros que estaban para luchar contra los terroristas y se hicieran chalets y abrieran cuentas bancarias en Suiza.

T.B.M. — ¿Y esto fue la guinda, la gota de agua que desbordó el vaso?

A.M. — La gente no perdona que los casos del GAL estén unidos misteriosamente a casos de corrupción económica de meter la mano. Es una maldita casualidad. ¿Por qué diablos tenían que meter la mano las personas que tenían que perseguir a los terroristas? El escándalo del Ministerio de Interior es la sinergia de estas dos cosas, me parece a mí, y lo que convierte todo el tema en algo verdaderamente irritante.

T.B.M. — Me resulta muy sorprendente cómo Felipe González y la nueva generación de socialistas aprueban con mucho éxito lo difícil y suspenden indecorosamente lo que se antojaba como lo fácil. Es decir, consiguen hacerse con un viejo partido, renovarlo con un discurso que tiene gancho, establecer un potente liderazgo y ganarse la hegemonía política del país. Pero luego, ya en el poder, no son capaces de guardar y de hacer que se guarden las formas. Con el tiempo pierden la credibilidad que habían acumulado.

A.M. — Es verdad. No se explica. Es lo que hay que averiguar: ¿por qué? Bueno, hay un factor importante que es el de estar mucho tiempo en el poder.

T.B.M. — El discurso del poder corrompe.

A.M. — Claro. El poder y la falta de alternancia. Trece años en el poder corrompen a cualquiera. Si Felipe González se hubiera ido en el noventa y tres o incluso antes, hubiera quedado como un rey.

T.B.M. — El PSOE siempre habló de un proyecto a largo plazo y de veintitantos años de gobierno. Quería emular la larga duración en el poder de la socialdemocracia en Suecia. Y yo creo que si no llega a surgir la evidencia de tanta corrupción, el PSOE seguiría siendo el partido mayoritario.

A.M. — Sí, pero es que no se puede decir «yo voy a estar veinticinco años». Hay que decir siempre «yo voy a estar hasta la próxima legislatura, y luego ya veremos». Los anuncios de que se pretende estar en el poder a lo largo de una generación me parecen anuncios antidemocráticos.

T.B.M. — Estoy de acuerdo, pero en España no existe esa cultura democrática que reconoce que la alternancia en el poder es buena y saludable.

A.M. — Pues tendría que haberla, porque si eso no se consigue la democracia no funciona bien. Yo creo que eso es fundamental, intrínseco, en la democracia. Pero ciertamente no la hay. En cambio, lo que sí hay es la tradición española, en la Restauración y en la República, de gobiernos que duraban meses. Aquí se llegó a llamar gobierno largo a uno que duró año y medio. Nuestra parca tradición democrática es muy inestable.[6]

6. Y no lo es solamente en España. Viene a cuento un reciente trabajo de José Varela Ortega que recuerda que la democracia no es un proceso lineal y simple, sino que es «larguísimo, fluctuante y balbuceante... con frecuencia salpicado de rupturas, cortes e incluso violencias y retrocesos». José Varela Ortega, «Orígenes y desarrollo de la democracia: algunas reflexiones comparativas», en José Varela Ortega y otros, *Política en la Restauración (1875-1923),* Documento de Trabajo, Instituto Universitario Ortega y Gasset, Madrid, 1996, p. 5.

T.B.M. — Y por lo tanto el durar es visto como un valor positivo por los gobiernos y por los electores.

A.M. — Mi opinión personal es que se puede durar haciéndolo bien, pero el durar por durar no es positivo en la democracia.

T.B.M. — Hace un momento decías que el PSOE hubiera durado de hacer las cosas bien.

A.M. — Por definición. Y la mejor demostración de que no lo hicieron bien es que no duraron y que los trece años no llegaron a catorce.

T.B.M. — Pero estamos de acuerdo en que trece años y pico son muchos. Cuando un partido está en el poder durante un período tan largo, es de suponer que deje huellas en la sociedad que gobierna. ¿Qué cambios sociales has constatado del ochenta y dos al noventa y seis?

A.M. — Una maduración muy grande en todos los aspectos, pero el cambio más extraordinario ha sido el hábito economicista que asume la sociedad, la manera en que los españoles, prácticamente todos, nos hemos acostumbrado a ser sujetos económicos. Esto es típico de una sociedad avanzada donde todos llevan sus cuentas y sus facturas, donde todos hacen declaración de renta y pagan impuestos. Esto corresponde a una sociedad comerciante y no existía en la tradición española. Éramos preindustriales, una sociedad tradicional e hidalga, el genio antieconómico donde a lo más que se aspiraba era a ser funcionario. Ahora la gente ahorra, invierte y entiende de hipotecas y de préstamos, es decir, son sujetos económicos. Es un cambio silencioso que no se aprecia, porque ha ido haciéndose poquito a poco, pero hemos entrado de lleno en la cultura capitalista.

T.B.M. — Hasta cierto punto, ¿no? Porque estos sujetos económicos que tú identificas cada vez demandan más al Estado y exigen que el Estado extienda un paraguas protector sobre la sociedad.

A.M. — Esto es un fenómeno de la Europa continental. Aquí la derecha que propugna reducir el Estado, la derecha de Estados Unidos y de Inglaterra, no acaba de entrar porque aquí la derecha, desde Primo de Rivera a Franco, ha sido tan estatista como la izquierda. El Estado de bienestar, como decíamos, es una concepción tanto de unos como de otros.

T.B.M. — Lo reconozco. Pero creo que una de las características del período socialista es que, precisamente porque ha aumentado mucho el paraguas protector, la sociedad se ha vuelto más pasiva y, quizá, peligrosamente dependiente.[7] Esto matiza lo que decías del cambio silencioso hacia la sociedad de sujetos económicos. Yo creo que los fondos europeos, los fondos de cohesión y los estructurales, que han sido un balón de oxígeno para la extensión del Estado de bienestar, han permitido universalizar esa pasividad y dependencia. Felipe González peleó mucho en las cumbres europeas para aumentar las transferencias hacia los socios pobres y tuvo mucho éxito su discurso sobre la necesidad de nivelar, a través de estos fondos, las economías del sur de Europa con las del norte.

A.M. — Claro. Es que esta pasividad que se crea es un ejemplo de libro de lo que los sociólogos llamamos, de una manera cursi, las consecuencias no anticipadas de la acción social. Éste es un caso precioso, de manual, de cómo algo que en principio es positivo, por ser igualador, puede tener efectos negativos y perversos. Lo estamos viendo especialmente en la España del sur, en la España PER, donde ha desaparecido todo estímulo a la iniciativa. Esto es otra vez volver a Felipe II y a los millones de pobres, mendicantes y frailes que había en esa España parásita que acabó con el oro que venía de América. Es que aquí llueve sobre mojado porque tenemos esa tradición pasiva y antieconómica: Si encima nos la facilita Europa, estamos perdidos.

T.B.M. — Estábamos con el Estado de bienestar de la Europa continental que es tanto de la derecha como de la izquierda. Si resulta, entonces, que es una seña de identidad común, ¿cómo se identifica a los socialistas?

A.M. — Creo que hay que distinguir entre el sur, entre esa España PER de Andalucía y de Extremadura, y el resto. En el sur existe una identificación histórica, tradicional de votar «a los míos», y por eso en Andalucía y en Extremadura no pierde el PSOE por los casos de corrupción.

T.B.M. — Es decir, «siempre se ha robado, y si se roba ahora al menos roban los nuestros».

A.M. — Eso es; «ellos y nosotros». Es un voto antiguo y, por otro lado, un voto típico de partido nacionalista; en Cataluña y en el País Vasco los electores votan «a los nuestros».

7. Y además el paraguas protector del Estado de bienestar se tambalea en Europa en general y en España en particular. En un lúcido análisis, Diego Hidalgo señala que en España «el problema es más grave tanto cuantitativa como cualitativamente: el sistema de pensiones se va a derrumbar en un futuro casi inmediato». *El futuro de España*, Madrid, 1996, p. 271.

T.B.M. — ¿Y en el resto de España?

A.M. — Pues aquí vemos que el Partido Socialista ha perdido una parte del electorado que le votó en el ochenta y dos, los activos, los profesionales, los funcionarios, los jóvenes. Éste es un voto pragmático, y como paga impuestos reacciona frente a la corrupción diciendo «un momento, se están llevando mis dineros».

T.B.M. — ¿Cuáles pueden ser las tendencias del voto en los próximos años?

A.M. — Lo previsible es la transferencia de una parte del voto pasivo, fundamentalmente el de los pensionistas, al Partido Popular, puesto que una proporción de este electorado vota al gobierno que garantiza las prestaciones, y que el PSOE recupere parte de los votos activos que había perdido.

T.B.M. — En las elecciones del noventa y seis Felipe González intentó atraer ese voto con el discurso de la tolerancia.

A.M. — Yo creo que eso puede ser un bumerán porque la gente se da cuenta de que la derecha que fue caricaturizada en el vídeo del PSOE como un doberman y unas botas militares no tiene que ver con los nuevos líderes del Partido Popular. Puede que esa campaña asegurase cierta fidelidad del voto socialista, pero fue una política errónea desde el punto de vista de ganar votos a largo plazo. Yo creo que el PSOE tiene que seguir manteniendo que es el partido que representa el auténtico Estado del bienestar.

T.B.M. — Creo que el igualitarismo es un valor fuerte en la cultura política española y esto lógicamente favorece a la izquierda.

A.M. — Sí lo es y mucho, y éste es un valor del PSOE. Está muy claro que la gente prefiere la igualdad a la libertad.

T.B.M. — El eslogan del socialismo renovado en la segunda mitad de los setenta fue, sin embargo, «Socialismo es libertad».

A.M. — Sí, pero es que libertad significaba «no franquismo». Eso se va perdiendo. Las nuevas generaciones conciben la libertad como el aire que respiran.

T.B.M. — Y lo que ocurre también es que no les dicen mucho las medallas de lucha antifranquista que se ponen sus mayores. Creo que el tema prioritario que tiene planteado el PSOE es la renovación de su liderazgo.

A.M. — Es que eso es imprescindible. La generación de los cincuenta años, que es la de Felipe, con lo joven que es está agotada y políticamente muerta. Ha dado lo que tenía que dar.

T.B.M. — Pero el recambio, que siempre es difícil, es particularmente complicado en el caso del PSOE por la razón obvia de la personalidad y la proyección de Felipe González.

A.M. — Yo confío en que haya jóvenes profesionales de otro estilo que empiecen a pensar que conviene un liderazgo menos carismático. Una cosa que ha traído Aznar es la ausencia de carisma, y yo pienso que la gente empieza a estar harta de carismas, que es lo que parece ser que hemos tenido desde los tiempos de los Reyes Católicos. Puede que haya ahora un tipo de liderazgo más común, más normal, más de gestión, si se quiere, más gris; pero no estoy seguro, porque en política siempre te encuentras con ese elemento irracional y mesiánico. Como decía José Antonio, a los pueblos les mueven los poetas, y aquí, en la época de la televisión, ocurre lo que no pasa en ninguna parte de Occidente: que se llenen las plazas de toros para escuchar a un político.

T.B.M. — Y Felipe González era poeta.

A.M. — Sin duda. Lo que le atraía era la retórica y los mítines de la cazadora. Y Alfonso Guerra, con su Mahler y su Machado, se autoproclamó poeta.

21. Antonio Muñoz Molina

*Novelista, miembro de la Real Academia Española.*

**Lo que hicieron los socialistas fue crear una Administración cautiva de la política, y lo hicieron con la colaboración de los comunistas, de la derecha y de todos.**

La conversación con Antonio Muñoz Molina, a quien aprecio mucho como persona y como escritor, fue para mí un muy importante punto de referencia para pulsar las expectativas que defraudó el PSOE, en su paso por el gobierno, entre un sector de la sociedad, el intelectual y el creador, que considero vital en España como en cualquier otro país.

El gobierno de todo Estado contemporáneo tiene el deber de proteger y de proveer a los más necesitados, sobre todo a los enfermos y a los ancianos, y es innegable que la administración del Partido Socialista cumplió con creces en este terreno. Pero un gobierno que presume de ilustrado y de progresista, y éste fue el caso del gobierno socialista, tiene también el deber de ser ejemplarizante y educador en el sentido más amplio de este término.

Esto lo entiende Muñoz Molina, como lo entiende mucha más gente, y de esto, fundamentalmente, quise conversar con él.

Como tantos otros, en 1982, Muñoz Molina no le pedía milagros al PSOE cuando llegó al poder de una manera fulminante y arrasadora. Tan sólo pedía el sota, caballo y rey de un proyecto regeneracionista: decencia cívica, transparencia democrática, el imperio de la ley y la dignidad de lo público. Lo que quería era una revolución burguesa que recogiese la herencia de los primeros años de la II República y que construyese sobre ella. Quería un Estado racional, tal y como lo entendió Manuel Azaña cuando presidió los primeros gobiernos republicanos con el apoyo del Partido Socialista, y quería una administración razonable.

La ejemplaridad fue un elemento esencial del proyecto que se diseñó medio siglo antes de llegar Felipe González al poder en una España plagada de tensiones ancestrales y en unas circunstancias políticas y económicas absolutamente adversas. Los socialistas en 1982 tuvieron, al contrario, «una oportunidad que no se había tenido nunca en la historia de España y que seguramente no se volverá a tener». La ejemplaridad era lo más fácil, si se miran las propias tradiciones socialistas, y lo menos costoso.

Y es precisamente la ejemplaridad lo que muy pronto se echa a perder. Muñoz Molina constata un despilfarro «gravísimo» de lo público y un lujo de manifestación por las autoridades «inconcebible». Culpa a todos los partidos pero principalmente, y con tristeza, al Partido Socialista por el poder que ejercía y por las esperanzas que se habían depositado en su acción política. El PSOE eran «los míos», porque en España «no se puede ser progresista sin contar con el Partido Socialista».

Según Muñoz Molina, el gobierno socialista construyó muchos colegios pero no se comprometió a poner todo su afán en la instrucción pública; olvidó, si alguna vez lo supo, que la educación «ha sido el eje de toda la tradición liberal española». En la administración pública, el gobierno se apresuró a «meter más gente, más gente, más gente» y no la reformó nunca. En su particular memorial de agravios, Muñoz Molina afirma que «el gran delito» del PSOE en su paso por el poder ha sido el haber legado una administración pública menos razonable que la que heredó; el haber legado una administración cautiva de lo político e incompetente cuando no corrupta.

La reflexión de Muñoz Molina sobre la Expo'92 de Sevilla es demoledora. Aquella fastuosa exposición en la Andalucía del PER —donde la gente «lleva el atraso en sus caras»— fue «el máximo ejemplo de la borrachera colectiva, de la irrealidad colectiva». Con los socialistas llegó la fascinación por la imagen, por crear imagen, por dar imagen. La Expo fue «el paroxismo de esa fascinación por la imagen, por lo que era una fascinación barroca».

En el despacho de Muñoz Molina, donde conversé con él sobre su profundo desengaño por la oportunidad perdida, cuelga de una pared la portada de *El Liberal* de su edición del miércoles 15 de abril de 1931. Me fijé en ella mientras hablaba de la Institución Libre de Enseñanza y me dijo que la había encontrado en el Rastro. El titular de la portada, a seis columnas, reza: «La bandera tricolor, izada por veinte millones de españoles, ondea en toda la nación, desde el Palacio Real hasta el último municipio aldeano.»

Muñoz Molina no se explica, o se explica demasiado bien, la incapacidad del PSOE de ser el heredero digno, y por fin eficaz, de aquella ancestral empresa regeneracionista.

Tom Burns Marañón: En los setenta, al comienzo de la transición política en España, la izquierda era muy utópica. Luego pacta una reforma o pacta una ruptura, como se quiera, y acuerda una democracia, más o menos ilustrada, más o menos progresista, pero todo dentro de un orden burgués que se alejaba de esa utopía.

Antonio Muñoz Molina: Me parece a mí que quienes tenían esto más claro eran los comunistas, y básicamente Santiago Carrillo, aunque había una contradicción muy grave entre las ideas que defendían y la manera en la cual las ponían en práctica dentro de su partido. En general, antes de la muerte de Franco, las ideas sobre el porvenir que queríamos las personas de izquierda eran muy disparatadas.

T.B.M. — ¿Tú dónde militabas?

A.M.M. — Yo no militaba en ningún partido porque me daba mucho miedo, pero estaba próximo al Partido Comunista. Ahora, fíjate que en la universidad el PCE era un poco como el partido de la reacción porque había unas corrientes de ultraizquierda tremendas, corrientes que sobre todo sirvieron después para proveer de cuadros intelectuales al Partido Socialista.

T.B.M. — Bueno, el PSOE en aquellos años, con su liderazgo renovador, recogía muchas de aquellas ansias idealistas y juveniles que luego se fueron madurando...[1]

A.M.M. — Claro que las recogía. Pero yo me refiero a ¿quién tenía entonces un proyecto razonable del futuro?

T.B.M. — El PCE.

A.M.M. — Eso. Y ese proyecto, que estaba en la Junta Democrática, me parecía, en abstracto, una idea muy razonable.

T.B.M. — Volviendo al socialismo...

A.M.M. — Es que ¿sabes lo que ocurre? En esos años el socialismo es que no estaba. Entre las personas que se movían en la lucha antifranquista, en la oposición antifranquista, entre los que estábamos en las universidades no había muchos socialistas. Yo recuerdo que vi a un socialista por primera vez en una reunión, en 1976. Otra cosa es que ellos estuviesen haciendo sus congresos y sus cosas.

T.B.M. — Eso es raro porque resulta que son los andaluces, los de tu tierra y no mucho mayores que tú, los que se hacen con el poder en el Partido Socialista.

A.M.M. — Pero es que ni siquiera en Andalucía había, en la práctica, presencia socialista. Yo no les veía. Igual estarían en otro

1. El testimonio de Joaquín Arango sobre su pedigrí radical y su posterior paso al PSOE (p. 95) es tan ilustrativo como representativo de una generación de universitarios de la segunda mitad de los sesenta. De la militancia ultraizquierdista, pero no comunista, en grupos como el Frente de Liberación Popular (FLP) se pasó, en menos de diez años, al socialismo democrático que representaba Felipe González.

ámbito. En mi ambiente, el universitario, el cultural por llamarlo de algún modo, quienes tenían presencia eran los comunistas y gente de extrema izquierda.

T.B.M. — Sin embargo, cuando llegan las elecciones de 1977 triunfa el PSOE sobre el PCE. Hay dos explicaciones que se utilizan mucho. La primera es que se vota para pasar la página a la época anterior y por ello se vota tanto contra el franquismo, contra Alianza Popular, como contra el antifranquismo, es decir, contra el PCE. El PSOE se beneficia claramente de haberse renovado justo antes de la muerte de Franco...

A.M.M. — Sí, sí...

T.B.M. — Y la segunda explicación es que funcionaba la memoria histórica...

A.M.M. — También. En mi tierra, en Jaén, los resultados de las elecciones de 1977 fueron los mismos que los resultados de las elecciones de 1936.[2] Donde se había votado al Partido Socialista en 1936, se le votó en 1977, y donde se había votado a la CEDA, se votó a la UCD. Uno diría que los cuarenta años no habían servido de nada.

T.B.M. — Al PSOE la aplastante hegemonía que establece sobre la izquierda en aquellas primeras elecciones de la transición le sirve para ir abandonando planteamientos utópicos y discursos radicales. A partir de las elecciones de 1977 y las de 1979, ya no teme ser sobrepasado por la izquierda, por el Partido Comunista, y se puede dedicar a ganarse el voto moderado, el voto centrista, cosa que consigue en 1982. Y así llegamos al pacto con la democracia burguesa que es donde empezamos.

A.M.M. — Exactamente. Pero es que además de los suyos, los de tradición socialista, y además de votantes de centro, el PSOE recibe el apoyo de mucha gente ilustrada que había pasado por un proceso de maduración a lo largo de la transición, que se había hecho mayor en el sentido de que había renunciado a muchos sueños. Y está bien renunciar a muchos sueños porque muchos sueños utó-

2. En Jaén el PSOE cobró una amplia victoria electoral en 1977 en parte porque el principal candidato socialista alentaba la memoria histórica de un manera muy directa. Encabezó la lista del PSOE por la provincia Alfonso Fernández Torres, que siendo dirigente jiennense del Partido Socialista durante la República presidió la Diputación Provincial. Fernández Torres fue el padrino político de Alfonso Guerra y de los jóvenes sevillanos que acabaron tomando el poder en el PSOE. (Véase Guerra, p. 119, nota 1.)

*En vez de cambiar el país, lo que hicieron los socialistas con la Expo fue cambiar una pequeña isla de ese país, la isla de la Cartuja.*

*Manuel Azaña tenía muy claro el papel importantísimo que debería tener el Estado para racionalizar un país que había tenido un crecimiento tan desigual.*

*El proyecto de Julio Anguita para Izquierda Unida me parece un delirio, un delirio total.*

picos tienen un efecto siniestro cuando se ponen en práctica. ¡Ay de aquellos países cuando esto ocurre!

T.B.M. — Entonces, habiendo renunciado a determinados planteamientos, ¿qué esperanzas concretas depositaba gente como tú en un gobierno del PSOE?

A.M.M. — Pues la esperanza de una sociedad razonablemente burguesa, una sociedad en la que el Estado y la sociedad civil tuvieran sus posiciones democráticas y que todo funcionase bajo el imperio de la ley; una sociedad que tuviera decencia cívica y transparencia democrática, una sociedad en la cual lo público tuviera dignidad, la dignidad de ser la expresión de la soberanía popular.

T.B.M. — ¿Lo público?

A.M.M. — Cuando hablo de lo público me refiero a la plaza pública, a la escuela pública, a la sanidad pública. Esto es una idea muy antigua española, es la idea de la II República. Es la idea de hacer, por fin, la transformación democrática de España. España ha tenido un desarrollo político y económico muy irregular, muy desequilibrado, ¿no?, muy retrasado, y esto era el hacer por fin la revolución burguesa.

T.B.M. — Y tan antigua la idea. Es la que impulsa el regeneracionismo, la que preocupa a la generación del 98. Hay una inmensa literatura sobre ella. Nos ponemos, como mínimo, en la Ilustración.

A.M.M. — Esto es. Jovellanos y las Cortes de Cádiz. Es uno de los grandes impulsos de la vida española y el otro, por desgracia, es el de la cerrazón y el clericalismo.

T.B.M. — Y entonces ¿qué ocurre? Cuando llega el PSOE al poder, ¿resulta que no son suficientemente ilustrados?

A.M.M. — Aquí ya tocamos la crítica de los intelectuales. Y la posición de un intelectual de izquierdas es muy cómoda, frente a lo que suele decirse, porque tiene audiencia y no tiene responsabilidades. Si estás ejerciendo, administrando el poder, tienes toda clase de responsabilidades; pero en España, como en Francia, también están los intelectuales que ejercen de *prime donne* y reparten doctrina. Y si tú tienes una posición de intelectual de izquierdas, tienes una comodidad pasmosa porque puedes explotar, puedes alentar la insatisfacción de las personas y al mismo tiempo no tienes que responsabilizarte de ninguna consecuencia.

T.B.M. — Pero tú nunca te has incluido en ese grupo de intelectuales de izquierdas.

A.M.M. — Yo no. Y además no me gusta ser intelectual. Tú sabes que era Cyril Connolly quien defendía, frente a la idea francesa del intelectual, la idea del hombre de letras, la idea de una persona ilustrada, templada, que no se consideraba dotado de una capacidad sacerdotal según el modelo francés.[3]

T.B.M. — Connolly tuvo una trayectoria muy inglesa que se asentaba sobre el escepticismo y el empirismo. Se definió a sí mismo, siendo todavía colegial, como un ateo supersticioso y un cínico sentimental. Pero volvamos a lo tuyo. ¿En 1982 tú eras funcionario?

A.M.M. — Sí; y en cuanto a lo del intelecto yo no era nada. Y entonces había una cosa que yo veía muy clara, porque la tenía muy cerca, y era la reforma de la administración, una de las grandes necesidades, uno de los grandes problemas de España y a la vez uno de los que tienen menos resonancia pública. La administración pública tenía que reformarse, tenía que modernizarse, tenía que racionalizarse. Y esto tiene que ver con lo que te he dicho antes sobre el imperio de la ley.

T.B.M. — ¿Qué fue lo que viste?

A.M.M. — Pues yo creo que el gran delito, una de las grandes responsabilidades del Partido Socialista, fue no hacer esa reforma de la administración. El PSOE tenía la posibilidad, porque tenía una mayoría tremenda, de reformar y racionalizar la administración, de haberla profesionalizado, de haberla organizado según criterios técnicos y de imparcialidad. Pero prefirieron una administración de tipo mejicana, es decir, una administración regida por la política donde la instancia política lo controla todo.

T.B.M. — Y así, a la mejicana, llegamos a la corrupción.

A.M.M. — Claro. Y es que yo creo que cuando se habla de la corrupción todo el debate es falso porque no incluye la reflexión sobre el factor administrativo. Veamos. Cuando se dice que Roldán ha robado no sé cuántos miles de millones, yo digo: ¿por qué, cómo los ha robado Roldán? Y es que Roldán podía hacer lo que quisiera porque como director general de la Guardia Civil tenía una capacidad de decisión inmensa. Eso no puede existir con una administración razonable.

T.B.M. — Cuando dices «razonable», quieres decir la existencia

3. Cyril Connolly (1903-1974), crítico y escritor británico, dirigió la influyente revista literaria *Horizon* entre 1940 y 1950.

de *checks and balances,* como dicen los anglosajones, no solamente la profesionalización de la función pública, sino el control del ejecutivo por el legislativo y del legislativo por los electores y por la independencia judicial.

A.M.M. — Exactamente. La directora del *Boletín Oficial del Estado* se queda con cientos de millones porque tiene la posibilidad de encargar el papel a no sé dónde. Es que el director del BOE no tiene que hacer eso.[4] En un país civilizado eso lo hace un funcionario profesional y especializado que está sometido al control de la legalidad. Y en España lo que hicieron los socialistas fue crear una administración cautiva de la política, y lo hicieron con la colaboración de los comunistas, de la derecha, y de todos. Han creado una administración incompetente y lo único que han hecho es meter más gente, meter más gente, meter más gente.[5] Esto es gravísimo.

T.B.M. — Hace un momento hablamos de la dignidad de lo público, desde la plaza pública hasta la escuela pública, como el reto para una política ilustrada. Supongo que la situación de escuela pública es también motivo de desengaño.

A.M.M. — Hombre, claro. Tú fíjate que la escuela pública está siendo desguazada en beneficio de la escuela privada. Se ha hecho un gran esfuerzo en construcción escolar, pero se han hecho leyes que rompen con la tradición de la instrucción pública, y lo que se ha hecho es comprar la no beligerancia de la derecha y de la Iglesia dando dinero a la escuela privada. Esto lo han hecho los socialistas con el apoyo de Izquierda Unida y de los sindicatos, todos son culpables. El Estado tiene la responsabilidad de tener una buena instrucción pública, pero no tiene la responsabilidad de costear una enseñanza privada.

4. Muñoz Molina se refiere a la directora del *Boletín Oficial del Estado*, nombrada por el PSOE, que fue acusada de enriquecerse ilícitamente gracias al cargo que ocupaba, cesada y procesada.

5. El número de asalariados del sector público, según la Encuesta de la Población Activa (EPA), pasó de menos de un millón trescientos mil en 1976 a un millón y medio en 1982 y a dos millones cien mil en 1988. El juicio de Diego Hidalgo en su reciente libro de prospectiva es implacable: «El crecimiento del funcionariado se ha permitido de una forma irresponsable, sin mejora para el ciudadano y con graves consecuencias para nuestras finanzas [...] el resultado final es una Administración pública sobrecargada de funcionarios ineficientes y un Estado cada vez más pobre.» Hidalgo, *El futuro de España,* p. 320s. El PSOE, sin embargo, difícilmente podría ser el partido político que reformaría la función pública; más del 70 por ciento de los delegados en su XXXI Congreso de enero de 1988 tenían puestos en la Administración.

T.B.M. — Puede que haya sido una decisión que se apoyaba en la idea de pacto, de no enervar a fuerzas poderosas, y, además, era una solución menos costosa.

A.M.M. — Bueno, en la administración lo que hicieron fue apoyarse no en funcionarios demócratas sino en los que controlaban, desde mucho antes, los resortes del poder. En los ayuntamientos era más fácil que los socialistas tuvieran confianza en los antiguos franquistas que en los demócratas.

T.B.M. — Tú empiezas la vida como funcionario en el ayuntamiento de Granada, donde, está claro, la administración socialista de turno no se apoya en gente como tú. Pero tú consigues independizarte consagrándote como escritor. ¿Los socialistas ayudaban a los escritores que simpatizaban con ellos?

A.M.M. — Sobre eso se ha hecho mucha demagogia y se ha mentido mucho. Ha sido el público en España el que ha permitido que los escritores vivan bien, no la administración. La administración hizo una cosa buena, que fue promover las traducciones y eso se hace de manera automática y sin discriminaciones. Todo libro español que se quería traducir tenía un apoyo del Ministerio de Cultura.

T.B.M. — Este público que te permite vivir bien y con independencia a ti y a otros escritores que tienen talento, esta sociedad española, se convierte más y más a lo largo de estos años en dependiente del Estado. Hay una tendencia, y las encuestas lo demuestran, creciente de querer hacer al Estado responsable de todo.

A.M.M. — El Estado de bienestar, claro. El Estado de bienestar es la cosa más molesta porque es una especie de cultura de derechos sin contrapartidas. Y esto se ha dado mucho en España.

T.B.M. — Se reclaman derechos sin asumir deberes y obligaciones.

A.M.M. — Eso es. Y esto es una cosa muy difícil. Lo que pasa es que no se ha fomentado, ni en la familia, ni en la escuela, ni en ninguna parte, la idea de que el ciudadano es una persona que tiene derechos pero que tiene deberes tremendos también. Esa idea del deber nadie la ha apoyado y los primeros que no la han apoyado han sido los que se dedican a la política. Se extiende la idea de que en democracia se puede hacer cualquier cosa y que cualquier restricción es reaccionaria.

T.B.M. — No debe de sorprender esto. La sociedad ha sido tutelada cuando no reprimida en el pasado y el poder se ha ejercido de forma abusiva y jerarquizada.

A.M.M. — Bien, pero ahí tienes precisamente la tarea de educar que corresponde a las gentes ilustradas. Por eso la educación ha sido el eje de toda la tradición liberal española.

T.B.M. — Entonces estás culpando al socialismo de haber sido incapaz de fomentar esa tradición ilustrada.

A.M.M. — No estoy culpando al socialismo. Muchos de los problemas, muchos de los defectos, no son del socialismo. Son de la clase política. De la oligarquía política de este país.

T.B.M. — De acuerdo. No pongo en duda que estamos ante problemas que viene arrastrando la sociedad española desde hace siglos. Lo que sí creo es que al socialismo se le debe exigir más precisamente por sus raíces ilustradas, por su discurso racionalizador y modernizador. Como mínimo se le exige al socialismo una ejemplaridad.

A.M.M. — Hombre, claro, el ejemplo es fundamental. La exhibición que se hizo a lo largo de los años ochenta, el despilfarro público y la irresponsabilidad pública han sido gravísimos. El lujo con que se manifiestan las autoridades es una cosa inconcebible que no corresponde a un país civilizado.

T.B.M. — Choca mucho la falta de austeridad, sobre todo porque la austeridad en su sentido amplio es, mejor dicho era, consustancial al socialismo.

A.M.M. — Es que tienes una administración que es corrupta *per se*. No es que haya o deje de haber casos de corrupción. Es que al no permitir los controles jurídicos y la profesionalidad, el sistema administrativo es corrupto. Puede haber un político que no sea corrupto sino simplemente incompetente, pero lo que ocurre es que tenemos la corrupción de la incompetencia.

T.B.M. — Me sorprendió la manera en que la sociedad española comienza a mediados de los ochenta a obsesionarse de una manera desenfrenada por el lujo.

A.M.M. — Sí, a mí me sorprendió muchísimo. Esa especie de borrachera colectiva, de irrealidad colectiva, tiene su ejemplo máximo en la Expo. En vez de cambiar el país, lo que hicieron los socialistas fue cambiar una pequeña isla de ese país, la isla de la Cartuja.

T.B.M. — Hace poco fui en taxi desde cerca de Archidona hasta Granada, y el taxista, que era de Archidona, me contó cómo él y muchos del pueblo que estuvieron en la emigración en Alemania montaron, al volver, negocios, bares, talleres, esas cosas, en lo que entonces era la carretera nacional que unía Sevilla con Granada. Ahora viajábamos por una autovía, construida para coincidir con 1992 y la Expo, que ya no pasaba por Archidona y los demás pueblos, y los negocios de los emigrantes se habían arruinado, salvo el suyo porque él había invertido en taxis. La reflexión es una preocupante paradoja. Si antes Europa, en este caso Alemania, les daba trabajo a los españoles, les hacía ahorradores y emprendedores, ahora Europa proveía a España de fondos estructurales, de transferencias importantes que permitían muchos kilómetros de autovía pero que a la vez destruían las economías levantadas a pulso por los que fueron emigrantes. En Archidona, como en tantos otros sitios, el paro es altísimo y el pueblo está como petrificado, nadie se mueve y casi todos viven del PER. El taxista decía que los jóvenes del pueblo estaban machacados por la droga.

A.M.M. — Sí. Esto pasa en muchísimos pueblos de Andalucía y se da la paradoja que describes. Y es que vamos a ver, ¿en tantos años lo único que se ha podido hacer por Andalucía es el dinero del PER? ¿No se pudo haber hecho otra cosa? ¿Tú no ves el atraso que hay en las caras de la gente? En España yo creo que se han acentuado mucho las diferencias regionales, al menos yo tengo esa impresión. Lo que se ha hecho es corromper la sociedad en el sentido que decíamos antes, porque se perciben unas prestaciones sin nada a cambio. En todo caso a cambio de un voto, que es lo peor, claro.

T.B.M. — Cuando tú escribes sobre Andalucía levantas ampollas a diestro y siniestro.[6] ¿Qué te molesta tanto de lo que, para simplificar y entendernos, se ha dado en llamar andalucismo?

A.M.M. — Hombre, me molestan todos los nacionalismos, y me molesta esta borrachera de nacionalismos que hay ahora en España. Mira, sólo hay dos ideas sobre la organización de un país. Una

6. Muñoz Molina, por ejemplo, criticó en un artículo titulado «Andalucía obligatoria» (*El País,* 13-3-1996) la organización en Huelva de un «cursillo de espíritu rociero para alumnos y profesores». La alusión provocó una esperpéntica reacción de sesenta y siete profesores onubenses que en una carta colectiva al director de *El País* (4-4-1996) acusaron a Muñoz Molina de lanzar «dardos envenenados». Los firmantes de la carta afirmaron haber asistido a «un curso de formación, sólo para el profesorado, enmarcado dentro de la LOGSE, en el que estamos haciendo un estudio profundo y riguroso, académico y pedagógico, sobre la realidad del Rocío como referente inmediato y cohesionador». Como escribió Rafael Sánchez Ferlosio (*El País,* 28-4-1996), alabando el artículo de Muñoz Molina y comentando la polémica, «¡Ahí queda eso!».

es la idea ilustrada que viene tanto de la tradición francesa como de la tradición inglesa del siglo XVII y es la del acuerdo entre las gentes para no matarse entre sí y para obtener una cierta prosperidad y bienestar. Es decir, un contrato social.

T.B.M. — Y la segunda idea es la romántica que nos lleva al nacionalismo.

A.M.M. — Sí. La romántica que surge a principios del siglo XIX como reacción a la Revolución Francesa. Dice que frente a la soberanía del ciudadano y de la colectividad organizada por sí misma hay una cosa mucha más anterior y mucho más importante y ésta es el pueblo. Y la culminación de esta segunda idea de que el pueblo existe por sí e independientemente de cualquier otra cosa, es Hitler, al menos a mí me lo parece. Me preocupa que en España se están haciendo caricaturas de Yugoslavia, ¿no?

T.B.M. — Bueno, pero tu problema con el andalucismo es otro.

A.M.M. — No. Mi problema es básicamente ése. Luego hay algo que a mí me irrita profundamente y que tiene que ver con esa tradición de la mirada folclórica hacia Andalucía que en realidad, como tú sabes, es la mirada sobre España.

T.B.M. — Sí. Era la mirada de los ingleses del siglo pasado. Los llamaban los Curiosos Impertinentes.

A.M.M. — Yo creo que es una mirada sobre todo francesa. Yo he estudiado bastante eso y los ingleses eran más respetuosos, dentro de lo que cabe, que los franceses. Richard Ford, por ejemplo, era una persona que conocía realmente muy bien España. La invención definitiva de lo español viene de Gautier. Y ésa es una imagen profundamente vejatoria y reaccionaria.[7]

T.B.M. — Al menos es la imagen de cigarreras, bandoleros y *toreadors*. Entiendo que lo que te irrita es que esta imagen haya sido alentada por un andalucismo que toma velocidad de crucero en los años ochenta. Y esto es chocante porque la generación que toma el poder en esos años había rechazado el reclamo de «España es diferente» que proclamó Gautier primero y el franquismo después. Era una generación con formación...

A.M.M. — Bueno, había muchos con muy poca formación...

T.B.M. — Pero había muchos que habían leído bastante historia y que desde luego estaban al tanto de la imagen vejatoria...

7. Richard Ford (1796-1858) escribió *A Hand-book for Travellers in Spain* y Théophile Gautier (1811-1872) fue el autor de *Voyage en Espagne*.

A.M.M. — Pero ésos ocupaban los altos cargos. En los cargos medios y bajos, la formación era muy limitada.

T.B.M. — Bueno, admitiendo que la formación bien entendida se limita a una elite que ocupa los altos cargos, lo que me llama la atención es cómo a éstos no sólo se les escapa de las manos un proyecto regeneracionista, modernizador, ilustrado, o como lo quieras llamar, sino que permiten el fomento de la charanga y la pandereta.

A.M.M. — Para mí lo que les pasa es una deformación de la izquierda y eso tiene mucho ver con los años setenta. No sólo se les escapa de las manos sino que en un momento dado ellos mismos actúan en contra de ese proyecto. Para quitarnos de abstracciones, te pongo un caso muy práctico: la televisión regional andaluza. En primer lugar, es muy dudoso que valga la pena que en una tierra muy pobre la administración local o regional se gaste veinte mil millones de pesetas en una televisión. El Museo del Prado tiene tres mil millones de pesetas al año y la televisión andaluza tiene veinte mil millones. Eso es muy dudoso. Pero, bueno, una vez que existe, ¿sabes a lo que se dedica esa televisón mayoritariamente? A difundir precisamente lo peor de esa basura folclórica.

T.B.M. — Cuando estuve en Andalucía en Semana Santa, Canal Sur emitía largos programas que consistían en un *zapping* continuo entre distintas procesiones en diferentes ciudades. Tuve la impresión de que era un programa muy popular.

A.M.M. — Mira, poner las procesiones, poner las peores películas, será lo que le gusta a la gente, pero eso que lo haga la empresa privada. La tarea del poder público, seguramente, no es hacer televisión.

T.B.M. — Tú tienes muy claro que al Estado, al poder público, le incumbe la tarea de educador y que en estos años ha fallado en esta empresa.

A.M.M. — Totalmente, totalmente. Como educador y como ejemplo. Ten en cuenta que Azaña tenía muy claro el papel importantísimo que debería tener el Estado precisamente para racionalizar un país que había tenido un crecimiento muy desigual. Por lo tanto, el Estado tiene que aprender a ser ejemplar, tiene que aprender a ser racional.

T.B.M. — Criticabas hace unos momentos la Expo. Pero se argumentó que la Expo fue un serio intento político de modernizar una zona de España que había perdido el tren de la inversión. Y hablando de trenes, con esa intención se construye el AVE de Madrid a Sevilla cuando quizá lo lógico, desde un punto de vista de mercado, hubiera sido poner un tren de alta velocidad entre Madrid y Valencia o Barcelona.

A.M.M. — Tom, pero al mismo tiempo que hacen el AVE de Sevilla a Madrid desmantelan las comunicaciones ferroviarias en la Andalucía más pobre. Tú dices que el AVE está muy bien para Andalucía y yo te digo que está bien para los ejecutivos que viajan entre Sevilla y Madrid. A mi tierra, a Jaén y a Granada, la están dejando sin tren.

T.B.M. — Han mejorado mucho las carreteras y hay muchos autobuses para el que no tenga coche.

A.M.M. — Pero cuando un territorio pierde el tren pierde muchas cosas. Y en este caso es un abandono, un abandono total. Para Jaén ha sido una catástrofe. El tren tiene una importancia dinamizadora tremenda.

T.B.M. — La verdad es que tampoco Sevilla, a medio plazo, ha salido beneficiada de la Expo.

A.M.M. — Si los únicos que han salido beneficiados de todo aquello han sido los especuladores y los intermediarios.[8]

T.B.M. — Pongamos entonces a la Expo como un ejemplo, paradigmático si quieres, de una política no modernizadora. A pesar de tanta ilusión y de aún más inversión, no se consigue que Sevilla y lo que rodea a la ciudad levante el vuelo. Con todo lo que se gastó, no se ha creado empleo de una manera significativa.

A.M.M. — Es que los socialistas se fascinaron por la imagen. Tú te acuerdas cómo en los ochenta, los socialistas y todo el mundo hablaban de la imagen, de crear imagen, de dar imagen. Entonces llegaron a la conclusión de que sólo hacía falta cambiar la imagen. Pero ¿qué es eso de cambiar la imagen? Tendrás que cambiar las cosas, ¿no? Entonces la Expo es el paroxismo de esa fascinación por la imagen, por lo que era una fascinación barroca.

T.B.M. — ¿Te ha desengañado el paso socialista por el poder o tampoco esperabas mucho?

A.M.M. — Me he quedado muy profundamente desengañado. Profundamente desengañado porque evidentemente en España no se puede ser progresista sin contar con el Partido Socialista. A mí

8. Las primeras informaciones que se han filtrado sobre las auditorías en curso de las sociedades estatales vinculadas a la Expo'92 y al Quinto Centenario parecen dar sobradamente la razón a lo que afirma Muñoz Molina.

el proyecto de Julio Anguita para Izquierda Unida me parece un delirio, un delirio total.

T.B.M. — ¿Tiene alguna utilidad reflexionar sobre *felipismo* y socialismo?

A.M.M. — A mí no me gusta eso porque es muy interesado. Es como cuando se empezó a hablar de *«este régimen»* con la intención de decir que primero vino el franquismo y después el *felipismo.* No, no. Esto es una democracia.

T.B.M. — Aunque quede la tristeza de que en 1982 llegaron al poder...

A.M.M. — Es la tristeza de que los míos, porque al fin y al cabo son los míos, tuvieron una oportunidad que no se había tenido nunca en la historia de España y que seguramente no se volverá a tener. En 1931 las circunstancias políticas y económicas, tanto dentro como fuera de España, eran horrendas. Tú piensa en los apoyos que tuvo la pobre República española y los que ha tenido la democracia en estos últimos años. Piensa en las terribles tensiones, tensiones antiguas, que había en la sociedad española entonces...

T.B.M. — Es por ello que te preguntaba por la oportunidad perdida a partir de 1982.

A.M.M. — Sí, sí. Por la oportunidad perdida y por la falta de respeto de los socialistas hacia sus propias tradiciones, hacia su propia herencia.

T.B.M. — Que no es solamente una herencia para los socialistas.

A.M.M. — Sí. Es de todos los progresistas en España. Si Indalecio Prieto es tan mío como lo puede ser de un militante socialista.

T.B.M. — Y Azaña, ¿que no fue socialista también?

A.M.M. — Por supuesto.

T.B.M. — ¿Y la Institución Libre de Enseñanza?

A.M.M. — Hombre, por supuesto. Eso es la clave de todo.

# X

# FELIPE GONZÁLEZ

## 22. Felipe González

*Secretario general del PSOE desde 1974, presidente del Gobierno (1982-1996).*

**Siempre tuve, primero, vocación mayoritaria y, segundo, responsabilidad para saber que la tarea que teníamos que hacer no era la tarea clásica de un partido socialdemócrata que se alternaba en el poder en cualquier país europeo.**

Por regla general, los epílogos resumen la línea argumental de un libro y la rematan. El de éste se salta esa regla general.

De atenerse a la norma, lo que sigue debería subrayar el porqué del final de un ciclo en la historia del socialismo en España que ha sido irrepetiblemente marcado por la figura de Felipe González y debería levantar acta de su finiquito. Ocurre, sin embargo, que la conversación con Felipe González no indujo a tales conclusiones.

Otros dirán que el ciclo se ha acabado porque el socialismo ha cumplido una misión histórica de asentar la democracia, porque el partido ha sucumbido a la corrupción, porque las capas ilustradas, las clases medias, profesionales y urbanas están profundamente desengañadas al haberse perdido una preciosa oportunidad regeneracionista, porque el PSOE, para su electorado obrero y de izquierdas, ha enterrado sus señas de identidad y ha sepultado el partido que fundó Pablo Iglesias. Otros dirán todo esto y mucho más a juzgar por los testimonios de este libro.

Ahora bien, quien desde luego no dice nada de lo anterior es Felipe González. Para él, el ciclo sigue abierto y cualquier finiquito está fuera de lugar. El dirigente socialista tiene todas las intenciones de seguir en el primer plano de la política nacional.

Este optimismo debe ser entendido en sus justos términos. Aquí no valen esas metáforas del toro que se crece con el castigo. Felipe González no se siente de ningún modo castigado. Ni aquellas del matador herido que se levanta sin mirarse la taleguilla. De sufrir algo, ha padecido un leve revolcón electoral, nunca una cornada.

Felipe González no piensa, al menos en el medio plazo, en pasar los trastos de la secretaría general del partido a otras manos y, sin duda alguna, no solamente quiere volver al poder sino que en su fuero interno está seguro de que volverá. Se lo dice él y se lo dicen sus allegados.

El deseo de permanencia en el puesto de mando es común a todos quienes lo ocupan y es comprensible en quienes están convencidos, como lo está Felipe González, de que han ejercido el mando con talento y en beneficio del bien común. Cuando el mandatario es joven en términos políticos —Felipe González nació el 5 de marzo de 1942— y, además, se encuentra pletórico de facultades mentales y físicas, el deseo de permanencia es incluso legítimo.

Los políticos, como los toreros, no se van. Los echa el público. Éste no es el caso de Felipe González porque no tiene la más remota sensación de rechazo por parte de los votantes. En marzo de 1996 el Partido Socialista recibió la cifra más abultada de votos después del resultado que obtuvo en las elecciones de 1982 y quedó, como segundo partido, a muy escasa distancia, de hecho a la distancia más corta registrada desde la reinstauración de la democracia, del ganador de los comicios.

Si el público no le echa a Felipe González menos aún lo va a hacer su propio partido. Una conclusión tan extendida como cierta de las elecciones generales de 1996 es que el resultado, que fue, según la jerga socialista, un «empate técnico», reforzó claramente el poder del secretario general. A lo largo de la campaña electoral Felipe González consiguió levantar a pulso unos ánimos socialistas que estaban por los suelos. El mérito de haber acortado las distancias con el Partido Popular y de haber conseguido un resultado electoral mucho más favorable del que esperaba la militancia socialista es enteramente suyo.

Si el dirigente socialista ejercía un mando incuestionable sobre su partido antes de las elecciones de marzo de 1996, su liderazgo a partir de esas legislativas aparenta ser inapelable.

Distintos testimonios en este libro insisten en la necesidad de una renovación profunda del discurso socialista y hacen hincapié en la necesidad de cambiar la cúpula dirigente para hacer creíble una nueva oferta política. Felipe González rompe este esquema porque deja muy claro que el nuevo proyecto político lo diseña él.

El diseño se apoya en un partido abierto en el cual son socialistas no sólo los que están afiliados al Partido Socialista sino también los que comparten, en el sentido más amplio, las matrices del discurso del socialismo democrático. La propuesta política de Felipe González tiene mucho en común, en cuanto a liderazgo y organización de simpatizantes, a la que propone, por ejemplo, en el capítulo III, Narcís Serra, su último vicepresidente del Gobierno. Es un diseño que, por otro lado, le causa problemas a Alfonso Guerra según el testimonio de éste en ese mismo capítulo.

El evidente optimismo de Felipe González no debería sorprender porque nada más haber perdido el poder en España el ex presidente del Gobierno recibió el encargo de la Internacional Socialista de crear una nueva plataforma de ideas del socialismo democrático. Lo que Felipe González hará para la renovación del socialismo internacional lo hará primero, y principalmente, para el socialismo de su propio país.

La vida da muchas vueltas y resulta que si bien fue la Internacional Socialista la que dio su sello de aprobación a la escisión del PSOE que provocaron los renovadores a comienzos de los setenta, cuarto de siglo más tarde esta misma organización le pide a Felipe González, el prohombre entre aquellos jóvenes renovadores, que le ilumine el futuro.

La conversación con Felipe González comenzó con el Congreso de Suresnes y a continuación intenté introducir otros temas que han surgido de los diálogos a lo largo de este libro. No hubo guión previo y, ante cierta sorpresa mía, resultó que la conversación acabó de nuevo en Suresnes.

Puede que este circuito que empieza y que acaba en aquella ya mítica reunión socialista que tuvo lugar en un suburbio de París en octubre de 1974 de las claves para un futuro *posfelipista* del partido. En el final de todo proyecto humano suelen aparecer los comienzos que en otra época lo impulsaron.

Felipe González asume que tiene que haber un relevo generacional pero afirma que este cambio tiene que estar ligado al impulso de nuevas ideas. Si las generaciones que le siguen no tienen propuestas originales, llegó a decir con lógica aplastante, poco pueden renovar.

En Suresnes se dieron las dos circunstancias de nuevas gentes y de nuevas ideas pero en aquel momento nadie pensaba que Felipe González encabezaría el proyecto renovador, salvo unos cuantos sevillanos que conspiraban en favor de él. No hay nada que impida una nueva combinación de personas y de propuestas y la aparición, sorpresiva, de un nuevo líder nato.

¿Corre Felipe González el riesgo de verse acorralado como lo fue su antecesor en el cargo socialista, Rodolfo Llopis? Depende de él. Si mantiene la iniciativa de las ideas y puede demostrar la vigencia de ellas en confrontaciones electorales, no tendrá problemas. Si no mantiene lo primero ni demuestra lo segundo, sus días están, con toda justicia, contados.

Tom Burns Marañón: Ha habido opiniones para todos los gustos a la hora de definir lo que ocurrió en el Congreso de Suresnes de 1974 cuando usted es elegido primer secretario del PSOE. Se dice que fue una renovación, se dice que el partido fue refundado, se dice, incluso, que usted lo reinventa. Y en cuanto a la continuidad entre el partido de mediados de los setenta y el partido histórico, creen bastantes personas, y yo entre ellas, que ustedes los renovadores, de entroncar con algo del pasado socialista, entroncan con Prieto.

Felipe González: Sí. En gran medida. Pero fíjate no sólo con Indalecio Prieto en su papel durante esa fase esperanzadora y dramática de la República, sino con el propio Indalecio Prieto del año veintidós que decía «Soy socialista a fuer de liberal».[1] Indalecio sí entronca con el sentido común, con la racionalidad, con la prudencia y la moderación. Pero yo creo que cuando la gente habla de la refundación es darle demasiada importancia. Lo que ocurrió es que había un choque entre dos realidades; la realidad vivida en el exilio y la realidad vivida en el interior de España. Entonces del choque entre esas dos realidades se desgaja una parte del exilio que era quien únicamente tenía derecho a votar, los del interior no teníamos derecho a votar, y la mayoría de la gente que vive en el exilio se da cuenta que no hay más remedio que hacer un esfuerzo para adaptarse a la realidad española y darle un nuevo impulso al Partido Socialista. Ahora, si hubiera sido una cosa totalmente nueva no hubiéramos tenido un 30 por ciento de votos en el setenta y siete.

T.B.M. — Se está refiriendo a la memoria histórica.

F.G. — Claro, claro.

T.B.M. — Donde puede que entronque el socialismo de mediados de los setenta, el refundado o el renovado, con el de antes de la guerra es en la apelación que hace el PSOE en dos casos muy concretos a un proyecto político más amplio que el del Partido Socialista a secas. Y creo que esto tiene que ver de una manera muy directa con Prieto. En el año veintinueve hay mucha gente que se adhiere al Partido Socialista gracias a un discurso que es fundamentalmente un discurso *prietista*, que se centra en el asentamiento de la República y del papel que juega, o que puede jugar, el PSOE en la modernización de España a través de una República. Ven que el PSOE va a ser el partido fuerte de la República.

F.G. — Sí, un poco la vertebración de la República.

1. Prieto, huérfano de padre desde muy joven y de familia de clase media venida a menos que comenzaba a rozar la pobreza, también dijo que era socialista por «sentimiento». Véase Gillespie, *The Spanish Socialist Party, a history of factionalism,* p. 39.

*Fraga tenía la absoluta certeza de que él iba a ser nombrado presidente en sustitución de Carlos Arias Navarro.*

*Todavía en septiembre del ochenta y dos, un mes antes de las elecciones, Luis Gómez Llorente en la dirección del partido decía que era una locura esperar que hubiese una mayoría social apoyándonos.*

T.B.M. — Eso. Y creo que ocurre un corrimiento de votos similares en el ochenta y dos cuando mucha gente ve en el PSOE un partido que puede asegurar la democracia, vertebrarla. No sé si es un paralelismo arriesgado.

F.G. — Hay un paralelismo. Había una responsabilidad histórica que sentían unos dirigentes del partido, aunque con contradicciones increíbles porque la sentía Prieto y sin embargo un tipo tan bien dotado intelectualmente y tan prudente como Besteiro no sintió esa responsabilidad histórica. Prieto sí la sintió...

T.B.M. — Y pasado un tiempo Besteiro también.

F.G. — Bueno, más adelante y en otras circunstancias sí, pero él fue muy crítico con la Conjunción Republicano-Socialista que era la única fórmula de estabilidad política imaginable.[2] Lo cierto es que algunos dirigentes del partido se sintieron responsables de la vertebración posible de una democracia durante la República. Este partido era entonces un partido relativamente débil electoralmente y no tenía una gran presencia electoral. Nunca soñó con tener una mayoría. Pero independientemente del volumen, de la cuantía, de su representación, el partido se sentía responsable de lo que podría ser el destino del país. Y esto se reproduce a partir del setenta y siete cuando tiene lugar la primera confrontación electoral.

T.B.M. — Lo que puede haber entonces es un diálogo continuo entre dos discursos, entre uno que habla de un proyecto socialista y otro que habla del asentamiento y de la vertebración de la democracia.

F.G. — Vamos a ver. Lo que existe es una reflexión que no sé cuánta gente comparte, porque todavía en septiembre del ochenta y dos, un mes antes de las elecciones, Luis Gómez Llorente en la dirección del partido decía que era una locura esperar que hubiese una mayoría social apoyándonos. Yo había tenido siempre, primero, vocación mayoritaria y, segundo, responsabilidad para saber que la tarea que teníamos que hacer no era la tarea clásica de un partido socialdemócrata que se alternaba en el poder como en cualquier país europeo. Teníamos que hacer algo que trascendía la frontera de la alternativa socialdemócrata para asentar un proyec-

2. La figura de Besteiro, véanse por ejemplo las opiniones de Alfonso Guerra, p. 125, y de Pablo Castellano, p. 228s, continúa siendo enigmática. La trayectoria de otros dirigentes socialistas de los años treinta, Francisco Largo Caballero, Juan Negrín, Luis Araquistáin y Julio Álvarez del Vayo son no menos controvertidas.

*La idea de unas Cortes Constituyentes o de una Constitución no entraba en los cálculos de Adolfo Suárez en los meses previos a las elecciones de junio del setenta y siete.*

*La función del liderazgo ha existido siempre y va a seguir existiendo nos guste o no nos guste.*

to nacional de una envergadura mayor. Teníamos que hacer, entre otras cosas, un proyecto de modernización y esto no era específicamente un proyecto socialdemócrata.

T.B.M. — Hay una segunda reflexión histórica que me interesa y que también contiene ciertos paralelismos. Puede ser que de la misma manera en la cual la primera restauración de la Monarquía se asienta sobre el pacto que establece Antonio Cánovas en torno al turnismo político entre el Partido Conservador y el Partido Liberal, la segunda restauración se apoya en la continuidad en el poder del Partido Socialista...

F.G. — Sí, en parte, en parte...

T.B.M. — Lo cual no deja de ser irónico dado que en el setenta y ocho, en las Cortes constituyentes, el Partido Socialista defiende la república como forma de Estado en un voto particular.

F.G. — No exactamente a favor de la república sino porque aquél era el momento del debate oportuno en términos históricos para decidir algo que tenía que estar en la Constitución. Se discutía el capítulo en la Constitución sobre la forma del Estado y era el momento de decidir, desde el punto de vista parlamentario, si la forma del Estado iba a ser una monarquía o una república.

T.B.M. — Y el PSOE es fiel a su tradición y la defiende, en ese voto particular, Gómez Llorente, a quien aludía hace un momento. Siempre he creído que fue un discurso, el de Gómez Llorente, bastante testimonial.[3]

F.G. — Claro. No pusimos mucho énfasis porque aceptábamos que el papel de la Monarquía estaba siendo fundamental para la transición democrática. Pero planteamos el problema en el momento en que había que plantearlo, no tan a destiempo como lo están haciendo ahora.

T.B.M. — A donde yo iba es que la Monarquía se asienta sobre la continuidad en el poder del Partido Socialista.

3. Luis Gómez Llorente, entonces miembro de la Ejecutiva del PSOE y diputado, defendió la ponencia republicana en la comisión constitucional del congreso en mayo 1977. Habiendo afirmado «nuestra preferencia republicana, incluso aquí y ahora», sostuvo que «el socialismo, en la oposición y en el poder, no es incompatible con la Monarquía cuando esta institución cumple con el más escrupuloso respeto a la soberanía y a la voluntad de reformas y aún de transformaciones que la mayoría del pueblo desee en cada momento...». El voto republicano particular del PSOE en la comisión obtuvo trece votos a favor, veintidós en contra y una abstención. Véase Burns Marañón, *Conversaciones sobre el Rey*, p. 349.

F.G. — Bien. Hay algo en esa reflexión que haces sobre la restauración que me interesa recordar en honor a la verdad, a la verdad para cada cual, ¿no? Yo me reuní por primera vez con Fraga el 30 de abril del setenta y seis, es decir, antes de que Adolfo Suárez fuese nombrado presidente, cuando, entre otros, él, Fraga, tenía la absoluta certeza de que él iba a ser nombrado presidente en sustitución de Carlos Arias Navarro. Y Fraga lo que proponía en realidad era una repetición del modelo de restauración a la que tú te refieres; proponía algo que era bastante próximo a la idea restauradora de aquella época.

T.B.M. — Eso no me sorprende en absoluto. A comienzos de la transición Fraga tenía un discurso muy *canovista*.

F.G. — Me decía que habría un partido conservador, que presidiría él, y que este partido gobernaría España en los próximos diez o doce años. Me decía que al cabo de esos años nosotros, los socialistas, tendríamos una oportunidad de alternancia con este partido si consiguiésemos desarrollar una alternativa socialdemócrata según el modelo europeo.[4] Ésta era, en el fondo, la propuesta que hacía Fraga dentro de su visión de cómo había que organizar la transición. Fraga siempre tuvo una vocación de llevar la Constitución, o la posible Constitución, o la posible reforma legislativa, por la vía de las leyes mayoritarias según el modelo británico, y su propuesta excluía la presencia de cualquier otro partido, empezando por el Partido Comunista. Su propuesta era que había que organizar una socialdemocracia según el modelo europeo para que pudiese alternarse en el poder con un partido conservador. Y esto no ocurrió.

T.B.M. — Ocurrió todo lo contrario. Fraga no es nombrado presidente del Gobierno, su partido conservador resulta ser muy minoritario y la Unión de Centro Democrático de Adolfo Suárez desaparece del mapa político a los cinco años de constituirse. En vez de alternancia hay trece años y pico de gobierno socialista y es en esa época cuando se consolida la democracia y la Monarquía parlamentaria.

F.G. — Eso es. Efectivamente. Quizá haya sido la aportación mayor, en términos histórico-políticos, que ha hecho el Partido Socialista desde el punto de vista de la estabilidad.

4. Manuel Fraga Iribarne, ministro de Gobernación (diciembre de 1975-junio de 1976) y fundador de Alianza Popular, más tarde Partido Popular. Fraga esbozó el mismo proyecto de turnismo con Enrique Tierno Galván.

T.B.M. — Para continuar con esta reflexión, centrada en lo que estaba ocurriendo nada más morir Franco y los partidos políticos empezaban a salir a la luz pública, y tengo la impresión de que cuando ustedes se reunían con Fraga y discutían posibles modelos de turnismo político...

F.G. — No, no. Yo la única vez que me reuní con Fraga fue el 30 de abril del setenta y seis. Me acuerdo porque era el día antes del uno de mayo que todavía tuvo consecuencias no deseadas. Yo todavía estaba procesado y se lo recordé a Fraga.

T.B.M. — Bueno, me refería más bien a las discusiones que tienen lugar un año después, celebradas ya las primeras elecciones democráticas del posfranquismo, en lo que eran las Cortes constituyentes. La reflexión es que el proyecto político para España que elaboran ustedes no era exactamente un proyecto contra el franquismo, puesto que el franquismo representaba una etapa atípica y en todo caso superada, sino más bien un proyecto contra la República; lo que estaba, creo, en la mente de los constituyentes era evitar los errores de la República y por ello se esfuerzan por fomentar, entre otras cosas, partidos mayoritarios y fuertes que puedan reducir la presencia nacionalista o regionalista a lo mínimo posible.[5] Había que evitar el fraccionamiento del mapa político.

F.G. — No exactamente. Si hubiera sido esa la determinación nos hubiéramos inclinado más por un modelo mayoritario desde el punto de vista electoral y nos hubiéramos inclinado, si ésa hubiera sido la intención, por un modelo en el que se hubieran dado pasos hacia las autonomías sólo en las nacionalidades históricas; no hubiéramos ido hacia un modelo de estructura económica cuasi federativa. La verdad es que la idea de unas Cortes constituyentes o de una Constitución no entraba en los cálculos de Adolfo Suárez en los meses previos a las elecciones de junio del setenta y siete. Él quería seguir el proceso de reforma de las leyes anteriores. Pero el sentimiento de todos era, digamos, una ruptura pactada con el franquismo como sistema que estuviese consagrada en la Constitución; y también estaba el sentimiento de conseguir el máximo de distancia histórica, y la máxima prevención, respecto de los errores que se habían cometido en el pasado. La Constitución tuvo, sobre todo, un impulso de modernidad y recogía las aporta-

5. Esta reflexión se la debo a José Varela Ortega que la ha desarrollado en el Instituto Universitario Ortega y Gasset.

ciones del constitucionalismo moderno europeo, del alemán, del italiano, etc. Fue una acumulación brutal de garantías y un esfuerzo, en ese sentido muy improvisado, entre comillas, aunque seriamente planteado.

T.B.M. — Quisiera retomar la reflexión sobre el papel de partido modernizador y vertebrador que asumió el PSOE y que le consiguió ese enorme apoyo electoral en las elecciones del ochenta y dos. Yo creo que al aceptar ese papel, el partido necesariamente tuvo que asumir una determinada cultura política. Ya no podía ser solamente un partido de izquierdas o socialdemócrata porque tenía que ser también, y en realidad tenía que ser por encima de cualquier otra cosa, un partido nacional, institucional, que apoyaba un gobierno que era el gobierno de todos los españoles.

F.G. — Sin duda.

T.B.M. — Pues si se continúa esta idea se pasa a considerar las consecuencias de esta transmutación. Entre éstas puede hallarse una debilidad ideológica, una tendencia a premiar excesivamente las lealtades inquebrantables, y la imposición de una serie de restricciones, peligrosas, a todo lo que sea debate interno.

F.G. — Sí, es posible. Todo esto es posible en el proceso de institucionalización del partido y es posible que este proceso fuese excesivo, aunque puede que necesario para una etapa. Y también es posible visto desde la comprensión de este proceso que tuvo que hacer el propio partido y, desde luego, que tuvo que hacer el electorado. En este proceso los límites políticos no se reducían a ofrecer una alternativa digamos de carácter socialdemócrata insistiendo en una política, por ejemplo, de Estado del bienestar.

T.B.M. — El partido y su electorado tenían que hacer un esfuerzo para comprender que en la acción del gobierno había un orden de prioridades.

F.G. — Es que nosotros tuvimos que cumplir algunas misiones como el esfuerzo de la modernización del país que tenían un sentido histórico. Era un esfuerzo que abarcaba más que la modernización física del país porque estaba la misión de modernizar la estructura económica, de adaptarla a la entrada en Europa y de romper con las fronteras arancelarias. Una responsabilidad no específicamente socialdemócrata que asumimos fuera del desarrollo del modelo del Estado de las autonomías. Entonces, claro, se desdibuja la política socialdemócrata dentro de una política nacional que tiene la vocación de servir a la inmensa mayoría de los españoles y es muy difícil encontrar las señas de identidad perfectamente separables en esa política.

T.B.M. — Pero ustedes sostienen que esas señas estuvieron siempre ahí.

F.G. — Bueno, cuando lo analizas en términos históricos es cierto que metes a siete millones de personas en un sistema de salud pública, que es un sistema típicamente socialdemócrata. Es cierto que haces una generalización o una universalización de pensiones típicamente socialdemócrata. Es cierto que te metes en un modelo de educación para todos típicamente de impulso socialdemócrata. Es decir, hicimos política socialdemócrata cuando pudimos hacerla y sólo tuvimos capacidad y posibilidad de hacerla en la segunda legislatura. En la primera nos peleamos contra la crisis económica para superar una crisis que duraba ya desde el setenta y cinco.

T.B.M. — Entiendo lo del orden de prioridades pero creo que el planteamiento de partido modernizador y vertebrador ya está superado porque esas metas ya han sido alcanzadas. Si esto es así, entonces cobra más vigencia el discurso socialdemócrata y, sobre todo ahora que ustedes han pasado a la oposición, están obligados a promocionar este discurso.

F.G. — No en el sentido clásico del término. Ahora estamos en un esfuerzo, por lo menos lo estoy yo y creo que algunos otros compañeros, de actualización del discurso socialdemócrata. Es decir, aquí los elementos de identidad del discurso socialdemócrata han cambiado en la frontera del año 2000 y han cambiado hasta el punto de que acabamos de hacer un congreso de la Internacional Socialista en que me encargan que haga la nueva plataforma de ideas del socialismo democrático a nivel internacional.

T.B.M — Los elementos de identidad socialista de esta plataforma habrán cambiado para usted y para otros muchos, pero no para todos.

F.G. — Hombre, todavía hay alguno de mis colegas dentro y fuera que, por ejemplo, hacen el discurso sólo de las preguntas, ¿no? Y las preguntas siguen vivas. Es decir, sigue habiendo injusticia, sigue habiendo desigualdad a nivel internacional y a nivel interno, sigue habiendo problemas de la paz y de todo tipo. Entonces el éxito de las preguntas está siempre garantizado: tú haces un discurso de preguntas, muy del estilo del Papa o de Mafalda, después le aplicas unos principios de solidaridad y de no sé cuántas cosas más y te quedas ahí.

T.B. — Y no sirve de mucho.

F.G. — Claro. Lo que no haces es descender a la respuesta. Y es cuando desciendes a la respuesta cuando de verdad estás perfilando un proyecto político. Y en el proyecto político actual de un partido socialdemócrata hay que tener en cuenta algunos elementos como la mundialización que son datos de la realidad. Yo cuando veo a algún compañero estar en contra de la mundialización de la economía porque esto implica la deslocalización de las inversiones y porque plantea problemas al tejido industrial, me parece ridículo.[6]

T.B.M. — Porque es inevitable.

F.G. — Es que la mundialización es un dato de la realidad, no es algo contra lo que puedas luchar. Tú puedes sacar el máximo de ventajas que te permite la situación y disminuir lo más posible las desventajas. Pero no puedes estar contra la mundialización igual que no puedes estar contra la revolución tecnológica y contra la exigencia de la permanente reestructuración industrial que impone la revolución tecnológica. La primera obligación de un responsable político, más allá de su ideología, es luchar para que su país no se quede fuera del circuito de la revolución tecnológica. Yo no estoy dispuesto a perder otra vez la revolución industrial.

T.B.M. — Es decir, le preocupa la competitividad de las empresas.

F.G. — Obviamente me preocupa eso. Es que esto son o datos de la realidad o áreas de consenso en los que no merece la pena pelearse con una ideología de derechas. Yo lo que busco en todo esto es hacerlo mejor que ellos. Igual que no merece la pena pelearse en cuanto el rigor macroeconómico. Hoy nadie, nadie más que los locos, está por incrementar el déficit. Todo el mundo quiere hacer un esfuerzo de reducción del déficit.

T.B.M. — Entonces ¿dónde está el discurso propio, porque las respuestas que diseñan este proyecto político se asemejan a las de otros proyectos?

F.G. — Es que lo que hay que hacer es definir los elementos diferenciadores. Y los hay. Lo que pasa es que tienen que ser actuales.

T.B.M. — ¿Por ejemplo?

F.G. — El papel del Estado y la reforma del Estado. La reforma es inevitable. El Estado, digamos, nacionalpopulista típico de los países de América Latina ha desaparecido.

6. Las multinacionales Gillete y Suzuki reconsideraron sus inversiones en España, concretamente en Andalucía, a partir de 1993 ensombreciendo la política industrial de los últimos años de la etapa socialista. La mayor amenaza de deslocalización la planteó Volkswagen, propietaria de SEAT.

T.B.M. — Evidentemente. Y en el mundo donde se mueve España, el de la Europa occidental y desarrollada, desapareció hace mucho. Lo que ha ocurrido en los últimos años es que las ideas, nuevas y diferenciadoras, están en la derecha.

F.G. — No es verdad.

T.B.M. — Pues la idea de reducir el papel del Estado viene de ese campo.

F.G. — No, no. La derecha no tiene ideas. Tiene las mismas del XIX. Exactamente las mismas. Honradamente.[7] ¿Qué pasa? Lo que hay es un nuevo fundamentalismo, el de los neoliberales.

T.B.M. — Y gracias a las ideas de éstos, ustedes pueden a su vez construir un discurso diferenciador.

F.G. — Es que yo no quiero un Estado intervencionista, empresario y todopoderoso. Yo no lo quiero. Pero tampoco quiero un Estado raquítico. Me dicen: «Usted tiene que quitarle grasa al Estado», y yo digo: «De acuerdo, hagamos el esfuerzo para quitarle grasa.» Pero no se le puede dejar raquítico. Yo no quiero que las decisiones en torno a las telecomunicaciones, por poner un ejemplo, queden en manos de los grupos de presión. El Estado tendrá que decir algo en el servicio público de telecomunicaciones, y tendrá que decirlo a favor de los derechos de los ciudadanos. Yo no discuto si las telecomunicaciones las tiene que hacer el sector público o el sector privado. Eso no me plantea problemas ideológicos. Lo que digo es que si lo hace el sector privado, la optimización que se pretende a través del negocio tiene que tener una compensación y que el papel del Estado es establecer un marco regulador. El Estado tiene que decir: «Estamos de acuerdo en que usted tiene que ganar dinero, pero también tiene que prestar un servicio público de telecomunicaciones. Usted no me puede decir que Cuenca no es rentable.»

T.B.M. — Entonces de lo que realmente estamos hablando es de cuánta grasa se le puede quitar al Estado sin que el cuerpo económico y social sufra raquitismo.

F.G. — Eso es. La reforma y el papel del Estado. Esto es un elemento definitorio de posiciones divergentes. No son divergentes entre socialdemocracia *versus* democracia cristiana, por poner un ejemplo, porque la democracia cristiana tampoco acepta que el Estado desaparezca.

7. Cualquier lector de Karl Popper, sin ir más lejos, se quedará sorprendido ante esta contundente afirmación.

T.B.M. — Lo que quiere, supongo, es situarse frente a un neoliberalismo.

F.G. — Sí, frente al nuevo fundamentalismo. Hay otro fundamentalismo religioso que es a mi juicio delicado. Pero estamos con este neoliberalismo que está en el terreno de las ideas políticas. Y es aquí donde la reforma y el papel del Estado es fundamental, porque es de este punto de vista que se pasa a reflexionar qué se hace con la sociedad de bienestar o cómo se reforma.

T.B.M. — Usted está explicando el tipo de respuestas que, enfatizando sus elementos diferenciadores, sirven para diseñar un proyecto político. Quisiera pasar al modelo de partido y al papel que éste ha de asumir para llevar adelante este diseño. El PSOE se ha caracterizado por el modelo de partido cerrado, de un partido de militantes y de afiliados, pero se alzan muchas voces dentro de él pidiendo un modelo de partido más abierto. Y usted mismo ha predicado con el ejemplo incorporando independientes a las listas electorales socialistas y a sus gobiernos. En la teoría clásica de los partidos, éstos creaban una estructura, una organización, en torno a un programa que primero discutían y elaboraban y luego ofrecían a la sociedad. Pero usted siempre marcó distancias entre lo que eran las resoluciones del partido que preside y lo que era la acción de los gobiernos que presidía. Últimamente, puesto que usted se inclinaba hacia independientes, el partido ni siquiera cumple ese papel esencial, según la teoría clásica, que es el de proveer de cuadros al gobierno.

F.G. — Sí lo cumple, sí lo cumple. Pero a mi juicio no es suficiente quedarse en el límite de una estructura partidaria y ni siquiera es conveniente. Para entendernos, nosotros tenemos, pongamos, trescientos mil afiliados y nueve millones y medio de votantes. Cuando hablas de independientes son personas que están dentro del proyecto. A mí lo que me parece insano y pasado en términos históricos es la patrimonialización que hace el militante del partido y del proyecto político que el partido presenta a la sociedad.

T.B.M. — Entonces el partido pertenece a todo el que asume una serie de ideas...

F.G. — Hombre, algún dirigente socialista dijo en algún momento que es socialista quien está al corriente de sus cuotas y está afiliado.[8] Y bueno, eso a mí me parece una definición reduccionista.

8. Este argumento fue repetidamente utilizado por Rodolfo Llopis y por quienes le apoyaron en la emigración para resistir el asalto renovador en los congresos de las organizaciones socialistas a partir de 1970. Véase Manuel Simón, p. 82.

Yo creo que es socialista quien comparte este proyecto, quien tiene una visión de este proyecto. Y es que, además, por ser mayoritaria esta visión es contradictoria. No es unívoca la visión del proyecto. Entonces los partidos tienen la tendencia de ser partidos cada vez más abiertos. Y si no cumplen esa tendencia lo pasarán muy mal porque los partidos cerrados, las organizaciones cerradas, no servirán para la frontera del año 2000.

T.B.M. — Al ser más abiertos los partidos y menos unívoca la visión de su proyecto el papel de liderazgo cobra mucha importancia. En cualquier reflexión actual sobre el liderazgo político se parte de la apreciación de que con las nuevas formas de comunicación y en un entorno mediático, el papel de los partidos decrece y el liderazgo se convierte en el factor clave...

F.G. — ¿Pero ha habido algún momento en que lo sea? Aquí hay una contradicción permanente. Todos los partidos hablan de que el hiperliderazgo es malo y que el papel y el protagonismo debe ser más colectivo.

T.B.M. — El PSOE mismo, muerto Pablo Iglesias, puede ser un ejemplo de liderazgo compartido. Cuatro o cinco socialistas de primera línea se disputaban el protagonismo de distintos proyectos.

F.G. — Eso es. Y se disputaban a veces ferozmente el partido porque a Prieto lo recibieron en Écija a tiros. No es que le recibieron con gritos. Le recibieron con tiros.[9] Pero la verdad en términos históricos es que en política siempre ha habido una función de liderazgo. ¿Hablamos de Alemania después de la derrota? ¿Adenauer qué era? ¿Hablamos de Francia? ¿Qué fue Charles de Gaulle?[10] La función del liderazgo ha existido siempre y va a seguir existiendo, nos guste o no. Puestos a hacer la reflexión, a mí me gustaría que la responsabilidad fuera más colectiva y al grupo parlamentario le digo que todos tenemos que hacernos cargo de la responsabilidad que tenemos.

T.B.M. — Pero el liderazgo sigue siendo esencial.

F.G. — Claro, hecha esa apelación ¿qué es lo que pasa con el ciudadano? No es sólo un problema de los medios de comunicación,

9. Para los enfrentamientos entre *caballeristas* y *prietistas*, véase el testimonio de Juan Marichal, p. 38.

10. Konrad Adenauer (1876-1967), canciller de la República Federal Alemana (1949-1963), y Charles de Gaulle (1890-1970), primer presidente (1959-1969), de la V República en Francia ejercieron un liderazgo excepcional en sus respectivos países.

aunque éstos agudizan el fenómeno. Lo que pasa con los ciudadanos es que le tienen que poner un rostro a un proyecto político. Si no le ponen un rostro no hacen esa doble cesión de soberanía que cada ciudadano hace al votar. El ciudadano vota por un proyecto y por unas ideas y vota por la confianza que le merece el que encabeza ese proyecto y esas ideas. Entonces la discusión sobre el liderazgo es una discusión bastante penosa siempre, porque es verdad que todo el mundo querría que hubiese un planteamiento distinto, ¿no?

T.B.M. — Una manera de salvar cualquier peligro de hiperliderazgo es limitar los mandatos como ocurre en algunos países.

F.G. — Sí. Lo que pasa es que eso puede ser operativo, o ha podido ser operativo, en aquellos países donde la tendencia al mantenimiento en el poder produce ciertas formas autocráticas de ejercicio del poder. Es decir, son las prevenciones de todas las repúblicas americanas.

T.B.M. — Donde los sistemas son presidencialistas.

F.G. — Efectivamente. Pero ¿en los sistemas parlamentarios? Bueno, se puede hacer. Eso se discute.

T.B.M. — Es que el caso de España me parece un híbrido entre sistema presidencialista y sistema parlamentario.

F.G. — No es verdad. Cuando discutíamos la Constitución estaba la idea, como vocación constitucional aunque no coherente en el propio desarrollo de la Constitución, de que hubiera un ejecutivo con capacidad de decisión. Teniendo una Monarquía parlamentaria, un rey que reina pero que no gobierna, había que pensar en la figura de un presidente del Gobierno, que aquí no es primer ministro sino presidente del Gobierno, que tuviera capacidad de elegir su equipo y de decidir políticas. Esto está previsto así. ¿Es coherente con esta idea todo el esfuerzo de desarrollo de la Constitución, incluso los principios constitucionales? Sólo relativamente coherente.

T.B.M. — Lo dice, supongo, porque de ser coherente con la idea de un ejecutivo con capacidad de decisión, el Parlamento debería ser elegido por un sistema mayoritario en vez de por un sistema proporcional.

F.G. — Sí. La idea está mucho mejor acompañada por la imposición de límites a la proporcionalidad exigiendo, por ejemplo, que los partidos rebasen un porcentaje del voto total para poder contar con diputados, que por la absoluta libertad para componer un parlamento. Excepcionalmente hubo un parlamento mayoritario durante doce años y esto fue prácticamente la única vez desde el año

1824, cuando se crea el Consejo de Ministros, que fue estable, el gobierno y el parlamento en términos políticos.[11] Entre 1824 y 1992 hubo ciento setenta nombramientos de jefes de Gobierno, bastante más de uno por año si quitamos los treinta años de dictadura. Yo soy el presidente del Gobierno que ha durado más tiempo continuado en el poder y he durado más que el doble que Adolfo Suárez, que fue el que más había durado de forma continuada.

T.B.M. — En el planteamiento de este libro la reflexión sobre el liderazgo va unida a la reflexión sobre la renovación de un proyecto político, y en este caso al del Partido Socialista. En bastantes de las conversaciones que he mantenido se expresa, con mayor o menor nitidez, la idea de que la renovación del proyecto va unida, en el fondo, a la renovación de las personas. Es decir que el partido no puede recuperar un discurso renovador hasta que la labor de elaborar ese discurso y de protagonizarlo pase a otra generación política. El estar en la oposición constituye una ocasión, por muy indeseada que sea, útil para renovar la cúpula dirigente del partido. En este sentido hay una reflexión que ha surgido de estas conversaciones que me llamó mucho la atención y es la siguiente: que el liderazgo del Partido Socialista en la oposición no puede estar constituido por quienes fueron miembros de los gobiernos socialistas, por muy brillantes que sean, porque son prisioneros de su pasado y se pasarán, inevitablemente, más tiempo defendiendo lo que hicieron cuando estaban en el poder que poniendo en aprietos al gobierno de turno con políticas alternativas.

F.G. — Empezaré por la última reflexión. Si ésta es verdad, yo estoy invalidado para hacer oposición y por tanto tendríamos que empezar la reflexión por mí mismo porque soy yo el que más tiempo ha estado en el gobierno y el que más responsabilidad he tenido. A mí me parece raro que eso se acepte así en una democracia, pero si se acepta tendría entonces que sacar las consecuencias para mí mismo en términos de renovación. Entonces si no las saco para mí mismo es ridículo que las saque para quien ha ejercido de ministro de Economía o ministro de Industria o ministro de Exteriores. No, no. No tiene mucho sentido y no lo ha tenido nunca en las democracias parlamentarias europeas, donde ha habido mucha gente

11. Felipe González se refiere a sus tres primeras legislaturas cuando gobernó, gracias a las victorias electorales del PSOE en 1982, 1986 y 1989, con mayoría absoluta.

que ha repetido responsabilidad a lo largo de mucho tiempo en distintos gobiernos.

T.B.M. — Comprendo que en España la experiencia parlamentaria es mucho más corta y que posiblemente por eso no se ha dado el caso de repeticiones y que éstas no son costumbre. Pero creo que el debate sobre la renovación de personas que han cumplido un ciclo histórico está abierto.

F.G. — Éste es un debate muy hispanoespañol que forma parte de un carácter muy cainita de la política que no hemos abandonado del todo. Torrijos lo definía muy bien; decía: «En España el lema es abajo el que sube».[12] O sea, si se ha subido éste, tumbémoslo. Bueno, pues yo creo que todavía tenemos un resto bastante importante de eso. El otro día Brademas me presentaba en la Universidad de Nueva York y él me decía que se había especializado en un tema que históricamente tuvo importancia, que era el anarquismo.[13] Yo le dije: «Pues sígalo estudiando porque aunque desapareciera prácticamente como organización todos estamos impregnados de una vena ácrata que tiene importancia para conocer cuál es el comportamiento político en España.» Era una broma que no era tan broma.

T.B.M. — La reflexión anterior se centraba en si es posible una renovación de ideas sin una renovación previa de personas.

F.G. — Bien. Éste es un debate falso, ¿no? Si las personas no son capaces de renovar las ideas, tienen que ser renovadas las personas. Pero si las nuevas generaciones no tienen nuevas ideas, no tienen nada que renovar. Es falso en cuanto se vincula personas con renovación. Es verdad, es seguro, que hay personas que no se van a renovar. Yo he oído decir hace unos días a un dirigente político, afortunadamente no de mi partido, que con la edad que tiene ya no va a cambiar. Y bueno, de acuerdo. Puede ser fiel a sí mismo, pero, naturalmente, si lo que piensa no sirve para la actualidad o para el futuro, deje paso, ¿no?

T.B.M. — Entonces, si entiendo bien lo que dice, no es necesario

12. Para la influencia de Omar Torrijos, caudillo panameño, sobre Felipe González, véase Julio Feo, p. 375, nota 15.

13. Felipe González se refiere a John Brademas, ex senador demócrata en Estados Unidos, rector de la Universidad de Nueva York e hispanista de relieve. Brademas es autor de *Anarcosindicalismo y Revolución en España, 1930-1937,* Barcelona, 1976.

renovar las personas si éstas están en proceso continuo de renovación de ideas.

F.G. — No, no, no. Además, tiene que haber una renovación generacional. Pero ésta tiene que estar ligada al impulso de las ideas. Es decir, la renovación del partido del setenta y cuatro ¿por qué se produce? Pues porque había nuevas ideas, que eran mucho más próximas a nuestra realidad y que tenían un proyecto de futuro. Esto no lo entendieron solamente los que estaban dentro del país frente a los del exilio: lo entendieron la mayoría de los compañeros y las compañeras que estaban en el exilio. Fueron ellos los que renovaron.

T.B.M. — Votándole a usted en Suresnes.

F.G. — Bueno, renovaron conmigo por exclusión. En aquel momento nadie estaba pensando que fuera yo el que encabezase eso. Vamos, estaban conspirando eso unos cuantos compañeros pero la mayoría no.

# BIBLIOGRAFÍA


ARANGO, Joaquín, *Los españoles y la política 1982-1994* en *Historia de una década*, Madrid, 1994.

ARMAS MARCELO, J. J., *Los años que fuimos Marilyn*, Madrid, 1995.

BOIX, Carlos, *Building a socialdemocratic strategy in Southern Europe: economic policy under the González government (1982-93),* Working Paper 1995/69, Instituto Juan March.

BORRÀS BETRIU, Rafael, *El Rey de los rojos*, Barcelona, 1996.

—, *Crónica de la guerra civil española*, Barcelona, 1996.

BRENAN, Gerald, *El laberinto español*, Barcelona, 1996.

BURNS MARAÑÓN,Tom, *Conversaciones sobre el Rey,* Barcelona, 1995.

BUSTELO, Francisco, *La izquierda imperfecta,* Barcelona, 1996.

CAMBRA, Pilar, *Socialismo no es libertad. El verdadero programa del PSOE*, Madrid, 1979.

CAMPS, Victoria, *El malestar de la vida pública*, Barcelona, 1996.

CARRILLO, Santiago, *Eurocomunismo y Estado*, Madrid, 1977.

CARR, Raymond, *Spain 1808-1975*, Oxford, 1982.

CASTELLANO, Pablo, *Yo sí me acuerdo,* Madrid, 1994.

CERNUDA, Pilar, *El presidente*, Madrid, 1994.

CHAMORRO, Eduardo, *Felipe González, un hombre a la espera*, Barcelona, 1980.

DÍAZ HERRERA, José, y TIJERAS, Ramón, *El dinero del poder, la trama económica de la España socialista*, Madrid, 1991.

FEO, Julio, *Aquellos años,* Barcelona, 1993.

FERNÁNDEZ-BRASO, Miguel, *Conversaciones con Alfonso Guerra*, Barcelona, 1983.

FERNÁNDEZ DE CASTRO, Ignacio, y otros, *Lucha política por el poder,* Madrid, 1976.

GALLAGHER, Tom y WILLIAMS, Allan M., *Southern european socialism, parties, elections and the challenges of government,* Manchester, 1989.

GILLEPSIE, Richard, *The Spanish Socialist Party, a history of factionalism,* Oxford, 1989. (*La historia del Partido Socialista Obrero Español,* Madrid, 1991.)

—, y PATERSON, William E., *Rethinking social democracy in western Europe*, Londres, 1991.

GUERRA, Alfonso y TEZANOS, José Félix (eds.), *La década del cambio,* Madrid, 1992.

GUERRA, Alfonso, *De Suresnes a la Moncloa*, Madrid, 1984.
—, Antonio, *Las Filípicas,* Barcelona, 1992.
—, Juan, *Yo, el hermano, memorias*, Madrid, 1990.
GUTIÉRREZ, José Luis, y DE MIGUEL, Amando, *La ambición del César, un retrato político y humano de Felipe González*, Madrid, 1989.
HERNÁNDEZ, Abel, *Crónica de la cruz y de la rosa,* Madrid, 1984.
HEYWOOD, Paul, *Marxism and the failure of organised Socialism in Spain, 1879-1936*, Cambridge, 1990.
HIDALGO, Diego, *El futuro de España*, Madrid, 1996.
JÁUREGUI, Fernando, y MENÉNDEZ, Manuel Ángel, *El hombre que pudo ser FG,* Madrid, 1994.
JULIÁ, Santos, y otros, *Memoria de la transición,* Madrid, 1996.
LAMO DE ESPINOSA, Emilio, *Filosofía y política de Julián Besteiro*, Madrid, 1973.
MADARIAGA, Salvador de, *España, ensayo de historia contemporánea*, Buenos Aires, 1964.
MALEFAKIS, Edward, *Southern Europe in the 19th and 20th centuries: an historical overview*, Estudio/Working Paper 1992/35, Instituto Juan March.
MARAVALL, José María, *What is Left? Social Democratic policies in Southern Europe*, Working Paper 1992/36 Instituto Juan March.
MARAVALL, José María, *La política de la transición,* Madrid, 1982.
MARICHAL, Juan, *El secreto de España*, Madrid, 1996.
MARTÍNEZ COBOS, Carlos, y MARTÍNEZ COBOS, José, *La travesía del desierto, intrahistoria del PSOE*, Madrid, 1995.
MÁRQUEZ REVIRIEGO, Víctor, *Felipe González, un estilo ético*, Barcelona, 1982.
—, *El desembarco andaluz,* Barcelona, 1990.
MATEOS, Abdón, *El PSOE contra Franco, continuidad y renovación del socialismo español*, Madrid, 1993.
MESA, Roberto, *Jaraneros y alborotadores, documentos sobre los sucesos estudiantiles de febrero 1956 en la Universidad de Madrid*, Madrid, 1982.
MIGUEL, Amando de, *Con sentido común,* Madrid, 1996.
MORÁN, Fernando, *Una política exterior para España*, Barcelona, 1980.
—, *Carta abierta a un joven sobre la Europa que viene*, Barcelona, 1996.
MORATO, Juan José, *Pablo Iglesias, educador de muchedumbres*, Barcelona, 1968.
NAVARRO, Julián, *Nosotros, la transición*, Madrid, 1995.

ONETO, José, *El secuestro del cambio, Felipe año II*, Barcelona, 1984.
—, *¿Adónde va Felipe? Cambio año I*, Madrid, 1983.
ORTEGA y GASSET, José, *Obras completas*, volumen X, Madrid, 1983.
PECES-BARBA, Gregorio, *La democracia en España, experiencias y reflexiones*, Madrid, 1996.
PÉREZ-DÍAZ, Víctor, *España puesta a prueba*, Madrid, 1996.
RAMÍREZ, Pedro J., *Así se ganaron las elecciones*, Barcelona, 1977.
—, *Así se ganaron las elecciones, 1979*, Madrid, 1979.
SAMPSON, Anthony, *A new Anatomy of Britain*, Londres, 1971.
SARASQUETA, Antxón, *Después de Franco la OTAN*, Barcelona, 1985.
SEMPRÚN, Jorge, *Autobiografía de Federico Sánchez*, Barcelona, 1977.
—, *Federico Sánchez se despide de ustedes*, Barcelona, 1993.
SOTELO, Ignacio, *Los socialistas en el poder*, Madrid, 1986.
TEZANOS, José Félix, *Sociología del socialismo español,* Madrid, 1983.
—, *Historia ilustrada del socialismo español*, Madrid, 1993.
—, *Populismo, corporativismo, neo-bonapartismo,* Revista Sistema 129, noviembre de 1995.
TIERNO GALVÁN, Enrique, *Cabos sueltos,* Barcelona, 1981.
TUSELL, Javier, y QUEIPO DE LLANO, Genoveva G., *Los intelectuales y la República*, Madrid, 1990.
VARELA ORTEGA, José y otros, *Política en la Restauración (1875-1923),* Documento de Trabajo, Instituto Ortega y Gasset, Madrid, 1996.
VÁZQUEZ MONTALBÁN, Manuel, *Un polaco en la corte del Rey Juan Carlos*, Madrid, 1996.
VELASCO, Luis de, *Políticas del PSOE 1982-1995, del «cambio» a la decepción*, Barcelona, 1996.
VILAR, Sergio, *Protagonistas de la España democrática, la oposición a la dictadura 1939-1969,* París, 1968.

# ÍNDICE ONOMÁSTICO

Los números en *cursiva* remiten
a las páginas de ilustraciones

ESTE LIBRO HA SIDO IMPRESO
EN LOS TALLERES DE
HUROPE, S. L.
RECARED, 2-4. BARCELONA